近世大变局中的知识人

从传统士大夫到现代知识分子

俞祖华 著

社会科学文献出版社
SOCIAL SCIENCES ACADEMIC PRESS (CHINA)

本书由
全国文化名家暨"四个一批"人才工程资助项目
资助出版

# 目　录

## 下篇　地方史视野中的近世士人

# 上篇 近世知识人的宏观审视

# 分疏与聚合：近代社会变迁视阈下的知识分子成长路径

中国现代知识分子是在从传统社会到现代社会的转型过程中随着现代性的移植、拓展而诞生、成长的新社会群体，是现代性知识、价值与话语体系的基本载体，也是现代性实践的重要主体。掌握现代知识、具有公共情怀与批判精神的现代知识分子孕育于洋务运动时期，正式诞生于清末，而在经过"五四"这一"成年礼"后分别驰骋于现代政治舞台与学术舞台。现代知识分子群体在分疏与聚合中发生与发展，在代际的区分与合作中逐渐成长并活跃起来。

一

现代知识分子在成长过程中经历了"四分"，即与帝国官僚体制的分离，职业生涯上的分工，价值取向上的分途，学术领域上的分科。

近代以来，知识分子的形成经历了从"学而优则仕"到成为"自由漂浮者"的转轨。先是在外有两次鸦片战争、内有太平天国运动与洋务运动的社会变局中，在通商口岸出现了不再谋取科举功名，转而谋职于外资机构的"条约口岸知识分子"，如曾在英国传教士麦都思创办的墨海书馆任职的王韬、李善兰、华蘅芳等人。继而在1895年甲午战争惨败后，因受民族危机的刺激，一部分有功名出身的传统士人如康有为等参与"公车上书"的1300余名举人转而成了传统体制的抗议者与传统意识形态的解构者；另一部分年轻知识群体对传统教育丧失信心，走上了出洋留学之路。1905 年科举制废除，切断了传统士大夫跻身、晋升官僚体制之路，知识人从中心散落边缘、从庙堂抛入江湖，与传统体制实现了"分离"。

漂泊、游移于体制之外的新型知识分子，在社会分工日渐发达的现代社会职业架构中寻求谋生之路与社会角色。虽都以知识资源、文化资本谋生，但不再如以往士大夫仅有读书做官的单一通道，而是有了从业上的不同选择，有了职业上的"分工"。如状元出身的张謇在 1894 年蟾宫折桂之后远离官场，走上了实业救国之路；有进士身份的张元济在维新运动失败后，由翰林而入商，于 1902 年投资商务印书馆并很快成为灵魂人物；严复、梁启超等人致力于以译书、"梁启超式的输入"的方式传播思想，又创办《国闻报》《新民丛报》等报刊，成了以媒介影响社会的传媒知识分子；京师大学堂（北京大学前身）等现代大学与各类新式学堂的相继建立催生了新式知识分子群体，同时为他们提供了大学教师、中小学教师等新的职业和人生路径。

与传统士大夫大致归宗于儒学有别，现代知识分子面对精神定位、价值取向上的多元选择，出现了保守主义知识群体、自由知识分子与激进知识分子的分途。在五四时期的文化论战中，新文化阵营包括陈独秀、李大钊、鲁迅等主张革命的知识分子，也包括胡适、傅斯年、罗家伦等自由知识分子，而作为他们论战主要对手的则是文化保守主义者，如《东方杂志》主编杜亚泉，新儒学的开山人物梁漱溟，玄学派主将张君劢，还有学衡派的梅光迪、吴宓，等等。在与文化保守主义进行论战的同时，新文化阵营内部的裂痕也越来越明显，1919 年以后在胡适与李大钊之间发生了"问题与主义"之争；1922 年 5 月胡适另起炉灶创办《努力周报》，而《新青年》成为上海共产党早期组织与中共中央的机关刊物。革命知识分子与自由派知识分子终于因深刻的价值观分歧而"道不同，不相为谋"了。

"三大思潮"的代表人物，关注政治体制、民族文化命运等较为宏大的公共议题。另一些潜心学术的学人则要面对与适应治学日趋专门、学科日趋分化的趋势，成为专业知识分子。中国传统学术混而不分，傅斯年曾指出："中国学问向以造成人品为目的，不分科的；清代经学及史学正在有个专门的趋势时，桐城派遂用其村学究之脑袋叫道，'义理、词章、考据缺一不可'！学术既不专门，自不能发达。"（《改革高等教育中几个问题》）曾国藩把"经济"从"义理"中独立出来，与义理、考据、辞章并列，到严复、梁启超等分疏"学"与"术"，基础学科与应用学科的区分渐显轮廓；在洋务时期讲求"声光电化"后，严复引介西方政治学、经济学、社会学等学科名著，自然科学与人文社会科学的分野也日趋清晰；到20世纪初，"七科分学""八科分学"等方案提出，如1902年的《钦定京师大学堂章程》分立政治、文学、格致、农业、工艺、商务、医术等七大学科三十个科目，学术分科日趋细化。随着学术分科的发展，一批专家型现代学人成长起来。

## 二

现代知识分子在成长过程中还经历了"四合"，包括知识结构上的古今中西融合，社会角色上的重合，以学会、结社为形式的学界聚合，与民众、社会运动的结合。

现代学人专业领域日趋狭窄，但在西学东渐、现代知识奔涌而来的背景下，又表现出博古通今、学贯中西的整合趋势。他们有着接纳全球化与现代化的宽阔的文化胸襟，有着打通古今与中西的明澈的文化自觉。蔡元培于1916年底出任北京大学校长后，提出了"思想自由，兼容并包"的办学方针，主张兼容古今、新旧之学；首任校长严复早前亦曾提出"统新故而视其通，苟中外而计其全"的思想。清华大学也是如此，何兆武先生曾将"清华学派"的精神归结为"会通古今、会通中西、会通文理"；作为清华国学研究院"四大导师"之一的王国维提出"学无新旧也，无中西也，无有用无用也"的学术观（《国学丛刊序》），他自己学贯中西，被梁启超先生赞为"不独为中国所有而为全世界之所有之学人"。

刚从传统士大夫转身的现代学人，对于自己在社会转型过程中的身份想象与过渡社会形态的角色定位，处在徘徊彷徨、依违两可之中，其所扮演的社会角色是重合、摇摆、多变的。他们是中国最后的士大夫，又是现代知识分子的先驱，扛起了继承与创新、解构传统与建构现代性的双重使命，于是就有了如胡适身上所体现的"新文化中旧道德的楷模，旧伦理中新思想的师表"的离奇组合。他们在学术与政治之间两相牵挂、左冲右突，或如康有为"喜以经术作政论"，成了蹩脚的经学家与失败的政治家；或如章太炎、章士钊等边干革命边谈国学，成了"有学问的革命家"；或如梁启超在政论家、政府阁员、学问家之间不断变换角色，对从政、治学都心向往之；或如胡适先声明"二十年不谈政治"，但才过两年就"悔诺"而热衷政治，"一只脚已踏上东街，一只脚还踏在西街"；或如王国维醉心于埋头学术，最后选择的却是充满政治意味的"自沉"。

科举废除使知识人从庙堂流落民间，成为职业高度分化、处境千差万别的群落，如同"散落一地的珠子"。但延续着忧国忧民、"舍我其谁"精神传统的学人们仍在尽最大努力影响国民、社会与政治，其重要方式就是以结社、办刊、集会等聚合同人，构建"公共空间"和市民社会，提升自身话语的权势与力度。康有为于1895年11月在北京组织强学会，打破了有清一代禁止士人结社的规定，开启了一代风气，从此"学会之风遍天下"，维新运动期间全国创办的重要学术社团有70个左右。此后，政治性、文学性、学术性等各类学会和社团如雨后春笋般纷纷建立。

但知识分子要重新发挥自身作为"社会重心"的作用，光凭内部的聚合是远远不够的，还必须实现与工农群众的结合，必须投身社会运动的洪流。五四运动为现代知识分子与民众、与社会运动的结合开辟了广阔的道路。五四时期，李大钊强调"要想把现代的新文明，从根底输到社会里面，非把知识阶级与劳工阶级打成一气不可"（《青年与农村》）。后来，毛泽东也提出"知识分子如果不和工农民众相结合，则将一事无成"，成为中共引导先进知识分子群体的重要方针，对现代知识分子的成长产生了重要的影响。学界将新中国成立之前的知识分子划分为"洋务一代"、"清末一代"、"五四一代"与"后五四一代"四个世代，一个时代以一个世代为主角，但至少有三个世代在同台亮相、同显身手，不同世代的知识精英也张弛、变幻于离与合之间。他们有相互的传承、联合，也有彼此的质疑、争论，如鲁迅曾撰写《趋时和复古》等文批评素所敬重的老师章太炎"原是拉车的好身手"，现在却"拉车屁股向后"了。但正是这种世代交替、这种"否定之否定"，成为现代知识分子成长中拾级而上的台阶。

[原载《光明日报》2012 年 4 月 25 日]

# 中国现代知识分子群体的形成、世代与类型

　　广义上的现代知识分子群体孕育于两次鸦片战争期间（1840—1860），诞生于洋务运动时期（1861—1894），而严格意义上的、不仅掌握现代知识且有强烈的公共关怀与批判精神的现代知识分子群体孕育于洋务运动时期，诞生于清末（1895—1911）。在中国现代化150年的历程中已出现了八代知识分子，即洋务一代、清末一代、五四一代、后五四一代、十七年一代、"文革"一代、后"文革"一代与跨世纪一代，不同世代的知识分子之间有相携与合作，也有冲突与紧张。对中国现代知识分子群体进行内部结构分析有着许多视角，如党史研究路径之下的阶级属性分析，区分为分属于资产阶级的、小资产阶级的还是无产阶级的知识分子；历史学研究路径之下，区分为传统知识分子、近代知识分子与现代知识分子；社会学研究路径之下从社会分工、社会影响与社会功能的角度进行分析，区分为科技型知识分子、人文型知识分子、传媒型知识分子与制度型知识分子，专业知识分子与公共知识分子，战略知识分子与一般知识分子；文化学研究路径之下，区分为激进主义知识分子、群体自由主义知识分子与保守主义知识分子。

　　中国现代知识分子群体是在中国现代化过程中形成、成长与壮大起来的新兴社会阶层，它在从传统社会到现代社会的社会转型中，扮演了先驱者、引领者与催生者的角色，发挥了重要的作用。对这一群体的形成时间、世代交替与构成类型进行分析，有助于深化对于知识分子与中国现代化等问题的研究。

## 一

中国现代知识分子群体（或称"新型知识分子"等）是什么时候形成的？学术界提出了不同的看法。主流的意见认为中国现代知识分子形成于 19 世纪末 20 世纪初，也就是甲午战争后到辛亥革命这一时段，尤其是与戊戌变法、立宪运动和辛亥革命等事件密切相关。李泽厚、许纪霖两先生均称中国迄今已有六代知识分子，并将他们认为形成于这一时段的中国第一代知识分子分别称为"辛亥一代"①与"晚清一代"②。姜义华先生也指出："19 世纪末 20 世纪初，在我国，已经出现了一个新的知识分子群体。"③ 还有多位学者认同或者说倾向于知识分子形成于 19 世纪末 20 世纪初这一观点，④他们认为"公车上书"标志着知识分子队伍开始形成，并正式登上政治舞台，到辛亥革命前夕发展成为一支可观的社会力量，对当时的社会转型产生了广泛而深刻的影响。还有学者从士大夫到知识分子转型的角度提出，"如果说晚清洋务派是最后一代中国'士大夫'，那么戊戌的改良派人士算得上过渡期的知识分子了"。⑤"实际上，中国最早的知识分子同时也是最后的士大夫，如康有为、梁启超、杨度、严复、蔡元培等。从工具批判走向体制批判，是中国近现代知识分子取代传统的士大夫而正式诞生的主要标志。工具批判是对现成体制的修补，而体制批判则是对现成体制的系统改造。体制批判的产生表明知识分子在政治上开始独立，没有体制批判，就

① 李泽厚：《中国思想史论》（下），安徽文艺出版社，1999，第 1172 页。
② 许纪霖：《中国知识分子十论》，复旦大学出版社，2003，第 85—86 页。
③ 姜义华：《我国近代型知识分子群体简论》，《近代史研究》1987 年第 1 期。
④ 参见李晓《20 世纪初中国三代现代知识分子》，《吉林省教育学院学报》2010 年第 2 期；黄群：《戊戌维新与近代知识分子群体的形成》，《求索》2007 年第 6 期；张瑞静：《19 世纪末中国近代知识分子群体的初步形成》，《延边大学学报》2008 年第 1 期；纪林：《近代中国知识分子群的形成》，《华东石油学院学报》1984 年第 1 期；潘云成：《论近代新型知识分子群体的形成及其社会意义》，《上饶师范学院学报》2009 年第 5 期；牛纪霞：《浅论中国近代资产阶级知识分子群的形成》，《山东电大学报》2000 年第 1 期；等等。
⑤ 郑也夫：《西学东渐与近代新型知识分子的产生》，《浙江学刊》1994 年第 4 期。

没有知识分子在政治上的独立。如果说，康有为等人的'公车上书'还是一种工具批判的话，那么，邹容、朱执信、孙中山、陈独秀、李大钊等人的观点，则完全是彻底的体制批判了。"①

　　但也有学者将中国现代知识分子群体形成的时间点前推到甲午战争以前乃至鸦片战争，或者后延至五四时期。主张前推的，有的提出"19世纪40至60年代的知识分子为第一代，以龚自珍、魏源、林则徐等文化精英为代表"，② 这一时段"为我国近代型知识分子的诞生期"；③ 有的提出从1840年鸦片战争到1894年甲午战争，"是一部分开明士大夫被迫走出中世纪，主张向西方学习并开始向近代型知识分子转化的时期，也是第一代新式知识分子诞生的时期"；④ 有的提出"新型知识分子第一代产生于洋务运动时期"；⑤ 等等。主张延后的，有的学者指出"中国现代知识分子由士演化而来，他们受孕于危机四伏的近代中国（1840年前后）"，"诞生于天翻地覆的现代中国（1915年前后）"；⑥ 有的学者提出"20世纪以前，中国基本上没有新式知识分子。进入20世纪以后，特别是第一次世界大战期间，伴随着民族资本主义经济的发展，中国人大批地接受西方资产阶级的新式教育，才形成新的知识分子队伍，并成为现代中国社会结构的重要组成部分"。⑦

　　学者们围绕中国现代知识分子群体形成时间的不同认知，既与他们对史实、对历史过程的不同解读有关，也反映出他们所理解的知识分子、现代知识分子及其他类似概念是有差异的。人们对"知识分子"的界定可以说是众说纷纭、争论不休，"知识分子"参与

① 俞可平：《游魂何处归——中国现代化进程中的知识分子（洋务运动至1949年）》，《天津社会科学》1996年第5期。
② 沈艳：《"经世致用"与近代中国知识分子》，《湖北大学成人教育学院学报》2002年第5期。
③ 黄耀柏：《我国近代型知识分子群体形成论纲》，《江西社会科学》1989年专辑。
④ 黎仁凯：《近代中国知识分子的历程与特点》，《河北大学学报》1991年第4期。
⑤ 荆惠兰：《近代中国新型知识分子群体的形成、发展及作用》，《大连理工大学学报》1999年第3期。
⑥ 陈占彪：《从"士"到知识分子——略论现代知识分子的形成》，《株洲师范高等专科学校学报》2007年第4期。
⑦ 王金铻：《中国现代知识分子的历史轨迹》，《史学集刊》1988年第2期。

其间的历史过程也是杂然纷呈、丰富多彩的，史家们心目中和笔底下的知识分子群体形成与发展的"叙事"自然就有不同的面貌。

还是从"知识分子"这一概念说起。从广义上讲，古代所称的"士"或现代所说的"知识分子"就是有学问且以知识谋生的读书人。国内对知识分子与非知识分子的判断主要看知识的多与少，学历成为重要的衡量尺度，知识分子一般要有相对较高的学历如受过高等教育，要有较为渊博或较为专业的知识，且从事与知识的生产和流通有关的职业。1928年，夏丏尊发表《知识阶级的运命》一文，指出："所谓知识阶级者，是曾受相当教育，较一般俗人有学识趣味与一艺之长的人们。学校教员、牧师、画家、医师、新闻记者、公署人员、文士、工场技师，都是这类的人物。"① 《现代汉语词典》对知识分子的定义是：具有较高文化水平、从事脑力劳动的人。也就是说知识分子不仅要掌握知识，还要在实践中运用知识、创新知识。毛泽东强调知识分子不能仅有书本知识，还倡导他们参加到实际工作中去，"最重要的是，是善于将这些知识应用到生活和实际中去"。他批评仅有书本知识的人不能算一个完全的知识分子，称"许多所谓知识分子，其实是比较地最无知识的，工农分子的知识有时倒比他们多一点"。② 与我们强调"知识"有些差别，西方突出的是"智力""理解力"，英语中与"知识分子"相对应的其中一个词是 intellectual，该词作为构成现今"知识分子"词义的源头之一早在16世纪末就被当作名词使用，意即"理解力""智力"；17世纪中叶，它被用来指人，意为"理解力强的人""智者"。③ 爱德华·希尔斯（E. Shils）就从广义上把知识分子定义为运用一般抽象符号去表达他们对人、社会、自然和宇宙的理解的人。从这一角度看，所谓现代知识分子也就是不只了解文化传统，且掌握现代知识（包括现代自然科学知识与社会科学知识），并运用这些知识进行思考探索、解决实际问题、从事脑力劳动的人。

---

① 夏丏尊：《知识阶级的运命》，《一般》1928年5月号。
② 毛泽东：《整顿党的作风》，《毛泽东选集》第3卷，人民出版社，1991，第815—816页。
③ 参见王增进《后现代与知识分子社会位置》，中国社会科学出版社，2003，第10页。

又有人强调不是有"知识"就能叫"知识分子",有"现代知识"就能叫"现代知识分子",认为大学教授也不一定就是知识分子,严格的现代意义上的"知识分子"仅是知识阶层中习惯使用批判性话语的精英。即从狭义上讲,现代知识分子仅是指具有较高文化水平的人当中比较关注专业与职业之外的公共问题,有着独立的精神品格,有着强烈的公共关怀,对社会持有批判精神,代表着社会良知的知识群体,他们被贴上"公共知识分子""公意知识分子""左拉型知识分子"等标签。这种狭义的"知识分子"的概念起源于法国和俄国。左拉于 1894 年为抗议犹太裔法国陆军上尉德雷福斯被诬下狱而发表的《我抗议》被认为是标志西方现代知识分子诞生的历史文献,"小说家左拉相信,1894 年军事法庭将法国犹太军官阿尔弗雷德·德雷福斯定为德国间谍的判决是错误的。1898 年 1 月 13 日,左拉在《震旦报》上发表了后来被称为'我控诉'的著名文章。几天之后,一批文学艺术界和大学界的知名人士发表了一份请愿书,要求重审 1894 年的判决。未来的政府首脑、当时身为记者的乔治·克列孟梭十分赞赏这些文人和艺术家的行动,并称他们为'知识分子'"。后来,人们给"现代知识分子"下了这样的定义:"在思想界或艺术创作领域取得一定声誉,并利用这种声誉,从某种世界观或某些道德伦理的角度出发,参与社会事务的人士。"[①]"知识分子"概念的另一源头是俄语词 Интеллигенция,最初是指19 世纪 60 年代由沙俄派到西欧去学习西方文化而后回国的那批青年贵族,这批有着西方知识背景的青年贵族的主要特点为关心国家及一切有关公共利益之事。英语中与"知识分子"对应的另一单词Intelligentsia 即由俄语词 Интеллигенция 转化而来。对公共关怀与批判精神的强调成为当代西方知识分子理论的重要特点。美国哲学家拉塞尔·雅各比在 1987 年出版的《最后的知识分子》提出了"公共知识分子"的概念,声称出生于 20 世纪最初几十年的知识分子成了美国最后一代知识分子,他们以公众为对象发出自己独特的声音,

---

① 〔法〕米歇尔·维诺克:《法国知识分子的世纪》,孙桂荣、逸风译,江苏教育出版社,2006,"作者序",第 1 页。

此后的"年轻的知识分子"已被学院体制驯服并屈从于金钱、地位和权力。他呼吁知识分子应有社会责任感，勇于充当群众的引路人。此后，法国哲学家利奥塔、布迪厄，美国学者萨义德等进一步论述了公共知识分子问题。萨义德指出："知识分子是具有能力向（to）公众以及为（for）公众来代表、具现、表明讯息、观点、态度、哲学或意见的个人。"① 从强调公共关怀这一角度，许纪霖给出了狭义的知识分子的定义："现代意义的知识分子也就是指那些以独立的身份、借助知识和精神的力量，对社会表现出强烈的公共关怀，体现出一种公共良知、有社会参与意识的一群文化人。"② 苏力则将其界定为"越出其专业领域、经常在公共媒体或论坛上就社会公众关心的热点问题发表自己的分析和评论的知识分子，或是由于在特定时期自己专业是社会的热点问题而把自己专业的知识予以大众化的并且获得了一定的社会关注的知识分子"。③

　　既然知识分子的概念有广义与狭义之别，我们讨论中国现代知识分子群体的形成时间就要对概念的差异有所考虑。比较合理的选择是分别考察广义的现代知识分子群体与狭义的现代知识分子群体在中国早期现代化进程中的形成时间。中国现代知识分子群体形成的大致脉络就可以分疏为以下两条线索：比较宽泛意义上的、初步掌握现代知识并开始以现代知识谋生的现代知识分子群体孕育于两次鸦片战争期间（1840—1860），诞生于洋务运动时期；严格意义上的、不仅掌握现代知识且有强烈的公共关怀与批判精神的现代知识分子群体孕育于洋务运动时期（1861—1894），诞生于清末的戊戌到辛亥期间（1895—1911），即李泽厚先生所说的"辛亥一代"。

　　广义上的现代知识分子群体的形成。两次鸦片战争期间，以林则徐、魏源、姚莹、冯桂芬等为代表的传统士大夫中的有识之士从虚骄蒙昧中走出，睁眼看世界，提倡实学，接触西学，在知识结构与价值观念上发生了具有现代气息的变化，开始了向新式知识分子

① 〔美〕爱德华·W.萨义德：《知识分子论》，单德兴译，三联书店，2002，第17页。

② 许纪霖：《中国知识分子十论》，第4页。

③ 苏力：《中国当代公共知识分子的社会建构》，《社会学研究》2003年第2期。

的转换。到 1861 年，他们编写、撰著了诸如《四洲志》（林则徐）、《海国图志》（魏源）、《康輶纪行》（姚莹）等 22 部世界史地著作。农民阶级中也涌现了以洪仁玕为代表的接触了新观念、新知识的农民领袖。值得一提的是，近代早期也出现了并非由科举出身而具有全新教育背景的新式读书人，如 1847 年随美国传教士布朗赴美留学的容闳，教会学校也开始招收和培养学生。这一阶段的教会学校有布朗于 1839 年在澳门创立的马礼逊学堂，马礼逊于 1818 年创立于马六甲，后于 1843 年迁到香港的英华书院，英国传教士爱尔德赛于 1844 年的宁波女塾等 50 所，招收学生约 1000 人。英国传教士麦都思等于 1843 年创立了上海最早的现代出版社墨海书馆，王韬、李善兰等供职于此。到 1860 年外国教会和外籍传教士在中国出版的报刊达到 32 家，比鸦片战争以前增加了一倍。[①] 总之，在近代早期，西方现代知识在华传播的渠道已经打通，从事现代知识生产与传播的平台开始搭建，接触了现代知识并已着手运用的新型知识分子的雏形开始显露。

　　洋务运动时期，随着现代化运动的正式启动，广义上的现代知识分子群体也正式诞生，供职于中国第一批工商企业、文教事业与其他洋务事业的洋务知识分子成为中国现代知识分子的第一代。洋务知识分子群体，一是从旧式官僚、传统士大夫转换而来。二是来源于传教士在华创办的学堂。教会学校由 1860 年的 200 所，增加到 1875 年的 800 所，学生达到 2 万人。三是来源于洋务派创办的新式洋务学堂。1862 年，第一所洋务学堂京师同文馆建立，随后，上海广方言馆（1863 年）、广州同文馆（1864 年）相继成立。除了语言类学堂，技术学堂与军事学堂也先后成立，如 1867 年设立的马尾船政学堂（1866 年在福州设立，1867 年迁至马尾）、1869 年附设于上海江南制造局的机械学校、1879 年设立的天津电报学堂、1881 年建成的天津水师学堂等。到 1894 年，清政府共设立了 26 所洋务学堂。四是来自海外留学。1872 年，清政府派出第一批留美学生，是中国近代首次正式派遣留学生。1872—1875 年，清廷每年分别派遣 30

① 方汉奇：《中国近代报刊史》，山西人民出版社，1981，第 19 页。

名，共 120 名幼童赴美留学。1877 年福州船政学堂派出第一届严复等 30 名留学生分赴英、法等国留学，此后又于 1882 年、1886 年、1897 年派出第二届 9 名、第三届 34 名、第四届 6 名留欧学生。洋务运动期间清政府前后派出的留学生达到了 199 名。这一时期，还有其他一些文化事业，如外国传教士创办的报刊，到 1890 年发展到 76 家，比 1860 年又增加了一倍。① 洋务运动时期，不仅在创办企业与引进西方科技的实践中培养出了徐寿、华衡芳、李善兰等科技型知识分子，出现了王韬（曾在墨海书馆协助翻译《圣经》并于 1874 年创办《循环日报》）、沈毓桂（担任《广学报》主笔达 20 余年）任职于现代报刊与出版机构的传媒型知识分子，出现了其他一些在通商口岸较早接触西方文化的"条约口岸知识分子"，出现了已着眼于工具批判尤其是提出了设立议院的构想、被称为"早期维新思想家"的人文型知识分子，还通过新型教育使一部分人接受新型知识，从而培养了将在下一世代登场的现代知识分子，包括像严复那样具有公共关怀与批判精神的"公共知识分子"。

　　狭义上的现代知识分子群体的形成。19 世纪末 20 世纪初，广义上的知识分子队伍成长壮大。通过新式学堂与出国留学接受现代观念、现代知识的学生群体，成为新型知识分子队伍的主要来源。1898 年各地办的新式学堂至少有 100 所，到 1909 年国内各类学堂约有 5.7 万所，学生 160 万余人，其中中学以上程度者约万余人；1912 年，学堂总数增加到 8.7 万所，其中中学 823 所，高等学堂 122 所，学生总数近 300 万人。另有教会学堂学生约 14 万人。② 1905 年留日学生猛增到 8000 多人，1906 年又上升到 1 万多人，整个 20 世纪初年，留日学生有 2 万多人。③ 留学欧美者不足千人。按清末的情况，知识分子大体应在中等以上程度。有学者估计，"到清朝末年，我国已出现一个新的知识分子群体，人数已有 15 万乃至 20 万"。④

---

① 方汉奇：《中国近代报刊史》，第 19 页。
② 吴廷嘉：《近代中国的知识分子》，人民出版社，1987，第 173 页。
③ 李喜所：《我国当代三次留学潮》，《天津日报》2008 年 7 月 2 日。
④ 姜义华：《我国近代型知识分子群体简论》，《近代史研究》1987 年第 1 期。

这一时期，以康有为、严复、梁启超、章太炎、朱执信等为代表的具有公共关怀与批判精神的现代公共知识分子群体也正式诞生，他们是新型知识分子队伍中的精英群体。他们把传统士大夫"如欲治平天下，当今之世舍我其谁""先天下之忧而忧，后天下之乐而乐""天下兴亡，匹夫之贱与有责焉"的入世情怀，转换为现代知识分子的公共情怀，高度关注国家富强的目标，关注民族的前途与命运，关注相关公众、公益之事。谭嗣同"我自横刀向天笑，去留肝胆两昆仑"的悲壮豪情，秋瑾"我不入地狱，谁入地狱"的义气侠风，林觉民"以天下人为念，当亦乐牺牲吾身与汝身之福利，为天下人谋永福也"的宽阔情怀，都既是士大夫气概的延续，又是现代知识分子公共关怀的体现。清末知识分子又从工具批判走向体制批判，从呼唤"君主立宪"的体制内修补，到"走向共和"的颠覆性改造，成为现代知识分子批判精神的集中写照。1895年5月，康有为、梁启超等联合各省1300余名举人进行"公车上书"，反对清政府签订《马关条约》，这是现代知识分子第一次联名上书，充分体现了知识分子对国家利益、对公共利益的关切，成为严格意义上的现代知识分子群体形成的标志。知识分子还从改良走向革命，据统计，在1905—1907年加入同盟会的379名会员中，有354人是留学生和学生，占93%以上。[1] 清末知识分子的批判精神不仅体现在对专制政治的工具批判与体制批判上，还体现在对封建纲常名教的文化批判上，体现在对封建国家意识形态的解构上。康有为宣布被历代封建王朝视为"圣经成宪"的古代儒家经典为"伪经"，严复批评汉学与宋学"无用""无实"、中国政教"少是而多非"，[2] 谭嗣同号召冲决"俗学之网罗""伦常之网罗"，革命派提出"道德革命"、"三纲革命"与"家庭革命"，都是文化批判精神的体现。他们还批判了封建政教对国人性格、民族心理的摧残，包括封建政教对士人人格的荼毒，国民性批判成为清末知识分子文化批判的重要内容。严复等人还对八股取士进行了猛烈的抨击，在知识界与社

---

① 陈庆华：《辛亥革命时期的革命知识分子》，《光明日报》1961年10月1日。
② 严复：《救亡决论》，王栻主编《严复集》第1册，中华书局，1986，第49页。

会各界的呼吁下，1905 年清政府下令废除科举，切断了传统士大夫与传统体制的联系，打破了旧士人"学而优则仕"的梦想，促成了带依附性的士大夫向有独立性的现代知识分子的转型。

## 二

中国现代化运动从 19 世纪中叶启动到现在已经走过了 150 余年的历程，在现代化历程中孕育与诞生的新社会阶层——现代知识分子群体也经历了 100 多年曲曲折折、命运多舛的成长过程，出现了前后相承的多个世代。在中国现代知识分子群体的代际划分上，也是仁者见仁、智者见智，出现了"三代说""四代说""五代说""六代说""七代说"等不同说法。鲁迅是比较关注知识分子问题的，发表过《关于知识阶级》的讲演，其小说《孔乙己》《白光》《幸福的家庭》《在酒楼上》《孤独者》《伤逝》等都是以知识分子为主题的。他也是在中国最早从代际角度触及知识分子问题的。[①]冯雪峰回忆，鲁迅晚年曾谈到新的小说写作计划，一部"写四代知识分子的长篇"，即章太炎一代、鲁迅一代、瞿秋白一代和冯雪峰一代。"这将反映中国近六十年来的社会变迁，中国知识阶层的真实的历史。"[②] 在关于现代知识分子代际划分的各种观点中，影响较大的还是李泽厚、许纪霖等人提出的"六代说"。李泽厚先生在《略论鲁迅思想的发展》一文中提到了中国现代六代知识分子："辛亥的一代、五四的一代、大革命的一代、'三八式'的一代。如果再加上解放的一代（四十年代后期和五十年代）和文化大革命红卫兵的一代，是迄今中国革命中的六代知识分子（第七代将是全新的历史时期）。"[③] 他在《中国现代思想史论》的"后记"中的表述是辛亥一代、五四一代、北伐一代、抗战一代、解放一代、红卫兵一代。许纪霖也指出："在整个 20 世纪中国，总共有六代知识分子。

① 语冰：《90 年代知识分子的代际研究》，学术批评网。
② 冯雪峰：《鲁迅先生计划而未完成的著作》，《鲁迅回忆录（散篇）》中册，北京出版社，1999，第 669 页。
③ 李泽厚：《中国思想史论》（中），安徽文艺出版社，1999，第 792 页。

以 1949 年作为中界，可以分为前三代和后三代，即晚清一代、五四一代、后五四一代和十七年一代、文革一代和后文革一代。"① 另有其他学者提到过"六代说"，但具体内涵上有些差别，如有学者提出可从现代化的角度将知识分子划为"六代"：19 世纪 40—60 年代、19 世纪 60—90 年代、19 世纪 90 年代至 20 世纪 20 年代、20 世纪 20—50 年代、20 世纪 50—70 年代、20 世纪 80 年代以后。②

　　"三代说""四代说"等说法的出现，很大程度上是因为持论者不像主张"六代说"的学者那样把考察的视角放在现代知识分子群体成长的整个历程，没有把下限延伸至改革开放时期，而是把考察的时间区间放在以往意义上的"近代（1840—1919）"，或放在 20 世纪上半期即 1949 年以前。如有的学者把从鸦片战争到五四运动 80 年间知识分子走过的路程分为三个阶段：第一阶段从 1840 年鸦片战争到 1894 年甲午战争，是第一代新式知识分子诞生的时期；第二阶段从 1895 年维新运动兴起到 1911 年辛亥革命直至清王朝灭亡，是新式知识分子群体形成和发展的时期，也是他们走向政治舞台、对社会的发展产生重大作用的时期；第三阶段从 1912 年辛亥革命失败到 1919 年五四运动，是中国知识分子发展壮大，迷茫、困惑，进行历史反思和重新选择的时期。③ 有的学者提出，20 世纪早期出现了互相继承的三代知识分子，即以梁启超为典型代表的、改良型的"饮冰者"，以鲁迅为典型代表的、感情炽热的"疑古者"，以罗家伦为典型代表的行动者。④ 还有的学者将新型知识分子的产生分为四个时期：洋务运动时期、戊戌时代、辛亥时代、辛亥革命后到 20 世纪 20 年代初新型知识分子队伍的形成。⑤ 有学者将近代中国知识分子群体的转变过程分为七个时期进行论述，即鸦片战争时期、洋

---

① 许纪霖：《中国知识分子十论》，第 85—86 页。
② 沈艳：《"经世致用"与近代中国知识分子》，《湖北大学成人教育学院学报》2002 年第 5 期。
③ 黎仁凯：《近代中国知识分子的历程与特点》，《河北大学学报》1991 年第 4 期。
④ 李晓：《20 世纪初中国三代现代知识分子》，《吉林省教育学院学报》2010 年第 2 期。
⑤ 荆惠兰：《近代中国新型知识分子群体的形成、发展及作用》，《大连理工大学学报》1999 年第 3 期。

务运动时期、戊戌变法和辛亥革命时期、五四运动时期、大革命时期、第二次国内革命战争时期、抗日战争时期。①

李泽厚先生提出"六代知识分子"的概念是在 20 世纪 80 年代中期之前，那时还没有"公共知识分子"的说法，他所思考的应该是广义的知识分子。如果从这个角度出发，应该关注"辛亥一代"前的"洋务一代"，中国现代化运动是从洋务运动开启的，知识分子是时代的风向标，随着现代化的启动，中国也就诞生了现代知识分子的第一代——洋务知识分子。他提到"第六代"即"红卫兵一代"时，同时预言了"第七代"，称"第七代将是全新的历史时期"。现在离那时又过去了近 30 年，不仅"第七代"即"60 后"已展示了新生代的风采，实际上"第八代"即"70 后""80 后"如余杰、韩寒等也已登场亮相，作为知识分子的"新新生代""跨世纪一代"崭露头角、屡显峥嵘了。因此，我们可以说，中国现代知识分子与中国现代化运动相伴而生，在中国现代化 150 年的发展历程中出现了八代知识分子，即洋务一代、清末一代（辛亥一代）、五四一代、后五四一代、十七年一代（解放一代）、"文革"一代（红卫兵一代）、后"文革"一代与跨世纪一代。

在新中国成立前登场的四代知识分子中，晚清时期的"洋务一代""清末一代"分别标志着广义上与狭义上的现代知识分子的诞生。我们再简略地看一下民国时期北洋政府统治年代的"五四一代"与南京国民政府统治年代的"后五四一代"。

提及"五四一代"，人们会想起教师辈的陈独秀、李大钊、鲁迅、胡适、蔡元培和学生辈的傅斯年、罗家伦等名声显赫的代表人物。但在名人的身影之后，有一支数量不断增加、政治关怀不断增强的新型知识分子队伍。据北洋政府第五次教育统计，1917 年全国有高等学校 84 所，学生 19823 人。据《中国教育统计概览》（商务印书馆，1924），1922 年 5 月到 1923 年 4 月，全国有高等学校 124 所，学生 34880 人。1915 年，全国有普通中学 444 所，学生 69770 人；1922 年发展到 547 所，学生 103385 人。1917 年，全国有实业

---

① 程利：《近代中国知识分子群体心态探析》，《消费导报》2009 年第 2 期。

学校 475 所，学生 30513 人。① 留美学生到 1919 年超过了 2000 人。到 1919 年全国受过小学教育的人数已过千万。五四时代是一个激情燃烧的岁月，"五四一代"是充满着青春活力的一代。与以往的"洋务一代"与"清末一代"相比，"五四一代"有更为强烈的公共关怀、政治抱负，有更为清醒的民族反思、文化自觉，有更为犀利的社会批判、文化批判，也有更富有远见的人生规划、社会理想，从而更好地体现出现代知识分子的公共性、反思性、批判性与引领性特点。相比于"公车上书"诉之于庙堂之高的皇帝，五四青年学生转而寄望于自身的直接行动，寄望于社会大众、全国同胞。《北京学界全体宣言》直接向公众发声："中国的土地可以征服不可以断送！中国人民可以杀戮而不可以低头！国亡了！同胞们起来呀！"身为学者、学生，他们并非不想潜心于学术、专注于文化，但对国家命运的关切促使他们挺身而出。1935 年五四运动 16 周年时，胡适发表《纪念五四》一文回忆道，"蔡先生初到北大，第一天就提出'研究学术'的宗旨"，《新青年》最初是有意不谈政治的，但1918 年第一次世界大战结束的消息传来之后，政治的兴趣爆发了，"蔡先生（他本是主张参战的）的兴致最高"，他约请教授们在天安门组织了演讲大会并发表《黑暗与光明的消长》的演说，提出"大学职员的责任并不是专教几个学生"，"这是他第一次借机会把北京大学的使命扩大到研究学术的范围以外"，"从这一天起，北京大学就走上了干涉政治的路子"。"我们大家都不满意于国内的政治和国际的现状，都渴望起一种变化，都渴望有一个推动现状的机会。那年十一月的世界狂热，我们认作一个世界大变局的起点，也想抓住它作为推动中国社会政治的起点。"② 不过，在"五四遗产"中，胡适更看重的是文化运动，他甚至认为政治运动是对文化运动的干扰。他还认为，"民国六七年北京大学所提倡的新运动，无论形式上如何五花八门，意义上只是思想的解放与个人的解放"。③ 新文化运动

---

① 陈元晖：《中国现代教育史》，人民教育出版社，1979，第 24 页。

② 胡适：《纪念"五四"》，欧阳哲生编《胡适文集》第 11 册，北京大学出版社，1998，第 575—577 页。

③ 胡适：《个人自由与社会进步》，欧阳哲生编《胡适文集》第 11 册，第 575—577 页。

中陈独秀所倡导的"民主"与"科学"，鲁迅对封建礼教与国民性的批判，胡适提倡的"打孔家店"与"健全的个人主义"，李大钊宣传的"布尔什维主义"与"第三文明"，傅斯年等建设"学术社会"的期许，等等，在现代中国产生了广泛、巨大与深远的影响，把现代知识分子的公共情怀、批判精神与引领作用发挥得淋漓尽致。

　　"后五四一代"知识分子队伍继续扩大。有的学者估算，"五四"后30年中国各层次的知识分子不到500万人，包括高等学校毕业生或具有大专以上程度者25万人左右（含1912年前全国高等学校毕业生3184人、1912—1947年专科以上毕业累计210827人、留学生2万—3万人），各类中等学校毕业生约400万人。① "后五四一代"是分化、分流的一代，在社会角色上，有的从政，包括入阁的翁文灏、蒋廷黻、吴景超、陈布雷等，也包括被卷入革命洪流的大批青年知识分子，如"一二·九知识分子群体""延安知识分子群体"；有的供职于传媒等"公共空间"，如张季鸾、储安平、王芸生等；有的相对专心于学术或文艺，如"西南联大知识分子群体"、钱锺书、沈从文；有的在政治与学术之间徘徊、摇摆，如叶公超等。李泽厚先生有"救亡压倒启蒙"之说，在"后五四"时代救亡与革命成了主旋律，也成了当时最大的公共关怀，因此，过问政治以至于投身革命也就成了一部分知识分子的不二选择；只是深深涉足政治，又使其中一部分人失去了知识分子的本色。"后五四一代"的政治社会关怀，相比于"借思想文化以解决问题的途径"的"五四一代"，相比于晚清的"洋务一代"与"清末一代"，都要显得更为普遍，也更加突出。"'救国'高于救个人。要'救国'必须'唤醒民众'。既然实行'唤醒民众'，于是知识分子的精干运动逐渐扩大而为全民性的'群众运动'。"② 在"政治运动似蛟龙似的乘势而起"的情况下，还是有一部分人如李济、金岳霖、潘光旦、梁思成、梁思永等潜心于学术，在艰难的环境中致力于学术建设与文化建设。他们不再像"清末一代"与"五四一代"那样"学贯中

① 王金铻：《中国现代知识分子的历史轨迹》，《史学集刊》1988年第2期。
② 殷海光：《中国文化的展望》，中国和平出版社，1988，第201页。

西、博通古今"，而是成了分科细密的具体专业领域的专家，学术成就斐然可观，但社会影响力有所下降。

在新中国成立后出现的四个世代中，目前还掌握着"学术霸权"的是"文革一代"或者说"红卫兵一代"。许纪霖在《我们这一代知识分子》中勾画了他所在的"文革一代"的性格特征：

> 第一，有信念，是执着的理想主义者。这个理想一开始是毛泽东缔造的共产主义红色理想，到80年代转化为实现中国的富强与现代化。这些理想是他们的生命所在，是支撑他们奋斗的核心因素。第二，红卫兵精神，质疑权威，敢说敢干，有造反的传统。第三，灵活嬗变。……这代人的理想不是教条式的（十七年一代有这种倾向），为了实现理想可以动用各种手段，最后手段代替了目标。这代人即使做学问，真正的兴趣也不在学问上，而是为了救国救世，学问只是一个工具。他们是问题中人，并非学问中人。这与五四一代知识分子非常相像，但开风气不为师。第四，有强烈的使命感。毛主席当年说只有解放了全人类才能最后解放自己，于是红卫兵一代人思考的问题都很大，从中国到世界，都是宏大问题。有拯救世人的决心和野心。①

在"文革一代"之前，包括"十七年一代"在内的知识分子接受了脱胎换骨的思想改造。1956年周恩来在《关于知识分子问题的报告》中指出：目前全国在科学研究、教育、工程技术、卫生、文化艺术和其他方面的高级知识分子根据估计约为十万人，其中解放以后增加的数字，根据一部分材料统计，约占三分之一。这里，"解放以后增加的数字"就属于"十七年一代"，当然这一数字在1956年后在继续增加。改革开放后，他们中的一些人与"文革一代"一道反思"文革"，反思"思想改造"，发出"新启蒙"的呼唤。在"文革一代"之后，60年代出生的"第七代"与跨世纪的"第八代"没有经过政治运动暴风骤雨的洗礼，"文革"的疯狂对他

---

① 许纪霖：《我们这一代知识分子》，《南方都市报》2010年11月12日。

们而言只是儿时的记忆或是阅读中的传说。但"第七代"似乎陷在了"文革一代"的学术权势的夹缝之中。更何况这两代虽躲过了政治风浪的冲击，迎来的却是市场经济的大潮，市场化、功利性对学术与知识价值的冲击，对知识分子道义担当与学术精神的冲击，也是超乎常人想象的。人们呼唤大师，但学术似乎还在失守，"意义"还需继续寻求；在物质化、娱乐化与快餐化的背景之下，即使以"公共知识分子"的包装在媒体登场，也总是让人想到背后的利益集团或功利考量，或者是被纳入市场化生产体制的"学术超男"与"学术超女"。倒是在网络的热点关注中，我们能看到包括"70后""80后"的"第八代"那种有着"公共知识分子"风范的关怀：对国家安全的忧危、对社会不公的质疑、对公平正义的守护、对事实真相的追问与未来发展的关切。但在浮躁与快餐化环境下成长起来的"新新生代"，在需要潜下心来、沉下心来的学术方面能否取得成绩，我们唯有热切期待、耐心等待。

各个世代的知识分子在属于自己的时代过去之后，往往对自身作为主角时所扮演的角色、所取得的建树、所提出的观点，尤其是自身的弱点，有所检讨与反思。如梁启超在五四时代撰写的《清代学术概论》批评清末"新学家"之所以失败根源在于"不以学问为目的而以为手段"；胡适在"后五四"时代对"五四"的反思；"后五四一代"在50年代的思想改造运动、反右运动中的检讨；等等。这些反思都是时代转换的一种印记。

不同世代的知识人之间有相携与合作，也有冲突与紧张，尤其是后一世代对前一世代常会有质疑与批评的声音。一个时代以一个世代为主角，但至少有三个世代在同台亮相、同显身手。清末的舞台上，主角是康有为、梁启超、严复、章太炎等"清末一代"，但"洋务一代"的张之洞还发表了《劝学篇》，而"五四一代"在19世纪末20世纪初也已初露锋芒，如陈独秀于1903年发起成立爱国会、于1904年创办了《安徽俗话报》，鲁迅立志"我以我血荐轩辕"、发表了《摩罗诗力说》等早期文章，胡适也在《竞业旬报》等发表了作品。五四时期，主角是"五四一代"，包括老师辈的陈独秀、鲁迅、胡适等，也包括傅斯年、罗家伦等青年学生，蔡元培是前一世代的，但功业主要在五四时期；而"清末一代"的梁启超、康有为、王国维、章太炎、严复等还有着重要影响，"后五四一代"的郭沫若、俞平伯等人也开始发出自己的声音。在"后五四"年代，"后五四一代"成了历史的主角，尤其是接受并参与建构革命意识形态的"延安知识分子群体"逐渐确立起话语霸权与知识权势，但"五四一代"的健将胡适等仍发挥重要的影响，而"解放的一代"或者说"十七年一代"也开始登场了。在20世纪80年代，"'解放的一代'与'红卫兵的一代'几乎不分彼此，共同发动、主导或参与了新启蒙主义运动"，① 此外，还有"后五四一代"的王元化等人，同时在当时的论坛、研讨会、报刊上也出现了60年代出生的"新生代"学人的身姿与声音。

在知识分子的代际嬗替中，有后一世代对前一世代的肯定与推崇，如胡适在《四十自述》里声称自己的名字是用了"适者生存"的"适"字，是严复译本《天演论》风行天下的纪念品；还称自己"受了梁先生无穷的恩惠"，"《新民说》诸篇给我开辟了一个新世界，使我彻底相信中国之外还有很高等的民族，很高等的文化；《中国学术思想变迁之大势》也给我开辟了一个新世界，使我知道《四书》《五经》之外中国还有学术思想"。②

但也有前一世代视后一世代过于激情、过于张狂，后一世代批评前一世代落伍甚至呼唤前一世代退场的声音。最早使用"后五四"这一概念、以"五四之子"自称的殷海光将这种现象称为"代间紧张与冲突"。他指出："这里所说代间紧张与冲突，即是在同一个社会中，上一代人与下一代人之间有基本价值观念的背离，有种种紧张的对立情绪滋蔓，并且有着种种实际的利害冲突存在。"③ 不妨再以"五四"为坐标。有"清末一代"对"五四一代"的指责，如严复对"五四"学生罢课就十分不满，认为："学生须劝其心勿向外为主，从古学生干预国政，自东汉太学，南宋陈东，皆无良好

① 语冰：《90年代知识分子的代际研究》，学术批评网。
② 胡适：《四十自述》，欧阳哲生编《胡适文集》第1册，第70—73页。
③ 殷海光：《中国文化的展望》，第201页。

效果，况今日耶！"① "以数千学生乃任一二人毒打，信乎？咄咄学生，救国良苦，顾中国之可救与否不可知，而他日决非此种学生所能济事者，则可决也。"② 但"五四一代"又觉得"清末一代"落伍了。胡适提出质问并加分析："二十年前的革命家，现在哪里去了？他们的消灭不外两个原因：（1）眼镜不适用了。二十年前的康有为是一个出风头的革命家，不怕死的好汉子。现在人都笑他为守旧，老古董，都是由他不去把不适用的眼镜换一换的缘故。（2）无骨子。有一班革命家，骨子软了，人家给他些钱，或给他一个差事，教他不要干，他就不敢干了。"③ 鲁迅写了《趋时和复古》等文批评章太炎、刘半农，"原是拉车的好身手"，现在却"拉车屁股向后"了。但"五四一代"还在发挥影响之时，"后五四一代"的创造社成员对"五四一代"提出了质疑。成仿吾发表《从文学革命到革命文学》，称"胡适之流才叫喊了几声就好像声嘶力竭般逃回了老巢"，"新文化运动不上三五年就好像寿终正寝"。④ "我们分明又看到崛起的'创造社'一群，又在他们与'一代'之间竖起一道屏障。渐渐的，又同样将'五四'一代归入落伍者的行列，要将其清除出学术思想的舞台。"⑤ "五四之子"殷海光也曾激烈地批评"五四一代"激情有余，深刻不足。

## 三

如何区分知识分子群体？对中国现代知识分子群体进行内部结构分析有许多视角。

其一，原有的经典模式是党史研究路径之下的阶级属性分析。这种分析框架"一提起知识分子，首先就是关于其阶级性的界

---

① 严复：《与熊纯如书》，王栻主编《严复集》第3册，第696页。
② 严复：《与熊纯如书》，王栻主编《严复集》第3册，第695页。
③ 胡适：《学生与社会》，欧阳哲生编《胡适文集》第12册，第444页。
④ 成仿吾：《从文学革命到革命文学》，饶鸿兢等编《创造社资料》上册，福建人民出版社，1985，第659—660页。
⑤ 章清：《现代中国知识分子"代际意识"的萌生及其意义》，中国社会科学院近代史研究所编《近代中国与世界》第1卷，社会科学文献出版社，2005，第132页。

说——是属于资产阶级的、小资产阶级的还是无产阶级的。然后，再据此来分析其在历史和社会中的角色和地位"。① 夏丏尊把知识阶层分为上层、中层与下层就近似于此，他指出："知识阶级之中实有表层中层与底层之别：同一教育者，大学教授（野鸡大学当然不在其内）是上层，小学教师是下层；同一文人，月收版税数千元或数百元的是上层，每千字售二三元的是下层。上层的近于资本家或正是资本家，下层的近于无产阶级或正是无产阶级。"② 毛泽东认为知识分子不是一个阶级，他们或者附属于资产阶级或者附属于无产阶级，是依附于不同阶级的特殊阶层。他用"毛"与"皮"的比喻来说明知识分子与其他阶级的关系，附属于资产阶级的就是资产阶级知识分子，附属于无产阶级的就是无产阶级知识分子。他还把是否与工农结合作为区分知识分子政治属性的标准，指出："知识分子如果不和工农民众相结合，则将一事无成。革命的或不革命的或反革命的知识分子的最后的分界，看其是否愿意并且实行和工农民众相结合。"③ 现代知识分子被"书写"在三条不同的政治道路上：接受马克思主义、走上革命道路、与工农结合的无产阶级知识分子；寻求第三条道路的资产阶级、小资产阶级知识分子；追随北洋政府、国民党政权的知识分子，有的被看成反动派的帮凶、反动文人。新民主主义革命时期，党对知识分子基本队伍的定性是小资产阶级，1956 年 1 月召开的全国知识分子问题会议上宣布知识分子"已经是工人阶级的一部分"，后来经过反复，"文革"结束后被重新确认。

其二是历史学研究路径之对中国现代知识分子成长轨迹的阶段分析。人们使用了"传统知识分子"、"近代知识分子"与"现代知识分子"等概念，1840 年与 1919 年是划时代的年份，鸦片战争被

---

① 杨凤城：《中国共产党的知识分子理论与政策研究》，中共党史出版社，2005，第 3 页。
② 夏丏尊：《知识阶级的运命》，《一般》第 17 号，1928 年 5 月。
③ 毛泽东：《五四运动》，《毛泽东选集》第 2 卷，第 559 页。

视为近代中国知识分子觉醒的开端,① 而五四运动则被看成"中国现代知识分子的成年礼"。② 有学者从寻求自由的角度将"中国传统知识分子"分为两类：儒家知识分子走的是一条入世为宦的道路,以求在社会政治生活中实现其价值；道家知识分子或隐逸知识分子逃避政治,向往相对隔绝、与大自然融为一体的生存环境,从而获得内心的安宁与自由。③ 有学者将近代中国知识分子的特点归纳为：生长在国门被强行打开、处处落后挨打的半殖民地社会之中,有强烈的忧患意识与民族情感；从知识结构看,既有传统知识,也有西学知识；有较强的政治意识,经济意识却相对淡薄；由于近代中国社会的畸形发展,由于帝国主义的压迫与国内的反动统治,聪明才智得不到发挥,一般难逃悲剧命运。④ 而现代知识分子的特点,有学者将其与"近代知识分子"做了对比：数量与规模较之近代扩大了；近代知识分子没有明确的反帝纲领,但现代知识分子始终明确地把斗争的主要锋芒指向帝国主义；近代知识分子基本由封建士人和具有资本主义倾向的知识分子组成,而现代知识分子基本上由资产阶级和小资产阶级知识分子组成,另有少数无产阶级知识分子；现代知识分子的上层,多数长期留学海外,所受资本主义的影响,比近代知识分子深远得多；近代知识分子"科举之外无他业"的状况没有根本改变,职业结构是一元化的,而现代知识分子的职业结构呈现多元化；现代知识分子发挥了比近代知识分子更为重要更为广泛的作用。⑤ 这种分析框架显然没有从现代意义上的"知识分子"概念出发,我们还是要回归到传统士大夫向现代知识分子转型这一角度上来。

　　其三是社会学研究路径之下从社会分工、社会影响与社会功能的角度所进行的分析。从社会分工的角度,包括宏观层面的科技型

① 何一民：《鸦片战争与近代中国知识分子的觉醒》,《四川大学学报》1992 年第2 期。
② 李新宇：《中国现代知识分子的成年礼》,《扬子江评论》2007 年第 5 期。
③ 陆群：《自由之艰难：中国现代知识分子的精神磨砺》,《青海师范大学民族师范学院学报》2004 年第 2 期。
④ 黎仁凯：《近代中国知识分子的历程与特点》,《河北大学学报》1991 年第 4 期。
⑤ 王金铻：《中国现代知识分子的历史轨迹》,《史学集刊》1988 年第 2 期。

知识分子、人文型知识分子、传媒型知识分子与从事社会管理的制度型知识分子，也包括微观层面知识圈、学术圈的各个界别如经济学界、文学界、史学界等。当时，各界纷纷组织各学科的学会。从社会影响的角度，随着西方"公共知识分子"概念的引入，出现了专业知识分子（职业知识分子）与公共知识分子（公众知识分子、公意知识分子）的划分。"清末一代"的康有为、梁启超、严复、章太炎、王国维等人，与"五四一代"的陈独秀、胡适、鲁迅等人，具有"学贯中西"的知识结构与"忧国忧民"的公共情怀，既是"知识人"又是"社会人"，其国学素养"绝后"，其西学背景"空前"，其政治与社会影响力巨大而深远，堪称"公共知识分子"。20 世纪 80 年代以来，也涌现了一批社会知名度高、拥有大量读者的"公共知识分子"。21 世纪初，有学者列出了一串名单，"例如经济学界的厉以宁、吴敬琏、张曙光、茅于轼、汪丁丁、张维迎、樊纲、梁小民、盛洪、张宇燕都比较明显地是公共知识分子，林毅夫、周其仁、温铁军等可以说在一定程度上也是"，还有社会学界的郑也夫、李强、王铭铭、李银河、黄平、王小波，法学界的贺卫方，文史学界的汪晖、秦晖、徐友渔、雷颐、甘阳、许纪霖、葛剑雄、朱学勤、张汝伦、钱理群、王焱、王晓明、韩少功，政治学领域的刘军宁，等等。[1]《南方人物周刊》2005 年第 7 期特别策划"影响中国公共知识分子 50 人"，此后"政右经左工作室"每年推举当年度富有影响的公共知识分子。从专业知识分子的角度，目前看来值得称道的还是"后五四一代"，如李济、梁思永等开创的考古学，潘光旦、费孝通、孙本文等创立的社会学，梁思成开拓的中国古代建筑史，等等。后又有学者从社会功能的角度区分了一般知识分子与战略知识分子。首次提出"战略知识分子"概念的，是陶文昭教授，他于 2010 年 8 月在《人民论坛》杂志发表了《战略知识分子的标志》一文，提出：社会中大部分的知识分子属于战术性的，致力于解决日常生产和生活中的具体问题，即技术性的、对策性的问题，但也要有少数知识分子思考战略性的问题，"我们社会正需要

---

①　苏力：《中国当代公共知识分子的社会建构》，《社会学研究》2003 年第 2 期。

一批务虚的、踱方步的战略知识分子"。① 此后，《人民论坛》组织了关于"战略知识分子"的讨论。

其四是文化学研究路径之下对知识分子群体类别的划分。如"激进主义—自由主义—保守主义"的"三大思潮"框架下对三大群体的分析。"五四一代"已出现三派的明显分野：以陈独秀、李大钊为代表的激进主义知识群体，激烈批判传统，接受了马克思主义，主张对社会问题采取激进革命、直接解决的方式；以胡适为代表的自由主义知识分子，倡导个性解放，主张"一点一滴的"社会改良；杜亚泉、梁漱溟、吴宓等保守主义知识分子致力于传承传统文化，或潜心于学术。在"后五四"时代，激进主义一脉有以鲁迅为代表的、集合在"中国左翼作家联盟"之下的左翼知识分子群体，还有30年代中期至40年代中期聚集的延安知识分子群体等；自由主义一脉主要是集结在《新月》、《独立评论》、《观察》周刊等报刊的知识分子群体，他们以传媒为"公共空间"发表言论、影响政治，还有抗战后期、解放战争时期致力于"中间路线"的民主人士；保守主义一脉有新儒学的熊十力、冯友兰、钱穆等人，发表《中国本位文化宣言》的"十教授"等。90年代的知识分子也分化出自由派、新保守主义与新左派等具有不同价值与思想倾向的群体。

还有其他研究路径之下的分析，如2011年岁末《中国青年报》等媒体对"富教授豪车代步，穷教授发愁买车"的"富教授、穷教授"现象的观察，就是经济学研究路径之下的一种区分。这里不再一一列举。

[原载《东岳论丛》2012年第3期]

---

① 陶文昭：《战略知识分子的标志》，《人民论坛》2010年第15期。

# 中国现代知识分子的十种矛盾"心结"

　　多样、善变、纠结、冲突是中国现代知识分子心态的重要特征，其中有十种基本的矛盾心态：国家观念与世界意识的对撞冲突，中学与西学的两难选择；新与旧的冲突，传统与现代的对垒，现代性与后现代性的交战；学理与技术的无所适从，人文与科技的难以兼顾；对国家民族、社会群体的关怀与对个体自由、个性解放的追求交织于胸中；对理性精神、逻辑思维、科学思辨的推崇与对情感、感性与肉欲的呼唤并存于心间；对国家现状国民精神状态的忧患与对民族前途赶超前景的乐观均呈脑海；摇摆于学术与政治之间，在治学与问政、"谈文艺"与"谈政治"的对立中走着"歧路"；纠结于知识与财富两种价值，在道义与功利、忧道与忧贫、清高与"言利"、守护学术与追求财富之间游走人生；徘徊于启蒙者与被改造对象两种角色，在改造国民与改造自己之间无所依凭；困惑于批判性与建构性、传统价值的批判与现代意义的重建两种使命，在破与立、批判与重建、解构与建构之间陷于迷茫。

　　在从传统社会到现代社会转型过程中诞生的中国现代知识分子，置身新旧杂存、复杂而全方位的社会转型，目睹巨大、深刻而急遽的社会变迁，面对中西古今文化的激烈碰撞，感受安身立命之环境的巨大变化，其心灵世界泛起过片片的巨浪，掀起过阵阵的波澜，充斥着各相矛盾的"二重思想"，充满着难分难解的"心结"。"我心深深处，中有千千结"，多样、善变、矛盾、纠结、冲突是中国现代知识分子心态的重要特征。社会变迁的幅度、速度、深度是超常规的，知识分子心灵的漂泊、敏感、痛苦与挣扎也是异乎寻常的。从先驱者精神世界的焦虑焦灼、愁肠百结乃至撕心裂肺的千千心结中，我们不妨梳理出十种基本的矛盾心态。

## 一

西学东渐、现代性扩张将中国知识人带入了全新的观念世界、精神世界与知识世界，他们视野中的知识与学问不再局限于"四书五经"，不再局限于"汉学""宋学"，不再局限于义理、辞章、考据，也不再局限于经史子集，而是必须面对浩瀚无际的知识海洋，面对突飞猛进的科学技术，面对铺天盖地的海量信息，面对浩如烟海的文化资源。中国现代知识分子在重构自身知识结构、建设中国现代知识体系、整理人类知识谱系时，需要在"古"与"今"、"中"与"西"、"学"与"术"、人文与科技之间进行选择与取舍，因此就有了游移于本土与域外、徘徊于传统与现代、彷徨于科学与玄学（人文）的三种"心结"。

"心结"之一：国家观念与世界意识的对撞冲突，中学与西学的两难选择。"开眼看世界"使先进的中国人突破了"普天之下，莫非王土；率土之滨，莫非王臣"的天下观念，形成了现代世界知识、现代世界意识与现代国际秩序观念，也形成了现代民族意识、现代国家观念与现代主权意识，这是相辅相成的两个方面，但又分立、分疏于两极。现代国家观念、现代民族意识形成于 19 世纪末 20 世纪初，对国家、朝廷（政府）、君主的现代认识形成于这个时候，"民族主义"与"中华民族"的概念也形成于这个时候。严复提出"国者，斯民之公产也"，[①] 传播了主权在民的资产阶级国家理论。稍后，梁启超正是从这一角度展开并对国家与朝廷做了区分，他说："今夫国家者，全国人之公产也。朝廷者，一姓之私业也。国家之运祚甚长，而一姓之兴替甚短。国家之面积甚大，而一姓之

---

① 严复：《辟韩》，王栻主编《严复集》第 1 册，第 36 页。

位置甚微。"① 陈独秀也撰文指出："要问我们应当不应当爱国，先要问国家是什么。原来国家不过是人民集合对外抵抗别人压迫的组织，对内调和人民纷争的机关。善人利用他可以抵抗异族压迫，调和国内纷争；恶人利用他可以外而压迫异族，内而压迫人民。"梁启超在 1898 年的《东籍月旦》中文文献中较早使用了"民族"一词，② 在 1901 年的《国家思想变迁异同论》、1902 年的《中国学术思想之变迁之大势》中最早使用了"民族主义"与"中华民族"的概念。其他有识之士则纷纷撰文宣传了"民族建国主义"、民族建国思想。先驱者还认识到要"自强保种"、保卫自己的国家、在激烈的国际竞争中处于有利态势，就要"师夷长技""取材异域""适乎世界之潮流"，因此，对于列强，"越恨他，越要学他"，③ 对世界文明成果要实行"拿来主义"。但世界主义与民族主义、世界意识与国家观念毕竟是两种对立的意识，先驱者尽管做过各种调和、调适的努力，如康有为的孔教试图将民族主义立场与世界主义情怀统一于其思想体系，④ 梁启超在《爱国论》中提出"一面爱国，一面还有超国家的高尚理想"的"世界主义的国家"，胡汉民论证"世界主义是民族主义的理想，民族主义是世界主义的实行"，还有一直到现在还流行的"越是民族的，越是世界的"说法，但现代知识分子心灵中世界意识与民族情怀的紧张关系一直没有得到很好的纾解。一直到 20 世纪 80 年代的"开放"与"寻根"、90 年代的"与世界接轨"与"中国可以说不"、加入世贸组织后的"普世价值"与"中国道路"，知识人还一直徘徊在世界与中国、全球化与民族

---

① 梁启超：《中国积弱溯源论》，《饮冰室合集·文集之五》，中华书局，1989，第 16 页。
② 1989 年版《辞海》认为梁启超的《东籍月旦》一文最早使用了"民族"一词。但有的学者追溯到 1896 年《强学报》第 2 号上的《论回部诸国何以削弱》一文，文中曰："计五十年来，由鸭苏劣地爹士蒲地士唔（译言，意思为全权无限刑威独擅）之国，无不或弱或亡，其何故哉？夫国之易治者，莫如君权之独擅者也，莫如民族之顺命也。"有的学者提出王韬在 1882 年的《洋务在用其所长》一文中最早使用"民族"一词，该文曰："我中国……幅员辽阔，民族殷繁。"
③ 陈天华：《猛回头》，郅志选注《猛回头——陈天华·邹容集》，辽宁人民出版社，1994，第 69 页。
④ 参见喻大华、李孝君《康有为孔教思想中的民族主义立场与世界主义情怀》，《辽宁师范大学学报》2007 年第 5 期。

化之间。

政治意识上是民族主义与世界主义的两歧,而文化观念上则是中西学之争。面对西方文化的强势冲击,面对西学的"霸权话语",可以说任何一个现代中国人都难以完全置身于西潮之外,但中国传统同样是极其强大、深厚的,外来的、现代的东西一旦进入中国,往往变得面目全非。因此,西学与中学的拉锯一直不断,"东西文化孰得孰失,孰优孰劣,此一问题围困住近一百年来之全中国人,余一生亦被困在此一问题内"。① 尽管从晚清到现代相继提出了"中学为体,西学为用"、"以自由为体,以民主为用"(严复)、"不中不西,亦中亦西"、"西方物质—中国精神"、"全盘西化"(代表人物陈序经)、"中国本位的文化建设"、"以民族精神为体,以西方文化为用"(或者说"以儒家文化为体,以西洋文化为用",贺麟)"西体中用"(李泽厚)、"西学为体,中学为用"(黄仁宇)等花样不断翻新的文化纲领,但中西学之争、东西方文化论战一直没有停止,中化与西化之间一直没有达到和谐交融的境界,知识分子的文化心灵也就一直起伏不定。

"心结"之二:新与旧的冲突,传统与现代的对垒,现代性与后现代性的交战。如果说中国与世界、东方与西方是空间维度上的接触,那么,传统与现代、现代与后现代是时间维度和发展阶段上的碰撞,如同中西之争给人们心灵带来的波澜,古今之别也使现代知识分子倍感困惑。古今问题与中西问题有密切关系,但两者不能等同。五四后期,瞿秋白指出"东西文化的差异,其实不过是时间上的",② 意即东西之异实质是古今之别。冯友兰在《三松堂自序》中认为,东西文化问题"不是一个东西的问题,而是一个古今的问题,一般人所说的东西之分,其实不过是古今之异……现代的欧洲是封建欧洲的转化和发展,美国是欧洲的延长和发展。欧洲的封建时代,跟过去的中国有很多地方是相同的,或者大同小异。至于一般人所说的西洋文化,实际上是近代文化。所谓西化,应该说是近

---

① 钱穆:《八十忆双亲·师友杂忆》,台北,东大图书公司,1983,第34页。
② 瞿秋白:《东方文化和世界革命》,《瞿秋白选集》,人民出版社,1985,第15页。

代化"。① 在近代，西化与现代化大致还可等同，因此，古今问题比较接近中西问题。但从现在的角度看，古今（传统与现代）问题与中西问题是有着明显区别的：传统是多元的，传统里有着可现代性因素，有具有超越时代性价值的因素，可以"古为今用"；现代对传统的批判也不一定是从现代性的尺度出发，如"文革"的反传统就不是以现代性去批判传统；现代性不只有西方一种模式，本土中国已发展出一个全新的现代中国，出现了现代性的"中国模式""中国道路"。知识分子在新与旧的选择、传统到现代的变迁中表现了既回眸又前瞻的矛盾心态。保守文人有趋新的倾向，现代学人也有怀旧的追求，于是，出现了以"中国西学第一人"著称的严复以渊雅的先秦古文翻译西学名著、不懂外语的林纾翻译了 180 余种外国文学作品、湖湘人士"守旧固然守得很凶，趋新也趋得很急"、新文化人忙于"整理国故"、保守文人如杜亚泉致力于传播科学、"文化怪杰"辜鸿铭精通多种外语饱学西洋文明而一意保守、留洋学洋的吴宓成为"新派的古董"等离奇而矛盾的现象。人们注意到了中国现代知识分子徘徊于传统与现代之间的心路历程，并提出不同的解读模式、分析框架。（1）知与行的分疏，即现代的"知"与传统的"行"、新潮思想与传统行为并存。余英时认为，"士"的传统虽然在现代结构中消失了，"士"的幽灵却仍然以种种方式，或深或浅地缠绕在现代中国知识人的身上。五四时代知识人追求"民主"与"科学"，若从行为模式上做深入的观察，仍不脱"士以天下为己任"的流风余韵。（2）理智与情感的背离，即理智上疏远传统，感情上皈依传统。勒文森在《梁启超与中国近代思想》一书中指出，梁启超在 19 世纪 90 年代作为这样一个人登上文坛：由于看到其他国度的价值，在理智上疏远了本国的文化传统；由于受历史制约，在感情上仍然与本国传统相联系。（3）前期离异传统，后期回归传统。现代知识分子如王韬、严复、孙中山等对传统文化的态度，总体上由顶礼膜拜而批判继承，进而又不同程度地回归到传统；在回归的动因上，传统文化的顽冥根深是内因，对西方文明的失望

① 冯友兰：《三松堂自序》，人民出版社，1984，第 256 页。

是诱因。①

现代性一面要面对传统的羁绊、面对文化保守主义思潮传统视野之下的反省，一面又要面对后现代性的挑战。80 年代末，知识分子在移植、建构现代性的同时，开始了对后现代话语的承传，他们的心态就不只摇摆于传统与现代之间，而且处在现代性与后现代性的夹击之中。现代性给现代知识人带来的不只是欢歌，也有忧伤。知识分子从家族走出而无法立足于市民社会，因废除科举失去晋升空间而缺乏新的正常从政通道，批判了传统而又缺乏新文化的方向感，"新知识分子在现代性进程中发生身份认同危机，成为'社会流民'、'政治流民'和'文化流民'，就必然产生一种现代性焦虑，这是新知识分子最根本的精神状态"，"正是基于这种现代性焦虑，才导致新知识分子在五四时期选择了现代性，五四以后又选择了反现代性，从而使中华民族和知识分子本身经历了一个多世纪的坎坷命运"。② 经过"五四"以来的现代化之路，中国从传统社会到现代社会的转型仍远未完成，但西方"早发内生型现代化"、西方现代性的弊端早已呈现，国内现代化也是"机遇与挑战并存"，面临困难与问题，对现代性、对启蒙的反思与批评就难以避免，正是在对现代性质疑与反思浪潮中，一部分学人从现代性已经"终结"的西方引进后现代性理论，对处在"现在进行时"的国内现代化进行检讨。后现代性对当下的中国并不适时，但它为处于现代性焦虑中的知识分子提供了另一种选择，因而与紧张、忙碌的现代性社会保持适当距离成为一部分人的向往。不过，向往后现代的知识人还只能主要从现代性体制获取资源，因而另一种选择同时也叠加着另一层焦虑。90 年代以来的后现代性以后殖民主义、文化霸权理论、东方主义、知识－权力关系思想、解构主义等思想资源对启蒙传统、现

---

① 参考相关成果如章开沅《从离异到回归——孙中山与传统文化的关系》，《历史研究》1987 年第 1 期；俞祖华：《五四时期复古与西化的文化偏向——对文化回归现象的再认识》，《中州学刊》1988 年第 1 期；宾长初：《离异与回归：戊戌变法后梁启超两次思想转变》，《求是学刊》1995 年第 5 期；苏全有：《近代中国离异与回归现象反思》，《山西师大学报》2004 年第 1 期；等等。

② 杨春时：《现代性与知识分子的身份认同》，《社会科学战线》2006 年第 5 期。

代性与知识分子的社会核心地位提出质疑，使现代知识人在建构知识与学术体系时更加无所适从。

"心结"之三：学理与技术的无所适从，人文与科技的难以兼顾。中国古代重道轻器，重人文而轻物理，重"学""理"而轻"术""艺"，"凡有希望在哲学领域成名的，没有人会愿意费劲去钻研数学或医学"，士大夫为了通过科举取得功名埋头于"四书五经"，"凡希望成为或被认为是学者的人，都必须从这几部书里导引出自己的基本学术"。① 有清一代汉学盛极一时，宋学虽无汉学之盛，从事者却代不乏人。汉学易被讥为琐碎，宋学常被批评空腐。道咸以降，有识之士有感于内忧外患，提倡经世致用、通经致用。但近代初期技术仍被贬为"奇技淫巧"，"器"仍被视为低于、从属于"道"。到清末，严复、梁启超等人在开创中国学术体系之时强调"学"与"术"的分疏，意在提倡兼重学理与技术。严复在《原富》的按语中写道："盖学与术异。学者考自然之理，立必然之例。术者据已知之理，求可成之功。学主知，术主行。"② 1911 年，梁启超在《学与术》一文中也指出："学也者，观察事物而发明其真理者也；术也者，取所发明之真理而致诸用者也。"③ 新一代知识人还希望同样重视人文社会科学与自然科学，如康有为自己致力于经学、孔教、大同之学，又大力提倡农工商财、天文地理、物理化学等"物质之学"，他在《物质救国论》一文中认为"中国数千年之文明，实冠大地，然偏重于道德哲学，而于物质最缺然"，故"中国救急之方在兴物质"。④ 严复大力提倡西方"格致"、提倡自然科学，但也高度重视人文社会科学，翻译了《天演论》《原富》《群学肄言》《群己权界论》《穆勒名学》《法意》等西方学术名著。

尽管清末严复等人对学理与技术、虚理与实用、人文与科技、

---

① 〔意〕利玛窦、〔比〕金尼阁：《利玛窦中国札记》，何高济、王遵仲、李申译，广西师范大学出版社，2001，第 25—26 页。
② 严复：《〈国富〉按语》，王栻主编《严复集》第 4 册，第 885 页。
③ 梁启超：《学与术》，《饮冰室合集·文集之二十五》（下），第 12 页。
④ 康有为：《物质救国论》，《康有为政论集》上册，中华书局，1981，第 565、574 页。

价值理性与工具理性之间的关系就有了上述认识，但由于近代以来的社会环境及其他因素，现代学人、现代知识人仍然困惑于道器之辨、基础学理与应用技术之争，仍然迷沌于科学主义与人文精神的两难选择之中。严复称学术是"为己之学"，[①] 向往不为名、不为利、为学术而学术的纯学术，但从救亡的需要出发，他又以是否"有用"、从工具理性的角度取舍中西学术，批判他认为"无实"与"无用"的宋学汉学，移植他认为是西方富强之本源的自由主义。近代有多位思想家、文学家最初学的是实业科技、是实用技术、是理工农医乃至军事，但后又转向文学、转向人文、转向文科，经历了徘徊于实用技术与思想启蒙、科学救国与开启民智的心路历程。严复到英国学的是海军知识，职业是天津水师学堂教习，在甲午战争惨败结局的刺激下发表政论呼唤救亡，后致力于翻译西书，介绍西方社会科学，成为启蒙大师。鲁迅早年在日本仙台医学专科学校学习，看到国人麻木地围观自己的同胞被日军砍杀，意识到改造国民心灵更为重要，决意"弃医从文"。胡适1910年进康奈尔大学时是学农科的，后转入该校的文理学院改习文科，学习哲学、文学等，据他在《四十自述》中的说法，原因之一是"辛亥革命，打倒满清，建立民国"。这种情况还有不少，郑伯奇在《忆创造社》一文中说："'创造社'初期几个重要作家，无论沫若、仿吾或达夫，他们在大学，谁也没学文科。沫若在'九大'（九州帝国大学的简称，设在九州岛上的福冈市）学医，知道的人很多。达夫学的政治经济学，比较跟文学还接近一些；仿吾学'造兵'科，就是制造大炮机关枪之类的专业，离文学简直是十万八千里。他们所学的和以后所从事的行道为甚么相差这么远呢？如果了解当时中国的情况，那就会毫不奇怪了。他们去日本留学的时候，正当中国辛亥革命以后，富国强兵的思潮风靡一时，他们自然不能不受这时代潮流的影响。他们三人的哥哥都曾留学过日本，都和辛亥革命有关系。他们年纪

_____

① 严复在《〈涵芬楼古今文钞〉序》中说："盖学之事万途，而大异存乎鹄。以得之为至娱，而无假外慕，是为己者也，相欣无穷者也。"王栻主编《严复集》第2册，第275页。

轻轻，就在自己的兄长的同意和帮助之下去日本留学，入学志愿自然不能不受这种社会环境和家庭的影响。当初入学的时候，他们年纪很轻，按照当时社会要求和家庭希望所选报的专业，自己也颇为满意。但是在相当长的学习时间，国内外的形势在变化，时代思潮也不断变化，他们不能不受相当的影响。特别是伟大的十月革命和五四运动对他们的思想影响是深刻而剧烈的。这就使他们对于自己以前所选择的道路不能不发生矛盾的苦闷。"[1] 但仍有人强调实用，强调科技，致力于"科学救国""实业救国"，不过还是一样的迷茫、苦闷。现代知识分子一直没有从科学理性、实用理性与人文精神、道义价值的迷思中走出，从20年代的"科学与人生观"论战，到90年代关于人文精神的讨论，再到当下对商业化环境下道德缓坡的拷问，都有对这种两难的求解与追问。

## 二

现代化、现代性、后现代性给现代知识分子带来的不只是"知"、知识结构上的变化，以及构建现代知识学术体系时"新旧"、"中西"与"有用无用"的迷思，同时还有"情""意"即思想情感方式、人格精神上的变化。在这个方面，现代知识分子的心灵同样要面对诸如群体与个体、理性与感性（灵与肉）、希望与绝望等两极取向的交战与冲突。

"心结"之四：对国家民族、社会群体的关怀与对个体自由、个性解放的追求交织于胸中，个人本位与社群取向交替递嬗。中国古代士大夫有着关心国事，关爱苍生，关注社会整体利益，关怀人类文明、宇宙前景的胸襟与情怀，以天下为己任，立志"为天地立志，为生民立道，为往圣继绝学，为万世开太平"。现代知识分子继承了这种救世济民的公共情怀，但又从西方引入了自由主义，引入了人格独立、个性解放的全新的精神气质。先驱者希望个体自由与国群自由、个人奋斗与贡献社会、个性解放与群体意识达到有机

[1] 郑伯奇：《忆创造社》，《文艺月报》1959年6月号。

的统一，如严复将《论自由》译为《群己权界论》，主张"人得自由而以他人之自由为界"；鲁迅将"立人"与"立国"结合，称"首在立人，人立而后凡事举，若其道术，乃必尊个性而张精神"，"人既发扬踔厉矣，则邦国亦以兴起"；① 陈独秀主张"内图个性之发展，外图贡献于其群"，"不以个人幸福损害国家社会"；② 胡适提倡个人主义的逻辑是"为个人争自由就是为国家争自由，争取个人的人格就是为国家争人格"；③ 等等。但他们所希望的体现个体与群体统一的个性解放、"健全的个人主义"、"真的个人主义"受到了来自两极的自私自利、独善其身的"为我主义"与个体自由服从国群自由的集体主义的夹击，既要对不顾群体只顾个体的极端自由主义、极端个人主义进行纠偏，又要从救亡运动风起云涌、民族主义举国弥漫的情势与氛围中争取个人自由的空间，由此先驱者心灵的痛苦挣扎在所难免。严复明白"民之自由，天之所界，吾又乌得而靳之"，又申明"夫言自由而日趋于放恣……此真无益"，且认为在民族危亡的情势下"所急者，乃国群自由，非小己自由也"，提出要"人人减损自由，而以利国善群为职志"。梁启超呼唤过天赋人权，呼唤过个体自由，但又在《新民说》中述说"自由"等理念之害；"于是自由之说入，不以之增幸福，而以之破秩序；平等之说入，不以之荷义务，而以之蔑制裁；竞争之说入，不以之敌外界，而以之散内团；权利之说入，不以之图公益，而以之文私见；破坏之说入，不以之箴膏肓，而以之灭国粹。"④ 胡适提倡"易卜生主义"，推崇个体的价值，希望社会上有许多人能像斯铎曼医生那样宣言"世上最强有力的人就是那个孤立的人"，不过稍后他就在《非个人主义的新生活》中对"只顾自己的利益，不管群众的利益"的"假的个人主义"与"只想跳出这个社会去寻一种超出现社会的理想生活"的"独善的个人主义"提出了批评。胡适又希望以科学

---

① 鲁迅：《坟·文化偏至论》，《鲁迅全集》第 1 卷，人民文学出版社，1981，第 57、46 页。

② 陈独秀：《新青年》，《陈独秀文章选编》上册，三联书店，1984，第 113—114 页。

③ 胡适：《介绍我自己的思想》，欧阳哲生编《胡适文集》第 5 册，第 511 页。

④ 梁启超：《新民说·论私德》，《饮冰室合集·专集之四》，第 127—128 页。

建设"统一人生观"，还在《不朽——我的宗教》等篇中把体现个人价值的"三不朽"发展为"社会不朽论"，提出把终究会消失的"小我""永远存留在那个'大我'之中"。"最近我从胡适的十八本日记中发现，从头至尾他都没有考虑到个人的问题，无论婚姻、交友、教书、做事，他所牺牲的都是自我，只为成全大我。在此不难发觉胡适在言论上虽提倡个人自主，行事却是以成全大我为目的，二者之间呈现出一种紧张状态，似乎是矛盾不相容的。"① 鲁迅在给许广平的信中也言及了自己这种矛盾的心态："我的意见原也一时不容易了然，因为其中本含有许多矛盾，教我自己说，或者是人道主义与个人主义这两种思想的消长起伏吧。所以我忽而爱人，忽而憎人……"② 在现代中国，个人与社会的紧张关系很长时间内没有得到缓解，而知识分子不仅在内心长期存有个体性与群体性的交战，其"小我"的自由人格与牺牲"小我"以成全"大我"的主流导向的冲突也时有呈现。

"心结"之五：对理性精神、逻辑思维、科学思辨的推崇与对情感、感性与肉欲的呼唤并存于心间，冷峻与热情、沉思与激情、落寞与飞扬交替起伏。理性是启蒙传统的精神实质，启蒙思想家"不承认任何外界的权威，不管这种权威是什么样的，宗教、自然观、社会、国家制度，一切都受到了最无情的批判；一切都必须在理性的法庭面前为自己存在作辩护或者放弃存在的权利"。③ 中国现代知识分子继承了这种理性精神，五四时期陈独秀所说的"无论何种学派，均不能定为一尊，以阻碍思想文化之自由发展"，④ 与胡适所倡导的"评判的态度"即"凡事要重新分别一个好与不好""重新评价一切价值"等，都足以让人联想到欧洲启蒙思想家那种一切交到理性的法庭上审判的精神。他们还希望热血沸腾的青年坚持理性精神，如鲁迅曾提醒"点火的青年"，"对于群众，在引起他们的公愤之余，还须设法注入深沉的勇气，当鼓舞他们的感情的时候，

① 余英时：《中国文化的重建》，中信出版社，2011，第 188 页。
② 《鲁迅全集》第 11 卷，第 79 页。
③ 恩格斯：《反杜林论》，《马克思恩格斯选集》第 3 卷，人民出版社，1995，第 405 页。
④ 陈独秀：《答吴又陵（孔教）》，《陈独秀文章选编》上册，第 169 页。

还须竭力启发明白的理性"。① 启蒙思想家在呼唤理性之余，又深深感受到了封建旧教条对人性的摧残，于是愤而批判"存天理，灭人欲"的封建理欲观，呼唤"天理"抑制之下的感性、野性与生命冲动，于是，我们又可以看到康有为提出"天欲人理"反拨宋儒的"天理人欲"；谭嗣同接受王船山"人欲"本身即为"天理"的思想，质问"世俗小儒，以天理为善，以人欲为恶，不知无人欲，尚安得有天理"；② 陈独秀倡导"兽性主义"教育，并认为"执行意志，满足欲望（自食色以至道德的名誉，都是欲望），是个人生存的根本理由"；③ 鲁迅指出"食欲是保存自己，保存现在生命的事；性欲是保存后裔，保存永久生命的事。饮食并非罪恶，并非不净；性交也就并非罪恶，并非不净"；④ 等等。

　　理与情、灵与肉、理智与欲望、理性与非理性的冲突，演绎出一幕又一幕跃动在激情燃烧与心灰意冷、冲动与克己之间"悲欣交集"的心灵故事。李叔同有过"二十文章惊海内"的出彩功名，有过青春岁月的飞扬激情，有过壮怀激烈的入世豪情，也有过缠绵悱恻的相思恋情，写过《祖国颂》《我的国》《大中华》等满怀爱国深情的华章，但在1917年39岁之时他按捺下收拾河山的豪气壮志，收卷起风流倜傥的风月情怀，放下了滚滚红尘的声色欲望，作别那潇洒飘逸的诗意人生，飘然而去，遁入空门，如孤云野鹤，守青灯古佛，留下的是"长亭外，古道边，芳草碧连天"的凄美、忧伤旋律。与李叔同对佛教产生兴趣的同时，另一位因辛亥革命的挫折从激烈跌落低谷的浙江同乡鲁迅也在研读佛经，他虽觉得"黑暗与虚无"乃是"实有"，却选择了"绝望的抗战"。鲁迅是理性的，他对传统、对固有文明、对国民性与人性的解剖和批判力透纸背，闪耀着理性的光芒，但其思想的理性光辉有时却以非理性的形式呈现。他汲取了西方的叔本华、尼采与中国古代的志怪传说等非理性思想资源，塑造了借以进行文明批判、社会批判的癫狂系列形象如《狂

---

①　鲁迅：《坟·杂忆》，《鲁迅全集》第1卷，第225页。

②　谭嗣同：《仁学》，《谭嗣同全集》（增订本），中华书局，1998，第301页。

③　陈独秀：《人生真义》，《陈独秀文章选编》上册，第240页。

④　鲁迅：《我们现在怎样做父亲》，《鲁迅全集》第1卷，第131页。

人日记》中的"狂人"、《药》中的夏瑜、《长明灯》中的疯子等，表达了诸如绝望、狂热、梦境、孤独感、荒原感、死亡意识等对生命的感悟与体验。"我自己总觉得我的灵魂里有毒气和鬼气，我极憎恶他，想除去他，而不能"，① 真善美的一面一直不缺颂歌，但社会的险恶、人性的丑陋、人生的惨痛、人类的悲剧、世界的狠毒这一面，只有鲁迅这样敏感、睿智而深刻的灵魂能够予以感知并加以揭示。鲁迅悲悯、冷峻，但仍有激情、热情，他以"火的冰""死火""地火"的意象表征自己冷寂而热烈、寒凉而暖烫的冰冷火热的心态。他说："遇着说不出的冷，火便结了冰了。中间有些绿白，象珊瑚的心，浑身通红，象珊瑚的肉，外层带些黑，也还是珊瑚焦了。好是好呵，可惜拿了便要火烫一般的冰手。火，火的冰，人们没奈何他，他自己也苦么？唉，火的冰。唉，唉，火的冰的人！"② 又有："而一切青白冰上，却有红影无数，纠结如珊瑚网。我俯看脚下，有火焰在。这是死火。有炎炎的形，但毫不摇动，全体冰结，像珊瑚枝；尖端还有凝固的黑烟，疑这才从火宅中出，所以枯焦。"③ 还有："地火在地下运行，奔突；熔岩一旦喷出，将烧尽一切野草，以及乔木，于是并且无可朽腐。"④

鲁迅作为中国现代最主要的文学家与思想家是在新文化运动中登场的，在"五四"那激情燃烧的岁月过后，新文化阵营发生了分化，"有的高升，有的退隐，有的前进"。一些受五四运动影响的热血沸腾的青年知识分子投身国民革命、新民主主义革命的洪流，"激情在这里继续燃烧"，只是当年的鲁迅说过"既然是呐喊，则当然须听将令"，而此时的"将令"已不再是"呐喊""启蒙"，而是"革命""思想改造"了。不过在革命知识分子群体中，启蒙理性并没有被全然淡忘，如在30年代的新启蒙运动中张申府、何干之等就把启蒙定位为"理性运动"、定位在"思想解放"。而被指"退隐"的当包括退入书斋的学者，他们还是要在沉寂与激情中徘徊，如曾

---

① 鲁迅：《致李秉中》，《鲁迅全集》第 11 卷，第 431 页。
② 鲁迅：《自言自语·火的冰》，《鲁迅全集》第 8 卷，第 92 页。
③ 鲁迅：《野草·死火》，《鲁迅全集》第 2 卷，第 195 页。
④ 鲁迅：《野草·题辞》，《鲁迅全集》第 2 卷，第 159 页。

经在"五四"次日书写岳飞的《满江红》悬挂于清华园的闻一多，其心灵在"你流一滴泪，灰一分心"与"既已烧着，又何苦伤心流泪"（《红烛》）中颤动，"从 20 年代的国家主义者变为 30 年代的书斋隐士，再变为 40 年代的革命斗士"。[①]

"心结"之六：对国家现状国民精神状态的忧患与对民族前途赶超前景的乐观均呈脑海，绝望之念与希望之心时隐时现。

进入近代之前，龚自珍等人已洞察到"日之将夕，悲风骤至"，衰世将临。列强的入侵更把救死不遑的民族生死存亡的危机摆到国人面前，先驱者对此有着深刻、痛彻、悲切的体验。甲午战争失败是中华民族觉醒的重要契机，正从士大夫向现代知识分子转型的士子们在世纪之交抒发了对民族前途的深沉忧思。康有为痛陈："俄北瞰，英西晱，法南瞵，日东眈，处四强邻之中而为中国，岌岌哉！况磨牙涎舌，思分余其者，尚十余国。"[②] 梁启超警告称："敌无日不可以来，国无日不可以亡。数年以后，乡井不知谁氏之藩，眷属不知谁氏之奴，血肉不知谁氏之俎，魂魄不知谁氏之鬼。"[③] 严复提醒道："故其端起于大夫士之怙私，而其祸可至于亡国灭种，四分五裂，而不可收拾。"[④] 谭嗣同发出"世界无物抵春愁，合向苍冥一哭休；四万万人齐下泪，天涯何处是神州"的悲壮呼号。孙中山草拟的《香港兴中会章程》提出"呜呼惨哉""呜呼危哉"的感叹。秋瑾留下了"秋风秋雨愁煞人"的绝笔。随着民族危机的进一步加深，现代知识分子的忧思更为创巨痛深，鲁迅担忧"中国人要从'世界人'中挤出"，[⑤]《义勇军进行曲》发出了"中华民族到了最危险的时候"的吼声。但先驱者没有被危机压垮，没有被忧患击倒，没有向厄运低头。他们秉持对转危为机的信念，保持对祖国前途的乐观，深信国家可以从危机中走出，深信一定能够实现民族复兴的目标，深信中国可以赶超先进国家。康有为提出："泰西变法

---

① 许纪霖：《激情的归途——"闻一多道路"的另一种解读》，《读书》1998 年第 10 期。
② 康有为：《京师强学会序》，《康有为政论集》上册，第 165 页。
③ 梁启超：《南学会序》，《饮冰室合集·文集之二》，第 65—66 页。
④ 严复：《论世变之亟》，王栻主编《严复集》第 1 册，第 4 页。
⑤ 鲁迅：《热风·随感录三十六》，《鲁迅全集》第 1 卷，第 307 页。

三百年而强，日本变法三十年而强，我中国之地大民众，若能大变法，三年而立。"① 孙中山认为可以在十年、二十年后"突驾"日本、欧美，后来又说，若国民"一心一德，以图富强，吾决十年之后，必能驾欧美而上之也"。②

先驱者的心灵在忧伤与乐观、希望与绝望、信心与失望之间摇摆起伏，失望过，却又怀疑于自己的失望。对于在绝望与希望之间的挣扎体验最深刻的，当属鲁迅，他向世人呈现了两种情绪之间"一种深刻而未获解决的冲突"（林毓生）。目睹麻木的国民，面对恶势力的残虐，看到辛亥革命失败，他深感寂寞、悲哀、愤懑、痛苦、失望与绝望："寂寞又一天一天地长大起来，如大毒蛇，缠住了我的灵魂"；③"我的生命，至少是一部分的生命，已经耗费在写这些无聊的东西中，而我所获得的，乃是我自己的灵魂的荒凉和粗糙"；④"见过辛亥革命，见过二次革命，见过袁世凯称帝，张勋复辟，看来看去，就看得怀疑起来，于是失望，颓唐得很了"。⑤ 但他一直在探索新路，一直在寻求新生，一直在"反抗绝望"，一直在心存希望——那种绝望中的希望。新文化运动前夕，他确信"希望是在将来，决不能以我之必无的证明，来折服了他之所谓可有"。⑥ 1921 年初发表的小说《故乡》以"希望"结尾："我想：希望本是无所谓有，无所谓无的。这正如地上的路；其实地上本没有路，走的人多了，也便成了路。"⑦ 1925 年初发表的《野草·希望》，表达了"绝望之为虚妄，正与希望相同"。⑧ 1926 年"三一八"惨案发生后，当他目睹了中国女子"在弹雨中互相救助，虽殒身不恤的事实"，觉得"苟活者在淡红的血色中，会依稀看见微茫的希望；真

① 康有为：《请饬各省改书院淫祠为学堂折》，《康有为政论集》上册，第 311—312 页。
② 孙中山：《建国方略·民权初步》，广东省社会科学院历史研究室等编《孙中山全集》第 6 卷，中华书局，1985，第 414 页。
③ 鲁迅：《呐喊·自序》，《鲁迅全集》第 1 卷，第 417 页。
④ 鲁迅：《华盖集·题记》，《鲁迅全集》第 2 卷，第 4—5 页。
⑤ 鲁迅：《南腔北调集·〈自选集〉自序》，《鲁迅全集》第 4 卷，第 455 页。
⑥ 鲁迅：《呐喊·自序》，《鲁迅全集》第 1 卷，第 419 页。
⑦ 鲁迅：《呐喊·故乡》，《鲁迅全集》第 1 卷，第 485 页。
⑧ 鲁迅：《野草·希望》，《鲁迅全集》第 2 卷，第 178 页。

的猛士，将更奋然而前行"；① 稍后又提到"我们所可以自慰的，想来想去，也还是所谓对于将来的希望。希望是附丽于存在的，有存在，便有希望，有希望，便是光明"。② 希望，这是一种强大的信念，支持着在绝望中挣扎的鲁迅，支持着在厄运中饱受磨难的国人，与黑暗斗争，与命运抗争。

## 三

知识分子是一个现代概念，按照严格的标准，不是读书多、有了渊博知识就可以看作知识分子，一个真正的知识分子应当具备批判精神与公共情怀。现代中国知识分子在寻求自身的角色定位时，就面对专业领域与公共关怀的矛盾，他们在学术与政治、知识与财富、精英意识与民粹意识、建构者与批评者之间两面相顾，其结果常常是依违费思量，相顾两茫茫，无处话凄凉，此情堪忧伤。

"心结"之七：摇摆于学术与政治之间，在治学与问政、"谈文艺"与"谈政治"的对立中走着"歧路"。

"学而优则仕"的圣人教诲，"造端格致，归宿治平"的学政模式，"书中自有黄金屋"的体制安排，使读书做官、士人求仕成为传统社会士大夫趋之若鹜的追求，它对中国文人的行为模式产生了重要影响。但清末废除科举阻断了诸多士子的从政通道，他们被迫在现代转型中社会寻求新的职业生涯，也重新进行角色定位：体制转轨使其漂泊于社会，但忧国忧民的传统情怀促使其仍留意于政治，政治成了现代学人的不解情缘。他们大致可分为以下四类。第一类知识人对于学术与政治都兴味甚浓，选择政治与学术之间的"政学两栖"之路，或边从政边问学，或以学术经世，或在学术与政治之间进行转换，典型人物有康有为、梁启超、章太炎等。梁氏晚年回忆："我的学问兴味政治兴味都甚浓；两样比较，学问兴味更为浓些。我常常梦想能彀在稍为清明点子的政治之下，容我专作学者生

① 鲁迅：《华盖集续编·记念刘和珍君》，《鲁迅全集》第 3 卷，第 277 页。
② 鲁迅：《华盖集续编·记谈话》，《鲁迅全集》第 3 卷，第 359 页。

涯。但又常常感觉：我若不管政治，便是我逃避责任。我觉'我'应该做的事是：恢复我二十几岁时候的勇气，做个学者生涯的政论家。"① 他们早期站在政治浪潮的潮头，处在政治旋涡的中心，在维新运动、立宪运动、辛亥革命、护国运动等清末民初政治事件中留下了身影，"有为、启超皆抱启蒙期'致用'的观念，借经术以文饰其政论，颇失'为经学而治经学'之本意，故其业不倡"，章太炎"亦以好谈政治，销荒厥业"。② 1917 年，梁启超退出政坛，回归书斋，但他依旧关心政治问题，只是重心转向了国民政治，如就五四运动而言，"如果说梁任公掀起了五四运动，未免强调过当，但任公确实与五四事件有直接的关系"。③ 第二类知识人走上了不直接参政而以舆论干政的"文人论政"之路，典型人物有胡适、张季鸾、王芸生、储安平等。被毛泽东称为"大公王"的《大公报》主笔王芸生立志"做一个彻头彻尾的新闻人，不参加任何党派团体，不进政府做官，不参与实际政治斗争，对时代有一个独立的观点和立场，为人民立言，以文章报国"，表示："我作为一份民间报纸的发言人，要保持自己独立的人格，才有独立的发言权，才有资格说真话，对国民党才能嬉笑怒骂。同时，待国共双方都必须一样，是我一贯的原则。"④ 这类人物在学术与政治、"谈政治"与"干政治"之间也是依违两可的矛盾心态，如胡适曾有返国之初"二十年不谈政治"的名言，但才过了两年就于 1920 年 8 月 1 日与蒋梦麟等人发表《争自由的宣言》，站到"文人论政"的前台，还一度有意组织"自由党"实实在在去干政治，后与政治保持若即若离的距离，持"无偏无党之身"、以言论为平台，做起政府的"净友"。第三类知识人则直接入阁、组党，走上了"文人从政"之路，典型人物有丁文江、翁文灏、蒋廷黻、王世杰、傅斯年、费孝通等，这中

---

① 梁启超：《外交欤？内政欤?》，《饮冰室合集·文集之三十七》，第 59 页。

② 梁启超：《清末学术概论》，东方出版社，1996，第 7 页。

③ 张朋园：《梁启超与五四运动》，汪荣祖编《五四研究论文集》，台北，联经出版事业公司，1979，第 278 页。

④ 王芝芙：《老报人王芸生——回忆我的父亲》，《文史资料选辑》第 97 辑，文史资料出版社，1985，第 61 页。

间我们也可以看到在操守与权变、文人习性与官场规则中悲苦挣扎的心灵，有的如陈布雷竟然是兴冲冲而来，凄惨惨而去。第四类知识人选择的是"文人避政"之路，如王国维、钱锺书、吴宓等，他们或认为学术应独立于政治之外，或欲躲避在政治的浑水之外，但实际上也很难在实际环境中、在自身心灵上保持那种对权力、对政治的超然，"你谈政治也罢，不谈政治也罢，除非逃在深山人迹绝对不到的地方，政治总会寻着你的"。① 王国维对清末新学家以政治之目的操弄学术不以为然，主张"故欲学术之发达，必视学术为目的，而不视为手段而后可也"，② 认为在政治与学术的取舍上，生一百政治家不如生一大文学家，因此社会应提倡献身学术。他自己不问政治，埋头学术，取得了卓越的成绩。但他并没有从学术与政治之紧张关系中获得真正的解脱，其书斋在"世变"中无法保持宁静，其心灵在动荡中也无法得以安顿，一心想远离政治却最终选择了充满政治意味的"自沉"。

"心结"之八：纠结于知识与财富两种价值，在道义与功利、忧道与忧贫、清高与"言利"、守护学术与追求财富之间游走人生。

中国古代士大夫以清贫为重要标签，谨守"君子喻于义，小人喻于利"的圣人教诲，耻于谈钱，罕言功利。这种观念在现代知识分子那里渐趋淡化，渐被放弃。严复、梁启超等引介了西方经济自由主义、功利主义，并据此对义利观进行了新的思考，肯定了谋利、利己、追求财富的合理性，批评了"君子固穷""何必曰利"等旧经济观念。梁启超就肯定私欲是推动经济发展、推动人类社会进步的最基本动力，"盖经济之最大动机，实起于人类之利己心"。③"五四一代"的鲁迅等人认识到人格独立要以经济独立为基础，"内在自由"、精神自由要以财富自由做保障。鲁迅在《娜拉走后怎样》中谈到，娜拉走了以后要避免"堕落或回来"两条路，"她还须更富有，提包里有准备，直白地说，就是要有钱"，"自由固不是钱所

---

① 陈独秀：《谈政治》，《陈独秀文章选编》中册，第 1 页。
② 王国维：《论近年之学术界》，《王国维论学集》，中国社会科学出版社，1997，第215 页。
③ 梁启超：《驳某报之土地国有论》，《饮冰室合集·文集之十八》，第 22 页。

能买到的，但能够为钱而卖掉"，"所以为娜拉计，钱，——高雅的说罢，就是经济，是最要紧的了"。① 梁启超、鲁迅、胡适、丁文江等人通过创办报刊构建公共论坛，他们认识到要保持报刊言论独立的批判精神，必须在经济上保持独立性，故其所办的《努力周报》《独立评论》等都是自行筹集经费，如《努力周报》的运行乃依靠"努力会"成员每人捐出固定收入的百分之五。创办报刊、收取版税等也成为那个年代知识分子以知识谋生的重要表现，如梁启超在民初的家书中曾提到："《庸言报》第一号印一万份，顷已罄，而续定者尚数千，大约明年二三月间，可望至二万份，果尔则家计粗足自给矣。若至二万份，年亦仅余五六万金耳，一万份则仅不亏本，盖开销总在五六万金内外也。"② 近代时期知识分子的财富观念有了明显转变，但他们仍高度认同和肯定贫贱不移、宁守清贫而坚守气节的士大夫精神，反对为追逐财富而不顾道义价值，并且身体力行地践履见利思义的美德。梁启超在《陶渊明之文以及其品格》中肯定了陶渊明不为五斗米折腰的精神志节。鲁迅在《文化偏至论》中提出"掊物质而张灵明"，主张抗压物欲横流的现象，摒弃物质至上主义而追求精神上的崇高。解放战争时期，朱自清等北平各大学教授百余人联名发表宣言，抗议美国扶植日本，拒绝领取"美援"面粉，毛泽东称赞朱自清宁可饿死不吃美国救济粮"表现了我们民族的英雄气概"。

在 20 世纪 80 年代"搞原子弹的不如卖茶叶蛋的，拿手术刀的不如拿剃头刀的"脑体收入倒挂的生存境况下，知识分子不因物质利益的贫乏而放弃对公众利益的关切，带着理想与激情，关注社会，反思历史，批评现实，"指点江山"，热议"文化"，发出"百年中国最后的启蒙之音"，充分体现了知识分子的公共关怀与道义担当。进入 90 年代，迈向市场化的社会转型启动以后，知识分子开始面对高度物质化、商业化的氛围，"君子耻于言利"的观念被彻底颠覆，

---

① 鲁迅：《坟·娜拉走后怎样》，《鲁迅全集》第 1 卷，第 160—161 页。
② 梁启超：《致梁思顺书》（1913 年 4 月 18 日），《梁启超家书》，陕西师范大学出版社，2011，第 18 页。

其中的一部分人像商人一样追逐利益，以致人们感叹"教授越来越像商人"。钱理群在《我的精神自传》中感慨，在商业化的环境下，知识分子俯就金钱，除了原先为了官的帮忙和帮闲，还有为了商的帮忙和帮闲，又有为了大众的帮忙和帮闲。在这种趋势之下，知识界出现了"人文精神""公共关怀"的呼声，强调知识精英不能放弃人文关怀、放弃社会批判、放弃对精神世界的关注，不能只谈论房子、车子、票子、孩子而放弃公共话题。

"心结"之九：徘徊于启蒙者与被改造对象、国民精神导师与工农群众的小学生两种角色，在"化大众"与"大众化"、改造国民与改造自己、精英意识与民粹意识、拯救意识与忏悔意识之间无所依凭。

知识分子是祛除国民蒙昧的启蒙使命的承担者，又是"要有勇气运用你自己的理智"的启蒙精神的体现者。中国启蒙运动有不同于西方的一些特点，如鲜明的救亡色彩、外源性特征等，但实质精神是一致的，它是以现代知识分子为主体，以"开民智"、"新民"与"改造国民性"思潮为载体，以"人的发现"、个性解放、人道主义的呼唤为主题，以思想解放为基本精神，以反传统为重要特征，以启发民众科学理性、民主意识、现代国家观念与独立思考能力，造就现代国民为目标的思想文化运动。启蒙就是人类从自我设置的精神未熟中解放出来。包括维新派与革命派在内的"清末一代"发起了中国现代启蒙的第一波，在这个过程中，康有为等呼唤"开民智"，严复倡导"鼓民力、开民智、新民德"的启蒙三民主义，梁启超发表了《新民说》，邹容强调"革命必先奴隶之根性"，鲁迅提出了"立人"思想，更多的新型知识分子则从事启发民众民族主义意识、现代民主精神的实际宣传，同时以社会契约论、天赋人权思想等西方资产阶级民主主义与中国早期启蒙思想批判封建君主专制制度和纲常名教。"五四一代"发起了中国现代启蒙的第二波，在这个过程中，陈独秀、鲁迅、胡适等人意识到"最要紧的是改革国民性"，喊出了"民主"、"科学"与"打倒孔家店"等口号，一面致力于传统价值体系的证伪与解构，旨在打破国民精神枷锁；一面宣传自由、民主、平等、易卜生主义、社会主义等新思潮、新观念，旨在使国民实现"新生"。80 年代，"后五四一代"、"十七年一代"
与"文革一代"发起了中国现代启蒙的第三波，尽管有的打出"回
到五四启蒙"的旗帜，有的以"新启蒙"相号召，但呼唤民主、科
学、人道主义的主题没有变，思想解放的精神没有变，中国社会以
"螺旋式上升"的形式向前迈进。

　　清末的启蒙被辛亥革命打断，新文化运动的启蒙风潮被政治革
命的洪流盖过，80 年代以"文化热"为形式的"新启蒙"在市场
化的狂潮中为"国学热"所取代。这是社会整体环境上的主题变
换。从知识分子个体的心灵来讲，那种作为启蒙精英的优越豪迈与
作为改造对象的自我贬抑，也是一种霄壤之别的角色转换与撕心裂
肺的灵魂对撞。五四时期，知识精英对麻木的国民"哀其不幸，怒
其不争"，并试图改造国民、唤醒民众，但后来知识精英与工农民
众的角色发生了易位，知识分子在政治领袖"大众化""甘当小学
生""与工农结合"的号召之下，从启蒙主义转向否定自己。这种
转换不能全归因于政治领袖。毛泽东说过，"许多所谓知识分子，
其实是比较地最无知识的，工农分子的知识有时倒比他们多一
点"，[①] 他还把"是否愿意并且实行和工农民众相结合"作为"革
命的或不革命的或反革命的知识分子的最后的分界"。[②] 这种政治号
令与后来的"思想改造"对知识分子的转向有极大的影响。但知识
分子也不是全无主观的转向意愿。事实上，还在五四启蒙的进行过
程中，"到乡村去，到民间去"就是一种不算微弱的声音，李大钊
发表《青年与农村》等文强调"非把知识阶级与劳工阶级打成一气
不可"，鲁迅在《关于知识阶级》等文中提出"真的知识阶级"要
和"社会的实际运动"结合，周作人等提倡过"新村主义""新村
运动"，毛泽东后来有关知识分子与工农结合的思想也应溯源至
"五四"，等等。从精神源头开始，知识分子就一直在启蒙主义与民
粹主义、"知识（知识分子）救世"与"知识（知识分子）有罪"
两极之间摇摆。

---

① 毛泽东：《整顿党的作风》，《毛泽东选集》第 3 卷，第 815 页。
② 毛泽东：《五四运动》，《毛泽东选集》第 2 卷，第 559 页。

"心结"之十：困惑于批判性与建构性、传统价值的批判与现代意义的重建两种使命，在破与立、批判与重建、解构与建构之间陷于迷茫。

"启蒙哲学认为其任务不在于破坏，而在于重建。启蒙哲学发动的最勇敢的革命，其目的也仅仅在于'复其全部旧观'……以恢复理性与人性昔日的权利罢了。从历史上看，启蒙哲学的这种双重倾向表现在：尽管它一方面和近古和现存的秩序作斗争，但另一方面它又不断地回到古代思潮和问题上去。"① 启蒙运动一面批判专制、迷信、蒙昧，致力于传统社会以专制主义为特征的政治与文化合一的整合结构；一面提倡民主、科学、自由，致力于建构新的社会秩序与文化体系，体现了批判与建设的统一。即使对于传统文化，他们一面持激进的反传统主义，以激烈的姿态、决然的态度与勇敢的精神批判传统；一面又以"古学复兴""整理国故""文艺复兴"等形式使传统参与到现代性的建构中，致力于实现传统的现代转换。梁启超在《清代学术概论》中把清代学术思潮的发展概括为"以复古为解放"，胡适在《口述自传》等处把五四新文化运动称为"中国文艺复兴运动"，都表明了启蒙运动对待传统的批判性与建设性并存的态度。

批判性是知识分子的重要特征，以启蒙为己任的知识精英对此是有所体认与自觉的。鲁迅批评帮忙文学与帮闲文学，其用意是提倡知识分子的独立人格与批判精神。殷海光在《中国文化的展望》中表示赞同《时代》周刊定义知识分子的两个条件，一个是独立精神、原创能力，另一个就是批判精神，认为知识分子须是他所在的社会之批评者，也是现有价值的反对者。林贤治觉得，"批判性是知识分子一个最本质的东西"，"知识分子的批判性一旦失去了，也就不成其为知识分子了"。② 但以批判性为突出特点的知识分子注定要承载心灵的困惑与迷茫，这种困惑与迷茫是多向、多样的，有"无破坏即无新建设，大致是的；但有破坏却未必即有新建设"、批

---

① 〔德〕卡西勒：《启蒙哲学》，顾伟铭等译，山东人民出版社，1996，第227页。
② 林贤治：《批判性是知识分子最本质的东西》，《晶报》2010年12月26日。

判无从走向建设的深层忧思；有针砭现实而社会根深蒂固、群众麻木不仁的沉重窒息；有批判的武器不能代替武器的批判、"百无一用是书生"的痛苦无奈；有批判的狂飙过后分化分流、"两间余一卒，荷戟独彷徨"的深深孤寂；有颠覆旧意识形态与建构新意识形态两重使命间的徘徊迷茫；有被社会、被世俗、被大众误读、误解、嘲弄，甚至被后现代性质疑、解构的难言苦涩；有对撞社会强势集团、抗压黑恶势力的巨大压力；等等。尽管如此，鲁迅等先驱者仍坚守社会批判的立场，对传统、对社会、对自身进行深刻的剖视与针砭，因为他们深信建设需要破坏、现代性的拓展需要批评，深信知识分子的批判精神是一个健全的现代社会所必需的。

〔原载《河北学刊》2012 年第 3 期，作者俞祖华、赵慧峰〕

# 清末新型知识群体：从传统士大夫
# 到现代知识分子的转型

在从传统到现代的社会变革的背景下，清末知识群体展示了对精神价值的全新追求，实现了从传统士大夫到现代知识分子的转型：重建价值体系，传承了士大夫的担当精神与传统道德的合理因素，同时倡导自由民主新道统；实现社会角色转换，在废除科举被抛离权力秩序后，通过政治参与、社会团体与现代传媒等形式重建政治影响力，试图从边缘返回中心；呼唤建立起分立于道统的学统、分立于治术的学术，致力于建立专业化、科学化、分科化的现代学术体系、现代知识体系，实现学统与道统、政统的鼎立；以理性精神区隔宗教狂热，又以终极关怀超越物质主义，在对中学、西学中的宗教文化都采取开放立场的基础上重构信仰世界。

关于中国现代知识分子的成长过程，李泽厚先生在《略论鲁迅思想的发展》一文中提到了中国现代六代知识分子："辛亥的一代、五四的一代、大革命的一代、'三八式'的一代。如果再加上解放的一代（四十年代后期和五十年代）和文化大革命红卫兵的一代，是迄今中国革命中的六代知识分子（第七代将是全新的历史时期）。"① 他在《中国思想史论》的"后记"中的表述是辛亥一代、五四一代、北伐一代、抗战一代、解放一代、红卫兵一代，又指出"在这个近百年六代知识者的思想旅程中，康有为（第一代）、鲁迅

---

① 李泽厚：《中国思想史论》（中），安徽文艺出版社，1999，第792页。

（第二代）、毛泽东（第三代），大概是最重要的三位，无论是就在历史上所起的作用说，或者就思想自身的敏锐、广阔、原创性和复杂度说，或者就思想与个性合为一体从而具有独特的人格特征说，都如此。也正是这三点的综合，使他们成为中国近现代思想史上的最大人物。但是他们还不是世界性的大思想家"。① 许纪霖也指出："在整个二十世纪中国，总共有六代知识分子。以 1949 年作为中界，可以分为前三代和后三代，即晚清一代、五四一代、后五四一代和十七年一代、文革一代和后文革一代。"② 在他们所提到的"六代知识分子"中，以康有为等人为代表的、自戊戌到辛亥一代的"清末一代"（即李泽厚先生所说的"辛亥一代"，或许纪霖先生所说的"晚清一代"），是中国现代知识分子的先驱，较为典型地体现了从传统士大夫转型为现代知识分子的过渡性特征。

## 一　重建价值体系：传承儒家道统与传播自由民主新道统

知识分子是"社会的良心"，是道统正义的化身，是精神价值的守护者，也是重铸道统、重建价值系统的引领者。牟宗三曾针对中国文化的发展提出过"三统"说：道统之肯定，此即肯定道德宗教之价值，护住孔孟所开辟之人生宇宙之本源；学统之开出，此即转出"知性主体"以融纳希腊传统，开出学术之独立性；政统之继续，此即由认识政体之发展而肯定民主政治为必然。在"三统"中，道统又是中国古代士大夫心目中最重要的价值所在。

古代士大夫以"忧道""谋道"自任，是儒家道统的承载者、传承者与诠释者，他们中的杰出人物站在道德高度、以帝王师的姿态批评政治，以"道统"制衡专制政治的"治统"，对抗君临天下唯我独尊的帝王，体现了"临大节而不可夺""可杀而不可辱"的崇高道德精神。戊戌至辛亥一代知识精英对传统、对儒家道德、对三纲五常进行了激烈的批判，对以儒学为基干的传统价值体系进行

---

① 李泽厚：《中国思想史论》（下），第 1172 页。
② 许纪霖：《中国知识分子十论》，第 85—86 页。

了初步清算，对现代性视野下的道德重建进行了思考与探索。但他们传承了传统道德的合理因素，继承了古代士大夫的担当精神，继承了他们挺身而出维护道统所体现出的名节骨气，继承了他们"富贵不能淫，贫贱不能移，威武不能屈"的优良传统。

康有为以传承儒家道统自任，在"公车上书"中建言设立"道学"一科，主张采取设孔庙等措施以接续道统，保持儒学的影响力；后来又提出"保教"的口号，以期卫护与转换儒家的意义系统。他还在《论语注》中提出了"德贵日新"的思想，主张价值观念变革要适应时代潮流。梁启超在《释"革"》《新民说·论公德》等文中提出了"新道德""道德革命"的主张，① 批评"今世士夫谈维新者，诸事皆敢言新，惟不敢言新道德"，表示为重构道统，不惜与流俗抗争："道德革命之论，吾知必为举国之所诟病，顾吾特恨吾才之不逮耳，若夫与一世之流俗人挑战决斗，吾所不惧，吾所不辞。"② 严复在《原强》一文中提出了"鼓民力、开民智、新民德"的启蒙三民主义，"新民德"的立意即在进行道德重建、道统重构。谭嗣同在《仁学》一书中号召冲决"三纲五常"的网罗，成为近代史上首位激烈挑战传统道德的思想家，同时又致力于建立新仁学体系，建立新时代的道德准则。章太炎极为重视道德的锻造和坚守，他在《革命之道德》中指出"道德衰亡，诚亡国灭种之根极也"，提出培养具有"知耻""重厚""耿介""必信"的道德精神的革命者。清末一代知识精英在转换儒家旧道统、移植自由民主新道统、重建道德体系、弘扬道德精神上做出了不懈的努力，体现了转型期对道统的自觉、承载与担当。

清末一代知识精英对道统重构、价值体系重建采取了兼采中西的立场，主张在中西融合的基础上培育国民新道德。为此，梁启超指出，"新民者，必非如心醉西风者流，蔑弃吾数千年之道德学术风俗，以求伍于他人，亦非如墨守故纸者流，谓仅抱此数千年之道

---

① "以日人之译名言之，则宗教有宗教之革命，道德有道德之革命，学术有学术之革命，文学有文学之革命，风俗有风俗之革命，产业有产业之革命。"

② 梁启超：《新民说·论公德》，《梁启超选集》，上海人民出版社，1984，第216—217。

德学术风俗，遂足以立于大地也"，新民之道应包括"淬厉其所本有而新之"和"采补其所本无而新之"两个途径，①　"斟酌中外，发明出一完全之伦理学以为国民倡也"。②　严复也提出了"必将阔视远想，统新故而视其通，苞中外而计其全，而后得之"的思想。③

晚清知识分子为转换传统道德资源、实践传统道德精神做了不懈的努力。梁启超认为，"我同胞能数千年立国于亚洲大陆，必其所具特质，有宏大高尚完美，厘然异于群族者，吾人所当保存之而勿失坠也"。④　为着"淬厉其所本有"，梁启超于1905年刊行了《德育鉴》，以"辨术""立志""知本""存养""省克""应用"为目分为六篇，精心选录先贤大儒关于德育的重要论说，并附按语。孙中山先生一生中曾多次题书"天下为公"四字。章太炎等提出"用国粹激动种性，增进爱国的热肠"，提出弘扬民族精神。谭嗣同心怀天下，身荷大道，"由是益轻其生命，以为块然躯壳，除利人之外，复何足惜"，⑤　实践了为正义不惜慷慨捐躯的杀身成仁、舍生取义的道德精神。其后，唐才常、陈天华、秋瑾、"黄花岗七十二烈士"等先驱前赴后继，不惜杀身成仁以拯救生民于水火，延续了"舍我其谁"的士大夫精神、豪杰精神。

晚清知识分子尤其着力于吸收西方近代资本主义伦理观念以构建新道德体系，以西方资产阶级的自由、平等、民主等观念与公共精神引导社会养成一种新的道德风尚。当时知识界纷纷宣传西方的自由、民主、平等、博爱思想。戊戌时期，"严复的'自由'、谭嗣同的'平等'、康有为的'博爱'，完整地构成了当时反封建的启蒙强音"。⑥　20世纪初，梁启超出版《新民说》，"指出中国民族缺乏西洋民族的许多美德"，"我们所缺乏而最须采补的是公德，是国家思想，是进取冒险，是权利思想，是自由，是自治，是进步，是自

---

①　梁启超：《新民说·释新民之义》，《梁启超选集》，第211—212页。

②　梁启超：《东籍月旦》，《饮冰室合集·文集之四》，第86页。

③　严复：《与〈外交报〉主人书》，王栻主编《严复集》第3册，第560页。

④　梁启超：《新民说·释新民之义》，《梁启超选集》，第211页。

⑤　谭嗣同：《仁学·自叙》，《谭嗣同全集》下册，中华书局，1981，第290页。

⑥　李泽厚：《中国思想史论》（中），第792页。

尊，是合群，是生利的能力，是毅力，是义务思想，是尚武，是私德，是政治能力"。① 关于公德，严复也指出："最病者，则通国之民不知公德为底物，爱国为何语，遂使泰西诸邦，群呼支那为苦力之国。何则？终身勤动，其所恤者，舍一私而外无余物也。"② 邹容于1903年出版《革命军》，该书以"天赋人权"、"自在、同等、博爱"为指导思想，提倡反清革命，被誉为"中国的人权宣言"。

以康有为、严复、梁启超、谭嗣同、孙中山、章太炎等为代表的晚清知识分子，成为转型期价值观念变革的引领者，他们围绕"天人""群己""义利""理欲"等基本范畴展开了现代价值的追求。史华慈认为，在19世纪最后十年与20世纪最初十年中成熟的知识分子代表了"价值观念的真正变革者、西方新观念的载体"。在天人观方面，康有为指出"物我一体，无彼此之界；天人同气，无内外之分"（《中庸注》），通过强调天人同一性，提升人的地位，宣传人道主义思想。严复以《天演论》的进化思想，论证了"天道变化，不主故常"的观点，说明社会变革的必然性；以"人为天演中一境"，人类社会也遵循"物竞""天择"天演规律的思想，激励国人"与天争胜"、自强保种。在群己关系上，清末思想家一面提倡个性自由、人格独立，一面提倡群体意识、国群自由。严复提出："人得自由而必以他人之自繇为界。"③ 他还强调在当时面临民族危机的情况下，国群自由要急于小己自由，他说："特观吾国今处之形，则小己自由，尚非所急，而所以祛异族之侵横，求有立于天地之间，斯真刻不容缓之事。故所急者，乃国群自由，非小己自由也。"④ 在义利观方面，晚清启蒙思想家批评了"正其谊不谋其功""君子喻于义，小人喻于利"的传统道义论对"利"的忽视，从多方面对私利给予了肯定，提升了"利"在价值观中的地位。梁启超在《乐利主义泰斗边沁之学说》中介绍了边沁的功利主义思想，指出"人既生而有求乐求利之性质，则虽极力克之窒之，

---

① 胡适：《四十自述》，欧阳哲生编《胡适文集》第1册，第72页。
② 王栻主编《严复集》第4册，第985页。
③ 严复：《群己权界论·译凡例》，王栻主编《严复集》第1册，第133页。
④ 王栻主编《严复集》第4册，第980页。

终不可得避"，"则何如因而利导之，发明乐利之真相，使人毋狃小乐而陷大苦，毋见小利而致大害，则其于世运之进化，岂浅鲜也，于是乎乐利主义（Utilitarianism）遂为近世欧美开一新天地"。① 严复主张道义与功利相结合、利己与利人相统一、兼顾个人利益与群体利益的功利主义价值观。他指出："自营一言，古今所讳，诚哉其足讳也！虽然，世变不同，自营亦异。大抵东西古人之说，皆以功利与道义相反，若薰莸之必不可同器。而今人则谓生学之理，舍自营无以为存。但民智既开之后，则知非明道，则无以计功，非正谊，则无以谋利，功利保足病？问所以致之之道何如耳。故西人谓此为开明自营，开明自营，于道义必不背也。复所以谓理财计学，为近世最有功生民之学者，以其明两利为利，独利必不利故耳。"② 在理欲观方面，晚清启蒙思想家批评了"存天理，灭人欲"思想对欲望的漠视并论证了欲望的合法性。他们强调欲是人的本性，去苦求乐是人的本能，人有欲望是合理的。针对"存天理，灭人欲"，康有为提出了"天欲而人理"的口号，肯定了人的欲望的合理性。梁启超指出，欲望是人道进步之源，欲望与道德是统一的，道德只是人的一种高级欲望。他说："欲望之种类甚多……如衣食住，最急者也，无之则一日不能自存也；稍进焉，乃更求间接以保生命财产之安全者，则政治之业是已；益进焉，乃更求其躯壳及灵魂之特别愉快者，则奢侈品物及学问之研究，道德之实行是已。"③

　　清末一代是现代知识分子的先驱，他们继承了传统道德、传统士大夫精神的优秀方面，不同程度地接受了西方的自由、平等、博爱观念，但他们不可能在短时间内实现向现代知识分子的彻底转型，实现彻底的脱胎换骨。康有为以"知遇之恩"成为彻底的保皇派、严复等人晚年回归传统等，都足以说明旧道统对从传统士大夫到现代知识分子转型的羁绊。

---

① 梁启超：《乐利主义泰斗边沁之学说》，《饮冰室合集·文集之十三》，第30页。
② 〔英〕赫胥黎：《天演论》，严复译，商务印书馆，1981，第92页。
③ 梁启超：《论政治能力》，《饮冰室合集·专集之四》，第154页。

## 二　再织社会网络：退守"象牙塔"与干预政治的徘徊

随着从传统到现代的转型，知识分子需要重新想象自己在现代社会的身份，重新定位自己在转型时期的社会角色。他们需要重新梳理与其他社会集团的关系，重新构建能够属于自己的社会网络。"知识分子是二维的存在者（bi-dimensional beings）。文化生产者要取得知识分子的名头，必须满足两个条件：一方面，他们必须从属于一个知识上自主的、独立于宗教、政治、经济或其他势力的场域，并遵守这个场域的特定法则；另一方面，在超出他们知识领域的政治活动中，他们必须展示在这个领域的专门知识和权威。"① 清末一代知识群体的社会身份、社会角色发生了明显的变化，他们一方面随科举制度的衰微以至于废除，被抛离权力体系，不再是"社会重心"，而成为飘浮、漂泊的群体，他们中的多数因"学而优则仕"科举之路的终结而成为专职的知识与文化的生产者、流通者；另一方面，传统文化的入世情怀、仕学情结与现代公共精神使其难以忘情于政治，而是竭力保持对社会、对政治的影响力，力图"在超出他们知识领域的政治活动中"发挥作用。知识分子在现代中国历史舞台上还上演了"一幕接着一幕的重头戏，他们的思想和言论为中国求变求新提供了重要的依据。其中少数领袖人物更曾风靡一时，受到社会各阶层人士的仰慕。中国知识分子不但不在边缘，而且还似乎居于最中心的地位"。② "现代知识分子比较起传统士大夫，在文化上的影响力不仅没有下滑，反而有很大的提升。"③

我们再具体地看一下晚清知识群体被剥离体制后社会角色的变化及其重建政治影响力、社会影响力的途径。

我们不妨将晚清知识群体社会角色的主要变化趋势概括为"边

---

① 〔法〕布尔迪厄：《现代世界知识分子的角色》，崔卫平编《大家西学·知识分子二十讲》，天津人民出版社，2009，第277页。
② 余英时：《中国知识分子的边缘化》，《二十一世纪》1991年8月号。
③ 许纪霖：《重建社会重心：近代中国的"知识人社会"》，《学术月刊》2006年第11期。

缘化、多样化、大众化"。

首先是从被权力中心抛向社会边缘的边缘化、民间化趋势。古代士大夫阶层被列为"四民之首",垄断了道统并与政治权力保持较为密切的关系,对现实政治有较大的影响力,是古代社会的"社会重心"。士大夫多以出仕为目的,有着强烈的入世意识、治平情结,他们根据儒家"格物致知修身齐家治国平天下"的训导,有道则仕,无道则隐,隐是待时而动的权变,是出仕的终南捷径,即使以布衣终老,也不放弃对政治的关怀与投入。科举入仕一直到清末仍被士人视为正途,康有为直到 37 岁仍奔波在科举取士之路上,还有与他一起于 1895 年春参加"公车上书"的 1300 多名书生也是正在参加赶考的举人,英国留学生出身、被视为当时"中国西学第一人"的严复居然也四次参加科举考试。但国势的衰败与 1905 年科举制的废除,彻底终结了士子们的梦想,他们被迫在"学而优则仕"的正途之外寻求生存之路。知识群体被剥离出政治秩序,开始游离于制度之外,政治地位下降了,但他们手中仍掌握着文化资本、文化话语,掌握着知识的生产与流通,因此依旧有别于平民阶层。梁启超将正在下行但仍有一定优势的知识群体定位为"中等社会",他说:"今日谈救国者,宜莫如养成国民能力之为急矣。虽然,国民者其说养之客体也,而必更有其能养之主体。""主体何在?不在强有力之当道,不在大多数之小民,而在既有思想之中等社会。"①知识阶层民间化的身份,使其从一个依附性的阶层转化为有一定独立性的群体,"清末一代"即由专制体制的依附者、统治阶级意识形态霸权的形塑者转变为现行秩序的反叛者、正统意识形态的解构者。

其次是由思想文化的多元发展与政治取向、知识背景、职业生涯等的不同所导致的社会角色多样化趋势。清末知识群体的知识背景不再是以四书五经、儒学为中心的单一结构,也不再以由士而仕为唯一正途。由于知识背景的差异,知识群体分化成旧式士大夫与现代新型知识分子,新知识阶层中又有激进主义、保守主义与自由

---

① 梁启超:《饮冰室合集·专集之四》,第 156 页。

主义的分野，有立宪派知识分子与革命派知识分子的区分。他们投身教育、传媒、科研、出版、医疗、洋行、金融等现代行业，成为教师、编辑、科技人员、记者、小说家、医生、职员等各种专门人才，以知识、技术等文化资本谋生，扮演着多元的社会角色。

　　还有就是知识阶层在失去官方意识形态的话语权后转向大众化的公共话语空间，并承担起启发民众、唤醒国民的启蒙精英角色。为了适应知识分子话语表达从道统到启蒙、从庙堂到民间、从官方化到大众化的变化，白话取代文言成为报章文体的发展趋势。维新思潮期间，着眼于开启民智、启发民众的白话文运动已经启动。黄遵宪提倡诗歌要"我手写我口"，开启了"诗界革命"，又在《日本国志·学术志》中主张"语言与文字合一"，这成为晚清白话文运动的先声。1898 年裘廷梁发表《论白话为维新之本》，主张"崇白话而废文言"，标志着晚清白话文运动正式揭幕。他本人于当年创办了《无锡白话报》（后改名为《中国官音白话报》），此前还有《杭州白话报》（1895）、《演义白话报》（1897）等，而最早的白话报是 1876 年出刊的《民报》。梁启超则发明了介于文言与白话之间的"新文体"："有《少年中国说》、《呵旁观者文》、《过渡时代论》等，开文章之新体，激民气之暗潮"，[1] "启超夙不喜桐城派古文，幼年为文，学晚汉魏晋，颇尚矜炼，至是自解放，务为平易畅达，时杂以俚语韵语及外国语法，纵笔所至不检束，学者竞效之，号新文体。老辈则痛恨，诋为野狐。然其文条理明晰，笔锋常带情感，对于读者，别有一种魔力焉"。[2] "新文体"使梁启超的宣传在当时产生了异乎寻常的反响，为其赢得了"舆论界之骄子""天纵之文豪"等美誉。五四时期白话文运动的主将胡适，在清末接受了"新文体"与白话文的影响，并已有所介入。他注意到严复翻译西方名著采用桐城古文，"文字太古雅，所以少年人受他的影响没有梁启超的影响大。梁先生的文章，明白晓畅之中，带着浓挚的感情，使

---

① 梁启超：《〈清议报〉一百册祝辞并论报馆之责任及本馆之经历》，《梁启超选集》，第 195 页。

② 梁启超：《清代学术概论》，第 73 页。

读的人不能不跟着他走，不能不跟着他想"。当时，胡适在上海，在白话报《竞业旬报》《安徽白话报》等发表文字，"白话文从此形成了我的一种工具。七八年后，这件工具使我能够在中国文学革命的运动里做一个开路的工人"。① 据《中国近代报刊名录》统计，1877 年至 1918 年，共有 170 多种白话报纸出版，其中不少是清末问世的。

清末新型知识分子成为游离于体制之外的局外人，但是，"居庙堂之高则忧其民，处江湖之远则忧其君"的文化传统与现代公共精神的熏陶，使他们难以置身政治之外。他们选择不同的方式推动传统专制社会向现代民主社会的转型，并努力探寻知识分子在现代条件下干预公共事务、担当公共角色的途径，包括探索在体制外以民间社会、舆论关切等干预政治的新形式。清末新型知识分子干预政治与影响社会的基本形式如下。

其一，直接的政治参与，包括以推动现有政治架构实现民主变革为目标的政治改革与以颠覆清政府为目标的共和革命。前者如维新运动中有 1300 余名举人参与的、开群众性政治运动之先河的"公车上书"，有不少地方绅商参与的 1909 年 10 月 14 日开幕的各省谘议局，有 100 名有知识背景（很多具有留学背景）的民选议员进入的 1910 年 8 月 3 日开院的、过渡性的资政院，动员颇为广泛的四次国会请愿运动，等等。渐进的立宪运动有往激进化发展的趋势，这与知识分子日趋激烈的情绪的推动不无关系。如在第四次国会请愿运动中，一些青年学生为表达决心，做出了充满情感性的自残行动，军医学堂学生方宏蒸自断左手中指，用鲜血书写"血诚"二字；北洋法政学堂学生江元吉割下左臂肉一块，以鲜血大书"为国请命，泣告同胞"八字；杨可等十余人割臂刺指，书写血书；等等。② 这些激烈举动强化了民众的激进倾向，最终与革命派的政治斗争会合。

其二，集结民间社会，以民间结社的形式构建影响政府、影响

①　胡适：《四十自述》，欧阳哲生编《胡适文集》第 1 册，第 71、85 页。
②　侯宜杰：《二十世纪初中国政治改革风潮——清末立宪运动史》，人民出版社，1993，第 327 页。

政治、影响社会的新公共空间，以社会团体的形式架设作为国家与个人中介的公民社会，以革命团体、政党的形式积聚反对清政府的颠覆性能量。清末的团体有非政治性的与政治性的，但这种区分是相对的，非政治性社团也有公共关怀，包含政治关切，如《浙江潮》等宣传革命的刊物就是依托同乡会创办的。非政治性社团如各级各地各类的行业组织（如商会）、农会、同乡会等，"清末仅商会（含总会和分会）就多达900多个，到1909年，各地共建成教育会723个，农学会到1911年至少有总会19处，分会276处。这样一来，仅这三项，已有2000多个"。① 政治性团体包括革命团体与立宪团体。维新派、立宪派重视通过组织团体集结知识精英。康有为于1895年11月在北京组织强学会，打破了有清一代禁止士人结社的规定，开启了一代风气，从此"学会之风遍天下"。据不完全统计，从1895年到1897年，维新派在全国创办的学会至少有33个。加上不属维新派创办的，1895—1898年全国新办的学会不少于51个。清末更有预备立宪公会、上海宪政研究会、政闻社等大大小小几百个立宪团体。革命团体多从会党性质的秘密社会发展而来，清末全国共有200多个不同名目的会党。

其三，创办报刊，影响舆论，引导社会，批评政府。报刊作为一种现代传媒，其出现为知识群体提供了新的话语表达空间，也为之安排了"仕学合一"模式解体后的谋生途径、失去道统代言人后的公共角色以及科举取士终结后的体面归宿。当然，清末知识精英更看重的是报刊监督政府、引导人民与政治动员的影响力，这种影响力对他们实现政治抱负、满足政治关切、成为知识领袖来说是非常重要的。康有为在《奏改时务报为官报折》中提出了报馆有匡不逮、达民隐、鉴敌情、知新政的"四善"之说。梁启超在《论报馆有益于国事》中强调报刊可以"去塞除病"，包括"通上下"与"通中外"，从而推进政治改革。后来他在《敬告我同业诸君》一文中明确提出报刊有两大天职："一曰对于政府而为其监督者，二曰

---

① 桑兵：《清末新知识界的社团与活动》，三联书店，1995，第274页。

对于国民而为其向导者。"① 他认为对于政府的权力除了通过立法、司法和"政党的对峙"来监督，"必以舆论为之后援"。维新运动期间产生了大批报刊，从 1894 年至 1900 年，全国诞生报纸 216 种、杂志 122 种。革命派也非常重视报刊赢得政治话语权进而进行政治动员的作用。1899 年陈少白在香港创办《中国日报》，他认为"革命可以暂时无兵，但不可一时无报"。秋瑾在《中国女报》发刊词中指出："然则具左右舆论之势力，担监督国民之责任者，非报纸而何？吾今欲结二万万大团体于一致，通全国女界声息于朝夕，为女界之总机关，使我女子生机活泼，精神奋飞，绝尘而奔，以速进于大光明世界；为醒狮之前驱，为文明之先导，为迷津筏，为暗室灯，使我中国女界中放一光明灿烂之异彩，使全球人种，惊心夺目，拍手而欢呼。"② 报刊成为科举废除后边缘化的知识分子"重新走向'中心'的凭借"，"凡是在中国社会舞台上唱主角的新人物，都无一不是通过报刊来登场的，近代中国的历史也大致可以几个刊物而划分出不同的时代"。③ 胡适就曾说："三个杂志可代表三个时代，可以说是创造了三个时代。一是《时务报》，一是《新民丛报》，一是《新青年》。而《民报》与《甲寅》还算不上。"④ 这五种报刊都是政论性的，可见政论报刊在清末民初的影响力，它成了"文人论政"传统的传承形式，成了知识领袖表达政见、进行政治动员、深入政治领域、重回社会中心的重要通道。

## 三　开出知识系统：纠结于公共性与专业性之间

牟宗三先生曾批评中国文化生命里只有道统而无学统，有德性之学而无知性之学，没有发展出科学知识系统；有治道而无政道，

① 梁启超：《敬告我同业诸君》，《梁启超选集》，第 334 页。

② 秋瑾：《〈中国女报〉发刊辞》，复旦大学新闻系新闻史教研室编《中国新闻史文集》，上海人民出版社，1987，第 80 页。

③ 张太原：《从边缘到中心：胡适等自由知识分子创办〈独立评论〉的宗旨》，《中山大学学报》2003 年第 4 期。

④ 耿云志、欧阳哲主编《胡适书信集》上册，北京大学出版社，1996，第 322 页。

转不出近代化的国家政治法律。在《大学》的"八条目"（格物致知诚意正心修身齐家治国平天下）里，格致是求道的途径，又以治平为落脚点，学术的独立性无从谈起。晚清知识分子大力呼唤建立分立于道统的学统、分立于治术的学术，大力呼唤并致力于建立独立的学术体系，实现学统与道统、政统的鼎立。

　　清末知识分子对学术的提倡与重视，体现的首先还是一种着眼于国家、着眼于社会的公共关怀、现实关怀，是因为他们觉得学术是立国之本，学术关系到国家兴衰，应以学术兴国，以学术救世。他们在谈论学术的意义时，强调学术关乎国家强弱兴亡，强调学术是天下之公器、学术资源是公共资源。梁启超在《论中国学术思想变迁之大势》中开宗明义："学术思想之在一国，犹人之有精神也，而政事、法律、风俗及历史上种种之现象，则其形质也。故欲觇其国文野强弱之程度如何，必于学术思想焉求之。"① 许守微指出："国有学，则虽亡而复兴；国无学，则一亡而永亡。何者？盖国有学则国亡而学不亡，学不亡则国犹可再造；国无学则国亡而学亡，学亡而国之亡遂终古矣。"② 王国维也强调了学术与国家兴亡的相关性，指出"国家与学术为存亡，天而未厌中国也，必不亡其学术；天而不欲亡中国，则欲学术所寄之人，必因而笃之"。③

　　正是出于对救亡主题的关心、对国家富强的关怀、对现实政治的关切、对影响社会的关注，康有为、严复、梁启超等都非常重视学术的致用功能。他们对"学术"一词的定位就反映了以学术经世的公共情怀。严复指出："学者，即物而穷理，即前所谓知物者也。术者，设事而知方，即前所谓问宜如何也。"④ 又指出："盖学与术异。学者考自然之理，立必然之例；术者据已知之理，求可成之功。学主知，术主行。"⑤ 刘师培也说："学为术之体，术为学之用。"⑥

① 《饮冰室合集·文集之六》，第 1 页。

② 许守微：《论国粹无阻于欧化》，《国粹学报》第 7 期，1905 年 8 月 20 日。

③ 王国维：《沈乙庵先生七十寿序》，《观堂集林（外二种）》卷二十三，河北教育出版社，2003，第 575 页。

④ 严复：《政治讲义》，王栻主编《严复集》第 5 册，第 1248 页。

⑤ 严复：《〈国富按语〉》，王栻主编《严复集》第 4 册，第 885 页。

⑥ 刘师培：《国学发微》，《刘申叔先生遗书》，江苏古籍出版社，1997，第 480 页。

后来，梁启超在《学与术》一文中也指出："学也者，观察事物而发明其真理者也；术也者，取所发明之真理而致诸用者也。例如以石投水即沉，投以木则浮。观察此事实以证明水之有浮力，此物理也，应用此真理以驾驶船舶，则航海术也。研究人体之组织，辨别各器官之机能，生理学也。应用此真理以疗治疾病，则医术也。学与术之区分及其相互关系，凡百皆准此。"[1] 在中国现代学术体系开创之初，先驱者对"学术"概念之"学"与"术"的分解，反映了他们对技术、学术的致用功能，以及对学者的公共关怀的强调。基于对"学术"概念之"术"的要素的把握，晚清知识分子把有用还是无用作为衡量学术的重要尺度。康有为、严复等即从学术致用这一标准出发，痛批他们认为"无用"的宋学、汉学，同时提倡他们认为对经世、救国有用的今文经学、西学。康有为"日有新思，思考据家著书满家，如戴东原，究复何用？……于时舍弃考据帖括之学，专意养心，既念民生艰难，天与我聪明才力拯救之，乃哀物悼世，以经营天下为志"。[2] 他认为三代以下只有西汉经学尤其是公羊学"近于经世者也"，符合有用的标准，此后变异的经学"相率于无用"，[3] 因此制作《新学伪经考》《孔子改制考》，把西汉以后之经学宣布为"伪经"，同时附会今文经学"托古改制"，从公羊《春秋》中附会出孔子改制的微言大义。严复在《救亡决论》中给古代散文、诗歌、考据、碑帖、词章、汉学、宋学等做了概括性的结论即"无实""无用"，主张皆宜束之高阁，而提倡大讲西学尤其是格致之学，因为"用西洋之术，而富强自可致"。[4] 总之，清末知识分子无论是提倡旧学还是提倡新学，无论是传承国粹还是移植西学，总是程度不同地与启蒙、改革与革命的现实政治需求关联在一起，政治这只"无形之手"总是在牵引着刚刚从道统、政统离析出来的学术。

　　强化学术以救世为怀、知识以开万世之太平为目的，其末流是

---

① 梁启超：《学与术》，《饮冰室合集·文集之二十五》（下），第 12 页。
② 康有为：《康有为自编年谱（外二种）》，中华书局，1992，第 8—9 页。
③ 康有为：《长兴学记·桂学答问·万木草堂口说》，中华书局，1988，第 18、47 页。
④ 严复：《论世变之亟》，王栻主编《严复集》第 1 册，第 4 页。

从现实需要出发通过主观冥想、通过随意发挥拼接知识，以学术形态包装政治意图，不顾史实而驰骋议论，而不是通过实证、通过逻辑论证建构学术，从而使知识、学术沦为现实需要的利用工具，导致学术的失真、失范。其典型是康有为以经术为政论，"利用孔子进行政治斗争"，从思想解放的角度、从维新运动的政治需要的角度，起到了振聋发聩的作用，但为了致用而不顾证据、为了现实关怀而不顾逻辑关系、为了政治需要而不顾知识体系的自洽，对学术的独立性是一种伤害。康有为的经学自然招致种种非议，如翁同龢称其是"经家一野狐也"，章太炎目其为"大言欺世"之论，甚至梁启超也批评其师"枝词强辩"，"不惜抹杀证据或曲解证据，以犯科学家之大忌"。[1] 王国维在《论近年之学术界》中也有评论："其震人耳目之处，在脱数千年思想之束缚，而易之以西洋已失势力之迷信，此其学问上之事业，不得不与其政治上之企图同归于失败者。然（康氏）之于学术，非有固有之兴味，不过以之为政治上之手段，《荀子》所谓'今之学者以为禽犊'者也。"[2] 可见，如何处理学术与政治、学术独立与公共关怀的关系，的确是一个难题。学术的公共性与学术的专业性、学理对政治的智力支持与学术场域的独立自主、学术为现实服务的考量与"为学术而学术"的坚守、学术的致用功能与学术的求真功能，两者之间的纠结在中国现代学术体系开创之初就成了作为学术与知识生产之主体的知识分子心目中的一个"死结"。

有困惑，就想着释怀；有死结，还想要解开。清末知识分子尝试以不同的方式处理学术与政治、公共关怀与学术自由的关系，在夹缝中寻求安身立命、施展抱负之道。其大致有以下模式。

其一，学术相对独立于政治，"以学术为业"与"以政治为业"并立，是两种职业的横向关系。知识分子的定义不一，有的研究者强调知识分子应该有济世情怀、公共关怀、道义担当，要以自己的

---

① 梁启超：《清代学术概论》，第 70 页。
② 王国维：《论近年之学术界》，《王国维文集》第 3 卷，中国文史出版社，1997，第 38—39 页。

知识影响公众、影响社会、影响政治，不同于以知识为专门职业的学院派技术专家、具体领域专家、纯学者；有的研究者区分了专业知识分子与公共知识分子。清末出现了严复、梁启超、章太炎、王国维等学贯中西、有专业素养而又关心时务的大师级人物，堪称公共知识分子的典型。但学术与政治也出现了分离的趋势，有人成了全身心投入政治的职业政治家，如孙中山，也有人成了心无旁骛、潜心学术的学术大师，如"有清三百年朴学之殿"的孙诒让、终身执着于学术的王国维。实际上，即使是埋头学术、不问政治的学者也是时刻关注国家命运的，如立志"科学救国"的那些科学家。

其二，以政治为重心，从政治需要出发利用学术。这一模式以康有为为代表。如前所述，康有为的《新学伪经考》与《孔子改制考》均非纯学术著作，甚至可以说主要不是学术著作，是类似于邹容的《革命军》的政治作品。两书一破一立，都是倡导变法的需要，着眼于时局政治的。

其三，以学术为本分，但不忘政治关切、公共关怀。这一模式以严复为代表。严复对政治活动并不热衷，仅以《上皇帝书》介入维新派的实际活动，被批评为"能坐而言不能起而行"。其实，他并不缺乏政治勇气，只是觉得当时中国所亟须的是思想启蒙，是国民教育，是引进西方学理，是建立现代学术体系、现代知识体系。尤其在维新运动失败后，他更觉得没有了自己施展政治抱负的空间，"不能与人竞进热场，乃为冷淡生活"，只有退守书斋，从学术上为将来的社会变革做些准备。他在给张元济的书信中提到："复自客秋以来，仰观天时，俯察人事，但觉一无可为。然终谓民智不开，则守旧维新两无一可。即使朝廷今日不行一事，抑所为皆非，但令在野之人与夫后生英俊洞识中西实情者日多一日，则炎黄种类未必遂至沦胥；即不幸暂被羁縻，亦将有复苏之一日也。所以屏弃万缘，惟以译书自课。"[1] 严复精选并翻译了赫胥黎的《天演论》、亚当·斯密的《国富论》（严译《原富》）、约翰·穆勒的《逻辑体系》（严译《名学》）和《论自由》（严译《群己权界论》）、赫伯特·斯

---

[1] 王栻主编《严复集》第 3 册，第 525 页。

宾塞的《社会学研究》（严译《群学肄言》）、孟德斯鸠的《论法的精神》（严译《法意》）等 8 部堪称代表"人类精神文化的高度"的西方学术名著，这是中国现代学术体系奠基过程中最为重要的开创性工作之一。严复选译上述名著是经过深思熟虑的，所选名著是世界学术史上标志性的精品，同时包含了富国强国之道，足见其关心国家富强目标的用意。他的身份从政论家转为翻译家之后，所考量的依然是战略层面的，是有大格局的一流大师。

其四，在学术与政治之间摇摆，或边从政边问学，成为有学问的改革家、有学问的政治家，或从政时以学理支持政治，治学时仍抱救国救世情怀，总是牵挂着政治。这种模式以梁启超为代表。梁启超认识到从学术发展的角度，学者应当谨守学术分际，守护学术独立性。他在《清代学术概论》中谈到"凡学者之态度，皆当为学问而治学问"，"而一切'新学家'者，其所以失败，更有一总根源，曰不以学问为学问，而以为手段"。他认为自己以学术为政论，因谈政治而荒了学术。梁启超以"善变"著称，这种"善变"包括了其在学术与政治的犹豫、徘徊，"善变"中的不变则是对公共性的责任与担当，是一生心系政治、心系国家。

清末知识分子虽纠结于学术与政治、公共性与专业性的冲突，但他们对学术独立、学术自由也是有所提倡的，并为建立专业化、科学化、分科化的现代学术体系和现代知识体系做了开创性的思考与探索。

学术的专业化。从外部生态上，清末启蒙思想家呼唤打破专制社会对学术的禁锢与干预，强调学术与政治的分离，希望形成有利于实现学术独立、学术自由的社会环境，促进形成独立于政界的学界、知识界。严复提出"治学治世宜分二途"，学术与政治、"治学之材"与"治事之材"应当分开。他说："国愈开化，则分工愈密。学问政治，至大之工，奈何其不分哉！"[①] 王国维提出："故为今日计，政府不可不执消极及积极之二方法：消极之法，则不以官为奖

---

① 王栻主编《严复集》第 1 册，第 89 页。

励之具是已；积极之法，则必使道德、学问、实业等，有独立之价
值。"① 为促进学术的独立发展，他们致力于创设专门从事知识生产
和流通、培养学术人才、提供给学者平台的专业化机构，从而使学
术专业化得到体制化的固化与确认。1898 年，在维新派的呼吁与推
动下，作为北京大学前身的京师大学堂创立。20 世纪初，又创办了
山东大学（初名山东大学堂，创建于 1901 年）、复旦大学（前身复
旦公学，创建于 1905 年）等高校，其他新式学堂也纷纷建立。1897
年，商务印书馆成立，标志着现代出版业的开创。前已提及，这个
时期还出现了许多报刊。从学界内部来说，他们提倡学者应该有以
学术为目的、为学术而学术的精神气质，严守学术立场，不应把学
术当作求官、求利禄的手段。严复提出学术应该是"为己之学"，
也就是要把学术作为学者自身的生存价值、生命意义来追求，把学
术作为实现"内心的自由"的途径，学术的目的是学术本身，不要
去追求学术以外的目的。王国维指出："学术之发达，必视学术为
目的，而不视为手段而后可也。……吾国今日之学术界，一面当破
中外之见，而一面毋以为政论之手段，则庶可有发达之日欤。"②

学术的科学化。严复等启蒙思想家强调学术的本质功能是求真，
不应过于强调求用。严复在《论世变之亟》中推崇西方"于学术则
黜伪而崇真"。王国维认为学术的宗旨在求天下万世之真理，反对
以有用无用论学术，"凡学皆无用也，皆有用也"。③ 后来梁启超在
《清代学术概论》中也强调学术应离"致用"之意味而独立存在。
他们认为学术求真求是的内涵有以下几点。一是认识对象上要注意
面向客观世界，要根据事实去获取真知，如康有为、严复等指出不
能仅关注道德之学，仅关注古人言辞，还要关注自然、关注社会，
当时要尤其重视"物质之学""格致之学"即自然科学。二是要善
于运用科学方法治学，包括运用实验方法、逻辑方法、数学方法、
社会调查等。严复在《救亡决论》中，推崇西方科学讲求"一理之

① 王国维：《教育小言十三则》，《王国维文存》，江苏人民出版社，2014，第 68 页。
② 王国维：《论近年之学术界》，《王国维文集》第 3 卷，第 38—39 页。
③ 王国维：《〈国学丛刊〉序》，《求善·求美·求真——王国维文选》，上海远东出
版社，1997，第 112 页。

明，一法之立，必验之物物事事而皆然，而后定之为不易"的实验法；在《西学门径功用》中，指出西人"学以穷理"之法门分为"考订"、"贯通"和"试验"三种，由于"考订"与"贯通""所得之大法公例，往往多误，于是近世格致家乃救之以第三层，谓之试验"。① 梁启超在《格致之学沿革考略》一文中指出："虚理非不可贵，然必借实验而后得其真，我国学术迟滞不进之由，未始不坐是矣。"严复介绍了"内籀"与"外籀"也就是归纳与演绎两种逻辑方法，尤为推崇归纳法，认为"格致真术，在乎内籀"，是真正的科学方法。晚清思想家还注意在学术研究中运用数学方法，如康有为以几何著《人类公理》，谭嗣同借数学逻辑来建立其仁学体系，等等。梁启超在学术研究中则善于运用比较法，他在《论中国学术思想变迁之大势》中指出："凡天下事，必比较然后见其真，无比较，则非惟不能知己之所短，并不能知己之所长。"② 三是要发扬独立思考、大胆怀疑的科学精神。严复在《原强》一文中倡导的"自竭其耳目，自致其身思，贵自得而贱因人，喜善疑而慎信古"，梁启超在《新民说·论自由》中呼唤的"我有耳目，我物我格；我有心思，我理我穷"，陈寅恪为王国维撰写的碑文"自由之精神，独立之人格"，都是这种精神的写照，它成了现代知识分子精神的象征。

学术的分科化。受西方学术思潮影响，清末知识分子对学术分科日见重视，着手建立分科细密的学科体系、知识体系与课程体系。严复在《京师大学堂译书局章程》中按照"西学通例"把"西国诸科学"分为三科，即"统挈科学"、"间立科学"与"及事科学"。"统挈科学"包括"名数两大宗"，即逻辑学和数学；"间立科学"分"力质两门"，"力如动、静二力学、水学、声学、光学、电学；质如无机、有机二化学"；"及事科学"指"治天地人物之学也"，包括天文学、地质学，"人有解剖，有体用，有心灵，有种类，有

---

① 王栻主编《严复集》第 1 册，第 92 页。
② 梁启超：《论中国学术思想变迁之大势》，《饮冰室合集·文集之七》，第 2 页。

群学，有历史，物有动物，有植物，有察其生理者，有言其情状者"。① 清末知识分子提及的学科类别有中学的经学、子学、史学、文学，西学的群学（社会学）、名学（逻辑学）、政治学、计学（经济学）、算学、重学、电学、化学、声光学、汽机学、动植学、矿学、制造学、图绘学、航海学、工程学、兵学、史学、公法学、律例学、外交学等。学科分类为现代学术的发展创造了重要条件。

## 四　转换信仰世界：踱步于宗教性与世俗性两端

许纪霖在谈到20世纪中国的六代知识分子时提到："大致来说，第一代（晚清和十七年两代人）更多的是社会关怀，他们处于一个社会结构转变的前夜，考虑的重心是如何实现社会政治体制变革，因此政治意识比较强烈。而第二代（'五四'和'文革'两代人）更多的是文化关怀，他们对文化价值和道德重建的关心要超过对社会政治本身的关心，因此特别重视文化启蒙的工作，'五四'新文化运动和'文化热'都产生于第二代，并非历史的偶合。而第三代（'后五四'与后'文革'两代人）相对来说知识的关怀更多一些，他们已经注意到文学或学术自身的独立价值，不是在意识形态或文化价值的意义上，而是在文学或知识自身的立场上思考各种问题，因此第三代社会的、文化的贡献远远不及前辈，但其知识的贡献却不可限量。"② 前面我们涉及的是清末一代知识人的文化（价值）关怀、社会（政治）关怀与知识或学术（专业）关怀，分别对应的是道统、政统与学统。我们也赞同清末一代的重心是在社会（政治）关怀。除了以上三种现实关怀，还有必要关注那一代知识精英在现代性视野之下对超自然超人类力量的思考，对宗教学价值与知识的追索，即其精神世界的终极关怀，体现的是他们对自身、国人与人类信仰世界的忧思。

知识分子处于宗教与世俗的两端，既以理性精神区隔宗教狂热，

---

① 王栻主编《严复集》第1册，第130页。
② 许纪霖：《中国知识分子十论》，第85—86页。

又以终极关怀超越物质主义。世俗化是现代化的重要指向，是现代社会的重要特征，但中国传统社会原本就是世俗化社会，中国传统文化原本就是非宗教文化，因此中国社会与中国文化的现代转型并无值得提及的摆脱宗教控制的世俗化走向。清末转型期知识分子在超越层面的关怀主要体现为倡导作为现代公民权利的信仰自由，促进本土宗教实现适应时代变革的现代转换，回应西方基督教的挑战，回答自身与社会对超越层面、彼岸世界的关切，等等。

　　清末启蒙思想家将信仰自由（包括信教与不信教的自由）作为公民的一项基本权利及社会进步的重要标志加以提倡。严复指出，宗教打破"定于一尊"的局面，朝日趋多元化的方向发展是合乎"天演之道"的，"别立宗多，固宗教之进步，而非其退行也"。① 梁启超在《论自由》中强调"人民欲信何教，悉由自择，政府不得以国教束缚干涉之，是教徒对于教会所争得之自由也"。② 基于信仰自由的立场，严复、梁启超等人撰写了《保教余义》《保教非所以尊孔论》等文章，对康有为以"保教"相号召，推尊孔子为教主、立"孔教"为国民共同信仰的方案提出了异议，认为"保教"与思想自由、信仰自由是冲突的。虽然宗教与启蒙思想家所倡导的实证科学，与知识学术体系所体现的理性精神是截然不同甚至是对立的，但清末思想家们认为由于人类认识的有限性，宗教虽有其局限性，科学还不可能解释各种现象，因此"不敢将幽冥之端一概抹杀"，③宗教仍有自身存在的空间，在现代社会的一定范围内发挥作用，承载一部分人的心灵。

　　清末思想家对信仰世界的重构，对中学、西学中的宗教文化都采取了开放的姿态。在继承与转换本土宗教文化方面，清末民初影响较大的有：一是康有为希望把儒学建立为宗教、确立为国教，以宗教形式弘扬儒学的努力。儒学在中国传统社会是一个道德、知识与信仰的综合体，但在现代转型条件下，在儒家政治意识形态功能

---

① 严复：《群学肄言》，第 230 页。
② 《梁启超选集》，第 224 页。
③ 王栻主编《严复集》，第 825 页。

消解后，出现了分立、分疏的趋势。作为知识体系的儒学，是综合性的国学、国故学学科的重要部分，又被分解成为如经学、文献、训诂等具体学科的研究对象，这是清末国粹派努力的重要方向；作为信仰体系的孔教，这是康有为所大加提倡、大加推动的；作为道德体系的儒学道统，现代新儒家即把阐释内圣价值、传承儒家伦理作为其中重点。康有为从 1889 年"始言孔子创教"，在戊戌变法期间进呈《孔子改制考》并上了《请尊孔圣为国教立教部教会以孔子纪年而废淫祀折》，到后来尤其是民国初年更是积极倡立孔教。二是清末新型知识分子在综合中西的基础上对佛教实现现代转型的思考与探索。杨文会等居士在南京等地创办刻经处刻印佛经，创办新式佛教学校（杨文会于 1907 年创办祇洹精舍）培养僧才，建立佛教团体（杨文会于 1910 年在南京创立佛学研究会）促进交流，以新观念重新诠释佛学内涵，使佛教实现适应时代的转型，推动实现了佛教复兴。清末维新派与革命派中有多人近佛谈佛，如"谭嗣同从之（指杨文会——引者注）游一年，本其所得以著《仁学》，尤常鞭策其友梁启超。启超不能深造，顾亦好焉，其所著论，往往推挹佛教。康有为本好言宗教，往往以己意进退佛说。章炳麟亦好法相宗，有著述。故晚清所谓新学家者，殆无一不与佛学有关系，而凡有真信仰者率皈依文会"。[1] 可见佛教在近代新思潮、新文化中的地位与影响。三是严复等人对老庄之学具有宗教倾向的诠释与解读。严复关注国家富强，提倡民主、科学与自由，但其思想也有宗教因素，有神秘主义的一面。他喜好老庄，在《〈老子〉评点》《〈庄子〉评点》中对作为宇宙本源的"道"做出了"道即自然"的物质性解释，又认为"大抵宇宙究竟与其元始，同于不可思议"，[2] 而宗教即是以"理至见极"的"不可思议"境界为起点的。他一直在思考神秘、玄妙的"道"与"运会"，在思考天道与人类深藏的"不可思议"的迷茫，这种思考有科学性的一面，也有宗教性的一面。

---

[1] 梁启超：《清代学术概论》，中国人民大学出版社，2004，第 219—220 页。

[2] 〔英〕赫胥黎：《天演论》，严复译，第 47 页。

　　清末思想家在重构信仰世界时还接纳、摄取了西方基督教观念。基督教传入中国后遭到了强烈的排拒，晚清就发生过为数不少的反洋教教案，这其中士大夫起了推波助澜的作用。但随着与传教士接触的增多与对基督教了解的深入，渐渐有人对基督教采取了新的立场。洋务运动时期，王韬、沈毓桂、徐寿、蔡尔康等已接受基督教的影响，有的还成了教徒。清末维新派与革命派展示了更为积极的接纳态度。康有为是受到基督教传教事业的启发而倡导儒教的，尝以孔教之马丁·路德自任。孙中山的革命活动得到了中外众多基督徒的帮助。据冯自由的《革命逸史》记载，早期兴中会的骨干人物多是基督徒，如孙文、李多马、陈少白、陆浩东、郑士良等。

　　清末一代知识人从价值、知识、信仰与社会等不同领域展示了对精神价值迥然不同于传统文人的全新追求，表明他们基本完成了从传统士大夫到现代知识分子的转身。

［原载《人文杂志》2012 年第 5 期，作者俞祖华、赵慧峰］

# 晚清知识分子现代国家观念的生成

可从外部的国家与世界，内部的国家与社会、国家与个人三重互动关系入手，即从国权、民权与人权三个维度，梳理晚清知识分子现代国家观念的建构：在国家与世界的关系方面，趋向是在现代民族观念、现代中华民族观念形成的基础上，催生出建立民族国家、捍卫领土主权的"主权"观念，同时确立起通过学习世界先进文明促进国家发展的世界意识；在国家与社会的关系方面，趋向是在现代社会观念、现代国民观念形成的基础上，彰显"民权"理念，同时培育国民的国家认同；在国家与个人的关系方面，趋向是在引入现代性的个人观念、自由观念的基础上，催生国家尊重与保障个人"人权"的意识，同时倡导公民个人为国家服务、为国家做出牺牲的公共精神。现代国家建设是包括从普世帝国到民族国家、从王朝国家到国民国家、从君主国家到民主国家在内的现代转型。

在清末民初的梁启超等先驱者看来，按现代民族国家的标准，直至清末，中国"无国""非国家"且"无国名"，[1] 国人长期缺乏现代国家观念。[2] 国家观念的生成、现代国家的创建与现代中国国

---

[1] 如梁启超在《少年中国说》中称："且我中国畴昔，岂尝有国家哉？不过有朝廷耳。我黄帝子孙，聚族而居，立于此地球之上者既数千年，而问其国之为何名，则无有也。"（《梁启超选集》，第 124 页）黄遵宪在《日本国志》中说："考地球各国，若英吉利，若法兰西，皆有全国总名。独中国无之。"（《日本国志》卷四《邻交志上一》，上海古籍出版社，2001，第 51 页）

[2] 梁漱溟在《中国文化要义》中指出："像今天我们常说的'国家'、'社会'等等，原非传统观念中所有，而是海通以后新输入的观念。旧用的'国家'两字，并不代表今天这含义，大致是指朝廷或皇室而说。自从感受国际侵略，又得新观念之输入，中国人颇觉悟国民与国家之关系及其责任。"

号的形成是在晚清接触西方文明之后的现代性事件。

　　耿云志先生曾指出："外部关系上的世界化和内部关系的个性化（个人主义）是现代化运动的两个重要趋势与趋向。"① 现代观念包括现代国家观念的生成与演进同样体现与展示了这两个重要趋势与趋向。在讨论现代国家观念的形成时，我们不妨将内部关系细化为国家与社会、国家与个人。这样，我们可以从外部关系上的国家与世界，内部关系上的国家与社会（国民）、国家与个人三重互动关系入手，即从国权、民权与公民个人的人权三个维度，梳理晚清知识分子现代国家观念形成的基本线索。现代国家建设则可分解为从"普天之下莫非王土"的普世帝国到"傲立于世界民族之林"的民族国家，从"知有朝廷而不知有国民"的王朝国家到以国民为主体的国民国家，从"君主一人之天下""主权在君"的君主国家到"天下人之天下""主权在民"的民主国家（社会国家）的现代转型，如孙中山就提出国家建设的目标"民族的国家、国民的国家、社会的国家皆得完全无缺的治理"。② 可以这样理解先驱者心目中的现代国家标准：国家与世界、国家与社会、国家与个人的关系得到平衡、均衡的发展，国家力量的强势主要体现在外部关系上，而在内部关系上则使公民社会与个人权利有成长、发展的广阔空间。即现代国家的关键标志是国家主权、核心利益得到有效维护，社会组织、公共领域得到健康发育，个人权利、个人幸福得到充分实现。

一

　　从外部的国家与世界的关系出发，现代国家观念的建构，其趋势与趋向是在现代民族观念、现代国族观念（中华民族观念）形成的基础上，催生出建立民族国家、捍卫领土与自主权力的国家主权意识，同时确立起在与世界的密切联系中，通过学习世界先进文明，

---

① 耿云志：《世界化与个性主义——现代化的两个重要趋势》，《学术探索》2005 第
　　4 期。
② 孙中山：《在东京〈民报〉创刊周年庆祝大会的演说》，《孙中山全集》第 1 卷，
　　第 331 页。

促进国家发展的世界眼光、世界意识。

"国与国相峙而有我国"，"国家者，对外之名词也。使世界而仅有一国，则国家之名不能成立"。① 现代国家观念的萌生是从"外察世界之潮流"，突破"知有天下而不知有国家"的传统空间观念，重新定位中国与世界的关系开始的。此前，中国未以国家面目出现于世界。列文森指出："中国近代思想史的大部分时间里，可以说是一个使'天下'变为'国家'的过程。"② 在形成国家意识后，先驱者意识到作为世界的一员，一个国家要有自己的领土，有自己的人民，还要自主管治、处理自己的内外事务，因此提出了他们对国家构成要素的看法，主流的看法是领土、人民与主权是构成国家的三要素。③ 但也有其他说法，如《直说》1903 年 1、2 期发表的《说国家》一文主张构成国家的要素是"土地、人民、人格、主权这四样东西"。

鸦片战争以前，国人心目中只有"天下"的概念，缺乏"国家"的意识，正如梁启超在《爱国论》《新民说》等文中所说：中国自古一统，环列皆小蛮夷，无有文物，无有政体，不成其为国，吾民亦不以平等之国视之；故吾国数千年来，常处于独立之势，吾民之称禹域也，谓之为天下，而不谓之为国。国人不知道什么是

---

① 梁启超：《爱国论》，《饮冰室合集·文集之三》，第 66 页。该引文同时可见《新民说·论国家思想》等处。

② 〔美〕列文森：《儒教中国及其现代命运》，郑大华等译，中国社会科学出版社，2000，第 87 页。

③ 清末民初的主流观点主张国家由三要素构成，具体表述上有区别。如梁启超认为："夫国也者，何物也？有土地，有人民，以居于其土地之人民，而治其所居之土地之事，自制法律而自守之；有主权，有服从，人人皆主权者，人人皆服从者。"（梁启超：《少年中国说》，《梁启超选集》，第 124 页）蔡元培指出："国也者，非徒有土地有人民之谓，谓以独立全能之主权，而统治其居于同一土地之人民者也。"（蔡元培：《中学修身教科书》，中国蔡元培研究会编《蔡元培全集》第 2 卷，浙江教育出版社，1997，第 132 页）陈独秀在《说国家》一文中，指出国家由土地、人民、主权三要素组成。李大钊在天津北洋法政专门学堂预科所使用的教材所给出的概念是："国家是指以一定的土地和人民为基础，以惟一统治权为主体的人们的共同体。"（李大钊：《〈法学通论〉批注》，朱文通等整理编辑《李大钊全集》第 1 卷，河北教育出版社，1999，第 3 页）另参见史文、许敏《晚清时人对国家构成要素的思考和诠释》，《吉林大学社会科学学报》2006 年第 3 期。

"国"，没有国家意识，自然也就谈不上"爱国"，谈不上什么爱国心、爱国观念。西方列强通过枪炮把中国强行纳入世界秩序，同时带来了西方的知识系统，促使先进的中国人摆脱"普天之下莫非王土"的天下主义与"华夷之辨""华夏中心主义"的华夷秩序观，促使国人逐渐走出了中国即"天下"的误区而意识到中国是需要遵守"公法"的"万国"的普通一国，是现代国际体系中的平等一员，进而把建立有特定地域而非漫无边界、主权属于特定族群的现代民族国家作为奋斗目标。走向世界使国人获得了"国"的认知，正是在"泰西"这一"他者"的对照之下，在获得西方地理学等现代性知识后，先驱者对中国作为国家的自觉意识才得以开启。

鸦片战争中"天朝大国"被"蕞尔小邦"打败的残酷事实，促使林则徐、魏源等先驱者从"天朝"至善至美的梦幻中醒觉，成为初具世界意识与国家意识的、"睁眼看世界"的先驱。他们撰写了《四洲志》（林则徐，1839）、《海国图志》（魏源，1843）、《瀛寰志略》（徐继畬，1848）等著作，介绍世界各国历史、地理等方面的情况，建立起取代传统天下观的、全新的世界观念，开启了使中国由"天下"回归国家的过程。到了洋务派、早期维新派，已具备初步的国家主权意识与以国际法处理"万国"关系、处理中外关系的思想。1864 年惠顿的《国际法原理》（《万国公法》）由丁韪良翻译成中文，1880 年伯伦知理的《文明国家的近代国际法》（中译本书名《公法会通》）由庆祥、联芳译成中文，这些译著的出版促成了国际意识、国际法知识的传播。郑观应指出，"公法者，万国之大和约也"，"公法者，彼此自视其国为万国之一，可相维系，而不可相统属之道也"。[①]

不过，现代国家意识、现代国家观念、现代保国爱国观念的形成与确立是在甲午中日战争之后即 19 世纪末 20 世纪初。当时发生的甲午中日战争、八国联军侵华战争使中国面临被列强瓜分的危机，居天地之中、"普天之下莫非王土"的普世帝国观念被残酷的现实彻底颠覆，"世界万国中之一国"的国家观念得以确立，"中国之世

---

① 郑观应：《盛世危言》，《郑观应集》上册，上海人民出版社，1982，第 387 页。

界"的天下观被"世界之中国"的国家观念取代，现代保国爱国观念形成。1896 年 8 月，梁启超在《变法通议》中强调变法，指出："变而变者，变之权操诸己，可以保国，可以保种，可以保教。"1898 年 3 月，康有为在北京组织保国会。5 月 7 日，《国闻报》发表了由他起草的《保国会章程》，章程开宗明义提出："本会以国地日割，国权日削，国民日困，思维持振救之，故开斯会以冀保全，名为会。"① 他还在报上刊登了《京城保国会题名记》，"题名记"由梁启超、麦孟华领衔，自己则名列第 129。"保国"与"保种""保教"一道成为当时有广泛影响的响亮口号，不仅维新派在提倡，其他派别也有人接受了这些口号，如洋务派领袖张之洞在 1898 年的《劝学篇》也提出"保种必先保教，保教必先保国"。"爱国"的提法几乎与"保国"的口号同时出现。1899 年 2 月，梁启超在《清议报》发表发表《爱国论》一文，在近代史上第一次系统阐述了现代爱国观。同年 4 月 10 日至 10 月 25 日，梁启超翻译伯伦知理的《国家论》并在《清议报》上分期刊载。1901 年 10 月，在《清议报》上发表《国家思想变迁异同论》一文，介绍了"伯伦知理所著国家学"。1903 年，又在《新民丛报》发表《政治学大家伯伦知理之学说》的长文。陈独秀 1904 年在《说国家》一文中回忆说："我十年以前，在家里读书的时候，天天只知道吃饭睡觉。就是发奋有为，也不过是念念文章，想骗几层功名，光耀门楣罢了，哪知道国家是个什么东西，和我有什么关系呢？到了甲午年，才听见人说有个什么日本国，把我们中国打败了。到了庚子年，又有什么英国、俄国、法国、德国、意国、美国、奥国、日本八国的联合军，把中国打败了。此时我才晓得，世界上的人，原来是分做一国一国的。此疆彼界，各不相下。我们中国，也是世界万国中之一国，我也是中国之一人……我生长到二十多岁，才知道有个国家，才知道国家乃是全国人的大家，才知道人人有应当尽力于这大家的大义。"②

在现代国家观念建构的过程中，国家观念与民族观念紧密地联

---

① 康有为：《保国会章程》，《康有为政论集》，第 233 页。
② 陈独秀：《说国家》，《陈独秀文章选编》上册，第 39 页。

系在一起，通过民族主义立国、建国，建设"民族国家""民族主
义之国家"，被普遍视为建设现代国家的根本途径甚至是唯一的途
径，正如梁启超在 1902 年 5 月给康有为的信中所言："今日民族主
义最发达时代，非有此精神，决不能立国。"① 因此，民族主义的传
入与传播，是清季现代国家观念建构与现代国家建设中的重要事件。
19 世纪末 20 世纪初，西方民族主义输入，"民族""民族主义"
"中华民族"等概念得以生成并迅速得到广泛传播。梁启超是较早
使用"民族""民族主义""中华民族"等术语的思想家，他在
1898 年的《东籍月旦》在中文文献中较早使用了"民族"一词，
在 1901 年的《国家思想变迁异同论》、1902 年的《论中国学术思想
变迁之大势》中最早使用了"民族主义"② 与"中华民族"③ 的概
念。民族主义成为现代国家建设的理论基石与动员手段，建立独立
于世界的民族国家成为清末重建政治共同体的方向与目标。最早揭
橥"民族主义"旗帜的梁启超率先宣传了"民族建国思想"。他在
1901 年的《国家思想变迁异同论》一文中强调"凡国而未经过民族
主义之阶级者，不得谓之为国"。④ 在 1902 年的《论民族竞争之大
势》一文中，他指出"民族主义者，实制造近世国家之原动力也"，
"今日欲救中国，无他术焉，亦先建设一民族主义之国家而已"。⑤
从 1903 年起，主张"民族建国主义"的政论纷纷出现于《浙江潮》

① 梁启超：《爱国论》，《梁启超选集》，第 321 页。
② 梁启超于 1901 年发表《国家思想变迁异同论》，率先引入"民族主义"的概念。
　其中说："民族主义者，世界最光明、正大、公平之主义也，不使他族侵我之自
　由，我亦毋侵他族之自由。其在于本国也，人之独立；其在于世界也，国之独立。
　使能率由此主义，各明其界限以及于未来永劫，岂非天地间一大快事！"1902 年，
　梁启超在《新民说》中首次对民族主义进行了定义，指出："民族主义者何？同宗
　教，同习俗之人，相视如同胞，务独立自治，组织完备之政府，以谋公益而御他
　族是也。"
③ 梁启超在 1902 年发表的《论中国学术思想变迁之大势》一文中最早使用"中华民
　族"一词："上古时代，我中华民族之有四海思想者厥惟齐，故于其间产生两种观
　念焉，一曰国家观，二曰世界观。"1905 年，梁启超在《历史上中国民族之观察》
　一文中指出"中华民族自始本非一族，实由多民族混合而成"，完成了对"中华民
　族"一词的创造。
④ 梁启超：《国家思想变迁异同论》，《梁启超选集》，第 192 页。
⑤ 梁启超：《论民族竞争之大势》，《饮冰室合集·文集之十》，第 11、34 页。

《江苏》《游学译编》等革命派的报刊上。清末的"民族建国主义"有两种类型：一是建立单一民族国家思想。革命派中的一部分人受汉族正统观念及西方"一族一国"思想的影响，力主"合同种异种，以建一民族的国家，是曰民族主义"，"一国之内而容二族，则舍奴隶之外，无以容其一"，"非民族的国家，不得谓之国"，① "两民族必不能并立于一政府统治下"，② 主张"排满建国"、建立单一的汉民族国家。二是建立统一的多民族的中华民族国家。梁启超介绍了伯伦知理建立多民族国家的思想："合多数之民族为一国家，其弊虽多，其利亦不少。盖世界文明，每由诸种民族互相教导互相引进而成。一国之政务，亦往往因他民族之补助而愈良。"③ 据此，他提出："吾中国言民族者，当于小民族主义之外，更提倡大民族主义。小民族主义者何？汉族对于国内他族是也。大民族主义者何？合国内本部属部之诸族以对于国外诸族是也。"④ 改良派的"平满汉之界"的"合族"建国思想与革命派的"排满"建国思想有过争论，但改良派建立多民族国家的思想渐为革命派所认同，"合族""合种"建立中华国家最终成为两派的共识。孙中山在《临时大总统宣言书》中提出："国家之本，在于人民。合汉、满、蒙、回、藏诸地为一国，即合汉、满、蒙、回、藏诸族为一人。是曰民族之统一。"⑤ 这标志着建立多民族的中华国家的政治理念与政治实践最终取代了建立单一汉民族国家的构想。

　　"天下共主"梦幻的破灭与民族国家意识的生成，带来了国家版图、疆域、边界、领土、国防、国境等相关意识，尤其是国权观念、国家主权意识。清末，朝野上下、知识精英的国家领土意识、国家主权观念在边界谈判、反割台斗争、拒俄运动、巡视南海等事

① 余一：《民族主义论（节录）》，张枬、王忍之编《辛亥革命前十年间时论选集》第1卷下册，三联书店，1960，第486—490页。

② 汉驹：《新政府之建设》，张枬、王忍之编《辛亥革命前十年间时论选集》第1卷下册，第588页。

③ 梁启超：《政治学大家伯伦知理之学说》，《饮冰室合集·文集之十三》，第73页。

④ 梁启超：《政治学大家伯伦知理之学说》，《饮冰室合集·文集之十三》，第75—76页。

⑤ 孙中山：《临时大总统宣言书》，《孙中山全集》第2卷，第2页。

件及有关政论中得到了体现。19 世纪八九十年代，曾纪泽、薛福成通过勘界谈判，在西北、西南边疆从列强手中争回了部分领土。1895 年甲午惨败后，康有为起草的《公车上书》开宗明义提出："窃闻与日本议和，有割奉天沿边及台湾一省，补兵饷二万万两，及通商苏杭，听机器、洋货流行内地，免其厘税等款，此外尚有缴械、献俘、迁民之说。阅《上海新报》，天下震动。闻举国廷诤，都人惶骇。"① 1899 年，梁启超撰写《瓜分危言》，提醒国人警惕列强"有形之瓜分"与"无形之瓜分"，即警惕对领土的征服与对主权的分割。1903 年 9 月，孙中山撰写《支那保全分割合论》抨击日本政客"分割"中国领土的谬论，指出"支那国土统一已数千年矣，中间虽有离析分崩之变，然为时不久复合为一"，"是支那民族有统一之形，无分割之势"。② 1904 年，陈独秀在《说国家》一文中指出："国家要有一定的主权。凡是一国，总要有自己做主的权柄，这就叫做'主权'。"③ 在拒俄运动中，有人指出"凡系中国国民，皆当存保全中国国土之心，即皆当存保全中国主权之心"。④ 清末广东水师提督李准曾不止一次巡视南海宣示主权。1909 年，他率"伏波""琛航"两巡洋舰，直驰东沙群岛。抵达后，见东沙群岛上各处高悬着日本的太阳旗，即惊且愤，"此吾国之领海，何来日本之国旗?"旋又发现东沙群岛已被日本人西泽窃踞，易名为"西泽岛"。西泽辩称其占有此岛已两年有余，此岛为日本领土。李准义正词严地说："此乃吾国之领海，东沙群岛入中华版图已有几百年，属我大清惠州府管辖。东沙群岛之主权一直在我，尔等何得私占?"⑤

　　在国家与世界的关系问题上，清末思想家一面倡导建立民族国家，倡导捍卫国家生存空间、捍卫国家主权的民族主义意识；一面

① 康有为：《上清帝第二书》，《康有为全集》第 2 集，第 32 页。
② 孙中山：《支那保全分割合论》，《孙中山全集》第 1 卷，第 223 页。
③ 陈独秀：《说国家》，《陈独秀文章选编》上册，第 40 页。
④ 杨天石、王学庄编《拒俄运动（1901—1905）》，中国社会科学出版社，1979，第 15 页。
⑤ 参见梁贵东、周启庆《清末广东水师提督踏勘东沙、西沙群岛详情》，《文史天地》2009 年第 10 期。

提倡接轨全球化，融入国际社会，学习他国文明，从"世界之中国"视角思考中国发展的世界主义意识，注意从民族性与世界性的平衡去把握国家意识，将建立"民族的国家""民族主义之国家"与建立"世界的国家""世界主义的国家"有机结合与统一起来。从鸦片战争时期魏源的"师夷长技"、冯桂芬的"采西学、制洋器"，到20世纪初陈天华在《猛回头》里主张对西方列强"越恨他越要学他"，都体现了正确认识世界、学习世界先进文明的态度。康有为提出"保种、保国、保教"，但又向往"大同"，其创设的孔教体现了"世界主义，非国别主义"，"将本来泾渭分明的民族主义与世界主义和谐地统一于其孔教思想中"。[1] 梁启超在1899年的《饮冰室自由书·答客难》一文中试图调和国家主义与世界主义，指出："有世界主义，有国家主义，无义战非攻者，世界主义也；尚武敌忾者，国家主义也。世界主义属于理想，国家主义属于事实；世界主义属于将来，国家主义属于现在。"[2] 同年底，他在《夏威夷游记》中写道："曾几何时，为十九世纪世界大风潮之势力所簸荡、所冲激、所驱遣，乃使我不得不为国人焉，浸假将使我不得不为世界人焉。"他在1901年首次提出"中国民族"概念的《中国史叙论》一文中把中国的身份变化定位为"中国之中国"、"亚洲之中国"和"世界之中国"三个阶段，第三阶段"自乾隆末年以至于今日，是为世界之中国，即中国民族合同全亚洲之民族，与西人交涉竞争之时代"。[3] 民国成立以后，梁启超一直坚持建设"世界的国家"这一目标。1912年，梁启超在《中国立国方针》中把建设"世界的国家"，"以使中国进为世界的国家为最大目的"。1918年，梁启超在《欧游心影录》里提到：我们做中国国民，同时做世界公民，所以一面爱国，一面还有超国家的高尚理想。孙中山等革命派领袖多有海外学习、生活与游历的背景，孙中山自称"约计每二年绕地球一周，到武昌起义前，大概绕过了地球六七周"，因此具有

---

[1] 喻大华、李孝君：《康有为孔教思想中的民族主义立场与世界主义情怀》，《辽宁师范大学学报》2007年第5期。

[2] 梁启超：《饮冰室自由书·答客难》，《饮冰室合集·专集之二》，第39页。

[3] 梁启超：《中国史叙论》，《饮冰室合集·文集之六》，第11—12页。

开阔的国际视野与世界眼光，一直强调通过合乎世界潮流、吸收世界文化寻求国家进步。孙中山还相信，中国实现从传统国家到现代国家的革新与转型，不仅有利于实现中国的振兴，也是世界的巨大贡献，"一旦我们革新中国的伟大目标得以实现，不但在我们美丽的国家将会出现新纪元的曙光，整个人类也将得以共享更为光明的前景。普遍和平必将随中国的新生接踵而至，一个从来梦想不到的场所，将要向文明世界的社会经济活动而敞开"。①

## 二

如果说外部的国家与世界关系，凸显的是国家构成要素中的领土与国家主权的对外自主权，着眼的是中华民族作为整体在现代国际体系的生存空间与生存权利，那么，内部的国家与社会（国民）、国家与个人的关系凸显的是国家构成要素中的人民与国家主权的对内统治权，着眼的是国家（政府）、社会（群体）、个人三者在国家内部权力结构中的关系。建立现代国家的过程，就是要打破专制君主对国家权力的完全垄断，实现统治权从专制君主向公民社会与公民个人的转移，实行"减君权、兴民权、兴人权"以至推翻君主专制，发展社会自由与个人自由，实现由人民支配国家主权。

在国家与社会（国民）的关系上，现代国家观念的建构，其趋势与趋向是在现代社会（群体）观念、现代国民观念形成的基础上，彰显与"君权"相对的"民权"理念，同时培育国民的国家认同。"朕即国家"情境之下的"国君"一词渐渐走进历史，"主权在民"目标之下的"国民"一词应运而生。

"社会"一词，在近代的对应概念最初为"群"。严复在《〈群学肄言〉译余赘语》中将荀子的"民生有群"与西方的"社会"概念加以比附，"西学社会之界说曰：民聚而有所部勒（东学称组织）祈向者，曰社会"，② 认为古人之说与西学相合。据此他把"社

① 孙中山：《中国问题的真解决》，《孙中山全集》第 1 卷，第 255 页。
② 严复：《〈群学肄言〉译余赘语》，王栻主编《严复集》第 1 册，第 126 页。

会学"翻译成"群学"。严复也注意到，如果细究深究的话，"社会"与"群"不能等同，"群"有不同的层级、类型，"社会"是"群"的一种，是"有法之群"，国家是"群"的高级形态。"群"与"国"组成"国群"，"民"与"国"组成"国民"，"国群"一词即成为"国民"一词的过渡概念。

　　"群"是一个传统概念，如《论语·卫灵公》中有"君子矜而不争，群而不党"，《荀子》中有"人之所以异于禽兽者，以其能群也"。在清末，"群"被赋予了与现代政治共同体相关的全新内涵，是指具有自由权力的公民个人组成的团体，而"合群""善群"则是体现现代公民所应具备的"合多数之独而成群"的公共精神。① 晚清思想家历陈"合群"的必要性，严复在《天演论》中指出："能群者存，不群者灭；善群者存，不善群者灭。"群有不同的层级与形态，大而至于一国全体人民的"国群""国族"，甚至于将来过渡到"大同世界"后的"天下群"，如梁启超 1897 年发表的《说群》中所言"抑吾闻之，有国群，有天下群，泰西之治，其以施之国群则至矣，其以施天下群则犹未也"。② 小而至于国家内部某界别、某群体、某行业的结社，如梁启超在《变法通议·论学会》中提到"国群曰议院，商群曰公司，士群曰学会"，③ 还有他在《说群》中提到的"家群"等；严复则提到"群有数等，社会者，有法之群也。社会、商工政学莫不有之，而最重之义，极于成国"。④ 在诸种层级、诸种类型的"群"中，"国群"与后来的"国民"一词含义相近，类似的词还有"国人""社会""社群"等。"国群"一词反映了先驱者对公民应具有爱国情怀、群体意识、国家观念、公共精神的倡导。梁启超在批评国人"知有天下而不知有国家"的同时，又批评国人"知有一己而不知有国家"，⑤ 批评国人"不知群之物为何物，群之义为何义也，故人人心目中但有一身之我，不有一

---

① 梁启超：《十种德性相反相成义》，《梁启超选集》，第 157 页。
② 梁启超：《说群》，《饮冰室合集·文集之二》，第 2 页。
③ 梁启超：《变法通议·论学会》，《梁启超选集》，第 17 页。
④ 严复：《〈群学肄言〉译余赘语》，王栻主编《严复集》第 1 册，第 125 页。
⑤ 梁启超：《新民说》，《饮冰室合集·专集之四》，第 21 页。

群之我"。①

国群观念为国民思想的形成奠定了基础。"国民"一词在近代前期甚至在鸦片战争之前就由传教士传入中国，但作为与现代国家观念相联系的"新词"流行起来是在 19 世纪末 20 世纪初，②而与其类似的则有"公民""人民"等词，如康有为于 1902 年发表了《公民自治篇》，孙中山则频繁使用"人民"一词。1897 年，康有为撰写的《日本书目志》提到了《国民之本义》《国民之真精神》《国民修身书》《国民道德论》《国民与国会之关系》等书。梁启超于 1897 年 10 月在《时务报》发表的《论君政民政相嬗之理》，康有为在 1898 年 6—7 月的《请开学校折》等处提到了"国民"的概念。1899 年，梁启超发表《论近世国民竞争之大势及中国前途》一文，从国民与国家的关系角度对"国民"一词做了定义："中国人不知有国民也，数千年来通行之语，只有以国家二字并称者，未闻有以国民二字并称者……国民者，以国为人民公产之称也。国者积民而成，舍民之外，则无有国。以一国之民，治一国之事，定一国之法，谋一国之利，捍一国之患，其民不可得而侮，其国不可得而亡，是之谓国民。"③1900 年，麦孟华在《论中国国民创生于今日》一文中指出："搏搏大地之中，界其国土，厘其风俗，异其语言，萃民人共同之团体，划然而自建为国。其国体虽有共和立君之异，其族等虽有贵族平民之殊，其执业虽有士农工商之别，其族民聚合，虽有人种宗教之不同，而凡衣食生殖于其国土之中者，即无不有国民之公权，即无不有国家之义务，总而名之曰国民。"④ 20 世纪初，留日学生中创办有多种带革命色彩、以"国民"命名的刊物，如 1901 年 5 月创办的《国民报》和 1903 年 8 月《国民日日报》等。革命派侧重从与"奴隶"相对的角度给出"国民"的含义，如《国

① 梁启超：《说群序》，《饮冰室合集·文集之四》，第 23 页。
② 参见郭双林、龙国存《"国民"与"奴隶"——对清末社会变迁过程中一组中坚概念的历史考察》(《中国文化研究》2003 年第 1 期)等文。
③ 梁启超：《论近世国民竞争之大势及中国前途》，《饮冰室合集·文集之四》，第 56 页。
④ 伤心人稿：《论中国国民创生于今日》，《清议报》第 67 册，1900 年 12 月 22 日。

民报》发表的《说国民》中说："故奴隶无权利，而国民有权利；奴隶无责任，而国民有责任；奴隶甘压制，而国民喜自由；奴隶尚尊卑，而国民言平等；奴隶好依傍，而国民尚独立。此奴隶与国民之别也。"① 邹容在《革命军》中称："奴隶者，与国民相对待，而不耻于人类之贱称也。国民者，有自治之才力，有独立之性质，有参政之公权，有自由之幸福，无论所执何业，而皆得为完全无缺之人。"② "白话道人"林獬对"国民"一词做了更详细的解说："我今要替我们中国四万万同胞汉种，定个名号，叫做'国民'。这'国民'两字，却也难说得很。原来几万年前的世界，找不着一个人影，遍地都是畜生。后来畜生之中，有一种猴类的，知识倒还灵动，渐渐的会立起来行走，又渐渐的会说话，因此就变做人了，所以这般会说话的，就称他做'人'。后来这般人，也渐渐的多了，那知识比从前更好些，自然便晓得结成一个帮侣，立个头目，许多的人都要听头目的号令，自己帮侣里头，也有相保护、相救助的，所以这般帮侣称他做'人民'。人民本来没有一定的地方，到后来大家据着一个国土，聚了许多同种同族的，都在这一国土之内居住，国家的规模各人都晓得去整顿，地方的团体各人都晓得去联络，人人都有精神，人人都有力量，人人都有知识，能够把自己的国土守得牢牢固固，能够把国内的政事弄得完完全全，这便不愧为一国之民了，所以这般人民，就称他做'国民'。'人'比畜生是高一层的，'人民'比'人'又高一层的，直到'人民'再进做'国民'，那真是太上老君，没有再高的了。"③

国民观念的形成又促进了国家观念的变迁，促成了从古代王朝国家到现代国民国家的转型。1901 年，梁启超发表《国家思想变迁异同论》，从十一个方面对"中国旧思想"与"欧洲新思想"进行了比较。他指出中国旧思想主张君主为国家之主体，国家与人民全

---

① 佚名：《说国民》，《国民报》第 2 期，1901 年 6 月 10 日。
② 邹容：《革命军》，张枏、王忍之编《辛亥革命前十年间时论选集》第 1 卷下册，第 671 页。
③ 白话道人（林獬）：《国民意见书》，张枏、王忍之编《辛亥革命前十年间时论选集》第 1 卷下册，第 893—894 页。

然分离，故人民之盛衰与国家之盛衰无关，国家对于人民有权利而无义务，人民对于国家有义务而无权利；欧洲旧思想主张人民为国家之主体，国家与人民一体，人民之盛衰与国家之盛衰如影随形，国家对于人民、人民对于国家、人民对于人民，皆各有其相当之权利义务。1902 年，他在《新史学》中批评"旧史学"有"四弊"，其一即"知有朝廷不知有国家"，认为国人将朝廷与国家混而不分，不能区分作为"全国人之公产"的国家与"一姓之私业"的朝廷，使国人缺乏爱国心，导致了中国积弱。孙中山也对王朝国家与国民国家进行了类似的比较，他说："在昔虏朝行暴君专制之政，以国家为君主一人之私产，人民为仆隶，身家性命悉在君主之手，故君主虽穷民之力，民不敢不从；民国则以国民为人民之公产，凡人民之事，人民公理之。"① 在现代国家观念的视野之下，古代那种"朕即国家""君主一人之天下"的王朝国家观念被打破，国家最高统治者即君主不再被等同于国家，朝廷与国家也被严格区分开来，国民是国家的主人、"天下人之天下"的国民国家观念初步确立。

王朝国家到国民国家的转型，其核心是实现统治权从君主到国民的部分或彻底转移，目标为实现主权在民，变"君主"为"民主"，使国民取代国君成为国家的主人。维新思想家从现代国家观念出发，致力于改变君权独尊的局面，通过对君权进行分权重新定位"君"与"民"的关系，提出了与"君权"对应的"民权"概念。郭嵩焘在 1878 年 5 月 19 日的日记中最早使用了"民权"一词，② 黄遵宪、薛福成也分别于 1879 年、1890 年开始使用。早期维新派中的王韬、薛福成等人与维新派领军人物康有为提出了"君民共治""君民共主"的思想。严复在 1895 年发表的《辟韩》一文中根据契约论阐释了"民主君仆"说，提出了"斯民也，固斯天下之真主也"，"国者，斯民之公产也，王侯将相者，通国之公仆隶

---

① 孙中山：《扫除满洲租税厘捐布告》，《孙中山全集》第 1 卷，第 318 页。
② 郭嵩焘日记中提到："西洋政教以民为重，故一切取顺民意，即诸君主之国。大政一出之议绅，民权常重于君。"郭嵩焘：《伦敦与巴黎日记》，走向世界丛书，岳麓书社，1984，第 576 页。

也"。① 梁启超以"誓起民权移旧俗"自励，他在《论君政民政相嬗之理》一文中描绘了从多君为政，到一君为政，再到民为政的"三世说"，指出民权最终取代君权是历史发展的必然趋势。不过，维新思想家并不主张废除君主，只是主张从君权中析出部分权力转为民权，实现国家权力由君主与国民共有、共享。维新派以保留君主、君位世袭与废除君主、国家元首由人民公举之义区分使用"民权"与"民主"两词，如何启、胡礼垣在《劝学篇书后》的《正权篇辨》中称"民权者，其国之君仍世袭其位；民主者，其国之权由民选立，以几年为期"；② 梁启超也称"夫民权与民主二者，其训诂绝异。英国者，民权发达最早，而民政体段最完备者也，欧美诸国皆师效法，而其今女皇，安富尊荣，为天下第一有福人"。③ 革命派虽也多以"民权"相号召，但提出了废除君主、实现"民为主"、以民主代替君主的思想，也就是说革命派"民权"一词所表达的实际上是维新派梁启超等人所认知的"民主"。孙中山在 1905 年 10 月的《〈民报〉发刊词》中首次提出民权主义时将其定位为"专制仆而立宪政体殖"的政治革命，已隐含推倒君主专制之意。稍后在与汪精卫的谈话中更明确表示"革命以民权为目的"，"民权之国必不容有帝制"，初步设计了从推翻君权到确立民权的"三步走"路线图即从"军法之治"、"约法之治"到"宪法之治"或后来简约化的从"军政"、"训政"到"宪政"的"革命程序论"，指出"革命之志在获民权，而革命之际必重兵权"，"逮乎事定，解兵权以授民权，天下宴如矣，定此关系厥为约法"，"一旦根本约法，以为宪法，民权立宪政体有磐石之安，无漂摇之虑矣"。④ 武昌起义后，在孙中山的坚持下，《中华民国临时约法》中写入"中华民国之主权属于国民全体"，以"主权在民"否定了主权在君。

在国家与国民、国权与民权的关系上，清末思想家认识到不能单向要求国民对国家的认同，要求国民爱国、效忠国家，而要既使

① 严复：《辟韩》，王栻主编《严复集》第 1 册，第 36 页。
② 何启、胡礼垣：《劝学篇书后》，《新政真诠》第五编，第 44 页。
③ 梁启超：《爱国论》，《饮冰室合集·文集之三》，第 76 页。
④ 孙中山：《与汪精卫的谈话》，《孙中山全集》第 1 卷，第 289—291 页。

国民认识到自己对国家的责任，让他们参与国家事务的管理，让他们把自己当成国家的主人。兴民权才能兴国权，只有让国民意识到国家是有自己一份的"公产"，国家兴亡与自己息息相关，国民才能视国事为私事，才会在国家遇到危难时舍家纾难。严复在1895年发表的《原强》一文中，把爱国作为"新民德"、培养国民公德的重要内容，主张借鉴西方通过使国民"私其国"来"爱其国"，"使其民皆若有深私至爱于其国与主，而赴公战如私仇"。① 梁启超在《爱国论》中指出："国者何？积民而成也。国政者何？民自治其事也。爱国者何？民自爱其身也。故民权兴则国权立，民权灭则国权亡。"提出要通过教育，使国民"以国为己之国，以国事为己事，以国权为己权，以国耻为己耻，以国荣为己荣"。②

在国家观念建构的过程中，梁启超等人对国家与国民的关系前后有不同的思考，至于不同思想家之间的分歧就更为明显。早期梁启超受卢梭"主权在民""天赋人权"思想影响，强调"积民成国"，倾向于以国民、民权为本位，强调民权是国权的基础，而国家为国民而设立，是保障民生与民权的政治共同体。后接受了伯伦知理的国家主义，转向强调国家利益至上、国权高于民权。他在1902年发表的《论学术之势力左右世界》一文中阐明了卢梭社会契约学说与伯伦知理国家有机体论的区别，并表明自己接受伯伦知理的国家界说。他说："伯伦知理之学说，与卢梭正相反对者也。虽然，卢氏立于十八世纪，而为十九世纪之母；伯氏立于十九世纪，而为二十世纪之母。自伯氏出，然后定国家之界说，知国家之性质、精神、作用为何物，于是国家主义乃大兴于世。前之所谓国家为人民而生者，今则转而云人民为国家而生焉，使国民皆以爱国为第一之义务，而盛强之国乃立。"③ 与孙中山等主张"主权在民"的思想有别，梁启超赞同伯伦知理的国家主权论。伯伦知理认为："是知国家者主权之所寄也，彼以主权归之通国涣散之民者，无论矣，即

① 严复：《原强》，王栻主编《严复集》第1册，第31页。
② 梁启超：《爱国论》，《饮冰室合集·文集之三》，第71页。
③ 梁启超：《论学术之势力左右世界》，《梁启超选集》，第272页。

归之有伦有序团聚统合之国民，亦未可谓为确论也。夫有国民而后有国家，有国家而后有主权，故谓国民为主权根本之所在，可也，直以国民为主权根本之所由生，不可也。"梁完全赞同此论，认为："主权既不独属君主，亦不独属社会；不在国家之上，亦不出国家之外。国家现存及其所制之宪法，即主权所从出也。"①

建设现代国家，需要培育现代国民。但按现代国民的标准，当时国人显然并不合格，如严复、梁启超等人所称的"其民不足以自治也""中国人不知有国民也""有部民资格而无国民资格"等。因此，他们又主张从改造民众、塑造现代民族国家合格国民入手，提出了"开民智"、"鼓民力、开民智、新民德"、"新民"理论等旨在改造国民的思想主张。

# 三

在国家与个人的关系上，现代国家观念的建构，其趋势与趋向是在引入现代性的个人观念、自由观念的基础上，催生国家尊重与保障个人自主之权的意识，同时倡导公民个人为国家服务、为国家做出牺牲的国家忠诚与公共精神。

晚清以来作为现代国家权力主体的概念，除了整体性的、集合体的"民""国民""公民""人民"，还有具有个体性的"个人"。相对于"国民"集体所应拥有的"民权"（"集体人权"），现代社会中每个"个人"所应具备的基本权利，更为具体也应更加现实。晚清在广泛使用复合性的"民权"概念的同时，也出现了更多的与个人权利相联系的"人权"概念。② 如他在 1899 年的《论中国人种之将来》中直接使用了"人权"范畴："泰西所谓文明自由之国，其所以保全人权，使之发达者，有二端：曰参政权，曰自治权。"他在 1901 年的《卢梭学案》

---

① 梁启超：《政治学大家伯伦知理之学说》，《饮冰室合集·文集之十三》，第 86 页。
② 陈泽环：《梁启超人权主体思想初探》，《哲学动态》2011 第 7 期。

中说：保持己之自由权，是人生一大责任也。儿子亦人也，生而有自由权，父母得鬻其子女为人俾仆，是皆不明公理，不尊重人权之所致也。他在 1901 年 10 月的《国家思想变迁异同论》中引"平权派"之言说：人权者出于天授者也，故人人皆有自主之权，人人皆平等。在革命派的宣传中，"人权"的概念也不断出现。据日本学者小川野秀美的《〈民报〉索引》统计，《民报》上"民权"一词出现了 120 次，"天赋人权"出现了 8 次，"人权"出现了 19 次。相应地，晚清思想家不仅从国民与国家、民权与国权的角度展开对国家观的探讨，还从个人与国家、人权与国权的维度进行国家观念的建构，作为现代社会核心价值的个人主义成为现代国家观念的核心理念，而个人与国家的关系也成为中国现代自由主义话语的关注焦点。

在清末，个人观念与社会观念一起传到中国。作为通向现代个人观念的前驱，被梁启超称为"近世思想自由之向导"的龚自珍表达了强烈而清晰的"自我"意识，他在《壬癸之际胎观第一》中提出："众人之宰，非道非极，自名曰我，我光造日月，我力造山川，我变造毛羽肖翘，我理造文字语言，我力造天地，我天地又造人，我分别造伦纪。"① 自我意识的明确在近代思想史上具有重要意义。现代意义上的个人观念萌生、形成于 19 世纪末 20 世纪初。严复在1895 年发表的《论世变之亟》一文中提出："夫自由一言，真中国历古圣贤之所深畏，而从未尝立以为教者也。彼西人之言曰：'唯天生民，各具赋畀，得自由者乃为全受。'故人人各得自由，国国各得自由，第务令毋相侵损而已。"② 这里既从国家与世界的关系角度提出了"国国各得自由"，也从个体与群体、个体与国家关系的角度提出了"人人各得自由"。其发表于 1903 年的《译〈群学肄言〉序》出现了用于翻译"个人"与"社会"的"幺匿"与"拓都"两个音译词，提到："欲观拓都，视此幺匿。"③《群学肄言》

① 龚自珍：《壬癸之际胎观第一》，《龚自珍全集》，上海人民出版社，1975，第 12—13 页。
② 严复：《论世变之亟》，王栻主编《严复集》第 1 册，第 2—3 页。
③ 严复：《译〈群学肄言〉序》，王栻主编《严复集》第 1 册，第 124 页。

第三章"喻术"指出："群者，谓之拓都；一者，谓之幺匿。"《〈群学肄言〉译余赘语》中除了"幺匿"与"拓都"两词，还出现了与之对应的"个人"与"社会"两词并做了诠释。文中提到："西学社会之界说曰：民聚而有所部勒（东学称组织）祈向者，曰社会……东学以一民而对于社会者称个人，社会有社会之天职，个人有个人之天职。或谓个人名义不经见，可知中国言治之偏于国家，而不恤人人之私利，此其言似矣……所谓小己，即个人也。大抵万物莫不有总分，总曰'拓都'（total），译言'全体'；分曰'幺匿'（unit），译言'单位'。笔，拓都也；毫，幺匿也。国，拓都也；民，幺匿也。社会之变相无穷，而一一基于小己之品质。"① 严复还常使用"小己"等概念。后来，鲁迅在《准风月谈·难得糊涂》中提到："从前严几道从甚么古书里——大概也是《庄子》罢——找着了'幺匿'两个字来译 unit，又古雅，又音义双关的。"② 在 20 世纪初年，鲁迅自己也是倡导个人观念、建构个人主义话语的先驱。他在 1907 年的《文化偏至论》中提到："个人一语，入中国未三四年，号称识时之士，多引以为大诟，苟被其谥，与民贼同。意者未遑深知明察，而迷误为害人利己之义也欤？夷考其实，至不然矣。"又说："盖谓凡一个人，其思想行为，必以己为中枢，亦以己为终极：即立我性为绝对之自由者也。"③ 他将"入于自识，趣于我执，刚愎主己，于庸俗无所顾忌"即人格独立、思想自由、个性自尊、行为自主的个人主义与损人利己的极端利己主义做了区分。清末知识界在引入个人观念后，将其纳入自由主义话语体系，并以个人主义、个性解放作为自由主义的核心范畴，还将其使用于现代国家功能的定位，凸显了现代国家为个人谋福祉、为自由做保障的功能。

　　个人观念、个性意识的引入，成为现代性国家观念生成与拓展的最关键元素，它为晚清知识分子从个人与国家这一维度展开国家

---

① 严复：《〈群学肄言〉译余赘语》，王栻主编《严复集》第 1 册，第 124 页。
② 鲁迅：《准风月谈·难得糊涂》，《鲁迅全集》第 5 卷，第 373 页。
③ 鲁迅：《文化偏至论》，《鲁迅全集》第 1 卷，第 50—51 页。

观念的建构、国家盛衰根源的探寻提供了重要基础。在探讨个人与国家关系时，严复等人又引入了社会有机体论，认为正如生物有机体的质量取决于单元细胞的质量，社会有机体的强弱取决于每个个体的状况，国家、民族的兴衰取决于每个国民的素质，国家活力取决于个性活力。严复在1895年发表的《原强》一文中指出："一群之成，其体用功能，无异生物之一体，大小虽异，官治相准。知我身之所生，则知群之所以立矣；知寿命之所以弥永，则知国脉之所以灵长矣。"于是，他根据"本单之形法性情，以为之形法性情"的原理，认为"莫不以民力、民智、民德三者断民种之高下，未有三者备而民生不优，亦未有三者备而国威不奋者也"，提出"鼓民力、开民智、新民德"，① 将现代国家建设归结为国民人格建设。鲁迅认为"欧美之强，莫不以是炫天下者，则根柢在人……是故将生存两间，角逐列国是务，其首在立人，人立而后凡事举；若其道术，乃必尊个性而张精神"。"国人之自觉至，个性张，沙聚之邦，由是转为人国。人国既建，乃始雄厉无前，屹然独见于天下，更何有于肤浅凡庸之事物哉。"② 从权利的角度，他们强调，国家权力来源于个人权利，国家主权能否实现在很大程度上与国民的个人自主性、与国民的自主之权密切相关。只有让民众成为国家的真正主人，民众才能支持、拥护国家的行为。严复提出"身贵自由，国贵自主"的观点，他说："盖群者人之积也，而人者官品之魁也……知吾身之所生，则知群之所以立矣；知寿命之所以弥永，则知国脉之所以灵长矣。一身之内，形神相资；一群之中，力德相备。身贵自由，国贵自主。"③ 梁启超指出："国民者，一私人之所结集也，国权者，一私人之权利所团成也。"④ 何启、胡礼垣在1899年的《劝学篇书后》中指出：人人有权，其国必兴；人人无权，其国必废。此理如日月经天，江河行地，古今不易，遐迩无殊。既然国家命运与个性活力、国群自由与个人自由、国权与人权息息相关，现代国家就应

---

① 严复：《原强》，王栻主编《严复集》第1册，第17—18页。
② 鲁迅：《文化偏至论》，《鲁迅全集》第1卷，第56—57页。
③ 严复：《原强修订稿》，王栻主编《严复集》第1册，第17页。
④ 梁启超：《新民说》，《饮冰室合集·专集之四》，第39页。

该将保障个人权利、保护个人利益作为定位国家功能的基础。严复提出"群己权界"，既是着眼于明确个人与个人、个体与群体的权利界域，也立意于防止国家权力对个人权利的侵害。梁启超则强调"不能知有国家不知有个人"，倡导培育个人主义观念。他们强调，要让每个公民爱国，让每个公民有爱国心，必先使国民"各私中国"，使国民"人人自有其国"。

如前所述，近代中国个人观念的兴起是与社会观念、合群观念相伴而生的。因此，在个人与国家的关系上，中国第一代知识分子一面强调个人权利、个人观念、个性活力对建构现代国家观念、建设现代民族国家的重要意义，强调现代国家保障公民个人权利的职能，呼唤国民的个性意识、自由观念与自治精神；一面也强调培养国民的公德、善群品格、公共精神，强调培育国民的国家认同，强调个人对国家的义务与责任。严复认为，在当时国家面临亡国灭种的严峻危机的形势下，群体的价值、国家的价值要急于、重于、高于个体的价值，国民应该为国家利益牺牲个人利益。他指出："特观吾国今处之形，则小己自由，尚非所急，而所以祛异族之侵横，求有立于天地之间，斯真刻不容缓之事。故所急者，乃国群自由，非小己自由也。求国群之自由，非合通国之群策群力不可。欲合群策群力，又非人人爱国，人人于国家皆有一部分之义务不能。欲人人皆有一部分之义务，因以生其爱国之心，非诱之使与闻国事，教之使洞达外情又不可也。"[1] 梁启超既肯定了个人的自由与权利，也强调了个人对群体、对国家所应担当的责任与义务。他宣传"人人有自主之权"，同时又强调每个国民都不应"知有一己而不知有国家"，都要尽爱国的责任与义务。他指出："权利思想者，非徒我对于我应尽之义务而已，实亦一私人对于一公群应尽之义务也。"[2] 他还批评中国传统道德"偏于私德，而公德殆阙如"，强调培育"利群""利国"的公德至关重要，"人群之所以为群，国家之所以为

---

① 严复：《〈法意〉按语》，王栻主编《严复集》第4册，第981—982页。
② 梁启超：《新民说》，《饮冰室合集·专集之四》，第31页。

国，赖此德焉以成立者也"。①

　　个人观念的兴起，促成了国家理论从传统的"朕即国家"的君主国家思想到"人人有自主之权"的民主国家观念的转型，从以家族主义为基础的"家天下"观念到以个人主义为基础的"公天下"观念的转型。

［原载《河北学刊》2013 年第 1 期］

---

① 　梁启超：《论公德》，《梁启超选集》，第 213 页。

# 五四启蒙思想家的时空意识

## ——兼谈新文化运动的三个维度

　　五四启蒙思想家对时间观念、对时间之轴上的古与今或是古代、近世、现代、当代、未来等时段概念进行了阐释，并从时间之维展开，讨论个体意义上的青年与老年，讨论民族整体意义上的少年中国、青春中国与老大帝国，讴歌青春活力，呼唤青春中华；他们还有旷远的空间意识，认真思考着中国以外的亚洲、世界、宇宙，思考着中华文化以外的东方文化、西方文明、人类文明，主张广泛吸取人类文明优秀成果，又从空间之维展开，探索推动中国文化走向世界，希望中国再次对人类社会、人类文明做出重要贡献。可从外宇宙的时间维度、空间维度与内宇宙的心灵世界三个维度切入，去探寻五四启蒙思想家倡导新文化运动的具体内涵，启蒙思想家所倡导的新文化运动是一场以走向现代、走向世界为指向，以人的发现、人的解放为主题的思想文化运动，展现了顺应时代潮流、融入世界发展、唤起国民觉悟的姿态。

　　"空间和时间是一切实在与之相关联的构架。我们只有在空间和时间的条件下才能设想任何真实的事物。"① "五四"在纵横交错、变化莫测的时空之轴上留下了难以磨灭的深深印痕，它是中国人精神世界发生现代转向的"思想母港"，是中国人命运与世界格局发生深刻联系的关键节点。作为那一场爱国运动、那一场思想文化运

①〔德〕恩斯特·卡西尔：《人论》，甘阳译，上海译文出版社，1985，第54页。

动、那一场社会改造运动的历史主角，五四启蒙思想家有着深邃的、旷远的时空意识，有着强烈的现代观念与宽阔的世界视野，致力于推进中国现代化，致力于追寻世界进步潮流，致力于建构面向现代、面向世界与张扬个性的中国新文化。

一

五四运动是中国现代化进程中的重要环节，尤其是在推动中国思想文化、推动中国价值体系的现代性转型中起了"临门一脚"的关键作用，因而成了中国思想启蒙的重要象征符号。五四启蒙思想家对时间时序、时光流逝、时代变迁，对时间之轴上的古与今或是古代、近世、现代、当代、未来等时段概念，对所处 20 世纪的历史方位，有着清醒的自觉认知。他们从时间之维展开，讨论个体意义上的青年与老年，讨论民族整体意义上的少年中国、青春中国与老大帝国，讴歌青春活力，呼唤青春中华，展望中华民族再现生机与活力的民族复兴前景。

时间是由过去、现在、将来构成的连续不断的系统。中华文化有关注时间、关注时代的传统，哲人们围绕"法先王"还是"法后王"进行持续不断的"古今之辩"，史家们以记叙时代变迁为职责、以"通古今之变"为追求，诗人们留下了"秦时明月汉时关""江月何时初照人"等千古名句。进入近代以后，士大夫们面对数千年来未有之大变局，对古今之变、对时代变迁有了更深切的认识；在随后迎来的晚清世纪之交中，其时间意识、时代观念进一步增强并频频在时论中使用了"世纪""时代"等概念，如梁启超在《干涉与放任》一文中称："大抵中世史纯为干涉主义之时代；十六七世纪，为放任主义与干涉主义竞争时代；十八世纪及十九世纪之上半，为放任主义全胜时代；十九世纪之下半，为干涉主义与放任主义竞争时代；二十世纪，又将为干涉主义全胜时代。"[①] 到了民国初年，中外历史发生了从帝国到民国、从旧民主主义革命到新民主主义革

---

① 梁启超：《干涉与放任》，《梁启超选集》，第 202 页。

命、第一次世界大战、十月革命等划时代事件，且中华民国成立后以公元纪年、民国纪年取代帝制年号、干支纪年，这一切使得"五四一代"对时间、时代、时局、古今、现代这些概念变得格外敏感，也显得分外钟情。

新文化运动的主要倡导者、"五四运动的总司令"陈独秀有着强烈的时间观、时代感与历史责任感，他尤其注重所处的当下即"现在"。他在1915年9月创刊的《青年》杂志发刊词《敬告青年》中即以时间开宗明义："新陈代谢，陈腐朽败者无时不在天然淘汰之途，与新鲜活泼者以空间之位置及时间之生命。人身遵新陈代谢之道则健康，陈腐朽败之细胞充塞人身则人身死；社会遵新陈代谢之道则隆盛，陈腐朽败之分子充塞社会则社会亡。"他立足于"吾民于二十世纪之世界"的生存处境，表示"吾宁忍过去国粹之消亡，而不忍现在及将来之民族，不适世界之生存而归削灭也"。① 他在1916年初发表了《一九一六年》一文，要求青年认清处在"二十世纪之第十六年之初"的历史方位，认清"人类文明之进化，新陈代谢，如水之逝，如矢之行，时时相续，时时变易"。他认为从世界的角度，"此一九一六年以前以后之历史，将灼然大变也欤"；预言1916年也将是中国历史上划时代的时刻，"当此除旧布新之际，理应从头忏悔，改过自新。一九一五年与一九一六年间，在历史上画一鸿沟之界：自开辟以迄一九一五年，皆以古代史目之，从前种种事，至一九一六年死；以后种种事，自一九一六年生。吾人首当一新其心血，以新人格，以新国家，以新社会，以新家庭，以新民族；必迨民族更新，吾人之愿始偿，吾人始有与晰族周旋之价值，吾人始有食息此大地一隅之资格"。②

蔡元培从过去、现在、将来的时间之维阐释文化教育，他要求教育以"担负将来之文化"为高尚理想，"教育为播种之业，其收效尚在十年以后，决不得以保存固有之文化为的，而当为更进一步之理想。中国古代之《盘铭》曰：'苟日新，日日新，又日新。'此

---

① 陈独秀：《敬告青年》，《陈独秀文章选编》上册，第74—75页。
② 陈独秀：《一九一六年》，《陈独秀文章选编》上册，第101—103页。

其例也"。① 他认为人类对时间流转、过往历史有自觉意识，对于人类进化至关重要，"人类之进化所以远速于他种动物者，以其有历史。历史者，能缩若干人、若干时之记忆为一组，因得以是为基础，而更求进步"，历史时期的划分可长可短，长者"得画数百年或千年为一时期，如历史学家所谓上古史、中古史、近代史是也"。② 他还在1922年为萧子昇（萧瑜）的《时间经济法》一书作序时批评国人不爱惜时间，他说："'时哉勿可再失'、'时乎时乎不再来'，吾国爱时之格言如此类者，不胜偻举矣；而吾国人乃特以不爱时著名于世界，应酬也、消遣也，耗时间于无用之地者，不知几何人，其或朝夕力行，每日在八时以上且无所谓休息日者，宜若可以纠浪费时间者之失；而核其效率，乃远不及他国人八时以下之工作。"③

鲁迅在1918年7月出版的《新青年》第5卷第1号上发表了短诗《人与时》："一人说，将来胜过现在。一人说，现在远不及从前。一人说，什么？时道，你们都侮辱我的现在。从前好的，自己回去。将来好的，跟我前去。这说什么的，我不和你说什么。"④ 这首短诗对由过去（从前）、现在、将来组成的时间之轴做了完整的揭示。鲁迅对时间是非常珍惜的，他说过"节省时间，就是使一个人有限的生命，更加有效，而也即等于延长了人的生命"，⑤ "时间就是性命，倘若无端的空耗别人的时间，其实是无异于谋财害命的"⑥ 等强调珍惜时间的话语。对于从前、现在与将来三者，针对有的理想家不是怀念"过去"，就是希望"将来"，鲁迅强调关键是把握"现在"，过去的已经是过去了，"至于将来，自有后起的人们，决不是现在人即将来所谓古人的世界，如果还是现在的世界，

---

① 蔡元培：《一九〇〇年以来教育之进步》，《蔡元培全集》第2卷，1997，第371页。

② 蔡元培：《〈北京大学二十周年纪念册〉序》，《蔡元培全集》第3卷，第306页。

③ 萧瑜：《时间经济法》，商务印书馆，1923，序言。

④ 鲁迅：《集外集·人与时》，《鲁迅全集》第7卷，人民文学出版社，2014，第119页。

⑤ 鲁迅：《准风月谈·禁用和自造》，《鲁迅全集》第5卷，第249页。

⑥ 鲁迅：《门外文谈》，《鲁迅全集》第6卷，第78页。

中国就会完"；① "'将来'这回事，虽然不能知道情形怎样，但有是一定会有的，就是一定会到来的，所虑者到了那时，就成了那时的'现在'"。②

　　胡适在新文化运动前夕思考过"时间"这一概念，他说："余尝以为 Time 当译为'时'，Space 当译为'间'。《墨子·经上》云：'有间，中也。间，不及旁也。'今人以时间两字合用，非也。顷读蔡孑民先生旧译《哲学要领》以'宇'译 Space，以'宙'译 Time，又曰空间及时间。此亦按《淮南子·齐俗训》云'往古来今谓之宙，四方上下谓之宇'，则宇宙古有'间'与'时'之别也。"③ 后来，他在与空间相对的意义上使用"时"与"时间"等词，如他在 1926 年的《时间不值钱》一文中批评"我回中国所见的怪现状，最普通的是'时间不值钱'"；④ 在 1930 年的《麻将》一文中批评国人打麻将是"不爱惜光阴""荒时费业"。胡适主张从"往古来今"的时代变迁视角考察文学改革、思想文化变革，主张"历史的文学观念"，"一言以蔽之，曰：一时代有一时代之文学。此时代与彼时代之间，虽皆有承前启后之关系，而决不容完全抄袭"。⑤ 他要求追随时代变迁的潮流，与时势共振，与时代同行，立足现在，放眼未来。他在谈到近代文学时指出："中日之战以后，明白时势的人都知道中国有改革的必要。这种觉悟产生了一种文学，可叫做'时务的文章'。那时代先后出的几种'危言'，——如邵作舟的，如汤寿潜的，——文章和内容都很可以代表这个时代的趋势。"⑥ 他在上海求学时关注到那时出版的《时报》，自称"从 14 岁到 19 岁的六年中——一个人最重要最容易感化的时期——受了《时报》的许多好影响"，后撰写《十七年的回顾》一文，以顺应时势相勉励。他希望不要陶醉于《时报》早年的成功，"与其追念过

---

① 鲁迅：《华盖集续编·有趣的消息》，《鲁迅全集》第 3 卷，第 108 页。
② 鲁迅：《两地书》，《鲁迅全集》第 11 卷，第 20 页。
③ 胡适：《留学日记》卷十一，季羡林主编《胡适全集》第 28 卷，安徽教育出版社，2006，第 222—223 页。
④ 胡适：《时间不值钱》，季羡林主编《胡适全集》第 21 卷，第 351 页。
⑤ 胡适：《历史的文学观念论》，季羡林主编《胡适全集》第 1 卷，第 30 页。
⑥ 胡适：《五十年来中国之文学》，季羡林主编《胡适全集》第 2 卷，第 281 页。

去的成功，远不如悬想将来的进步。过去的成绩只应该鼓励现在的人努力造一个更大更好的将来，这是'时'字的教训"。"我们都知道时代是常常变迁的，往往前一时代的需要，到了后一时代便不适用了。《时报》当日应时势的需要，为日报界开了许多法门，但当日所谓'新'的，现在已成旧习惯了，当日所谓'时'的，现在早已过时了。"①

　　李大钊既是一位革命家、思想家，也是中国早期的马克思主义史学家，对历史过程中的时间、时代有着特有的敏感与自觉。在五四启蒙思想家中，他是对"时间"思考较多、阐释最多的一位，②其中有多篇文章直接以与时间有关的概念为题，如《〈晨钟〉之使命——青春中华之创造》（1916 年 8 月 15 日）、《"第三"》（1916 年8 月 17 日）、《青春》（1916 年 9 月 1 日）、《祝九月五日》（1916 年9 月 5 日）、《青年与老人》（1917 年 4 月 1 日）、《此日》（1917 年10 月 15 日）、《今》（1918 年 4 月 15 日）、《新纪元》（1919 年元旦）、《光明与黑暗》（1919 年 3 月 2 日）、《现在与将来》（1919 年3 月 8 日）、《时代的落伍者》（1919 年 10 月 26 日）、《时间浪费者》（1919 年 11 月 2 日）、《又是一年》（1920 年 1 月 4 日）、《今与古》（1922 年 1 月 8 日）、《今与古》（1923 年 2 月 12 日）、《时》（1923年 12 月 1 日）等。李大钊对"时间"的思考是比较全面、深入的。他对"时"的流转以及由此形成的由过去、现在、将来组成的时间链条做了揭示。他指出，"时是无始无终的大自然，时是无疆无垠的大实在"，"时如一线"，"既引的线，确属过去，未引的线，确在未来。此线之行，实由过去，趋向未来，必有力焉，引之始现。此力之动，即为引的行为，引的行为，即为今点所在。过去未来皆赖乎今，以为延引"，"时的引线，与空间异。引线于空间，可以直往，亦可以逆返，我们可从北京来到上海，又可由上海返于北京。至于时间，则今日之日，不可延留，昨日之日，不能呼返。我们能

---

① 胡适：《十七年的回顾》，季羡林主编《胡适全集》第 2 卷，第 406 页。
② 参见刘岸挺《"今"与"新"——论李大钊的时间意识》，《阅江学刊》2010 年第 2 期。

从昨日来到今日，不能再由今日返于昨日"。① 由于时间的流转是有退无进的，是一往不返的，所以人们要珍惜时间，不可做"时间浪费者"，"时间就是生命，浪费了时间就是牺牲了生命"。② 珍惜时间最重要的是要把握住"今"，把握住"现在"，把握住"此日"，因为"世界最可宝贵的就是'今'，最易丧失的也是'今'……昨日不能唤回来，明天还不确实，尔能确有把握的就是今日"，"无限的'过去'都以'现在'为归宿，无限的'未来'都以'现在'为渊源。'过去''未来'的中间全仗有'现在'以成其连续，以成其永远，以成其无始无终的大实在。一掣现在的铃，无限的过去未来皆遥相呼应"；③"我们不能画清过去与将来，截然为二，完成表现这中间不断的关系，就是我们人生的现在"。④ 李大钊还鲜明地表达了崇今、尚今、主张今胜于古的价值取向，批评了怀古派"一切今的，都是恶的，一切古的，都是好的"的历史倒退论，表示"很感谢崇今派暗示给我们的乐天努力的历史观人生观"，指出"所谓无怀、葛天、黄、农、虞、夏，不过是些浅化初开的时代，并不那样值得我们的怀思与景仰，我们惟有讴歌现代，颂祷今人，以今世为未来新时代的基础，而以乐天的精神，尽其承受古人、启发来者的责任"。⑤ 他希望国人追随时代，与时俱进，不要成为"时代的落伍者"，"时代是最残酷的东西，时代的落伍者是最可怜的人"；⑥"时光似箭，糊里糊涂的又是一年……我们看许多的朋友们，因为走的步数稍微慢了一点，就赶不上进步的潮流，成了过去的人了。过去的人，看着现在和将来，都和他的生活不合；现在和将来，也没有一点的幸福和希望给他，所能给他的只是些悲哀、烦闷和苦痛"。⑦ 他还强调十月革命开辟了人类历史的新纪元。

　　五四启蒙思想家把时间观与进化观结合起来，他们都表达了今

---

① 李大钊：《时》，朱文通等整理编辑《李大钊全集》第 4 卷，第 288—290 页。
② 李大钊：《时间浪费者》，朱文通等整理编辑《李大钊全集》第 3 卷，第 360 页。
③ 李大钊：《今》，朱文通等整理编辑《李大钊全集》第 2 卷，第 191—193 页。
④ 李大钊：《现在与将来》，朱文通等整理编辑《李大钊全集》第 3 卷，第 205 页。
⑤ 李大钊：《今与古》，朱文通等整理编辑《李大钊全集》第 4 卷，第 176、189 页。
⑥ 李大钊：《时代的落伍者》，朱文通等整理编辑《李大钊全集》第 3 卷，第 350 页。
⑦ 李大钊：《又是一年》，朱文通等整理编辑《李大钊全集》第 3 卷，第 442 页。

胜于古、迈向现代、放眼未来的思想。"个人有个人之青春，国家有国家之青春"，① 放眼未来具体到我们国人的生命个体，就是寄希望于青年，呼唤激发每个个体的青春心态、青春气息；放眼未来体现在国家民族整体，就是寄希望于恢复民族活力，呼唤再造青春中华、再造少年中国。

他们讴歌"个人之青春"、"小我"之青春。陈独秀指出，"青年之于社会，犹新鲜活泼细胞之在人身"，② "幸有一线光明者，时时微闻无数健全洁白之新青年，自绝望消沉中唤予以兴起，用敢作此最后之哀鸣"。③ 李大钊指出，"青年之于社会，殆犹此种草木之于田畴也。从此广植根蒂，深固不可复拔，不数年间，将见青春中华之参天蓊郁，错节盘根，树于世界，而神州之域，还其丰穰，复其膏腴矣"。④ 鲁迅在《狂人日记》中发出了"救救孩子"的呼声，在《我们怎样做父亲》中提出"以幼者为本位""以孩子为本位"，在《"与幼者"》中引述了日本作家有岛武郎《著作集》里《与幼者》一篇中的"你们若不是毫不客气的拿我做一个踏脚，超越了我，向着高的远的地方进去，那便是错的"等词句，⑤ 后来又表示"我一向是相信进化论的，总以为将来必胜于过去，青年必胜于老人，对于青年，我敬重之不暇，往往给我十刀，我只还他一箭"。⑥

他们呼唤"国家之青春"、"大我"之青春。李大钊不满于外人诋我们民族为"衰落之民族""老大之邦"，多次发出再造"青春中华"的呼唤。1916 年 8 月，他在《〈晨钟〉之使命——青春中华之创造》一文中号召青年以"青春中华之创造"为使命，致力于我"旧民族之复活"；9 月，他在《青春》一文中指出"吾族青年所当信誓旦旦，以昭示于世者，不在龈龈辩证白首中国之不死，乃在汲

① 李大钊：《〈晨钟〉之使命——青春中华之创造》，朱文通等整理编辑《李大钊全集》第 2 卷，第 364 页。

② 陈独秀：《敬告青年》，《陈独秀文章选编》上册，第 73 页。

③ 陈独秀：《新青年》，《陈独秀文章选编》上册，第 114 页。

④ 李大钊：《青春》，《李大钊文集》上册，人民出版社，1984，第 202 页。

⑤ 鲁迅：《热风·"与幼者"》，《鲁迅全集》第 1 卷，人民文学出版社，1981，第 200 页。

⑥ 鲁迅：《三闲集·序言》，《鲁迅全集》第 4 卷，人民文学出版社，2014，第 4 页。

汲孕育青春中国之再生。吾族今后之能否立足于世界，不在白首中国之苟延残喘，而在青春中国之投胎复活"。① 1917 年 2 月，他在《新中华民族主义》一文中打出"新中华民族"的旗帜，号召"新中华民族之少年"致力于"促进少年中华之投胎复活"。李大钊还参与发起少年中国学会，该学会于 1918 年 6 月 30 日由他和王光祈、曾琦、陈淯、周太玄、张尚龄、雷宝菁发起筹建，于 1919 年 7 月 1日正式成立。胡适提出要造成"少年中国"，不可不有一种新方法即科学的方法，不可不有批评的、冒险进取的、社会的人生观；②李大钊号召大家"沿着那一线清新的曙光，向光明方面走，那光明里一定有我们的'少年中国'在"。③

## 二

空间既指物理学意义上的物质存在形式即物质世界，也指地理学意义上人类社会生活的不同范围、区域。在前一意义上，五四启蒙思想家从哲学、科学的角度，介绍了对宇宙空间、物质世界的认识；在后一意义上，五四启蒙思想家强调要关注中国之外的外部世界尤其是西方社会，具有强烈的世界意识。

在晚清迎来数千年未有之大变局后，国人获得了全新的地理空间观念，认识到中国仅是广袤世界的一小部分，于是逐渐以"瀛环""万国""全球""世界"等说法替代"普天之下"意义上的"天下"，以"外国""异邦"等说法替代"四夷"来描述中国的域外世界。19 世纪末 20 世纪初，"世界"一词已经盛行并成为普通用语，梁启超的多篇文章如《世界最小之民主国》（1900）、《世界外之世界》（1900）、《论学术之势力左右世界》（1902）、《世界将来大势论》（1904）、《世界上广东之位置》（1905）、《世界大势及中国前途》（1907）的篇名有"世界"一词。到民国初年，中国与世

---

① 李大钊：《青春》，《李大钊文集》上册，第 200 页。

② 胡适：《少年中国之精神》，季羡林主编《胡适全集》第 21 卷，第 165—169 页。

③ 李大钊：《"少年中国"的"少年运动"》，朱文通等整理编辑《李大钊全集》第 3卷，第 318 页。

界发生了更为紧密的联系，中外思想界有了更即时、更频繁的同频共振，中国发展道路与世界格局变化有了更紧密的相互关联，中国革命成了"世界无产阶级社会主义革命的一部分"。"世界"一词被五四启蒙思想家频频表达，陈独秀、蔡元培、胡适及梁启超、孙中山等人还阐释、讨论了世界主义。他们思考着中国以外的亚洲、世界、宇宙，思考着中华文化以外的东方文化、西方文明、人类文明；他们也希望推动中国文化走向世界，希望中国再次对人类社会、人类文明做出重要贡献。

　　五四启蒙的主要领袖陈独秀的成长经历了一个过程，从空间之维看，随着走出家乡、走向全国、走出国门，其空间意识也从乡土意识、省籍意识、国家意识到世界意识而不断拓展。早年，他关心家乡，于 1904 年创办《安徽俗话报》，"我就是想起我们安徽省，地面着实很大，念书的人也不见多，还是没有这种俗话报"，希望通过俗话报让同乡了解"本省、外省、本国、外国的事体"；① 他关心国家，早期的几篇文章多是关于国家的，如《安徽爱国会演说》《瓜分中国》《说国家》《亡国篇》，指出"当今世界各国，人人都知道保卫国家的，其国必强"；② 他也开始关注世界，认识到"我们中国也是世界万国中之一国"，常常想"我们中国何以不如外国，要被外国欺负"，注意到"西洋各强国的国民，国家思想，极其发达"。③ 他越来越认识到中国要发展、进步，离不开与世界进步潮流的接轨，因此绝不能搞闭关锁国。他在 1915 年 9 月的《青年》杂志发刊词《敬告青年》中力倡"世界的而非锁国的"世界意识，指出："立国于今之世，其兴废存亡，视其国之内政者半，影响于国外者恒亦半焉……投一国于世界潮流之中，笃旧者固速其危亡，善变者反因以竞进……各国之制度文物，形式虽不必尽同，但不思驱其国于危亡者，其遵循共同原则之精神，渐趋一致，潮流所及，莫之能违。于此而执特别历史国情之说，以冀抗此潮流，是犹有锁国

① 陈独秀：《开办〈安徽俗话报〉的缘故》，《陈独秀文章选编》上册，第 15—16 页。
② 陈独秀：《说国家》，《陈独秀文章选编》上册，第 40 页。
③ 陈独秀：《说国家》，《陈独秀文章选编》上册，第 39—40 页。

之精神，而无世界之智识。国民而无世界知识，其国将何以图存于世界之中?"① 他从世界意识的角度批评了盲目、狭隘的国粹论，认为"学术为吾人类公有之利器，无古今中外之别"，对于学术"只当论其粹不粹，不当论其国不国"。② 他希望同胞有高远的理想，"和各国思想高远的人公同组织大世界"。③

蔡元培对物理学意义上的物质世界与地理学意义上的外部世界都有所思考。他在 1915 年初写成的《哲学大纲》中介绍了各派对世界本体或、物质世界的认识，如"惟物论者，以世界全体为原本于一种原子之性质，及作用，及阅历，而此原子者，即无生活无性灵之质料，而位置于空间及时间之范围者"，"我识论者，言世界本体，不外乎我之意识。我之意识，有情状，有内容，有动作，有附丽于空间者，有超轶乎空间者，是即世界之本体，而为万有所发生也"。④ 对于作为人类社会组成的世界，蔡元培倡导人道主义原则并关注人类整体的命运，主张"夫人道主义，既为全世界共同之关系，则所以达此鹄的者，不能不合全世界而共同经营之"。⑤ 他在法国发起成立世界社，在由其起草的《世界社缘起》中称"读人类进化史，而察其归依鹄的之趋势，殆不外乎欲合人类全体为一团，而相与致力于世界之文化"。⑥ 他主张个体既要关注人生价值的实现，也要关心世界，调和世界观与人生观，"然则以人生为本位，而忘有所谓世界观者，其见地之湫隘，所不待言"。⑦ 他主张中国应当主动了解、走向外部世界，学习人类先进文明，与世界进步潮流接轨。他指出："夫使立国大地，仅我中华，则率其旧章，长此终古，亦复何害。独念今世界为何等世界，人绝尘而奔，我蛇行而伏。"⑧ 他认为这是很危险的，必须"输入世界文明"，"吾人生于此世界，固

---

① 陈独秀：《敬告青年》，《陈独秀文章选编》上册，第 76 页。
② 陈独秀：《学术与国粹》，《陈独秀文章选编》上册，第 79 页。
③ 陈独秀：《我们究竟应当不应当爱国?》，《陈独秀文章选编》上册，第 420 页。
④ 蔡元培：《哲学大纲》，《蔡元培全集》第 2 卷，第 322、325 页。
⑤ 蔡元培：《哲学大纲》，《蔡元培全集》第 2 卷，第 337 页。
⑥ 蔡元培：《世界社缘起》，《蔡元培全集》第 2 卷，第 361 页。
⑦ 蔡元培：《一九〇〇年以来教育之进步》，《蔡元培全集》第 2 卷，第 371 页。
⑧ 蔡元培：《中华职业教育社宣言书》，《蔡元培全集》第 3 卷，第 23 页。

不能不与世界周旋。若固守一隅，则进化常居人后"。①

　　李大钊在《风俗》《政治对抗力之养成》《"第三"》《青春》《今》《新的！旧的！》《调和誊言》等多篇文章中提到了包含时间、空间意义的"宇宙"一词，如他在 1916 年 9 月 1 日发表的《青春》一文中指出："块然一躯，渺乎微矣，于此广大悠久之宇宙，殆犹沧海之一粟耳……宇宙果有初乎？曰，初乎无也。果有终乎？曰，终乎无也。初乎无者，等于无初。终乎无者，等于无终。无初无终，是于空间为无限，于时间为无极。"相对于宇宙空间上的"广大"与时间上的"悠久"，相对于宇宙"于空间为无限，于时间为无极"，"个体之积，如何其广大，而终于有限；一生之命，如何其悠久，而终于有涯"。② 这种旷远的时空意识，促使李大钊发出了宏阔的青春呼唤。他呼吁"为世界进文明，为人类造幸福，以青春之我，创建青春之家庭，青春之国家，青春之民族，青春之人类，青春之地球，青春之宇宙，资以乐其无涯之生"。③ 李大钊认为，宇宙间有引、拒两力相互激荡，社会进步"最宜使二力同时皆有活动之机会"，当"使二力为空间的交互动作，勿使为时间的交互动作"，如果不能"使二力为空间的交互动作"，其结果是"不能并立于空间，则代兴于时间"，"恒不容其为空间的对立，然终不能禁其为时间的代兴"。④ 正是基于"为免时间的取代，主张空间的调和"，李大钊主张"主静"的东洋文明与"主动"的西洋文明"时时调和、时时融会"，主张"虚怀若谷以迎受彼动的文明，使之变形易质于静的文明之中，而别创一生面"。⑤ 李大钊的开放视野、世界眼光与包容精神，为其率先迎受"第三种文明"即社会主义文明奠定了基础。李大钊从地理空间的角度阐释了俄罗斯之精神"具有调和东西文明之资格"，他指出，"由地理之位置言之，俄国位于欧亚接壤之交，故其文明之要素，实兼欧亚之特质而并有之……世界中将来能

① 蔡元培：《发起成立华法教育会公启》，《蔡元培全集》第 3 卷，第 74 页。
② 李大钊：《青春》，《李大钊文集》上册，第 195 页。
③ 李大钊：《青春》，《李大钊文集》上册，第 205 页。
④ 李大钊：《调和誊言》，《李大钊文集》上册，第 556 页。
⑤ 李大钊：《东西文明根本之异点》，《李大钊文集》上册，第 561 页。

创造一兼东西文明特质，欧亚民族天才之世界的新文明者，盖舍俄
罗斯人莫属"，"吾人对于俄罗斯今日之事变，惟有翘首以迎其世界
的新文明之曙光，倾耳以迎其建于自由、人道上之新俄罗斯之消息，
而求所以适应此世界的新潮流，勿徒以其目前一时之乱象遂遽为之
抱悲观也"。① 李大钊还表达了走向世界大同的梦想，他在 1919 年 2
月发表的《联治主义与世界组织》一文中提出，"合世界人类组织
一个人类的联合，把种界国界完全打破。这就是我们人类全体所馨
香祷祝的世界大同"。②

如前所述，胡适在 1915 年曾指出"宇宙古有'间'与'时'
之别"，后来他又谈到"宇宙"这一概念。他谈道，我们的世界有
多大？我的答复是"很大"！宇宙是中国的字，和英文的 Universe、
World 的意思差不多，都是抽象名词。宇是空间（Space），即东南
西北；宙是时间（Time），即古今旦暮。《淮南子》说宇是上下四
方，宙是古往今来。宇宙就是天地，宙宇 Time-Space。"古人所见的
空间很小，时间很短，现在的观念已扩大了许多。考古学探讨千万
年的事，地质学、古生物学、天文学等等不断的发现，更将时间空
间的观念扩大。现在的看法：空间是无穷的大，时间是无穷的
长。"③ 作为以倡导西化闻名的思想家，胡适的世界意识自然是很突
出的。胡适在留学时期醉心大同主义、推崇"世界的国家主义"，④
1919 年 12 月在《新思潮的意义》一文中主张"输入学理，再造文
明"，1929 年在《中国今日的文化冲突》中使用充满争议的"全盘
西化"一词，1935 年在《充分世界化与全盘西化》一文中主张
"充分世界化"，这些都说明他是力主对域外世界开放的。

鲁迅晚年写过"心事浩茫连广宇"，这是他的精神世界的真实
写照，其深邃的精神内宇宙连接着浩茫的自然与人文的外宇宙，其
书写从自然空间的百草园、土场、大地、荒原、月界、天空到人文

① 李大钊：《法俄革命之比较观》，《李大钊文集》上册，第 574—575 页。
② 李大钊：《联治主义与世界组织》，《李大钊文集》上册，第 626 页。
③ 胡适：《大宇宙中谈博爱》，季羡林主编《胡适全集》第 22 卷，第 783—784 页。
④ 胡适：《留学日记》卷七，季羡林主编《胡适全集》第 27 卷，第 531 页。

空间的村庄、鲁镇、故乡、国家、世界。他主张"以人类为着眼点",① 摆正中国在世界、在人类的地位。他力主顺应世界现代化发展的潮流,反对以"特别国情""保存国粹"为名拒绝外来文明。1918 年 11 月,他在《新青年》发表《随感录三十六》,指出:"许多人所怕的,是'中国人'这名目要消灭;我所怕的,是中国人要从'世界人'中挤出。我以为'中国人'这名目,决不会消灭;只要人种还在,总是中国人……想在现今的世界上,协同生长,挣一地位,即须有相当的进步的智识,道德,品格,思想,才能够站得住脚:这事极须劳力费心。而'国粹'多的国民,尤为劳力费心,因为他的'粹'太多。粹太多,便太特别。太特别,便难与种种人协同生长,挣得地位。有人说:'我们要特别生长;不然,何以为中国人!'于是乎要从'世界人'中挤出。于是乎中国人失了世界,却暂时仍要在这世界上住! ——这便是我的大恐惧。"② 后来,他于1936 年发表《拿来主义》一文,提出了"运用脑髓,放出眼光,自己来拿"的主张。

当时,毛泽东、郭沫若、巴金等五四时期的年青一代,也在思考宇宙、世界、中国、故乡等不同层级的自然与人文空间,并表现出世界主义的取向。毛泽东于 1917 年提出"夫本源者,宇宙之真理",③ 还谈到"吾辈必想一最容易之方法,以解经济问题,而后求遂吾人理想之世界主义";④ 于 1921 年与新民学会长沙会员讨论"改造中国与世界"问题,指出"中国问题本来是世界的问题,然从事中国改造不着眼及于世界改造,则所改造必为狭义,必妨碍世界"。⑤ 郭沫若在《凤凰涅槃》中向茫茫宇宙发问:"宇宙呀,宇宙,你为什么存在? 你从哪儿来? 你坐在哪儿在? 你是个有限大的

① 鲁迅:《致许寿裳》,《鲁迅全集》第 7 卷,第 5 页。
② 鲁迅:《随感录三十六》,《鲁迅全集》第 1 卷,第 307 页。
③ 毛泽东:《致黎锦熙信》(1917 年 8 月 23 日),《毛泽东早期文稿》,湖南出版社,1990,第 85 页。
④ 中共中央文献研究室编《毛泽东年谱(1893—1949)》,中央文献出版社,2013,第 30 页。
⑤ 中共中央文献研究室、中央档案馆编《建党以来重要文献选编》第 1 册,中央文献出版社,2011,第 511 页。

空球？你是个无限大的整块？你若是个有限大的空球，那拥抱着你的空间，他从哪儿来？你的外边还有些什么存在？你若是个无限大的整块，这被你拥抱着的空间，他从哪儿来？你的当中为什么又有生命存在？"① 巴金向往"世界大同"并为此倡导世界语，他说："今欧战告终，和平开始。离世界大同时期将不远矣。我们主张世界大同的人应当努力学'世界语'，努力传播'世界语'。"②

　　需要指出的是，五四启蒙思想家的世界意识并不是单向度的，他们既倡导取材于异域文化，主张中国与世界进步潮流接轨，又主张中国文化应当走向世界，中国应当对世界和平与发展、对人类文明进步做出新的贡献。蔡元培主张"我们一方面注意西方文明的输入，一方面也应该注意将我固有文明输出"。③ 将中国走向世界与世界走进中国结合起来，才是世界意识与开放视野的完整内涵。还要充分认识到世界范围内对现代化探索的多元性、多样性，避免将时间维度的现代化等同于空间维度的西方化。

## 三

　　"天地之间人为贵"，人类在时间流转与空间变换中进行文化文明的创新、创造。五四启蒙思想家认识到人类只能在特定空间和时间的条件下进行历史创造活动，但他们深信在时空面前、在时代与环境面前人并不是完全被动的。因此，他们既关注作为外宇宙的时间与空间，也关注作为内宇宙的人类精神宇宙，尤其是国人的心灵世界。他们希望通过走向现代、走向世界"翻转时空"，并以此推动中国人心灵世界的改造。陈独秀所说的"伦理的觉悟，为吾人最后觉悟之最后觉悟"，李大钊"物心两面改造论"中的"改造人类

---

①　夏传才编《中国现代文学名篇选读》上册，南开大学出版社，1984，第177—178页。

②　巴金：《世界语（Esperanto）之特点》，党跃武主编《巴金与四川大学：川大记忆——校史文献选辑》第6辑，四川大学出版社，2015，第178页。

③　蔡元培：《北京大学一九二一年开学式演说词》，《蔡元培全集》第4卷，第423页。

精神的信条"①　"精神改造的运动"②　"以人道主义改造人类精神"③，鲁迅在《两地书》中所说的"此后最重要的是改造国民性"，毛泽东所说的"欲动天下者，当动天下之心"，④都指向"翻转人心"，指向改造国人的心灵世界。因此，我们不妨从外宇宙的时间、空间与内宇宙的心灵世界三个维度切入，去探寻五四启蒙思想家倡导新文化运动的具体内涵。

其一，从时间维度看，五四启蒙思想家以时代价值的尺度、以能否适合现代生活的尺度重估古今文化，其所倡导的新文化是一种现代性文化，为此要吸收近世西方文明、现代社会主义文明，同时要传承"东洋文明之较与近世精神接近者"并实现传统文化的现代转换。

五四启蒙思想家抨击孔教、批判纲常名教，是因为孔子之道不适合现代生活，纲常名教说教"尤与近世文明社会绝不相容者"。⑤陈独秀批评现代社会提倡尊孔是不合时宜的，"其欲独尊一说，以为空间上人人必由之道，时间上万代不易之宗，此于理论上决为必不可能之妄想，而事实上惟于较长期间不进化之社会见之耳"。⑥他又指出："本志诋孔，以为宗法社会之道德，不适于现代生活，未尝过此以立论也……吾人生于二十世纪之世界，取二十世纪之学说思想文化，对于数千年前之孔教，施以比较的批评，以求真理之发见，学术之扩张，不可谓非今世当务之急。"⑦胡适提出："对于习俗相传下来的制度风俗，要问：'这种制度现在还有存在的价值吗？'""对于古代遗传下来的圣贤教训，要问：'这句话在今日还是不错吗？'"⑧李大钊指出，孔子为古昔圣哲，其学说"非生于今日世界之吾人所足取也"，"孔子于其生存时代之社会，确足为其社会

---

① 李大钊：《阶级竞争与互助》，《李大钊文集》下册，第18页。
② 李大钊：《"少年中国"的"少年运动"》，《李大钊文集》下册，第43页。
③ 李大钊：《我的马克思主义观》，《李大钊文集》下册，第68页。
④ 毛泽东：《致黎锦熙信》（1917年8月23日），《毛泽东早期文稿》，第73页。
⑤ 陈独秀：《答吴又陵（孔教）》，《陈独秀文章选编》上册，第169页。
⑥ 陈独秀：《孔子之道与现代生活》，《陈独秀文章选编》上册，第152页。
⑦ 陈独秀：《答佩剑青年》，《陈独秀文章选编》上册，第186页。
⑧ 胡适：《新思潮的意义》，季羡林主编《胡适全集》第1册，第692页。

之中枢，确足为其时代之圣哲，其说亦确以代表其社会、其时代之道德。使孔子而生于今日，或更创一新学说以适应今之社会，亦未可知"。① 他们对儒学、孔教、传统文化虽多有批评，但并没有一味抹杀，他们承认儒学等古代学说在当时社会的历史价值，"吾人讨论学术尚论古人，首当问其学说教义尚足以实行于今日而有益与否，非谓其于当时社会毫无价值也"，② "吾人不满于古之文明者，仍以其不足以支配今之社会耳，不能谓其在古代无相当之价值"。③ 他们尝试对先贤哲理进行现代诠释，致力于实现传统思想的现代性转换。如蔡元培曾指出："法国之伦理学家以自由、平等、博爱为根本主义，皆吾国古书所已具。自由者，富贵不能淫，贫贱不能移，威武不能屈，义也。平等者，己所不欲，勿施于人，恕也。博爱者，四海之内皆兄弟，民吾同胞，仁也。春秋三世之说，由据乱世而升平世，而太平世，即今日所谓社会进化之例。礼运大同之说，即今日所谓人道主义。"④

　　五四启蒙思想家主张吸收近世文明，创造现代文明；主张传承"十八世纪之文明""十九世纪之文明"，创造"现代二十世纪之文明"。陈独秀在《法兰西人与近世文明》中推崇近世三大文明，称"近代文明之特征，最足以变古之道，而使人心社会划然一新者，厥有三事：一曰人权说，一曰生物进化论，一曰社会主义，是也"；⑤ 在《一九一六年》一文中强调"生斯世者，必昂头自负为二十世纪之人，创造二十世纪之新文明，不可因袭十九世纪以上之文明为止境"。⑥ 李大钊称赞文艺复兴以来西方近世文明所取得的成就，尤其是"法兰西之革命，非独法兰西人心变动之表征，实十九世纪全世界人类普遍心理变动之表征"。⑦ 他们认为，即使是对待西方文明，也要以时代性标尺加以审视，"故欧美今日之人心不但不

---

① 李大钊：《自然的伦理观与孔子》，《李大钊文集》上册，第263—264页。

② 陈独秀：《答常乃德》，《陈独秀文章选编》上册，第200页。

③ 陈独秀：《再质问〈东方杂志〉记者》，《陈独秀文章选编》上册，第354页。

④ 蔡元培：《发起成立华法教育会公启》，《蔡元培全集》第3卷，第75页。

⑤ 陈独秀：《法兰西人与近世文明》，《陈独秀文章选编》上册，第79页。

⑥ 陈独秀：《一九一六年》，《陈独秀文章选编》上册，第101页。

⑦ 李大钊：《法俄革命之比较观》，《李大钊文集》上册，第575页。

为其古代圣人亚里斯多德所拘囚，且并不为其近代圣人康德所支配，以其生活状态有异于前也"。①

五四启蒙思想家主张与时俱进，在借鉴西方文明的同时，敏锐感知世界潮流的变动，以反省现代性思潮为过渡，进而赞美或转向社会主义文明。陈独秀注意到社会主义"可谓之反对近世文明之欧罗巴最近文明"，②"欧洲各国社会主义的学说，已经大大的流行了。俄、德和匈牙利，并且成了共产党的世界。这种风气，恐怕马上就要来到东方"。③ 李大钊在 1918 年 7 月发表的《法俄革命之比较观》、11 月发表的《庶民的胜利》、12 月发表的《Bolshevism 的胜利》中预言"二十世纪初叶以后之文明，必将起绝大之变动，其萌芽即苗发于今日俄国革命血潮之中"，称"俄罗斯之革命"、Bolshevism 是"二十世纪全世界人类普遍心理变动之显兆"④ "全世界人心变动的征兆"⑤ "二十世纪全世界人类人人心中共同觉悟的精神"⑥。胡适在 1926 年所写的《我们对于西洋近代文明的态度》一文中指出，18 世纪的新宗教信条是自由、平等、博爱，19 世纪中叶以后的新宗教信条是社会主义。

其二，从空间维度看，五四启蒙思想家以人类文明优秀成果的尺度、以能否适应世界潮流的尺度衡量中外文化，其所倡导的新文化是一种世界性文化，为此要吸取、借鉴西方文明，同时要推动中华文化走向世界，实现中华文明"第二次之大贡献于世界之进步"。⑦

五四启蒙思想家积极倡导学习西方文明、外来文化，接受世界文明成果。陈独秀对学习西方文明的态度前后有所变化，新文化运动前期崇尚西方文化立场鲜明、激进，如 1916 年 11 月在答读者来

---

① 陈独秀：《孔子之道与现代生活》，《陈独秀文章选编》上册，第 152 页。
② 陈独秀：《法兰西人与近世文明》，《陈独秀文章选编》上册，第 80 页。
③ 陈独秀：《纲常名教》，《陈独秀文章选编》上册，第 373 页。
④ 李大钊：《法俄革命之比较观》，《李大钊文集》上册，第 575 页。
⑤ 李大钊：《庶民的胜利》，《李大钊文集》上册，第 595 页。
⑥ 李大钊：《Bolshevism 的胜利》，《李大钊文集》上册，第 603 页。
⑦ 李大钊：《东西文明根本之异点》，《李大钊文集》上册，第 561 页。

信时称"法兰西人为世界文明之导师",① "欧美之文明进化,一日千里,吾人已处于望尘莫及之地位";② 1918 年 7 月在《今日中国之政治问题》一文中提出"一切都应该采用西洋的新法子"。③ 但在接受马克思主义后,其对西方文明的认识有所保留,他在 1924 年的《太戈尔与东方文化》一文中指出"我们并不迷信西方已有的资产阶级文化已达到人类文化之顶点,所以现在不必为西方文化辩护"。④ 蔡元培表示"对于各友邦之文化,无不欢迎","对于共和先进国之文化,尤所欢迎"。⑤ 李大钊在 1918 年 7 月发表的《东西文明根本之异点》一文中强调"竭力以受西洋文明之特长,以济我静止文明之穷",希望青年学者"出全力以研究西洋之文明,以迎受西洋之学说"。⑥ 胡适提出"输入学理""介绍西洋的新思想、新学术、新文学、新信仰",⑦ 认为"新文化运动的根本意义是承认中国旧文化不适宜于现代的环境,而提倡充分接受世界的新文明",⑧ 主张"虚心接受这个科学工艺的世界文化和它背后的精神文明",⑨ 表示希望"希望这个民族在世界上占一个地位"。⑩

五四启蒙思想家认识到中华文化蕴涵"全人类的共同价值",主张推动中华文化的国际传播。陈独秀指出:"若夫温、良、恭、俭、让、信、义、廉、耻诸德,乃为世界实践道德家所同遵,未可自矜特异,独标一宗者也。"⑪ 后又重申:"记者之非孔,非谓其温良恭俭让、信义廉耻诸德及忠恕之道不足取;不过谓此等道德名词,

---

① 陈独秀:《答一民》,《新青年》第 2 卷第 3 号, 1916 年 11 月 1 日。
② 陈独秀:《答毕云程》,《新青年》第 2 卷第 3 号, 1916 年 11 月 1 日。
③ 陈独秀:《今日中国之政治问题》,《陈独秀文章选编》上册,第 270 页。
④ 陈独秀:《太戈尔与东方文化》,《陈独秀文章选编》中册,第 455 页。
⑤ 蔡元培:《欢迎柏卜等演说会开会词》,《蔡元培全集》第 3 卷,第 349 页
⑥ 李大钊:《东西文明根本之异点》,《李大钊文集》上册,第 562、567 页。
⑦ 胡适:《新思潮的意义》,季羡林主编《胡适全集》第 1 卷,第 693 页。
⑧ 胡适:《新文化运动与国民党》,季羡林主编《胡适全集》第 21 卷,第 440 页。
⑨ 胡适:《试评所谓"中国本位的文化建设"》,季羡林主编《胡适全集》第 4 卷,第 583 页。
⑩ 胡适:《介绍我自己的思想》,季羡林主编《胡适全集》第 4 卷,第 667 页。
⑪ 陈独秀:《宪法与孔子》,《陈独秀文章选编》上册,第 148 页。

乃世界普遍实践道德，不以为孔教自矜独有者耳。"① 李大钊指出，中国古代文明"扩延及于高丽，乃至日本，影响于人类者甚大"，中华文明包含"全人类的共同价值"，因此，应该"将吾东洋文明之较与近世精神接近者介绍之于欧人，期与东西文明之调和有所裨助，以尽对于世界文明二次之贡献"。② 蔡元培认为先儒哲理与西方近代精神多有相合之处，主张将"吾国旧籍译成欧文"，"择其与最新思潮不相触背者译为西文，使彼国学者洞明我固有之文化，而互相证明"。③

其三，从内宇宙的心灵世界维度看，"新文化运动是人的运动"，④ "民国六七年北京大学所提倡的新运动，无论形式上如何五花八门，意义上只是思想的解放与个人的解放"，⑤ 新文化运动的宗旨是"小我"的个性解放与"大我"的社会解放，是国人心灵世界"灵肉一致的改造"。

人的发现、人的解放是五四思想启蒙的主题，而造就新人、培育新青年是其所聚焦的目标，所以陈独秀强调"改造青年之思想，辅导青年之修养，为本志之天职"。⑥ 五四思想启蒙家希望国人、青年将个性解放与社会改造有机结合起来。陈独秀指出，构建新道德应该将"个人人格之自觉"与"人群利害、互助之自觉"结合起来。⑦ 蔡元培 1917 年 3 月在清华的演说中提出"发达个性"、"信仰自由"与"服役社会"三点希望。⑧ 李大钊在《〈晨钟〉之使命——青春中华之创造》《青春》等文中，号召青年以"个人之青春"创造"国家之青春"，以"青春之我"创建"青春之国家，青春之民族，青春之人类、青春之地球，青春之宇宙"。胡适在 1918年 6 月 15 日发表于《新青年》第 4 卷第 6 号的《易卜生主义》一

① 陈独秀：《答〈新青年〉爱读者》，《陈独秀文章选编》上册，第 222 页。
② 李大钊：《东西文明根本之异点》，《李大钊文集》上册，第 561、567 页。
③ 蔡元培：《发起成立华法教育会公启》，《蔡元培全集》第 3 卷，第 76 页。
④ 陈独秀：《新文化运动是什么?》，《陈独秀文章选编》上册，第 517 页。
⑤ 胡适：《个人自由与社会进步》，季羡林主编《胡适全集》第 22 卷，第 283 页。
⑥ 陈独秀：《答王庸工（国体）》，《陈独秀文章选编》上册，第 82 页。
⑦ 陈独秀：《答 I. T. M（社会道德）》，《陈独秀文章选编》上册，第 204 页。
⑧ 蔡元培：《在清华学校高等科演说词》，《蔡元培全集》第 3 卷，第 50—52 页。

文中提出"发展个人的个性"要将"使个人有自由意志"与"使个人担干系，负责任"结合，他欣赏易卜生所说的"你想要有益于社会，最好的法子莫如把你自己这块材料铸造成器"；① 在 1919 年 2 月 15 日发表于《新青年》第 6 卷第 2 号的《不朽——我的宗教》一文中强调"我这个现在的'小我'，对于那永远不朽的'大我'的无穷过去，须负重大的责任；对于那永远的'大我'的无穷未来也须负重大的责任。我须要时时想着，我应该如何努力利用现在的'小我'，方才可以不辜负了那'大我'的无穷过去，方才可以不遗害那'大我'的无穷未来"。② 傅斯年在 1919 年元旦发表于《新潮》第 1 卷第 1 号的《人生问题发端》一文中提出"人生观念应当是：为公众的福利自由发展个人"。③ 李大钊、陈独秀等在成长为马克思主义者后，在前期的个性解放基础上，进一步关注到社会解放、民族解放、人类解放。

五四思想启蒙家希望实现人的全面发展，并围绕这一目标呼唤新文化。他们所倡导的人的解放，体现了物质与精神、理性与情感、灵与肉的有机统一。李大钊指出："我所希望的'少年中国'的'少年运动'，是物心两面改造的运动，是灵肉一致改造的运动。"④ 周作人指出："我们所信的人类正当的生活，便是这灵肉一致的生活。"⑤ 田汉指出："我们人类最大的职责在为世界创造一种健全的文明，健全的文明一定在灵肉一致的圣域。"⑥ 他们呼唤人的理性，但也强调人的情感、欲望。陈独秀在 1915 年 10 月发表的《今日教育之方针》中倡导"兽性主义"教育，称"强大之族，人性兽性同时发展"；⑦ 在 1920 年 4 月发表的《新文化运动是什么?》一文中对前期忽视情感做了检讨，指出"现在主张新文化运动的人，既不注

---

① 胡适：《易卜生主义》，季羡林主编《胡适全集》第 1 卷，第 613—614 页。

② 胡适：《不朽——我的宗教》，季羡林主编《胡适全集》第 1 卷，第 667—668 页。

③ 傅斯年：《人生问题发端》，欧阳哲生主编《傅斯年全集》第 1 卷，湖南教育出版社，2003，第 92 页。

④ 李大钊：《"少年中国"的"少年运动"》，《李大钊文集》下册，第 45 页。

⑤ 周作人：《人的文学》，《新青年》第 5 卷第 6 期，1918 年 12 月 15 日。

⑥ 田汉：《诗人与劳动问题》，《少年中国》第 1 卷第 8、9 期，1920 年 2 月。

⑦ 陈独秀：《今日教育之方针》，《陈独秀文章选编》上册，第 89 页。

意美术、音乐，又要反对宗教，不知道要把人类生活弄成一种什么机械的状况，这是完全不曾了解我们生活活动的本源，这是一桩大错，我就是首先认错的一个人"。① 鲁迅后来在《略论中国人的脸》也提到"还不如带些兽性"。

　　总之，五四新文化运动是一场以走向现代、走向世界、走向启蒙为指向，以宣传科学、民主与新思潮推动人的解放、人的觉悟为目的的思想启蒙运动，是现代性的、世界性的、"人的运动"，展现了顺应时代潮流、融入世界发展、唤起国民觉悟的姿态，在实现传统文化现代转型、推动中华文明国际传播上也做了可贵的探索。

［原载《人文杂志》2019 年第 7 期］

---

① 陈独秀：《新文化运动是什么？》，《陈独秀文章选编》上册，第514页。

# 分化与交融：一战后中国思想界的演变

## ——侧重世界主义与民族主义思想取向

第一次世界大战所造成的"西方的分裂"及西方文明弊端的暴露，导致了中国思想界的分化、思想运动的分歧与思想家思想取向上的分裂。当时存在诸多互相矛盾、互为反拨的思想倾向，如西方化与东方化、民主主义与"政治界之强有力主义"、科学理性与人文主义等，这些思想倾向既对立交锋，也相互交融。尤其值得关注的是世界主义与民族主义（国家主义）两种思想取向，二者之间并非截然对立而是互相交织的，民族主义具有世界视野，世界主义具有家国情怀。梁启超主张"世界主义的国家"、胡适提出"世界的国家主义"、蔡元培希望将"有利于国"与"有利于世界"结合等世界主义思想，都有着强烈的民族主义关怀；在一战影响之下发展起来的中国民族主义也带有浓厚的世界主义色彩，是一种具有世界视野的民族主义，主要体现为民族主义学理的外部支持、挽救民族危机的开放路径、关注人类命运的救世关怀。

第一次世界大战对世界秩序、对中国时局产生了重要而深刻的影响。陈独秀指出，"欧战后世界上各国的思想制度，都要大大的改变"，我们"对于世界这样的大变动"要有所觉悟。[①] 第一次世界大战发生之后，中国思想界的确发生了巨大变动，思想流派、思潮取向更加多元复杂，"种种庞杂之思想，互相反拨"，使中国知识界

①　陈独秀：《欧战后东洋民族之觉悟及要求》，《陈独秀文章选编》上册，第307页。

陷入了东方化与西方化、世界主义与民族主义、社会主义与资本主义、社会革命论与社会改良论、科学与玄学、民主与独裁的纷争和迷思，使思想者的内心矛盾、思想运动的分化分歧、思想界的对阵论争成为一种常态。

一

第一次世界大战所造成的"西方的分裂"以及西方文明弊端的暴露，使国人对西方文明的认知与对中国道路的选择发生了深刻的变化和巨大的分化。在 19 世纪末 20 世纪初先进中国人的心目中，"西方"是"更新更美好的整体"，"直到第一次世界大战，西人自己打起来了，提供美好未来希望的蓝本自身出现大问题，不少中国人这才发现'西方'在分裂、在破产，已不是一个整体"。① 有的认为西方文明破产了，于是从向西方学习转向"走俄国人的路"或者呼吁"走孔家的路"；有的认识到"西方的分裂"、西方文明的矛盾性、西方价值的多元性，于是在杂然纷呈的新旧思潮中各取所需并陷于矛盾与迷思之中。

"西方的分裂"不仅体现在西方列强在战场、外交的冲突角逐上，也呈现为思想领域中的分化纷争，主要表现为一战前后资本主义与社会主义、追求现代性与反省现代性、西方化与东方化、自由主义与法西斯主义等不同思想倾向的对撞交锋。一战后中国思想界对西方文明的质疑、反省与批判，实际上都源自西方，是"西方的分裂"在中国思想界的投影。作为西方资本主义文明或者说西方自由主义现代性的批判性、颠覆性或扭曲性理论而在西方内部相继出现的马克思主义、现代性反省思潮、法西斯主义，都在一战期间或战后传入中国，乃至成为中国思想的主流。马克思主义从 19 世纪末开始输入中国，如严复在 1895 年发表的《原强》一文中已提到西方贫富不均导致"均贫富党兴"，但马克思主义在中国的广泛传播

---

① 罗志田：《西方的分裂：国际风云与五四前后中国思想界的演变》，《中国社会科学》1999 年第 3 期。

是在俄国十月革命之后。西方的反省现代化思潮，包括以柏格森、倭铿为代表的生命哲学与以白璧德、莫尔为代表的新人文主义等，在一战前后"缘东方文化派与学衡派传到了中国，而二者恰好分别代表了在中国语境下反省现代性两种不同的视角"。① 法西斯主义于20世纪20年代初传入中国，陈独秀指出，"反动的意大利的法西斯蒂党不独握了意大利的政权，而且成了国际运动；他们已在法、德做君主复辟的运动，美国也都有他们的组织，日本也有了他们的运动，中国上海也有他们的党员了"。② 这样，讴歌西方文明与批判西方文明、追求西方现代性与反省西方现代性、张扬启蒙理性与非理性主义、前现代与现代性乃至后现代主义的各种思潮、理论、言说，纷纷在民初的中国舆论场亮相，显得多元、活跃、热闹，让人感到无所适从。"西方的分裂"导致了中国思想界的分化、思想运动的分歧与思想家在思想取向上的分裂。

　　思想家个体思想取向的分裂，即梁启超在《欧游心影录》里所说的"两种矛盾的思想在胸中交战"。一战导致"西方的分裂"后，人们发现东方文明、中华文明相对于西方文明在道德、人文价值上的独特优势，西方文明并非一个"更新更美好的整体"，而是包含了不同的主义、不同的模式，西方内部也有质疑、反省、批判现代性的声音。思想家们在前现代与现代性之间，在东方化与西方化之间，在科学理性、非理性主义、人文价值之间跃动游移，其思想倾向在前期与后期、理智与情感、不同取向之间发生了矛盾与分裂。严复对西方文明的评价在前期与后期就明显形成了很大的反差，前期以"中国西学第一人"、向西方求索真理的代表人物著称，但在一战发生后，严复对西方文明价值进行了重估。他指出，"西国文明，自今番欧战，扫地遂尽。英前外相葛黎谓，此战若不能产出永远相安之局，十年后必当复战，其烈且必十倍今日，而人种约略尽

---

① 郑师渠：《反省现代性的两种视角：东方文化派与学衡派》，《北京师范大学学报》2013年第5期。

② 陈独秀：《关于社会主义问题——在广东高师的讲演》，《陈独秀文章选编》中册，第298页。

矣"；① 通过这场"血战"，"觉彼族三百年之进化，只做到'利己杀人，寡廉鲜耻'八个字"。② 像严复这样前期向往西方而在一战后转向批判西方的现象，也发生在其他思想家身上。梁启超常"不惜以今日之我，难昔日之我"，在发生欧战这样的巨大变局后，其对西方文明的思想见解发生变化，是再自然不过的事情。他在《欧游心影录》里批评以生物进化论、"自己本位"的个人主义为代表的西方近代思想，"就私人方面论，崇拜势力，崇拜黄金，成了天经地义；就国家方面论，军国主义，帝国主义，变了最时髦的政治方针"，其结果国内是"贫富两阶级战争""阶级大战争"，"社会革命，恐怕是二十世纪史唯一的特色"；国际上是"这回全世界国际大战争"，"如今战事停了，兵是撤了，和约是签了，元气恢复却是遥遥无期，永远的平和，更没有一个人能够保险"。物质文明、科学技术发达是西方文明的主要成就，"当时讴歌科学万能的人，满望着科学成功黄金世界便指日出现，如今功总算成了，一百年物质的进步，比从前三千年所得还加几倍。我们人类不惟没有得着幸福，倒反带来许多灾难……欧洲人做了一场科学万能的大梦，到如今却叫起科学破产来"。尽管他强烈批评西方，但仍认同科学、民主的价值，表示"读者切勿误会因此菲薄科学，我绝不承认科学破产，不过也不承认科学万能罢了"。③ 勒文森在《梁启超与中国近代思想》中以理智上接受西方、情感上面向传统的范式诠释梁启超的这种矛盾思想。至于每个个体同一时期具有不同思想倾向，就更是几乎涉及这一时期的每位思想家。在新文化阵营中，陈独秀、李大钊向往西方资本主义文明，又接受反省现代性思潮的影响，后转向服膺马克思主义；胡适是现代中国自由主义的主要代言人，又表示"对于苏俄之大规模的政治实验，不能不表示佩服"，并提出了"自由的社会主义"这一概念。④ 在东方文化派中，梁启超在《欧游心影录》中既认同以民主、科学为主要内容的西方现代性，又有以

① 严复：《与熊纯如书（七十三）》，王栻主编《严复集》第3册，第690页。
② 严复：《与熊纯如书（七十五）》，王栻主编《严复集》第3册，第692页。
③ 梁启超：《欧游心影录》，《饮冰室合集·专集之二十三》，第9—12页。
④ 胡适：《欧游中道寄书》，季羡林主编《胡适全集》第3卷，第51、57页。

"我的文明去补助西洋的文明"的现代性反省倾向,还称"讲到国民生计上,社会主义自然是现代最有价值的学说"。① 此外,孙中山一面肯定资本主义,主张吸收与利用资本主义的优长之处;一面又主张避免资本主义的弊端,向往社会主义。他在《实业计划》中提出"欲使外国之资本主义以造成中国之社会主义,而调和此人类进化之两种经济能力,使之互相为用,以促进将来世界之文明也"。②

　　某一思想文化运动或社会思潮的分歧,"新思想和旧思想的矛盾,不消说了","专以新思想而论,因为解放的结果,种种思想同时从各方面迸发出来,都带几分矛盾性,如个人主义和社会主义矛盾,社会主义和国家主义矛盾,国家主义和个人主义也矛盾,世界主义和国家主义又矛盾"。③ 新文化运动就是如此,前期倡导科学与民主,根本的思想取向是追求现代性,但因"发生在欧人反省自身文化和欧洲现代思潮发生了深刻变动的大背景之下",所以"也打上了反省现代性的印记"。④ 1915 年 9 月,陈独秀撰写的《青年》杂志创刊词《敬告青年》在倡导"自主的而非奴隶的"之义时,提及尼采"别道德为二类:有独立心而勇敢者曰贵族道德(Morality of Noble),谦逊而服从者曰奴隶道德(Morality of Slave)";在倡导"进步的而非保守的"之义时,提到了"法兰西当代大哲柏格森(H. Bergson)之'创造进化论'(L'Evolution Creatrice)";在倡导"实利的而非虚文的"时,指出"当代大哲,若德意志之倭根(R. Eucken),若法兰西之柏格森,虽不以现时物质文明为美备,咸揭橥生活(英文曰 Life,德文曰 Leben,法文曰 La vie)问题,为立言之的"。⑤ 西方近代思潮张扬科学理性、张扬人性,但陈独秀在1915 年 10 月发表的《今日教育之方针》中倡导"兽性主义"教育,称"强大之族,人性兽性同时发展";鲁迅后来在《略论中国人的脸》中也提到"还不如带些兽性",表明他们受到了反省现代性思潮、

① 梁启超:《欧游心影录》,《饮冰室合集·专集之二十三》,第 32 页。
② 孙中山:《建国方略·实业计划》,《孙中山全集》第 6 卷,第 398 页。
③ 梁启超:《欧游心影录》,《饮冰室合集·专集之二十三》,第 14—15 页。
④ 郑师渠:《新文化运动与反省现代性思潮》,《近代史研究》2009 年第 4 期。
⑤ 陈独秀:《敬告青年》,《陈独秀文章选编》上册,第 73—78 页。

非理性主义思潮的影响。新文化运动后期，1919 年夏秋之际信守自由主义的胡适与服膺马克思主义的李大钊之间发生了"问题与主义"论争，1920 年 12 月胡适写信给陈独秀提出解决《新青年》编辑部同人分歧的三个办法即"另创一个哲学文学的杂志"、《新青年》"声明不谈政治"、《新青年》"暂时停办"，① 意味着原同属新文化阵营的自由主义者与马克思主义者"道不同不相为谋"了。因此，一场新文化运动就有了追求现代性、反省现代性与马克思主义等不同的思想面相。

　　一战前后中国思想界分化明显，形成了马克思主义—自由主义—文化保守主义三大思潮鼎立的思想格局。这种分化是"西方的分裂"在中国的延伸，是"典型的中西名义下的西与西战"。② 自由主义、马克思主义从西方传播到中国自不必说，东方文化派对西方文明的反省、对中华文明的赞美，也受到了西方兴起的现代性反省思潮的影响。梁启超在《欧游心影录》中批评西方文明、转向东方文明时，介绍了西方人士的"中国文化救西论"，提到了美国新闻记者塞蒙氏"唉，可怜，西洋文明已经破产了""等你们把中国文明输进来救拔我们"的叹息，又说"近来西洋学者，许多都想输入些东方文明，令他们得些调剂，我仔细想来，我们实在有这个资格"。③ 张君劢 1922 年在中华教育改进社发表《欧洲文化之危机及中国新文化之趋向》，提到"现在之欧洲人，在思想上，在现实之社会上，政治上，人人不满于现状，而求所以改革之，则其总心理也。其在哲学界则国人所常称道之柏格森、倭伊铿是也"，"乃至因战败后之失望，则以德国为尤甚，故甚至出了一书，名曰《欧洲之末运》，吾之所谓欧洲文化之危机者此也"。④《欧洲之末运》即德国学者斯宾格勒在一战结束后出版的《西方的没落》，该书指出了

① 胡适：《答陈独秀》，季羡林主编《胡适全集》第 23 卷，第 333 页。
② 罗志田：《西方的分裂：国际风云与五四前后中国思想界的演变》，《中国社会科学》1999 年第 3 期。
③ 梁启超：《欧游心影录》，《饮冰室合集·专集之二十三》，第 15、36 页。
④ 张君劢：《欧洲文化之危机及中国新文化之趋向》（1922 年 2 月），罗荣渠主编《从"西化"到现代化：五四以来有关中国的文化趋向和发展道路论争文选》上册，黄山书社，2008，第 48 页。

西方文明面临的危机。东方文化派倡导东方化，却援引来自西方的
学理；文化民族主义的言说，却引海外人士为奥援，表明中国思想
界的与国际思想界的联系更为紧密。

## 二

　　第一次世界大战期间及战后的中国思想界，存在诸多互相矛盾、
互为反拨的思想倾向。如西方化与东方化，"有所谓新派旧派之称，
新派差不多就是倡导西洋化的，旧派差不多就是反对这种倡导
的"，① 陈独秀主张"若是决计革新，一切都应该采用西洋的新法
子"；② 杜亚泉则主张"迷途中之救济……决不能希望于自外输入之
西洋文明，而当希望于己国固有之文明"，③ 梁漱溟宣称"世界未来
文化就是中国文化的复兴"。④ 再如民主主义、平民主义与强人政
治、"政治界之强有力主义"，陈独秀在《敬告青年》中称人权（民
主）与科学"若舟车之有两轮焉"，是"近代欧洲之所以强于他族
者"，李大钊在《平民政治到工人政治》《平民主义》等文中讴歌了
"那风靡世界的平民主义"；杜亚泉则赞成"政治界之强有力主义"，
称"故我国之强有力主义，果能压倒一切主义主张，以暂定一时之
局，则吾人亦未始不欢迎之"，⑤ 至于其所称"正在试验时代"的
"德意志主义"即法西斯主义也在 20 年代传入中国。还有科学与玄
学、科学理性与人文主义，被称"玄学鬼附身"的张君劢主张"科
学无论如何发达，而人生观问题之解决，决非科学所能为力，惟赖
诸人类自身而已"；⑥ 丁文江则认为"科学不但无所谓向外，而且是

---

① 梁漱溟：《东西方文化及其哲学》，《梁漱溟全集》第 1 卷，山东人民出版社，
　　1990，第 531 页。
② 陈独秀：《今日中国之政治问题》，《陈独秀文章选编》上册，第 270 页。
③ 杜亚泉（伧父）：《迷乱之现代人心》，许纪霖、田建业编《杜亚泉文存》，上海教
　　育出版社，2003，第 366 页。
④ 梁漱溟：《东西方文化及其哲学》，《梁漱溟全集》第 1 卷，第 527 页。
⑤ 杜亚泉（伧父）：《迷乱之现代人心》，许纪霖、田建业编《杜亚泉文存》，第
　　364—365 页。
⑥ 张君劢：《人生观》，张君劢、丁文江等：《科学与人生观》，岳麓书社，2012，
　　第 6 页。

教育同修养最好的工具"。① 此外，还有"问题与主义"论争中胡适的社会改良论与李大钊的"根本解决"主张，社会主义论争中中国前途是资本主义还是社会主义的争论，等等。

值得注意的是，争论双方在上述一组组互相矛盾的思想主张中似乎各偏一端，但实际上当时思想家多有"两种矛盾的思想在胸中交战"，这样就出现了一面互相争论、一面认同对手观点的有趣现象。陈独秀推崇科学理性，认为"我们的物质生活上需要科学，自不待言，就是精神生活离开科学也很危险"，但也认同现代性反省思潮对情感、宗教价值的认同，指出"现在主张新文化运动的人，既不注意美术、音乐，又要反对宗教，不知道要把人类生活弄成一种什么机械的状况，这是完全不了解我们生活活动的本源，这是一桩大错，我就是首先认错的一个人"。② 梁漱溟主张东方化"翻身成为世界文化"，但又表示"新派所倡导的总不外乎陈仲甫先生所谓'赛恩斯'与'德谟克拉西'和胡适之先生所谓'批评的精神'；这我们都赞成"。③ 他们这种"科学主义者的人文关怀"与"东方文化派的西方视野"，或许是时人面对"西方的分裂"、面对"两种矛盾的思想在胸中交战"的一种纾解方式。

值得注意的是，当时令思想家们纠结、困惑的一组"两种矛盾的思想"，即世界主义、世界观念与民族主义（国家主义）、民族意识两种取向。这两种矛盾取向不是截然对立而是互相交织的，民族主义具有世界视野，世界主义具有家国情怀，如许纪霖就阐述了五四"世界主义情怀的爱国主义"，④ 罗志田论及了胡适"世界主义思想中的民族主义关怀"，⑤ 桑兵指出了一战结束后"世界主义在以西为尊的新青年中渐趋流行，经过与外力压迫下不断高涨的爱国情绪

① 丁文江：《玄学与科学——评张君劢的〈人生观〉》，《中国近代思想家文库·丁文江卷》，中国人民大学出版社，2015，第112页。
② 陈独秀：《新文化运动是什么?》，《陈独秀文章选编》上册，第513—514页。
③ 梁漱溟：《东西方文化及其哲学》，《梁漱溟全集》第1卷，第531页。
④ 许纪霖：《五四：世界主义情怀的爱国主义》，《家国天下：现代中国的个人、国家与世界认同》，上海人民出版社，2017。
⑤ 罗志田：《胡适世界主义思想中的民族主义关怀》，《近代史研究》1996年第1期。

相融合，形成'世界的国家主义'或'世界主义的国家'观念"。①

一战引发世人在关注个体与自己所在国家的命运之余，也高度关注整个世界的秩序、整个人类的命运、人类共同利益与世界和平的维护等，世界主义随之流行。在清朝末年世界主义即已传入中国，一战爆发后其得到了进一步的传播，无论是新文化阵营还是文化保守主义者都发表了有关世界主义的言论。

在文化保守主义者中，康有为早在1885—1887年撰写《实理公法全书》时"已一定程度地展示了世界主义的思想倾向"，② 后又撰写《大同书》提出大同世界理想，一战后更迫切地呼吁"地球弭兵、世界大同"。他看到世界大战造成"邻国而相攻伐，炮声震地，流血成河，虏其人民，掠其货宝"，"而今之人，亦以近世文明夸胜于前古之野蛮暴君，竟何忍而出此哉"；认为之所以造成这种人类惨祸，"试推其原因，皆缘有国之一念为之也，夫有国，则必自私其国，既自私其国，则不得不攻人之国，于是兵战起矣"，进而指出"今人人惊惧今日战祸之大且烈，必当为惩前毖后之计"，"然则欲于国际求公安，舍设置大地之公国，而何术可自为保卫也哉？"③ 梁启超在1899年《饮冰室自由书·答客难》一文中提到了国家主义、世界主义，认为"世界主义属于理想，国家主义属于事实；世界主义属于将来，国家主义属于现在。今中国岌岌不可终日，非我辈谈将来道理想之时矣"。④ 他在1912年4月撰写的《中国立国大方针》一文中提出"使中国进成世界的国家为最大目的"。一战结束后，他在1920年写成的《欧游心影录》一书中对国际联盟、世界主义多有关注，提出"建设一种'世界主义的国家'"。他认为，中国古代有个人主义、世界主义，但缺乏国家主义，"'全人类大团体'的理想，我们中国是发达很早的。我们向来并不认国家为人类

① 桑兵：《世界主义与民族主义——孙中山对新文化派的回应》，《近代史研究》2003年第2期。

② 喻大华、李孝君：《康有为孔教思想中的民族主义立场与世界主义情怀》，《辽宁师范大学学报》2007年第5期。

③ 康有为：《上海演讲辞》，《康有为全集》第10册，中国人民大学出版社，2007，第196—197页。

④ 梁启超：《饮冰室自由书·答客难》，《饮冰室合集·专集之二》，第39页。

最高团体，所以说'修身齐家治国平天下'。身（个人）是单位的基本，天下（世界）是团体的极量，家（家族）国（国家）不过是团体组织里头一种过程。所以我们中国人所宗尚的，一面是个人主义，一面是世界主义，中间却不认得有什么国家主义"。他指出，"我们须知世界大同为期尚早，国家一时断不能消灭"，可以将世界主义与国家主义加以调和，以国际联盟这样的国际组织来从外部节制国家意志；从我们自身来讲就是建设"世界主义的国家"，"国是要爱的，不能拿顽固褊狭的旧思想当是爱国。因为今世国家，不是这样能够发达出来。我们的爱国，一面不能知有国家不知有个人，一面不能知有国家不知有世界。我们是要托庇在这国家底下，将国内各个人的天赋能力尽量发挥，向世界人类全体文明大大的有所贡献"。①

在新文化阵营中，以胡适的世界主义观念最为丰富，其世界主义观念的鲜明特色有三。其一，带有浓厚民族主义情怀、爱国主义情感的世界主义。早在一战爆发前，他在1913年初演说"吾之世界观念"，谈到"今日之世界主义，非复如古代 Cynics and Stoics（——犬儒与禁欲派）哲学家所持之说。彼等不特知有世界而不知有国家，甚至深恶国家之说。其所期望在于为世界之人（a citizen of the world），而不认为某国之人。今人所持之世界主义则大异于是。今日稍有知识之人，莫不知爱其国。故吾之世界观念之界说曰：'世界主义者，爱国主义而柔之以人道主义者也。'顷读邓耐生（Tennyson）诗至'Hands All Round'篇有句云：That man's the best cosmopolite/Who loves his native country best（彼爱其祖国最挚者，乃真世界公民也）。深喜其言与吾暗合"。② 他后来又提到"卡来尔（Carlyle）之爱国说"与自己平日所持契合，在日记里录下其言论，其中提到"希望在热爱和公正地珍视其他一切国家的基础之上，公正地珍视并更优先地热爱我们不屈的祖国，以及它悠久的社会结构

---

① 梁启超：《欧游心影录》，《饮冰室合集·专集之二十三》，第126、20—21页。
② 胡适：《留学日记》卷三，季羡林主编《胡适全集》第27卷，第239—240页。

和道德生活"。① 其二，带有浓厚的和平主义、人道主义色彩的世界主义。尤其是在一战爆发后，他看到了"自有生民以来所未有之大战祸"，故深知世界和平之珍贵，深知人类安宁生活之值得珍惜，因而在其主张世界主义时，总是将其与呼吁和平人道、反对弱肉强食、提倡"不争主义"联系在一起。世界大战刚刚发生，他在 1914 年 8 月 5 日的日记中表示痛感"攻守同盟之害"，认为"三协约""三同盟""名为要约以保和平，实则暗酿今日之战祸"，相信"战后，和平之说必占优胜"。② 同年 10 月 26 日，他与来访的美国"持和平主义者之一巨子"讷司密斯博士（George W. Nasmyth）谈论世界主义与国家主义问题，听其言及西方列强"为'国家'而战"导致战祸，深有感触。他在日记中批评了狭隘的国家主义，而主张"世界的国家主义"："今之大患，在于一种狭义的国家主义，以为我之国须凌驾他人之国，我之种须凌驾他人之种，凡可以达此自私自利之目的者，虽灭人之国，歼人之种，非所恤也。凡国中人与人之间所谓道德，法律，公理，是非，慈爱，和平者，至国与国交际，则一律置之脑后，以为国与国之间强权即公理耳，所谓'国际大法'四字，即弱肉强食是也"，认为实现世界大同要从倡导"世界的国家主义"入手，"爱国是大好事，惟当知国家之上更有一大目的在，更有一更大团体在，葛得宏斯密斯（Goldwin Smith）所谓'万国之上犹有人类在'（Above all Nationsis Humanity）是也"。③ 他指出"弱肉强食，禽兽之道，非人道"，主张"增进世界各国之人道主义"，认为中国救亡之道"对外则力持人道主义，以个人名义兼以国家名义力斥西方强权主义之非人道，非耶教之道，一面极力提倡和平之说，与美国合力鼓吹国际道德"。④ 其三，以大同主义、大同境界为依归的世界主义。他希望实现世界大同、天下一家，认为"今日世界物质上已成一家，航路，电线，铁道，无线电，海底电，皆团结全世界之利器也，而终不能致'大同'之治者，徒以精

---

① 胡适:《留学日记》卷五, 季羡林主编《胡适全集》第 27 卷, 第 440 页。
② 胡适:《留学日记》卷五, 季羡林主编《胡适全集》第 27 卷, 第 439 页。
③ 胡适:《留学日记》卷七, 季羡林主编《胡适全集》第 27 卷, 第 531 页。
④ 胡适:《留学日记》卷八, 季羡林主编《胡适全集》第 27 卷, 第 584—585 页。

神上未能统一耳，徒以狭义之国家主义及种族成见为之畛畦耳"。①

陈独秀作为新文化运动的主要领袖展示了深具中国情怀的世界视野，他在一战期间及战后表达了自己的世界主义主张。他在1915年9月发表的《青年》杂志创刊词《敬告青年》所宣示的"六义"之四就是"世界的而非锁国的"。他着眼于民族存亡的高度强调必须顺应世界潮流，指出："各国之制度文物，形式虽不必尽同，但不思驱其国于危亡者，其遵循共同原则之精神，渐趋一致，潮流所及，莫之能违。于此而执特别历史国情之说，以冀抗此潮流，是犹有锁国之精神，而无世界之智识。国民而无世界知识，其国将何以图存于世界之中？"②他在1917年8月1日答复陶孟和"论世界语"的书信时，对"来书谓'将来之世界，必趋于大同'"表示"极以为然"，但对"来书谓'世界主义是一事，世界语又是一事，二者未必为同问题'"表示"微有不以为然者"。③他在1918年8月15日的《偶像破坏论》中指出，"国家也是一种偶像"，"现在欧洲的战争，杀人如麻，就是这种偶像在那里作怪。我想各国的人民若是渐渐都明白世界大同的真理，和真正和平的幸福，这种偶像就自然毫无用处了"。④在接受马克思主义后，他对世界主义的态度有所改变。

蔡元培主张将关心国家与关怀人类结合起来。他1917年3月在清华学校发表的演说中指出，当时处于"国家主义与世界主义""两主义过渡时代"，"故吾人不能不同时抱爱国心与人道主义"。⑤他在1919年1月为《国民杂志》所作的序中指出："积小群而为大群，小群之利害，必以不与大群之利害相抵触者为标准。家，群之小者也，不能不以国之利害为标准。故有利于家，而又有利于国，或无害于国者，行之。苟有利于家，而有害于国，则绝对不可行。此人人所知也。以一国比于世界，则亦为较小之群。

① 胡适：《留学日记》卷七，季羡林主编《胡适全集》第27卷，第562—563页。
② 陈独秀：《敬告青年》，《陈独秀文章选编》上册，第76页。
③ 陈独秀：《答陶孟和》，《陈独秀文章选编》上册，第234页。
④ 陈独秀：《偶像破坏论》，《陈独秀文章选编》上册，第277页。
⑤ 蔡元培：《在清华学校高等科演说词》，《蔡元培全集》第3卷，第49—50页。

故为国家计，亦当以有利于国，而有利于世界，或无害于世界者，为标准。而所谓国民者，亦同时为全世界人类之一分子。苟倡绝对的国家主义，而置人道主义于不顾，则虽以德意志之强而终不免于失败，况其他乎？愿《国民》杂志勿提倡极端利己的国家主义。"①

梁启超主张"世界主义的国家"，又强调"国是要爱的"；陈独秀主张"世界的而非锁国的"，指出实行闭关锁国，国家将无以图存于世界之中；胡适提出"世界的国家主义"，赞同"公正地珍视并更优先地热爱我们不屈的祖国"；蔡元培希望"勿提倡极端利己的国家主义"，将"有利于国"与"有利于世界"结合，"同时抱爱国心与人道主义"；等等。可见，这一时期思想家的世界主义思想都有着强烈的民族主义关怀、爱国主义情怀。

## 三

第一次世界大战也有力推动了中国思想界民族主义思潮、中国知识界民族主义运动的发展。如同这一时期世界主义观念深具民族主义情怀一样，在一战影响之下发展起来的中国民族主义也带有浓厚的世界主义色彩，是一种具有世界视野的民族主义，一种具有"世界主义情怀的爱国主义"。

其一，民族主义学理的外部支持。在一战期间及战后中国民族主义思想、民族主义运动的发展中，外部因素起了重要作用。从时代背景看，战争期间日本帝国主义乘机加紧侵华及战争结束后巴黎和会决定将德国在山东的权益转让给日本，引发了民族主义的高涨与五四反帝爱国运动的兴起。从知识背景来看，除了前述东方文化派的文化民族主义思想受到了西方人士反省现代化思潮尤其是"中国文化救西论"的影响，这一时期民族主义思想的发展也与威尔逊、列宁的民族自决思想传入密切相关。1918 年 1 月 8 日，美国总统威尔逊在国会的演讲中提出了包括民族自决内

---

① 蔡元培：《〈国民杂志〉序》，《蔡元培全集》第 3 卷，第 531 页。

容的"十四点原则"，使一部分中国知识分子欢欣鼓舞，"公理战胜强权"这句话几乎成了国人的一句口头禅。陈独秀在同年12月22日发表的《每周评论》发刊词中称赞威尔逊是"现在世界上第一个好人"，赞扬了其演说中提到的"不许各国政府拿强权来侵害他国的平等自由"的主张。① 他在同年12月29日发表的《欧战后东洋民族之觉悟及要求》一文中，也提到了威尔逊演讲中说过的"吾人当视最弱国之利益，犹神圣不可侵犯，若最强国之利益也"等几句话，并建议提出"人类平等一概不得歧视"作为"东洋各国第一重大的要求"。② 但巴黎和会上强国包办进行分赃的事实，很快使陈独秀等人的迷梦惊醒。1919年2月2日，陈独秀在《每周评论》上发表了题为《揭开假面》的短文，称"希望这公理战胜强权的假面，别让主张强权的德意志人揭破才好"。③ 2月9日，他又发表一则《威大炮》，称"威尔逊总统的和平意见十四条，现在也多半是不可实行的理想，我们也可以叫他做威大炮"。④ 陈独秀对威尔逊看法的前后变化，代表了当时中国先进知识分子的心路历程。与从"拿英美作榜样"转向"以俄为师"相适应，早期马克思主义者从威尔逊的民族自决思想转向了列宁的民族自决思想。列宁在国际社会提出"民族自决权"概念要早于威尔逊，他在1916年3月发表的《社会主义与民族自决权》一文中提到了"民族自决权"概念，提出世界各民族均应享有决定自身命运的权利。1920年6月，列宁为共产国际二大草拟了《民族和殖民地问题提纲初稿》，并做了《民族和殖民地问题委员会的报告》。1922年7月，中共二大根据列宁的民族和殖民地革命理论提出了反帝反封建的民主革命纲领，内容包括"推翻国际帝国主义的压迫，达到中华民族完全独立"。⑤

---

① 陈独秀：《〈每周评论〉发刊词》，《陈独秀文章选编》上册，第304页。
② 陈独秀：《欧战后东洋民族之觉悟及要求》，《陈独秀文章选编》上册，第307页。
③ 陈独秀：《揭开假面》，《陈独秀文章选编》上册，第343页。
④ 陈独秀：《威大炮》，《陈独秀文章选编》上册，第344页。
⑤ 中央档案馆编《中共中央文件选集》第1册，中共中央党校出版社，1989，第115页。

其二，挽救民族危机的开放路径。一战把各国包括中国卷入战争，使中国思想家进一步认识到中国命运与世界命运紧密相连。无论是新文化运动倡导者还是东方文化派都深知必须面向外部世界寻找救国真理，必须顺应世界潮流才能图存于世界。

在新文化阵营中，陈独秀、李大钊、胡适等人都展示了"开放的民族主义""世界情怀的民族主义"取向，希望通过借鉴西方近代文明、社会主义文明寻求救亡之路。陈独秀在《敬告青年》中提出"世界的而非锁国的"，表示"吾宁忍过去国粹之消亡，而不忍现在及将来之民族，不适世界之生存而归消灭也"。① 他追踪世界思潮的最新变动，注意到社会主义"可谓之反对近世文明之欧罗巴最近文明"，② "欧洲各国社会主义的学说，已经大大的流行了。俄、德和匈牙利，并且成了共产党的世界。这种风气，恐怕马上就要来到东方"。③ 正是这种对世界思潮变动趋向的认识，促使他从学习西方转向"走俄国人的路"。李大钊在 1918 年 7 月发表的《东西文明根本之异点》一文中强调"虚怀若谷以迎受彼动的文明"，"竭力以受西洋文明之特长，以济我静止文明之穷"；④ 在同年 7 月发表的《法俄革命之比较观》、11 月发表的《庶民的胜利》、12 月发表的《Bolshevism 的胜利》中，称"俄罗斯之革命"、Bolshevism 是"二十世纪全世界人类普遍心理变动之显兆⑤ "全世界人心变动的征兆"⑥ "二十世纪全世界人类人人心中共同觉悟的精神"⑦。胡适主张理性的、开放的民族主义，认为"新文化运动的根本意义是承认中国旧文化不适宜于现代的环境，而提倡充分接受世界的新文明"；他又批评狭隘的国家主义、民族主义，指出："凡是狭义的民族主义的运动总含有一点保守性，往往倾向到颂扬固有文化，抵抗外来

---

① 陈独秀：《敬告青年》，《陈独秀文章选编》上册，第 75 页。
② 陈独秀：《法兰西人与近世文明》，《陈独秀文章选编》上册，第 80 页。
③ 陈独秀：《纲常名教》，《陈独秀文章选编》上册，第 373 页。
④ 李大钊：《东西文明根本之异点》，《李大钊文集》上册，第 561—562 页。
⑤ 李大钊：《法俄革命之比较观》，《李大钊文集》上册，第 575 页。
⑥ 李大钊：《庶民的胜利》，《李大钊文集》上册，第 595 页。
⑦ 李大钊：《Bolshevism 的胜利》，《李大钊文集》上册，第 603 页。

文化势力的一条路上去。"①

东方文化派虽然表达了以中国文明救西、救世的观点，但仍对西方文明、社会主义文明持开放立场，因而其文化保守主义也是一种开放的民族主义。杜亚泉认为："世界各国之贤哲，所阐发之名理，所留遗之言论，精深透辟，足以使吾人固有之观念益明确者，吾人皆当研究之。"② 他对社会主义也表示了接纳的态度，认识到"大战终结后社会主义之勃兴，其影响必及于吾国"，建议"我国之有志者""劝勉国人实行政治上、精神上之社会主义，以纾未来之祸"。③ 梁启超提出，"要用那西洋人研究学问的方法去研究"，"拿西洋的文明来扩充我的文明，又拿我的文明去补助西洋的文明，叫他化合起来成一种新文明"。④ 梁漱溟强调对于西方文化"是全盘承受"，要接纳科学、民主；对于社会主义也不排斥，多次说过"从反对资本主义来说，从要完成社会的一体性来说，我们的乡村建设原是一种社会主义"。⑤

其三，关注人类命运的救世关怀。一战促使中国思想家不仅关心国家的命运，也关心世界的命运、整个人类的命运，他们一面觉得世界命运与中国命运休戚相关，世界好中国才会好；一面觉得中国文化的理念具有普适性，中国应该对世界和平、对人类文明有所贡献。

新文化运动倡导者在参战、参与国际组织、融合中西文化等问题上，展现了对世界和平、人类命运的关切关怀。陈独秀表达了支持对德宣战的立场，体现了对中国参与国际事务、承担国际责任的支持，称对德宣战是"欲扑彼代表帝国主义侵略政策之德意志，使彼师事德意志诸国，知无道之强权不可滥用"。⑥ 胡适希望通过和会

---

① 胡适：《新文化运动与国民党》，季羡林主编《胡适全集》第 21 卷，第 440—441 页。

② 杜亚泉：《战后东西文明之调和》，许纪霖、田建业编《杜亚泉文存》，第 350 页。

③ 杜亚泉：《大战终结后国人之觉悟如何》，许纪霖、田建业编《杜亚泉文存》，第 210—211 页。

④ 梁启超：《欧游心影录》，《饮冰室合集·专集之二十三》，第 35 页。

⑤ 梁漱溟：《乡村建设理论》，《梁漱溟全集》第 2 卷，第 547 页。

⑥ 陈独秀：《答李亨嘉》，《陈独秀文章选编》上册，第 213 页。

"把世界各国联合起来，组织一个和平大同盟"，"把各国私有的武力变成了世界公有的武力"，以"解决武力"，实现"全世界的和平"。① 李大钊亦指出，"中国于人类进步，已尝有伟大之贡献"，希望"时时创造，时时扩张，以期尽吾民族对于改造世界文明之第二次贡献"。②

　　文化保守主义者提出了以中国文化拯救西方、拯救世界的"中国文化救西、救世论"，虽然未免自负自大，但体现了关心世界前途、关心人类文明发展的雄心与胸怀。辜鸿铭在《中国人的精神》等著作中充分肯定中国文化对西方世界的意义，他说："我的确相信，欧洲人民于这场大战之后，将在中国这儿，找到解决战后文明难题的钥匙。"③ 杜亚泉指出，中国固有文明的特长在于"统整"，"今后果能融合西洋思想以统整世界之文明，则非特吾人之自身得赖以救济，全世界之救济亦在于是"。④ 梁启超认为，"一个人不是把自己的国家弄到富强便了，却是要叫自己国家有功于人类全体，不然那国家便白设了"，他要求国人认清"中国人对于世界文明之大责任"，认清"我们人数居世界人口四分之一，我们对于人类全体的幸福，该负四分之一的责任，不尽这责任，就是对不起祖宗、对不起同时的人类，其实是对不起自己"，要求传承中国传统文化、创造中国新文明，以中国文化贡献于世界。⑤ 梁漱溟希望大家"晓得从西洋那态度走下去，到现在他们精神上是怎样受伤，生活上是怎样吃苦"，要求以中国文化"救其偏"、救世，预言"世界未来文化就是中国文化的复兴"。⑥

　　以上所论矛盾思想取向的互相交集，或许可以解释第一次世界大战后的中国思想界：一面是"矛盾""质问""思想战""新旧思想之冲突"；一面是"调和""化合""东西文明之调和"

---

① 胡适：《武力解决与解决武力》，季羡林主编《胡适全集》第 21 卷，第 158 页。

② 李大钊：《东西文明根本之异点》，《李大钊文集》上册，第 561—564 页。

③ 辜鸿铭：《中国人的精神》，黄兴涛等译，海南出版社，1996，第 27 页。

④ 杜亚泉：《迷乱之现代人心》，许纪霖、田建业编《杜亚泉文存》，第 367 页。

⑤ 梁启超：《欧游心影录》，《饮冰室合集·专集之二十三》，第 35—38 页。

⑥ 梁漱溟：《东西方文化及其哲学》，《梁漱溟全集》第 1 卷，第 504、525 页。

"新旧思想之折中"。尽管思想文化取向有别，但中国思想家在顺应世界潮流、吸取外来文明、社会主义取向、关注人类命运等问题上，是有思想共识的。

[原载《天津社会科学》2019 年第 5 期]

# 民国知识分子对建设现代民族国家的不同设计

## ——以胡适、陈独秀与梁漱溟为重点

建立一个统一的现代民族国家是晚清以来不同世代的知识分子的共同意愿，是实现中华民族复兴的重要内涵。晚清知识分子对实现从传统王朝国家到现代民族国家的转型，进行过大量思考、设计与探索。民国建立以后，如何在帝国崩溃的废墟上建设现代国家，更成为民国知识分子普遍关心、念兹在兹的重要问题。胡适曾断言，今日的真问题"乃是怎样建设一个统一的、治安的、普遍繁荣的中华国家的问题"。[①] 张君劢也曾提及"中国的唯一问题是：如何把中国变成现代国家"。但正如晚清时期在建设现代国家问题上存在以革命求共和和以改良求君宪的不同，存在君主立宪、民主立宪、共和立宪的分歧一样，民国知识分子围绕"建什么国"与"如何建国"也进行过不同的思考与设计。这里以胡适、陈独秀与梁漱溟三位五四时期登场的知识领袖为重点，对自由主义、社会主义与新儒学三大知识群体的国家观念、建国思想做些比较分析。

## 一 "共同观念"：以民族主义建设现代国家

以民族主义建设现代国家，是胡适、陈独秀与梁漱溟三位知识领袖的政治共识，是民国时期自由主义、社会主义与新儒学三大知识群体的"共同观念"。

---

① 胡适：《中国政治出路的讨论》，季羡林主编《胡适全集》第21卷，第503页。

民族主义的建构与现代国家的建设是互相促进的。一方面，民族主义的产生与发展得益于现代国家的建立，民族主义与现代国家都起源于近代欧洲，换句话说，现代国家的形成是民族主义产生的前提；另一方面，在民族主义产生并向其他地区扩展后，民族主义又成为殖民地半殖民地人民争取国家独立、民族解放的一面旗帜，成为推动现代国家创建的一种意识形态、政治框架与动员手段。时至今日，固当认知民族主义是一把双刃剑，但仍应思考如何引导其向健康、理性的方向发展，使之发挥集聚正能量的正面作用。

民族主义在被引入中国之初，就被作为一种创建现代国家的政治共同体意识，成为现代国家建设的合法性来源。20 世纪初年，"民族建国主义"与"民族主义"几乎同步建构、同时流行，"建国"成为民族主义的最核心理念与最重要目标。清末的"民族建国主义"有两种类型：一是建立单一民族国家；二是建立统一的多民族的中华民族国家。中华民国的建立与"五族共和"作为重要建国思想的确立，标志着建立多民族的中华国家的政治理念与政治实践最终取代了建立单一汉民族国家的构想。

民国初期，一些政治领袖与知识精英一度对国家建设抱有乐观的期待，如孙中山就曾认为民国成立后民族主义、民权主义目的已达，"惟有民生主义尚未着手"，中间有六七年时间未再谈及民族主义。但无情的现实使有识之士很快认识到，刚刚成立的民国还只是一个空架子，建设现代国家包括争取民族独立的任务还任重而道远。而要建设现代国家，似乎还没有比民族主义更能积聚能量、集聚国人、激发血性、激发爱国热情的政治旗帜。胡适、陈独秀与梁漱溟虽分属不同的政治文化阵营，但都认同民族主义在国家建设中的重要作用，因此共同擎起了建设民族国家的大旗。

胡适在政治上对"反对帝国主义"的提法持保留态度，在文化上提倡"充分西化"甚至被说成是"全盘西化"的倡导者，所以，"一般人心目中的胡适形象（the image of Hu Shi）与民族主义之间总有距离"。[①] 胡适接受了主张个人权利的现代自由主义，他在怀抱

---

① 罗志田：《胡适世界主义思想中的民族主义关怀》，《近代史研究》1996 年第 1 期。

世界主义理想的同时一直持守民族主义的立场，一直没有放弃建设现代民族国家的努力。1913 年 4 月，他在日记中谈到了"国家与世界"的关系："吾今年正月曾演说吾之世界观念，以为今日之世界主义，非复如古代 Cynics and Stoics（——犬儒与禁欲派）哲学家所持之说。彼等不特知有世界而不知有国家，甚至深恶国家之说。其所期望在于为世界之人（a citizen of the world），而不认为某国之人。今人所持之世界主义则大异于是。今日稍有知识之人莫不知爱其国。故吾之世界观念之界说曰：'世界主义者，爱国主义而柔之以人道主义者也。'顷读邓耐生（Tennyson）诗至'Hands All Round'篇有句云：That man's the best cosmopolite / Who loves his native country best（彼爱其祖国最挚者，乃真世界公民也）。深喜其言与吾暗合。故识之。"① 胡适对民国时期侵略中国的主要国家日本表达过鲜明的民族主义思想。1915 年"二十一条"签订前，胡适曾指出："日本企图控制全国，其结局必然是引火烧身；我们希望日本能有有识之政治家看到这一点。"② 他支持"抵制日货"，对"二十一条"表示"痛心切耻"。1931 年九一八事变发生后，胡适一再表达坚决维护国家领土主权完整的立场。他在《论对日外交方针》一文中指出："交涉的目标要在取消伪满洲国，恢复领土及行政主权的完整。"③ 他在《我们可以等候五十年》一文中指出："我们此时对自己，对世界，都不能不坚持那道德上的'不承认主义'，就是决不承认侵略者在中国领土内用暴力造成的任何局面，条约，或协定。"④

　　胡适说过："民族主义有三个方面，最浅的是排外；其次是拥护本国固有的文化；最高又最艰难的是努力建设一个民族的国家。因为最后一步是艰难的，所以一切民族主义运动往往最容易先走上

① 胡适：《留学日记》卷三，季羡林主编《胡适全集》第 27 卷，第 239—240 页。
② 胡适：《留学日记》卷九，季羡林主编《胡适全集》第 28 卷，第 70 页。
③ 胡适：《论对日外交方针》，季羡林主编《胡适全集》第 21 卷，第 477 页。
④ 胡适：《我们可以等候五十年》，季羡林主编《胡适全集》第 21 卷，第 609 页。

前面的两步。"① 对于民族主义"最浅的""排外"这一层面，胡适不以为然，他在 1914 年 5 月 15 日、7 月 26 日的日记中，批评了"但论国界，不辩是非"的狭隘民族主义，表示自己即使身为中国人，也不会觉得"拳匪"是对的。他说："是非之心，人皆有之。然是非之心能胜爱国之心否，则另是一问题。吾国与外国开衅以来，大小若干战矣，吾每读史至鸦片之役，英法之役之类，恒谓中国直也；至庚子之役，则吾终不谓拳匪直也。"② 对民族主义"拥护本国固有的文化"，胡适虽力主西化、力主反传统，却也不反对保存国粹的文化民族主义，正是他在 1919 年底发表《新思潮的意义》一文，提出"整理国故"的主张，提倡对国学进行重新评估，区分"国渣"与"国粹"。胡适认为"建设一个民族的国家"是民族主义最艰难的一步，也是体现民族主义理性、开放的层面。他强调："中国的现代化只是怎样建设一个站得住的中国，使她在这个现代世界里可以占一个安全、平等的地位。""大家应该用全幅心思才力来想想我们当前的问题，就是怎样建立起一个可以生存于世间的国家的问题。"③ 他指出，当时中国国家建设的现状很不如人意，日本斋藤首相发表谈话极端侮辱中国，说中国根本不是一个现代国家，汪精卫很感慨地说中国还有军阀混战，不能称作统一的国家，"仇人说我们不是现代国家，我们自己的政治领袖也说我们不是统一的国家。实在，我们七八十年来的努力，失败在一点上，即是没有达到建设一个现代国家的目的"。④ 他觉得，要推进现代国家建设，还是要依靠民族主义，通过制度、文化等"促进国民对于国家民族的感觉"。他认为，"照广义的说法，中国不能不说是早已形成的民族国家……在民族的自觉上，在语言文字的统一上，在历史文化的统一上，在政治制度（包括考试，任官，法律，等等）的统一和持续

---

① 胡适：《个人自由与社会进步——再谈五四》，《独立评论》第 150 号，1935 年 5 月 12 日。

② 胡适：《留学日记》卷五，季羡林主编《胡适全集》第 27 卷，第 418 页。

③ 胡适：《建国问题引论》，季羡林主编《胡适全集》第 21 卷，第 669、671—672 页。

④ 胡适：《中国问题的一个诊断》，季羡林主编《胡适全集》第 21 卷，第 527—528 页。

上，——在这些条件上，中国这两千年都够得上一个民族的国家"。
"我们现在感觉欠缺的，只是这个中国民族国家还够不上近代民族
国家的巩固性与统一性。""我们今日要谈的'建国'，不单是要建
设一个民族的国家。中国自从两汉以来，已可算是一个民族国家了。
我们所谓的'建国'，只是要使这个中国民族国家在现代世界里站
得住脚。"①

　　陈独秀对于国家民族问题、现代民族国家建设问题的思考要早
于胡适，其国家建设思想与民族主义、爱国主义始终密不可分。他
在 1903 年发表的《安徽爱国会的讲演》中对主权丧失表达了强烈
的不满，开始涉及主权问题。他在 1904 年发表于《安徽俗话报》
的《说国家》一文中，宣传了土地、主权、人民是组成国家的三个
要素的思想，宣传了民族主义的国家观念。他自称"我生长二十多
岁，才知道有个国家，才知道国家乃是全国人的大家，才知道人人
有应当尽力于这大家的大义"。受晚清"排满"思潮影响，这一时
期陈独秀所主张建立的民族国家是单一民族国家，他认为组成一个
国家的人民应该是同种类、同历史、同风俗、同语言的民族，强调
"断断没有好几种民族，夹七夹八的住在一国，可以相安的道理"。②
他在稍后发表的《亡国篇》《瓜分中国》等文中，指出了当时中国
面临"亡国"危险的三种因素：一是帝国主义把中国"当作切瓜一
般，你一块、我一块"；二是官僚只想着弄文钱回家去阔气，根本
不想"国家怎样才能够兴旺"；三是国民"只知道有家不知道有
国"。

　　与胡适在《留学日记》中批评"但论国界，不辩是非"的狭隘
民族主义几乎同时，1914 年，陈独秀在《甲寅》上发表了《爱国心
与自觉心》，在国家与个人的关系上，凸显了个人自由、个人权利，
指出："近世欧美人之视国家也，为国人共谋安宁幸福之团体，人
民权利，载之宪章。犬马民众以奉一人，虽有健者莫敢出此。""人
民何故必建设国家？其目的在保障权利，共谋幸福，斯为成立国家

①　胡适：《建国与专制》，季羡林主编《胡适全集》第 21 卷，第 690—693 页。
②　陈独秀：《说国家》，《陈独秀文章选编》上册，第 39—40 页。

之精神。"他甚至提出如果国家"外无以御侮，内无以保民"，"其国也存之无所荣，亡之无所惜"。① 该文体现了从清末到民初陈独秀的国家观念从国家至上到国民本位的转向，有些言辞失之偏激，但反映了他对建设现代国家之急迫性的认知，其国家观念中的民族主义根基前后并无任何摇动。

1916 年 10 月 1 日，陈独秀在《新青年》上发表了《我之爱国主义》，从建设现代国家的角度对爱国主义做出了新的诠释。他认为古往今来被讴歌的"为国捐躯"乃"一时的而非持续的，乃治标的而非治本的"。他指出，"中国之危，固以迫于独夫与强敌，而所以迫于独夫强敌者，乃民族之公德私德之堕落有以召之耳"，"今其国之危亡也，亡之者虽将为强敌，为独夫，而所以使之亡者，乃其国民之行为与性质"，因此，"持续的治本的爱国主义"是要提升"民族之公德私德"，是要改善"国民之行为与性质"，是要造就具备现代政治觉悟与伦理觉悟的现代国民。"故我之爱国主义，不在为国捐躯，而在笃行自好之士，为国家惜名誉，为国家弭乱源，为国家增实力。"② 他又具体提出要建设勤、俭、廉、洁、诚、信等现代爱国主义之"六德"。如果说《爱国心与自觉心》重在倡导国民的个人幸福、自由权利，《我之爱国主义》则重在倡导国民的道德意识、公民责任。可见，陈独秀所提倡的民族意识、爱国思想是兼顾权利与责任、兼顾个人本位与民族关怀的理性民族主义。

此后，陈独秀的民族国家观念一度受到世界主义、自由主义与阶级观念的激烈冲撞。如 1918 年 8 月，他在《新青年》第 5 卷第 3 号上发表《偶像破坏论》，把"国家"列入需要"破坏"的偶像之列。但列宁的联合世界被压迫阶级和被压迫民族反对帝国主义的思想，很快为陈独秀所接受并成为其思想的主流。他强调反对帝国主义侵略，维护国家的领土主权、政治主权、经济主权和文化主权，是建立现代国家的第一要务。在他的领导下，1922 年 7 月中共二大制定了民主革命纲领，内容包括反对封建军阀，也包括"推翻国际

① 陈独秀：《爱国心与自觉心》，《陈独秀文章选编》上册，第 67—68 页。
② 陈独秀：《我之爱国主义》，《陈独秀文章选编》上册，第 131—132 页。

帝国主义的压迫，达到中华民族完全统一"。从反对帝国主义侵略的视角出发，他对义和团运动的评价与以前相比发生了明显的变化，1924 年 9 月 3 日《向导》刊出其《我们对义和团两个错误的观念》一文，称义和团是"中国民族革命史上悲壮的序幕"，"其重要不减于辛亥革命"。他与胡适还围绕"帝国主义"展开了激烈的争论。据上海亚东图书馆的汪原放回忆："一天下午，仲翁来了，和适之兄大谈。我和大哥也在听。谈着，谈着，仲翁道：'适之，你连帝国主义都不承认吗?' 适之兄生气了，说：'仲甫，哪有帝国主义！哪有帝国主义！' 拿起司的克来，在地板上连连的笃了几下，说：'仲甫，你坐罢，我要出去有事哩。' 一面只管下楼出去了。"① 可见，在接受马克思主义阶级观后，民族主义依然是陈独秀建国论的思想基础。

　　一直到晚年，陈独秀强调"建立近代国家之主要的基本运动，即民族的国家独立与统一"，指出建设独立、统一的民族国家具有重要意义，"因为非脱离国外非民主的压迫和国内的分裂，一切经济政治都不能自由发展"。② 针对当时的中日战争，陈独秀指出，日本帝国主义者发动战争是"企图以工业的日本统治农业的中国，只有用战争来打破中国建立资本主义新国家之野心"。③ 对于中国而言，当以救国为建国，"战争之历史意义，乃是脱离帝国主义之压迫与束缚，以完成中国独立与统一，由半殖民地的工业进到民族工业，使中国的政治经济获得不断的自由发展之机会"。④

　　作为现代中国保守主义思潮的开启人物，梁漱溟一直都很关注民族国家建设问题。他自称关心的问题只有两个，一个是人生问题，一个是中国问题。中国问题即建国问题一直困扰着他，正如他在"自述"里称，中国自推翻帝制多少年来，纷争扰攘，外无以应付国际环境，内无以进行一切建设，天天在走下坡路，苦莫苦于此。

---

① 参见邵建《胡适与陈独秀关于帝国主义的争论》，《炎黄春秋》2008 年第 1 期。
② 张永通、刘传学主编《后期陈独秀及其文章选编》，四川人民出版社，1980，第 127 页。
③ 张永通、刘传学主编《后期陈独秀及其文章选编》，第 160 页。
④ 张永通、刘传学主编《后期陈独秀及其文章选编》，第 38 页。

他大谈东西文化，致力乡村建设，目标在于"认识老中国，建设新中国"。他对自己在中国国家建设问题上的作用颇为自负，曾称："今天的中国，西学有人提倡，佛学有人提倡，只有谈孔子，羞涩不能出口，也是一样无从为人晓得。孔子之真若非我出头倡导，可有那个出头？"① 又说："今后的中国大局以至建国，亦正需要我，我不能死。我若死，天地将为之变色，历史将为之改辙，那是不可想象的事，乃不会有的事。"②

在建国问题上，梁漱溟不赞成胡适等自由主义者所主张的欧美宪政民主的建国之路，批评"我们一向民族自救运动之最大错误，就在想要把中国亦成功一个'近代国家'，很像样站立在现在的世界上"，③ 也不赞成陈独秀等激进主义者所主张的党治建国、阶级斗争建国之路。为此，他在30年代初写了《中国民族自救运动之最后觉悟》《我们政治上的第一个不通的路——欧洲近代民主政治的路》《我们政治上的第二个不通的路——俄国共产党发明的路》等文，收入《中国民族自救运动之最后觉悟》一书。梁漱溟强调民族救亡与国家建设是一个问题的两个方面，他在1938年1月5日第一次到延安和毛泽东谈话的两个主要问题，就是"对外如何求得民族解放"与"对内如何完成社会改造——亦即如何建国"。梁漱溟的"民族自救"思想有着浓厚的传统色彩、鲜明的中国特色，且侧重于从文化层面去表达民族主义的关怀。梁漱溟认为中国连年军阀混战，国家不成其为国家，根源在于文化失调，因此从文化入手寻求民族国家的出路。他在《由乡村建设以复兴民族案》一文中指出："近百年来，中华民族之不振，是文化上之失败。文化上之失败，由于不能适应世界大交通后之新环境。五六十年来，时时变化，以求适应，但无积极成功，只是本身文化之崩溃。民族复兴，有待于文化之重新建造。所以民族复兴问题即文化重新建造问题。"④

① 梁漱溟：《东西文化及其哲学》，《梁漱溟全集》第1卷，第544页。
② 梁漱溟：《香港脱险致宽恕两儿》，《梁漱溟全集》第7卷，第345页。
③ 梁漱溟：《中国民族自救运动之最后的觉悟》，《梁漱溟全集》第5卷，第108页。
④ 梁漱溟：《由乡村建设以复兴民族案》，《乡村建设论文集》，乡村书店，1938，第52—53页。

胡适、陈独秀与梁漱溟都关注民族国家的前途，都主张以民族主义建国。虽同为民族建国的主张，但三人思考的侧重点还是有所不同，陈独秀所着重的是反对帝国主义以实现民族独立的政治民族主义，胡适与梁漱溟主张从思想文化上思考民族国家的未来前景，思考救国建国的问题，只是胡适所强调的是民族反省，是引入西方文化，是国民性弱点的检讨，梁漱溟所强调的是民族文化自信，是提倡复兴传统文化，是民族精神的提振。

## 二　建国目标的区隔："宪政"、"劳动者的国家"与"非宪政化的民主制"

胡适、陈独秀和梁漱溟早年都曾向往西方宪政，向往西方现代国家制度，但胡适一直坚持以实现宪政为国家建设的目标；而陈独秀从提倡西式民主到主张无产阶级专政，再到晚年有所回归，对宪政民主经历了从向往到否定，再到重新肯定的复杂变化；梁漱溟并不反对一般意义上的宪政，但反对无视中国社会的特殊性照搬"欧美式宪政"，别出心裁地设计了"非宪政化的民主制"。

民国成立以后，以胡适为代表的中国自由主义者一直致力于建立宪政民主制度。胡适在 20 世纪 10 年代留学美国康奈尔大学期间，就对西方政治产生了他自己所说的"不感兴趣的兴趣"，他曾花很多工夫观察、研究美国政治运作模式，如曾留心观察 1916 年举行的美国大选。1920 年 8 月 1 日，胡适、蒋梦麟、李大钊、陶孟和、王文伯、张慰慈、高一涵等七位知识界人士联名在《晨报》发表了《争自由的宣言》，这是中国自由主义知识分子第一份公开主张宪政的政治宣言，宣言强调下列四种自由，不得在宪法外更设立限定的法律：言论自由、出版自由、集会结社自由、书信秘密自由。1921年 5 月 14 日，《努力周报》发表由胡适起草、蔡元培等 16 人联署的《我们的政治主张》，打出了"好政府主义"旗帜，对政治改革提出的基本要求之一是"我们要求一个'宪政的政府'，因为这是使政治上轨道的第一步"。1929 年，他在《我们什么时候才可有宪法》一文中指出"中国今日之当行宪政，犹幼童之当入塾读书也"，"民国十几年的政治失败，不是骤行宪政之过，乃是始终不曾实行宪政之过"。① 到了 30 年代，胡适在《独立评论》上发表多篇时评，抨击国民党的"训政"，大力倡导与推动宪政。他在 1932 年《独立评论》创刊号上发表了《宪政问题》一文，写道："我们不信'宪政能救中国'，但我们深信宪政是引中国政治上轨道的一个较好的办法。宪政论无甚玄秘，只是政治必须依据法律，和政府对于人民应负责任，两个原则而已。"他还强调："我们要明白宪政和议会政治都只是政治制度的一种方式，不是资产阶级所能专有，也不是专为资本主义而设的……我们不因为汽车是资本主义的产物而就不用汽车，也不应该用'议会政治是资本主义的产物'一类的话来抹杀议会政治。"② 1937 年 1 月 3 日，他在天津《大公报》上发表了《新年的几个期望》，提出了"今年必须做到宪政的实行"、"期望蒋介石先生努力做一个'宪政中国'的领袖"、收复国土等三个要求。③

胡适在《我们走那条路》一文中围绕"我们要一个怎样的社会国家"进行了讨论，提出消灭贫穷、疾病、愚昧、贪污、扰乱等"五鬼"，同时"建立我们的新国家"，"建立一个治安的，普遍繁荣的，文明的，现代的统一国家"。展开来说，"'治安的'包括良好的法律制度，长期的和平，最低限度的卫生行政。'普遍繁荣的'包括安定的生活，发达的工商业，便利安全的交通，公道的经济制度，公共的救济事业。'文明的'包括普遍的义务教育，健全的中等教育，高深的大学教育，以及文化各方面的提高与普及。'现代的'总括一切适应现代环境需要的政治制度，司法制度，经济制度，卫生行政，学术研究，文化设备等等"。④

与胡适对宪政民主的执着坚持形成对照，陈独秀的宪政思想经历了从向往到否定再到回归的复杂变化历程。

中国对源自西方的现代民主思想的接受，包括了崇尚自由、宪政、人权、有限政府的英美民主思想与崇尚平等、民主、社群、平

① 胡适：《我们什么时候才可有宪法》，季羡林主编《胡适全集》第 21 卷，第 435 页。
② 胡适：《宪政问题》，季羡林主编《胡适全集》第 21 卷，第 465—466 页。
③ 胡适：《新年的几个期望》，季羡林主编《胡适全集》第 22 卷，第 526—527 页。
④ 胡适：《我们走那条路》，季羡林主编《胡适全集》第 4 卷，第 462 页。

民主义的法国民主思想两种传统，尤以洛克的自由主义与卢梭的民主主义为代表。在新文化运动初期，同为向往西方民主，胡适所倾慕的是"美利坚文明"、是英美自由主义，而陈独秀所推崇的是"法兰西精神"、是法国民主思想，后者成为这场启蒙运动的主导思想。陈独秀提出了"民主"的口号，所宣扬的是民主传统，而对英伦宪政传统相对隔膜。即使谈及宪政，谈及"建设西洋式的国家，组织西洋式的社会"，也以体现法兰西民主思想"惟民主义""主权在民"来理解宪政精神。他指出："宪政实施有二要素：一曰庶政公诸舆论，一曰人民尊重自由。否则虽由优秀政党掌握政权，号称政党政治则可，号称立宪政治则犹未可。""从舆论以行庶政，为立宪政治之精神。蔑此精神，则政乃苛政，党乃私党也。"①

陈独秀心向往之的是更为激进也有更多暴力因素的法兰西民主传统，宪政在其心目中远非根深蒂固之观念，因此，一遇到面临思想选择的十字街头，那种类似于胡适对宪政的坚守，在其身上也就看不到了。1919 年 3 月 26 日蔡元培等开会决定，因"私行为"将陈独秀"放逐"，胡适后来在给友人的信中说："独秀因此离去北大，以后中国共产党的创立及中国思想的左倾，《新青年》的分化，北大自由主义者的变弱，皆起于此夜之会。独秀在北大，颇受我与孟和（英美派）的影响，故不致十分左倾。独秀离开北大之后，渐渐脱离自由主义立场，就更左倾了。"② 1919 年，陈独秀在《立宪政治与政党》一文中明确表达了对宪政的怀疑："立宪政治在十九世纪总算是个时髦的名词，在二十世纪的人看起来，这种敷衍不彻底的政制，无论在君主国民主国，都不能将人民的信仰、集会、言论出版三大自由权完全保住，不过做了一班政客先生们争夺政权的武器。现在人人都要觉悟起来，立宪政治和政党，马上都要成为历史上过去的名词了，我们从此不要迷信他罢。什么是政治？大家吃饭要紧。"③ 此后，转向主张社会主义、主张建立"劳动者的国家"，

---

① 陈独秀：《答汪叔潜（政党政治）》，《陈独秀文章选编》上册，第 127 页。
② 胡适：《致尔和》，季羡林主编《胡适全集》第 24 卷，第 266 页。
③ 陈独秀：《立宪政治与政党》，《陈独秀文章选编》上册，第 422 页。

转向鼓吹苏俄布尔什维克、鼓吹无产阶级专政。他指出："封建主义时代只最少数人得着幸福，资本主义时代也不过次少数人得着幸福。多数人仍然被压在少数人势力底下，得不着自由与幸福的……全国底教育、舆论、选举，都操在少数的资本家手里，表面上是共和政治，实际上是金力政治，所以共和底自由幸福多数人是没有分的。主张实际的多数幸福，只有社会主义的政治……社会主义要起来代替共和政治，也和当年共和政治起来代替封建制度一样，按诸新陈代谢底公例，都是不可逃的运命。"①

陈独秀晚年在很大程度上回归了新文化运动早期所主张的"立宪政治"。他在 1938 年 4 月发表的《抗战与建国》一文中，将"立宪政治之确立"与"民族的国家独立与统一"、"民族工业之发展"、"农民解放"作为建国的主要任务，强调"为什么要确立宪法政治？因为非如此不能确定政府的权限，保障人民的权利，使全国人民的智力和道德能够普遍的发展，以增加整个国家的力量"。② 他在 1940 年以后的六篇书信和四篇短论提出的"最后民主见解"中，批判斯大林的个人独裁糟蹋了社会主义，强调民主"并非仅仅是某一特殊时代的历史现象"，并不是资产阶级的专利品，无产阶级政权也需要民主，"无产阶级民主"其具体内容也和资产阶级民主同样要求一切公民都有集会、结社、言论、出版、罢工之自由。

陈独秀晚年回归"德先生"，却不能认为是完全回到了西方宪政。他思考了民主宪政与无产阶级政治制度的关系，思考了民主与社会主义的关系，提出了以"大众民主"监督无产阶级政权，避免无产阶级专政沦于斯大林主义的独裁专制的弊端。陈独秀晚年所提的"无产阶级民主制"，与毛泽东当年在延安所倡导的"新民主主义宪政"，应当是近似的思路。

与胡适、陈独秀一样，梁漱溟早期也是向往与主张西方民主宪政的。不过，他对宪政的态度也不像胡适那样前后一贯，对宪政运

---

① 陈独秀：《国庆纪念底价值》，《陈独秀文章选编》中册，第 31—32 页。
② 陈独秀：《谈政治》，《陈独秀文章选编》下册，第 594—595 页。

动经历了前期积极参加到后期冷漠以对的变化。[1] 梁漱溟在 1944 年发表的《谈中国宪政问题》中谈到了自己对于宪政前后态度的变化："我最初态度自然是渴望中国宪政之实现。大约当前清光绪年间，比较有知识的人，都是如此。"从清末之资政院，到民国初元之临时参议院，以至于正式国会开会，自己都是热心旁听的。"除了议员们之外，没有人像我那样日日出于议会之门。"20 世纪 20 年代以后，他开始转向怀疑宪政。"从民国十一年，我渐陷于怀疑烦闷，久不得解。直到十五年以后，对于中国的宪政问题方始有新观念展开。""我从民国十五年以后，决心从事乡村工作，至今此志不移。其动机，就是由小范围地方自治入手，为中国社会培养其新政治习惯，而努力一新政治制度之产生。"[2]

根据梁漱溟的上述说法，他对宪政的态度以 1926 年为界分前后两个时期。在清末与民初，他对民主政治怀抱了很高的期望，是宪政运动的积极参加者。他在 1906—1911 年就读于北京顺天中学期间，就注意政治而要求政治改造，"象民主和法治等观念，以及英国式的议会制度、政党政治"在这个时期就成了他的政治理想，"前此在中学读书时，便梦想议会政治，逢着资政院开会（宣统二年三年两度开会），必辗转恳托介绍旁听"。民国初年，他依然对宪政充满向往，"所有民元临时参议院民二国会的两院，几乎无日不出入其间了"，"我当时对中国问题认识不足，亦以为只要宪政一上轨道，自不难步欧美日本之后尘，为一近代国家"。[3] 但宪政体制一直无法确立，只有国家四分五裂，军阀混战，"北洋军阀一而再、再而三的玩弄宪政，到民国十三年曹锟贿选总统，同时公布宪法之一幕，可说中国宪政运动之前期就结束了"。[4]

1926 年成为梁漱溟思想的重要转折点，"就在此时，我认识了中国问题，并看明了民族出路之何在；数年疑闷为之清除，所谓

---

① 参见魏继昆《试论民国时期梁漱溟宪政态度之转变》，《历史教学》2003 年第 1 期。

② 梁漱溟：《谈中国宪政问题》，《梁漱溟全集》第 6 卷，第 489—493 页。

③ 梁漱溟：《我的自学小史》，《梁漱溟全集》第 2 卷，第 681—688 页。

④ 梁漱溟：《谈中国宪政问题》，《梁漱溟全集》第 6 卷，第 490 页。

'民族自救运动之最后觉悟'者，盖正指此。我对于宪政问题一个与前不同的态度，当然亦即产生于其中"。① 梁漱溟经过思考，最后认为西方社会能够确立这种政体，是因为只有长期参与民主斗争的人民才具备实施此种政体的基础，而中国的群众缺乏民主政治的诉求与习惯，因此必须从培养人们民主政治的习惯入手，就是广开民智。中国人口的绝大多数在农村，所以他决心从事乡村建设运动。"乡村运动便是我的宪政运动。所谓一个与前不同的态度，便是以前认宪政为救急仙方，今则知其为最后成果了。此次答邵先生书，说'宪政可以为远图而非所谓急务'，意本与此。"② 基于此种考量，他对宪政运动采取了冷漠以对的态度，而专心从事乡村运动。1929年胡适发起人权运动，梁漱溟"无意附和"。1934年南京立法院公布"五五宪草"，梁漱溟却发表了一篇《我们尚不到有宪法成功的时候》。1939年以后，重庆兴起了民主宪政运动，梁漱溟"心知无结果"，也没有予以理会。1946年，国民党宣布结束"训政"阶段，召开"制宪国大"，颁布《中华民国宪法》。次年，梁漱溟在《观察》上发表《预告选灾，追论宪政》，预言"行宪"是一场灾祸。

梁漱溟批评国民党的三民五权一套将宪政作为一种手段玩弄，也不看好自由派的宪政运动。他认为中国现阶段还谈不上西方式的民主宪政，建议去寻找一条适合中国现阶段特点的政治方案，"为中国社会培养其新政治习惯，而努力一新政治制度之产生"，这种"新政治制度"是一种"非宪政化的民主制"。他在各种场合一再表示，宪政要在国家统一之后，非现在所急。他建议现阶段国人将心思用在求民主团结上，求民主团结"自必有个具体办法"，"这个具体办法，果为朝野各方所公认，而且信守不渝，我以为这就是一种顶好的宪政"。③ 他将这套政治协商机制归入广义的宪政，与他对宪政的理解有关。他认为宪政并不神秘，而且是多元、广义的，"宪政是一个国家内，统治被统治两方面，在他们相互要约共同了解下，确定了

---

① 梁漱溟：《谈中国宪政问题》，《梁漱溟全集》第6卷，第496页。
② 梁漱溟：《谈中国宪政问题》，《梁漱溟全集》第6卷，第498页。
③ 梁漱溟：《论当前宪政问题》，《梁漱溟全集》第6卷，第558页。

国事如何处理，国权如何运行，而大家就信守奉行的那种政治"。①

可见，胡适、陈独秀与梁漱溟三位知识领袖虽都曾向往西方宪政，但一生钟情于西方原版宪政模式的只有胡适，陈独秀经过无产阶级专政的过渡阶段后走向了"无产阶级民主"，而梁漱溟则在1926年以后主张"宪政可以为远图而非所谓急务"、现阶段以乡建运动等方式培养"新政治习惯"。

## 三 建国途径不同：和平奋斗、乡村建设与革命建国

胡适、陈独秀、梁漱溟及其所代表的自由主义、激进主义与保守主义，不仅对国家建设目标有着不同的设计，他们对现代国家建设的路径也有着不同的思考。陈独秀主张革命建国，胡适、梁漱溟都主张和平建国。胡适与梁漱溟虽同样主张走和平建国的、国共两党建国途径以外的"第三条道路"，但胡适主张"宪政随时随处都可以开始"，而梁漱溟则认为"宪政可以为远图而非所谓急务"。

胡适等英美派学人主张"非暴力""渐进改革"。胡适自己一直坚持这种政治理念。他在1919年的《新思潮的意义》中主张"一点一滴的进化"；在1929年12月的《我们走那条路》中呼吁"我们要用自觉的改革来替代盲动的所谓革命"，"集合全国的人才智力，充分采用世界的科学知识与方法，一步一步作自觉的改革，在自觉的指导之下一点一滴的收不断的改革之全功"；② 在1941年7月题为《民主与极权的冲突》的英文演说中将"急进革命与逐渐改革二者的区别"作为"民主的生活方式与极权的生活方式最基本的不同"；在1948年9月的《自由主义》一文中将"和平的渐进改革"，与"自由""民主""容忍——容忍反对党"并列作为自由主义的四个方面意义。

胡适尽管主张渐进改革，却反对把实施宪政作为高远目标推到遥不可及的未来，主张尽早实施宪政。他对孙中山的"建国程序

① 梁漱溟：《中国到宪政之路》，《梁漱溟全集》第6卷，第470页。
② 胡适：《我们走那条路》，季羡林主编《胡适全集》第4卷，第468—469页。

论"、《建国大纲》提出了批评:"中山先生的根本大错在于误认宪法不能与训政同时并立",但"在我们浅学的人看起来,宪法之下正可以做训导人民的工作;而没有宪法或约法,则训政只是专制,决不能训练人民走上民主的道路";①"'宪法颁布之日,即为宪政告成之时',这是绝大的错误。宪法颁布之日只是宪政的起点,岂可算作宪政的告成?"② 胡适主张尽早制定宪法或约法,用宪政来训练人民与政府,人民需要训练的是"宪法之下的公民生活",政府需要训练的是"宪法之下的法治生活"。

胡适坚决反对以国民素质低下、人民政治文化程度不足、参政能力不足为借口延迟宪政的实施,坚决反对以开明专制或"新式独裁"作为立宪政治的过渡办法。其理由,一是强调"民治制度本身便是最好的政治训练",指出"民治制度的本身便是一种教育。人民初参政的时期,错误总不能免的,但我们不可因人民程度不够便不许他们参政"。③ 二是强调民主宪政并非高不可攀,只是一种简单易学的"幼稚园"政治、常识政治。胡适在 1933 年 12 月的《再论建国与专制》一文中指出:"我观察近几十年的世界政治,感觉到民主宪政只是一种幼稚的政治制度,最适宜于训练一个缺乏政治经验的民族。""民主政治是常识的政治,而开明专制是特别英杰的政治。特别英杰不可必得,而常识比较容易训练。在我们这样缺乏人才的国家,最好的政治是一种可以逐渐推广政权的民主宪政。"④ 他在 1934 年 12 月的《中国无独裁的必要与可能》一文中明确指出:"民主政治是幼稚园的政治,而现代式的独裁可以说是研究院的政治。"⑤ 他在 1937 年 5 月发表的《再谈谈宪政》一文中推崇张佛泉在《我们究竟要甚么样的宪法》一文中提出的"宪政随时随处都可

---

① 胡适:《我们什么时候才可有宪法?》,季羡林主编《胡适全集》第 21 卷,第 433—434 页。
② 胡适:《〈人权与约法〉的讨论》,季羡林主编《胡适全集》第 21 卷,第 425 页。
③ 胡适:《我们什么时候才可有宪法?》,季羡林主编《胡适全集》第 21 卷,第 432 页。
④ 胡适:《再论建国与专制》,季羡林主编《胡适全集》第 21 卷,第 701—702 页。
⑤ 胡适:《中国无独裁的必要与可能》,季羡林主编《胡适全集》第 22 卷,第 196 页。

以开始"的主张，他说："（1）民主宪政不是什么高不可及的理想
目标，只不过是一种过程。这正是我当年立论的用意。我说民主宪
政是幼稚的政治，正是要打破向来学者把宪政看的太高的错误见解。
（2）宪政随时随处都可以开始，开始时不妨先从小规模做起，人民
有力量就容他发挥。这也是和我的'逐渐推广政权'的说法很接
近。干脆的说，我们不妨从幼稚园做起，逐渐升学上去！"① 在随后
发表的《我们能行的宪政与宪法》一文中，胡适又谈道："宪政不
是什么高不可攀的理想，是可以学得到的一种政治生活的习惯。宪
政并不须人人'躬亲政治'，也不必要人人都能行使'创制，复决，
罢免'各种政权。民主宪政不过是建立一种规则来做政府与人民的
政治活动的范围；政府与人民都必须遵守这个规定的范围，故称为
宪政；而在这个规定的范围之内，凡有能力的国民都可以参加政治，
他们的意见都有正当表现的机会，并且有正当方式可以发生政治效
力，故称为民主宪政。"②

梁漱溟与胡适同为改良主义者，他们的主张却有一些区别。他
对胡适轻率地否定"革命论"并以"五大仇敌"取代反帝反封建不
以为然。胡适的《我们走那条路》发表后，正从事乡村建设的梁漱
溟在其主办的《村治》杂志上发表题为《敬以请教胡适之先生》的
公开信，对胡适提出严正批评。他在信中说："先生凭什么推翻许
多聪明有识见人共持的'大革命论'？先生凭什么建立'一步一步
自觉的改革论'？如果你不能结结实实地指正出革命论的错误所在，
如果你不能确确明明指点出改革论的更有效而可行，你便不配否认
人家，而别提新议。""帝国主义者和军阀，何以不是我们的敌人？"
梁漱溟表示，"我于先生反对今之所谓革命，完全同意；但我还不
大明白，先生为什么要反对"。在其看来，"革命家的错误，就在对
中国社会的误认；所以我们非指证说明中国社会怎样一种结构，不
足祛革命家之惑"。③ 他觉得自己通过分析中国社会"伦理本位、职

---

① 胡适：《再谈谈宪政》，季羡林主编《胡适全集》第 22 卷，第 559 页。
② 胡适：《我们能行的宪政与宪法》，季羡林主编《胡适全集》第 22 卷，第 573 页。
③ 梁漱溟：《敬以请教胡适之先生》，季羡林主编《胡适全集》第 4 卷，第 473—
    481 页。

业分途"的特点说明缺乏阶级对立，更能说明"革命论的错误所在"与"改革论的更有效而可行"。

对于宪政，胡适持乐观主义的心态，而梁漱溟则持悲观主义的心态，对胡适积极从事的宪政运动较为冷漠。① 与胡适认为宪政是"易知易行"、应当"快快制定约法"的"幼稚园"政治的乐观期待形成对照，梁漱溟在 20 年代中期后悲观地觉得宪政在当时中国是无法实现的，认为"宪政可以为远图而非所谓急务"。胡适派视梁漱溟为反对民主宪政的开倒车者，梁漱溟则对胡适等热衷的"宪政"常泼冷水。1934 年南京政府立法院公布宪法草案，梁漱溟撰文指出："从我们的见地，认为此刻尚不到有宪法成功的时候。制宪不是眼前急务。制出来，其不过与过去几度制宪同其命运。""所谓宪法大抵为新政治构造之表见。政治构造依于社会构造为其一层一面。果其有宪法之成功也，则是中国新社会之构造，已大体形成。现在如何配说这个？""中国将来也许会有一部宪法，但必须这新礼俗养成后才行。所以这件事是很慢的，前途尚远……或有人问：我们制出宪法来，再本着宪法去培养习惯，力求实践，不更方便吗？答：不行。此刻没有宪法可以制出。"② 梁漱溟指出，如果社会还残破依旧，如果还没有形成与新制度相适应的新习惯，如果全国还没有"构成差不多一致的意思要求"，"制出来又有什么相干"，不过又是一纸空文罢了。

梁漱溟认为，既然近期还谈不上制宪、谈不上宪政，那就不妨从培育新社会构造、从化成新礼俗入手。而要改造中国传统社会，改良中国礼俗，重点是乡村社会，因为乡村社会是中国社会的主体，中国老社会的残破主要体现为乡村凋敝。因此，梁漱溟选择了乡村建设，称"乡村运动便是我的宪政运动"。他提出："制宪非急务，果有心乎制宪，且先从事乡村建设运动。我们乡村建设运动所为的是：（一）求中国社会的真实进步，平均发展，俾与建国的理想相

① 参见魏继昆《胡适梁漱溟宪政心态之比较》，《史学月刊》2008 年第 10 期。
② 梁漱溟：《中国此刻尚不到有宪法成功的时候》，《梁漱溟全集》第 5 卷，第 467—468 页。

适应……（二）从事实问题探求经济上政治上的新路向，即是养成新生活习惯，新礼俗，以建立中国新社会的组织构造。（三）迎着历史命运走，推着历史车轮转，转到中国人差不多共同问题上来，从而理出其差不多一致的意思要求，产出一部真宪法。"①

陈独秀以革命手段创造新政治秩序、建设现代国家的主张，与胡适、梁漱溟形成了鲜明的对比。在新文化运动之初，陈独秀的"文学革命"与胡适的"文学改良"就显示出了区隔，后来他们这种"革命"与"改良"的两歧更延展到思想、政治、道德等各个领域，以致因政治主张的相悖而分道扬镳。梁漱溟是主张改良的，但与胡适相比，他对革命似乎没有那么抵触。他甚至认为自己的主张是"革命"，他说："我上边的话，曾说：'中国问题根本不是对谁革命，而是文化改造，民族自救'；很象是一个改良派。但处处又表露革命的口吻，颇若自相矛盾。现在我肯定地说，中国问题之解决方式，应当属于'革命'。"②

陈独秀先是推崇法国革命，后又转向赞成苏俄革命。他在 1903 年就发表过《读〈法国革命史〉作革命歌》；在 1908 年与苏曼殊唱和的《本事》诗中有"丹顿裴伦是我师，才如江海命如丝"的诗句，推崇法国大革命时期雅各宾派领袖丹东。他在 1915 年 9 月创办《青年杂志》，并在创刊号上发表了《法兰西人与近世文明》一文，盛赞法国革命："自千七百八十九年，法兰西拉飞耶特之'人权宣言'刊布中外，欧罗巴之人心，若梦之觉，若醉之醒，晓然于人权之可贵，群起而抗其君主，仆其贵族，列国宪章，赖以成立"，"由斯以谈，人类得以为人，不至永沦奴籍者，非法兰西人之赐而谁耶？"并指出："法兰西流血十数载而成共和，此皆吾民之师资。"③不过，在新文化运动前期，陈独秀所突出强调的是思想革命，尤其是伦理道德之革命。他说："政治界虽经三次革命，而黑暗未尝稍减。其原因之小部分，则为三次革命，皆虎头蛇尾，未能充分以鲜

① 梁漱溟：《中国此刻尚不到有宪法成功的时候》，《梁漱溟全集》第 5 卷，第 470 页。
② 梁漱溟：《中国问题之解决》，《梁漱溟全集》第 5 卷，第 219 页。
③ 陈独秀：《法兰西人与近世文明》，《陈独秀文章选编》上册，第 79—80 页。

血洗净旧污；其大部分，则为盘踞吾人精神界之伦理、道德、文学、艺术诸端，莫不黑幕层章，垢污深积，并次虎头蛇尾之革命而未有焉。此单独政治革命所以于吾之社会，不生如何若何变化，不收若何效果也。"① 他倡导思想革命、道德革命，着眼点在于解决政治革命"虎头蛇尾"的问题。

俄国十月革命发生后，很快吸引了中国先进分子的注意，也成了陈独秀新的向往。他在 1918 年 7 月发表了《今日中国之政治问题》，表明其从新文化运动初期的"借思想文化作为解决问题的途径"，转移到具体的现实政治，转向了"直接行动"、国民政治。五四运动发生后，陈独秀盛赞运动中所表现的"直接行动"和"牺牲精神"，指出"人民对于社会国家的黑暗，由人民直接行动，加以制裁，不诉诸法律，不利用特殊势力，不依赖代表。因为法律是强权的护符，特殊势力是民权的仇敌，代议员是欺骗者，决不能代表公众的意见"。② 他的"直接行动"主张，成为其接受马克思主义阶级斗争理论的桥梁。他在 1920 年 9 月发表于《新青年》的《谈政治》一文中明确提出："我承认用革命的手段建设劳动阶级（即生产阶级）的国家，创造那禁止对内对外一切掠夺的政治法律，为现代社会第一需要。"③ 表明其确立了通过革命手段，建立劳动阶级政权的思想。在中国共产党成立后不久，他发表了《造国论》，明确提出"时局真正的要求，是在用政治战争的手段创造一个真正独立的中华民国"，"造国"的方法是"组织真正的国民军创造真正的中华民国"，造国的程序是"第一步组织国民军；第二步以国民革命解除国内国外的一切压迫；第三步建设民主的全国统一政府；第四步采用国家社会主义开发实业"。④ 他认识到现阶段"决不是那一个阶级的群众在短期内能够壮大到单独创造国家的程度"，提出了有别于阶级斗争的"联合的国民革命（National Revolution）"思想，但依然坚持了暴力革命、根本改造的思想。

---

① 陈独秀：《文学革命论》，《陈独秀文章选编》上册，第 172 页。
② 陈独秀：《五四运动的精神是什么》，《陈独秀文章选编》上册，第 518 页。
③ 陈独秀：《谈政治》，《陈独秀文章选编》中册，第 10 页。
④ 陈独秀：《造国论》，《陈独秀文章选编》中册，第 207—209 页。

## 四 切入点有别：分别从个人、社会与国家入手

现代国家建设具体从何入手？胡适、梁漱溟和陈独秀分别从个性解放、改造社会组织与国家政权更替入手，选择了以"救国须从救出你自己下手""为国家建设社会""从他们手中抢夺来政权"的不同路径。

胡适从其所信奉的个人主义理念出发，选择了以"救出自己"为救国、以个人主义为国家主义、以个性解放为民族解放、以发展自己为发展国家、以实现个人自由为实现国家自由的具体途径。他在 1918 年 6 月发表了《易卜生主义》，介绍了易卜生有关"救出自己""'为我主义'其实是最有价值的利人主义"的思想，强调了发展个性、养成独立人格对建设现代国家的重要性。他指出："社会国家没有自由独立的人格，如同酒里少了酒曲，面包里少了酵，人身上少了脑筋；那种社会国家决没有改良进步的希望。"[1] 他在 1925 年 9 月发表的《爱国运动与求学》一文中指出："我们要为全国学生下一转语：救国事业更非短时间所能解决：帝国主义不是赤手空拳打得倒的；'英日强盗'也不是几千万人的喊声咒得死的。救国是一件顶大的事业：排队游街，高喊着'打倒英日强盗'，算不得救国事业；甚至于砍下手指写血书，甚至于蹈海投江，杀身殉国，都算不得救国的事业。救国的事业须要有各色各样的人才；真正的救国的预备在于把自己造成一个有用的人才。"又说："在这个高唱国家主义的时期，我们要很诚恳的指出：易卜生说的'真正的个人主义'正是到国家主义的唯一大路。救国须从救出你自己下手！学校固然不是造人才的惟一地方，但在学生时代的青年却应该充分地利用学校的环境与设备来把自己铸造成个东西。"[2] 他要求学生安心学习，把自己造成一个有眼光有能力的人才，认为这要比呐喊救国重要十倍百倍。他在 1930 年 12 月的《介绍我自己的思想》中说："现在有人对你们说：'牺牲你们个人的自由，去求国家的自由！'我对你

---

[1] 胡适：《易卜生主义》，季羡林主编《胡适全集》第 1 卷，第 615 页。

[2] 胡适：《爱国运动与求学》，季羡林主编《胡适全集》第 3 卷，第 822—823 页。

们说：'争你们个人的自由，便是为国家争自由！争你们自己的人格，便是为国家争人格！自由平等的国家不是一群奴才建造得起来的！'"①

梁漱溟则主张，中国还不具备实施宪政的条件，具体说是缺乏必要的社会组织基础，缺乏相应的社会习俗或者说政治习惯，也缺乏应有的观念共识或民族精神。要解决宪政问题，必须从"建立中国新社会的组织构造"，从培育新礼俗、养成新习惯入手，为实施宪政做预备；而"建立中国新社会的组织构造"，要培养新礼俗、养成新习惯，需从乡村建设着手。他指出，清朝灭亡后，"凡昔之法制、礼俗悉被否认"，固有的政治制度、社会组织、传统礼俗顿时俱废，新的社会组织方式、新的习俗又未成形，在这种情况下移植西方宪政，只能造成中国社会更进一步的混乱与崩溃。他希望通过乡村建设，"为国家建设社会"，即为建设现代国家而建设现代社会组织。在1934年召开的中国社会教育第二届年会上，梁漱溟提交的"由乡村建设以复兴民族"的讨论提纲，说明了他的基本思路："民族复兴之途径，1，文化建造即社会组织机构之建造，2，中国新社会组织结构必肇端于乡村，3，所谓乡村建设，乃从乡村中寻求解决中国政治问题、经济问题，以及其他一切社会问题之端倪。此端倪之寻得，即1，新社会组织构造之发现，2，新社会组织构造之发现在乡村不过是一个苗芽，此苗芽之苗长以至长成，都靠引进新的生产技术、生产组织，乃至一切科学发明，3，新社会组织结构之开展，以讫于完成，即文化建造成功，亦即民族复兴。"在他看来，要解决中国政治问题，包括要解决中国宪政问题，必须从乡村中寻求解决途径，必须通过乡村建设"建立中国新社会的组织构造"。

陈独秀关注的焦点是政制，是国家机器，他选择了从国家政权的改造入手，希望通过实现从资产阶级政权到劳动阶级政权的更迭，为现代国家建设创造条件。因此只有用阶级战争的手段，打倒一切资产阶级，从他们手中抢夺来政权。

［原载《东岳论丛》2013 年第 6 期］

---

① 胡适：《介绍我自己的思想》，季羡林主编《胡适全集》第 4 卷，第 663 页。

中篇　近世知识人的个案解读

# 魏源：中国近代化的先驱者

魏源（1794—1857），是中国近代早期著名的政治家、思想家、学者，向西方学习的先驱者之一。他生当中国由封建社会沦为半殖民地半封建社会的历史转折时期，一生跨越了鸦片战争前后两个不同的历史阶段。鸦片战争前，他究心于"经世致用"之学，抨击时政，力主改革；鸦片战争中，曾协助两江总督裕谦办理浙江军务，参加抗击英国侵略者的实际斗争；鸦片战争后，他努力探索清王朝衰弱和西方国家强盛的原因，写成里程碑式的巨著《海国图志》，提出了"师夷长技以制夷"的主张，在近代中国人向西方寻求真理的历程中具有"创榛辟莽，前驱先路"的地位和作用。魏源和民族英雄林则徐一样，不愧是近代杰出的爱国者。

## 一　勤学苦读　少有文名

魏源，原名远达，字默深。1794 年 4 月 23 日（乾隆五十九年三月二十四日）出生于湖南邵阳金潭乡一个濒于破产的封建地主家庭。祖父魏志顺，字孝立，隐居不仕，乐善好施。有一年，邵阳突发大水，他亲赴县衙，慷慨毁产，代输捐税，使乡民得以安定，而魏氏家境从此衰落。父亲魏邦鲁，字春煦，历任江苏嘉定、吴江等地巡检及宝山水利主簿等职。母亲陈氏，勤劳贤淑，日夜纺纱织布，兼做些针线手工，以维持家计。兄弟四人，魏源排行第二。

他幼时沉静，喜欢默坐。他后来刻有一颗上书"默好深湛之思"的方印章，正说明取字默深的用意。祖父很喜欢他，曾对家人说：这个孩子性情、体貌异乎寻常，应按超常儿童来培养他。

魏源七八岁入家塾读书，除从塾师刘之纲学习外，还从伯父魏辅邦学习经史。他学习十分勤奋，足不出户，闭门苦读，"就局一室，偶出，犬群噪"，连自家豢养的狗也把很少外出的他当生人而狂吠不已。他常苦读至深夜，乃至黎明，"夜手一编，咿唔达旦"。母亲悯其过勤，每每劝令他熄灯入睡。有时待父母熟睡，他又起来偷偷地点着灯在被底下翻阅。后被发觉，父母劝谕以长夜苦读非童稚所宜。因魏源既聪颖又勤奋，故学业进步很快。9 岁到邵阳县城应童子试，他进入考场时，县令指着茶瓯中画的太极图出句"杯中含太极"，当时，魏源随身带有两个麦饼充饥，略加思索即对以"腹内孕乾坤"，主考官和在场者无不惊服。

魏源 15 岁时考中秀才，开始研究陆象山、王阳明的著作，并喜读历史。因家贫少书，常向亲友借阅，孜孜于学。后到邵阳县城学宫读书，以成绩优异得到助学食米津贴。17 岁时，他在家乡设馆授读，成为年轻塾师。

少年魏源已颇有文名，慕名前往的学童日益增多。他故居的楹联如"读古人书，求修身道；友天下士，谋救世方""学贵运时策，友交立德人""澹泊以明志，平易而近人""尽交天下士，长读古人书"等，都是魏源少年时代所自撰自书。他少年时的诗作《村居杂兴》生动地描绘了故乡淳朴的田园风光，抒发了他对故乡山水与风土人情的淳厚感情。

魏源 19 岁时在岳麓书院读书。这年秋天，他与同邑扬州通判严安儒的女儿订婚。按照当地习俗，订婚、结婚都要酿酒。他订婚那年所酿的结婚酒竟不是常见的黄色，而是桃红色的。母亲大吃一惊，不知是凶是吉。邻居们马上来打圆场，说红色恰是"红喜事"的吉兆，母亲乃转惊为喜，以酒酬客。魏源在《村居杂兴》组诗中记述了此事："今晨瓮渌变，色忽桃花如。……邻媪来贺瑞，喜溢东墙隅。阿母笑留客，倒酌颜回朱。……明春娶儿妇，更酿百瓮酥。"① 第二年，魏源与严氏结婚，时严夫人 18 岁，比魏源小两岁。严夫人

---

① 魏源：《村居杂兴》，《魏源集》下册，中华书局，2009，第 574 页。

有二子，长子名耆，次子早夭，她常为只有一个儿子而伤心落泪。魏源对她非常体贴，每一部书成，便用红色缎子把书稿包好，命丫鬟用茶盘托着，自己穿上礼服，去上房向她报喜，对严夫人祝贺："我们又生了一个好儿子。"

魏源 20 岁时考中拔贡。

## 二 北上京师 潜心经史

1814 年（嘉庆十九年），魏源的父亲魏邦鲁居丧期满，"起复入都"。魏源随父入京，一路寻访古迹，凭吊古战场，缅怀前贤英烈，特别是对信陵君、诸葛亮、岳飞等功败垂成的历史人物充满了崇敬和同情；沿途的名山大川则激发了他的爱国热情。同时，他也看到由于封建统治者的腐败，河治不修、水患严重，中原一带满目荒凉，"千里河南北，高下寸地无"，"至今禾麦地，极目森蒿藜"。加上官府横征暴敛，天灾人祸，黄河两岸饿殍枕藉，白骨遍野，饥民"明知麦花毒，急那择其他，食鸩止渴饥，僵者如乱麻"。百姓没有粮食可吃，只好吃树根草皮，好些人吃了毒草中毒身死。清廷官吏对此却熟视无睹。政治腐败的现状、民不聊生的惨相，深深地触动了这位北上京师、怀抱蛟龙入海之志的湖南青年，促使他更加注意社会现实，关心民生疾苦，为而后提倡经世致用之学打下了思想基础。他挥笔写下"何不借风雷，一壮天地颜"的诗句，希望出现更多的社会英才，对现实社会进行改革。他还把批判的锋芒直指清廷最高统治者，例如他在《偶然吟》一诗中写道："恫瘝苟不瘳，尧禹亦何为！"不能疗治民生疾痛，何以为圣君贤王?!

到达京师后，他先从胡墨庄治汉学，又随姚学塽治宋学。他虽通晓汉学、宋学，但后来对两者都进行了尖锐的批判。他认为汉学引导人们埋头于故纸堆中，从事名物训诂，烦琐考证，"锢天下聪明智慧，使尽出于无用之一途"。[①] 宋学则引导人们高陈义理，空谈心性，"动言万物一体，而民瘼之不求，吏治之不习，国计边防之

---

① 魏源：《武进李申耆先生传》，《魏源集》上册，第 359 页。

不问"，① 于国计民生无补。他把汉学、宋学一概斥为"腐儒""俗学"，对于治国安邦既无用又无实，只能摧残人才、祸害国家。经过比较，魏源抛弃了汉学的烦琐、宋学的空腐，而转向今文经学，提倡经世致用。嘉庆二十四年（1819），魏源26岁，从今文经学大师刘逢禄治《春秋公羊传》，常和龚自珍等在一起饮酒赋诗，慷慨陈词，纵论古今，以阐发今文经学的微言大义来讥切时政。

在京几年间，魏源还涉猎了舆地、掌故、天文、历算等学科。他保持了刻苦勤学的习惯。汤金钊是他考取拔贡时的"座师"，因忙于整理《大学古本》，魏源有五十余日没前往问候，老师疑其有疾，遂来探视，他蓬头垢面出迎，其师愕然。魏源将他整理的《大学古本》呈给汤金钊，汤大为叹服："吾子勤学罕见，乃深造至此，然而何不自珍自爱乃尔也！"② 他还广交文人学士。到京后不久，周系英在其住所偶见其"诗篇敦雅"，四处宣扬，不数日魏源"名满京师"，士大夫争相结交。他与状元陈沆切磋"朱子学"，同董桂敷共同研究古文辞，和陈奂等一起探讨汉学，还常和龚自珍、林则徐、陶澍等在一起饮酒赋诗，切磋学问。这种广泛的师友关系，促进了魏源思想的形成和发展。

道光二年（1822），魏源29岁，考中顺天府乡试举人。

## 三 跻身幕僚 留心"实学"

在魏源一生的政治生涯中，做幕僚的时间较长。这促使他"留意经济之学"，并为其经世致用思想提供了实践机会。他积极主张兴利除弊，热心从事改革，在漕运、盐法、河工等大政上做出了显著成绩。

道光五年（1825），魏源32岁时被江苏布政使贺长龄延聘为幕僚，代贺长龄编辑《皇朝经世文编》，次年冬编成。全书分学、治、吏、户、礼、兵、刑、工八大类六十三目，共120卷，收集清代前

---

① 魏源：《默觚·治篇一》，《魏源集》上册，第36页。
② 魏耆：《邵阳魏府君事略》，《魏源集》下册，第948页。

中期提倡经世实学、有"治国平天下"价值的论文，是继明末陈子龙等人选辑《明经世文编》之后又一断代经世论文总集。这部著作影响很大，晚清汉学大师俞樾在《皇朝经世文续编序》中说："《皇朝经世文编》数十年风行海内，凡讲求经济者无不奉此书为矩矱，几乎家有其书。"

魏源在贺长龄幕府时，还力主改革漕运，以海运代漕运。当时，清政府每年从南方调集数百万担粮食，经过运河解往京师，供京畿官兵使用，史称"漕运"。在漕粮征运过程中，官吏贪污中饱，层层勒索，耗费惊人，据当时人估算，运抵京师的漕米每石费用达18两，为粮食市价的十六七倍。许多士大夫提出了改革漕运的方案。魏源撰写了《筹漕篇上》《筹漕篇下》《复魏制府询海运书》等文，并代贺长龄编纂了《海运全案》专辑，代撰了序、跋，全面揭露漕运之弊，指出海运势在必行。他在为松江知府李景铎撰写的《道光丙戌海运记》中，详尽论列了海运优于河运的"四利"："利国、利民、利官、利商。"尤为可贵的是，魏源主张招商承办海运，指出"招商雇舟"，以商运取代官办，可以打破官府垄断，打击"海关税侩""天津仓胥""屯弁运丁"等中饱私囊者，对国计民生和海商都有利，肯定了商业在国民经济中的地位和作用。按照魏源等人以海运代漕运的意见，道光六年清政府改河运为海运，每石运费不到1两。这一建议的正确性立即为实践所证明。

在此前后，魏源在科场上颇不顺利。道光三年（1823），他第一次参加会试，由于未按科举制度的烦琐文风答卷，未被录取。道光六年（1826），他再次参加会试，此次评卷人正是其业师刘逢禄，刘逢禄对他非常推崇，称其试卷"经策奥博"，称其为"无双国士长沙子"，然而因试卷触及时政，未被录取。龚自珍的情况与他相似。刘逢禄十分惋惜而写下了《两生行》一诗，龚、魏二人自此齐名。道光九年（1829），魏源36岁第三次参加会试不中，按例捐了一个内阁中书舍人。内阁是清廷贮藏典籍文献的地方，魏源在这里接触到大量文献资料，这使他熟悉了有清一代的历史掌故，为他以后编撰《圣武记》奠定了基础。

道光十一年（1831），魏源的父亲去世。次年，他应邀做两江总督陶澍的幕僚。他到南京后，即筹划改革淮北盐政。过去淮盐的生产和运销由官府与世袭盐商共同垄断，商人须从官府取得运销食盐的专利权证件——盐引，盐官和官府特许的盐商相互勾结，营私舞弊，哄抬物价，盘剥民众，坑害政府。魏源力主以手续简便的"票盐"取代"引盐"，盐商按章缴纳盐税，向官府领取盐票，然后凭票买盐，自行销售。在淮北实行票盐后，政府盐课大增，老百姓也吃到廉价食盐。魏源还主张将票盐法推广到淮南和其他地区。他特地为两淮盐运使童濂选编的《淮北票盐志》写了序言，其中指出："票盐特尽革中饱蠹弊之利，以归于纳课请运之商，故价减其半而利尚权其赢也。"他还撰写了《筹鹾篇》《淮南盐法轻本敌私议自序》等专文，论述票盐法优于盐引法。

魏源还十分关注水利问题。自道光十四年（1834）以后，在不到三年的时间内，湖北、湖南连续发生了两次大水灾，给人民的生命财产造成了巨大损失，湖广水灾引起了时人的注意。魏源根据他历年对两湖河流、湖泊所做的调查研究及逐步积累的资料，撰写了《湖北堤防议》《湖北水利论》等论著，分析水患发生的原因是无限制的垦荒造成了水土流失，但更主要的原因是贪官污吏借兴修水利中饱私囊。他提出了改革措施，认为"欲修水利，先除水弊"，对"畏劳畏怨之州县""行贿舞弊之胥役""垄断罔利之豪右"应严加惩处。他后来还写了《筹河篇》《畿辅河渠议》等论著，对治理黄河以及北京附近的漳河、永定河、滹沱河、子牙河等河道提出了合理的建策。

道光十五年（1835），魏源为奉养老母，在扬州买了一所庭院，絮石栽花，养鱼饲鹤，取名"絮园"。内有"古微堂""秋实轩"等书屋，他的许多重要著作都在此写成，其诗文集就以"古微堂"命名。四年后，龚自珍辞官南归路过扬州时，为絮园写了一副对联："读万卷书，行万里路；综一代典，成一家言。"

魏源在关注漕、盐、河、兵等实政，提出切实可行的改革建议的同时，还形成了其抨击时政、革除积弊的改革思想，这使他不仅成了务实的改革者，也成了卓越的思想家。

他对清王朝统治的腐败进行了深刻的揭露。鸦片战争前，他在一首题为《江南吟》的诗中对清朝官吏的腐败做了描绘："边臣之癍曰养痈，枢臣之癍曰中庸。儒臣鹦鹉巧学舌，库臣阳虎能窃弓。"在《明代食兵二政录叙》中揭露了清朝的种种积弊："黄河无事，岁修数百万，有事，塞决千百万，无一岁不虞江患，无一岁不筹河费，此前代所无也；夷烟蔓宇内，货币漏海外，漕蠹以此日敝，官民以此日困，此前代所无也；士之穷而在下者，自科举则以声音训诂相高，达而在上者，翰林则以书艺工敏，部曹则以胥吏案例为才，举天下人才尽出于无用之一途，此前代所无也；其他宗禄之繁，养兵之费，亦与前世相出入。"① 这种揭露不能不说是大胆而深刻的。鸦片战争后，他对弊政的抨击更为尖锐。

既然社会存在严重弊端，就应及时变法，乘势改革。魏源在鸦片战争前夕就发出了"除弊兴利"、变法改革的呼声。他在《道光丙戌海运记》中引述了协办大学士英和的言论："治道久则穷，穷必变，小变之小益，大变之大益，未有数百年不敝且变者。"② 他在《筹鹾篇》中指出："天下无数百年不弊之法，无穷极不变之法，无不除弊而能兴利之法，无不易简而能变通之法。"凡是善于治理国家的人，都必须根据不断变化的形势，勇于进行改革。只有不断变革，兴利除弊，才能使民富国强，推动社会前进。

魏源主张因时而变，因此，鸦片战争发生，中国遇到数千年未有之大变局时，他能够顺应时代，成为得风气之先、走在时代前列的先进中国人。

## 四　主张禁烟　参加抗英

魏源是一位伟大的爱国主义者。他对英国等西方资本主义国家向中国大量走私鸦片，掠夺财富、摧残中国人民身体健康等危害有清醒的认识，并深感忧虑。他在《江南吟》一诗中写道："阿芙蓉，阿芙蓉，产海西，来海东。不知何国香风过，醉我士女如醇酿。夜

---

① 魏源：《明代食兵二政录叙》，《魏源全集》第 13 册，岳麓书社，2004，第 175 页。
② 魏源：《道光丙戌海运记》，《魏源全集》第 15 册，第 392 页。

不见月与星兮昼不见日,自成长夜逍遥国。长夜国,莫愁湖,销金锅里乾坤无。涸六合,迷九有,上朱邸,下黔首。彼昏自痼何足言,藩决膏殚付谁守。"他又指出,鸦片输入"耗中国之精华,岁千亿计,此漏不塞,虽万物为金,阴阳为炭,不能供尾闾之壑",[1] 必将给清政府造成财政危机。因而他主张坚决禁止鸦片。他认为禁烟的关键在于上层官僚,指出"中朝但断大官瘾,阿芙蓉烟可立尽"。他主张严厉打击顽固的鸦片贩子和坚持不改的鸦片吸食者,做到"惩一儆百,辟以止辟"。[2] 他认为对鸦片流毒放任姑息,势必是"其愈宽,犯愈众"。1838 年底,林则徐被任命为钦差大臣前往广东查禁鸦片,魏源表示支持,鸦片战争发生后,他继续主张禁烟。他在《海国图志》中认为,鸦片每年耗我数千万银两,竭我之富,济彼之强,当严禁,内禁吸食,外禁输入。

道光二十年(1840),鸦片战争爆发,魏源时在南京,他面对外敌入侵,非常忧心。不久,他满怀激情地从扬州奔赴浙江前线。9 月,英军炮兵上尉安突德在浙江前线窥测地形时被抓捕,魏源在宁波军营参与了对俘虏的审讯。他根据安突德的口供,于次年写成《英吉利小记》(后收入《海国图志》卷五三),记述了英国的地理、政治、风俗习惯、宗教信仰等。

道光二十一年(1841)6 月,林则徐被罢职流放新疆,魏源在京口(镇江)与林公晤面,两友相见,百感交集,两人彻夜长谈,一吐衷肠,互相勉励,并都为国家和民族的前途忧心,一道探讨御侮强国的方策。第二天临别时,林则徐将他在广东时为了解外情翻译外国资料而编成的《四洲志》草稿、《澳门日报》及一些船炮模型图纸交给魏源,并嘱托魏源编写一部介绍外国历史地理、风土人情和政治经济制度的书,帮助国人了解世界。魏源作诗两首,题为《江口晤林少穆制府》,抒发了作为一个爱国诗人对像林公这样的忠臣志士终不免被流放充军的悲愤心情。其中一首写道:"万感苍茫日,相逢一语无。风雷憎蠖屈,岁月笑龙屠。方术三年艾,河山两

---

[1] 魏源:《军储篇一》,《魏源集》下册,第 470 页。
[2] 魏源:《军储篇一》,《魏源集》下册,第 470 页。

戒图。乘槎天上事，商略到鸥凫。聚散凭今夕，欢愁并一事。与君宵对榻，三度两翻苹。去国桃千树，忧时突再薪。不辞京口月，肝胆醉轮囷。"诗后有自注："时林公属撰《海国图志》。"

林、魏晤面时，林则徐还推荐魏源到浙江前线去参与抗英事宜。不久，魏源到两江总督裕谦幕府中做参谋。他和葛云飞等人到前线察看地形，提出了诱敌深入内河加以围歼等正确主张，但未被采纳。8月，定海失守，三总兵牺牲，裕谦投水殉国。魏源亲历这次抗英的战役，见朝中道光帝不谙敌情，大学士穆彰阿力主和议，其他大官僚也多是目光短浅之辈，军中将军或"无远略"或"怀二志"，而林则徐抗英获罪，主战派或亡或贬，深感在战场上无法发挥作用，无力挽回败局，于是愤而辞归，发愤著书。

"梦里疏草苍生泪，诗里莺花稗史情。"魏源始终以忧虑的心情关注着鸦片战争的进程。他以《寰海》《寰海后》《秋兴》《秋兴后》等组诗及《金焦行》等长诗，全面深刻地反映了这一历史事件。诗中对清朝统治者和战不定、战守无方，投降派昏庸误国、妥协投降，做了广泛深刻的揭露。诗对投降派的主要将领，几乎没有遗漏地一一予以抨击。《寰海》第五首指斥钦差大臣琦善至广东，一反前任林则徐所为，"揖盗开门撤守军，力翻边案炽边氛"，助长了敌人的侵略野心。第六首揭露靖逆将军奕山奢侈腐败、轻敌误国："纨袴例当骠骑贵，绣衣那信吕嘉轻！指挥犹执金如意，椎几湘帘海外行。"第七首批评参赞大臣杨芳，英人开始震慑于他的宿将威名，不料他至广东后倾向妥协投降，举措失宜，使内河尽失："贵后田单朝气竭，老来廉颇智囊收。先声枉使群夷慑，退舍曾麾众岛舟。"《秋兴后》第五首批评扬威将军奕经用人不当，致庸人当道："诏使奇材佐使轺，瑟竽铗履尽宾僚。"《寰海后》第四首抨击两江总督牛鉴的逃跑主义，"麇军周处累当道，倡走荀林马乱行"，指斥他"重颓赤帜骄夷帜，更使江防亟海防"。与此同时，魏源在诗篇中热情歌颂了中国人民英勇抵抗外侮的爱国主义精神，讴歌了抗英的民族英雄林则徐。《寰海》第十首写三元里人民抗英斗争："同仇敌忾士气齐，呼市俄闻十万师。几获雄狐来庆郑，谁开柙兕祸周遗。前时但说民通寇，此时翻看吏纵夷。早用秦风修甲戟，条支海上哭鲸鲕。"前三句写三元里 103 乡义勇同仇敌忾，奋勇抗敌，为中国人民吐气扬威；中四句写投降派官府与侵略者狼狈为奸，奕山等初至广东时多次奏言诬蔑粤民皆通敌汉奸，但当英军被围困于三元里，却是官府出来为敌解围。诗人通过官民行为的对比，有力地鞭挞了投降派的乞降活动，热情地歌颂了三元里人民的抗英斗争。

道光二十二年（1842）8 月，英军直抵南京城下，清政府被迫签订了屈辱的《南京条约》。魏源希望清政府能卧薪尝胆，励精图治。他于 1842 年写的《寰海后》组诗，其中不少诗篇劝告清王朝总结鸦片战争失败的教训，奋发图强，警惕殖民主义的侵略。其中说："小挫兵家胜负常，但须整旅补亡羊。"他认为，胜败乃兵家常事，不平等条约签订后，吸取失败的教训，整顿军队，振兴武备，那么，亡羊补牢，并不算晚。

然而，敌人去踪未绝，国耻未雪，清廷上下又复苟且偷安、文恬武嬉，君臣们如"商女""不知亡国恨"，又开始过着纸醉金迷的生活。秦淮河畔又出现了往日的"繁荣昌盛"，魏源作题为《秦淮灯船引》的长诗讽刺道："君不见，去年今夕秦淮岸，鹊桥待渡银河半。炮雷京口震天来，惊得灯船如雨散。……玉树重开花月夜，羯鼓宁惊霓羽裳。鲸波花作桃花浪，兵气销为明月光。阿芙蓉风十里香，销金锅里黄粱场。……惜哉不令英夷望，应叹江南佳丽胜西洋。"时当江山破碎之际，如此的醉生梦死，怎能不令敏感的诗人心如刀绞、心急如焚？

"沉沉万梦中，中有一人晓。"① 鸦片战争的炮火还没有惊醒大多数沉沉酣睡的国人，而魏源等先进的中国人在认真地思考如何应对西方的挑战，思考如何拯救处于危难之中的祖国。

## 五　痛定思痛　撰写巨著

几乎是在第一次鸦片战争刚刚结束，《南京条约》墨迹未干之时，绝大多数中国人还没来得及回味刚刚散去的硝烟的意蕴，魏源

---

① 魏源：《村居杂兴》，《魏源集》下册，第 574 页。

就已写成《道光洋艘征抚记》，详尽而忠实地记述了作为中国近代史发轫的这一重大历史事件的始末。这是中国人关于鸦片战争的最早记载。书中揭露了英国殖民者严禁其国人吸食鸦片，而"专诱他国，以耗其财，弱其人"的险恶用心，谴责英军发动野蛮掠夺的侵华战争，"奸淫掳掠焚杀惨甚"的滔天罪行；展现了黄爵滋主张严禁鸦片，林则徐"处横流溃决之余，奋然欲除中国之积患"等史实，赞扬了林则徐、邓廷桢、陈连升、陈长鹏、裕谦、葛云飞、郑国鸿、郑鼎臣、陈化成、姚莹等抵抗派将领严厉禁烟和英勇抗战的光辉业绩，表彰了三元里及沿海沿江民众抗击英国侵略军的斗争事迹；揭露了道光帝的昏聩虚骄，制置乖方，举措失当，琦善、耆英、伊里布、牛鉴等主和派的卖国行径，以及奕山、奕经、杨芳、余步云等逃跑将军临阵脱逃的丑态。该著作还提出了"义民可用，即莠民亦可用"即发动民众抵抗外侮的思想，提出了"购洋炮洋艘"，"尽收外国之羽翼为中国之羽翼，转外国之长技为中国之长技"的思想，后一主张是《海国图志》提出"师夷长技以制夷"思想的先声。《道光洋艘征抚记》因触及主和派，只能以不署姓名的抄本形式流传下来。

1842 年夏，魏源还完成了另一部著作《圣武记》。如前所述，他在道光九年任内阁中书时就留心掌故，为撰写当朝史做准备。但促使他正式动手将筹划十余年的当朝史资料写成《圣武记》的，是鸦片战争失败的刺激。他在《圣武记》的"叙"中说："晚侨江、淮，海警沓至，忾然触其中之所积，乃尽发其椟藏，排比经纬，驰骋往复，先出其专涉兵事及尝所论议若干篇，为十有四卷，统四十余万言，告成于海夷就款江宁之月。"① 《圣武记》取纪事本末体，前十卷叙述清初开国史，如平定三藩之乱，戡定蒙古、回疆及大小金川，与俄罗斯、朝鲜、缅甸、安南的关系，西南苗瑶的改土归流，镇压农民起义等重大军事、政治、外交活动，并考究其成败得失；后四卷综述清代兵制兵饷，并总结历次战争的经验教训，其《武事余记》所辑《城守篇》《水守篇》《坊苗篇》《军政篇》《军储篇》

---

① 魏源：《〈圣武记〉叙》，《魏源全集》第 3 册，第 3 页。

等五篇是魏源的军事学专论。《圣武记》的写作意图是通过回顾清朝前中期的文治武功，总结清朝开国以来军事、政治上的经验教训，以激励当朝统治者励精图治、严修武备、整饬内政、强国御侮。同时，写作该书也是为了增强民族自尊心和自信心。正如魏源在"叙"中所说："是以后圣师前圣，后王师前王，师前圣前王，莫近于我烈祖神宗矣。"他希望道光皇帝能像康熙、雍正、乾隆三朝一样重人才、整纲纪、修军政、严法令，使四境安宁、外夷宾服，建立不朽的功业。《圣武记》着眼于现实，故在道咸间为关心国事者争相传阅。

1842年冬，魏源写成了近代史上划时代的巨著《海国图志》。编写《海国图志》，是林则徐交给他的任务。他没有辜负挚友的嘱托，以林则徐提供的《四洲志》等资料为基础，又搜集了许多中外资料进行编纂，在《南京条约》签订后3个月内完成了第一版50卷本的撰述。道光二十六年（1846）增广为60卷。后来，他又得到葡萄牙人玛吉士著的《地理备考》、美国人高理文的《美理哥国志略》等加以补充，于咸丰二年（1852）扩充为100卷。《海国图志》是鸦片战争后最早的一部由中国人自己编写的介绍世界各国历史、地理、政治、经济、军事、科技、文化、宗教等各方面的著作。

《海国图志》最重要、最有影响的内容是提出了学习西方、"师夷长技以制夷"的思想。魏源在该书"叙"中阐述此书是"为以夷攻夷而作，为以夷款夷而作，为师夷长技以制夷而作"。后来，梁启超在《中国近三百年学术史》中把《海国图志》所揭示的"攻夷"、"款夷"和"师夷制夷"称作对外政策的"三大主义"。

魏源在《筹海篇》里，阐述了"攻夷""款夷""师夷制夷"三大主义。关于"以夷攻夷"，魏源指出"以守为战，而后外夷服我调度，是谓之以夷攻夷"。首先是要采取积极防御的方针。《筹海篇》共四篇，前两篇是"议守"（上、下），他鉴于西方侵略者船坚炮利，善于在海洋上运动作战，为扬长避短，提出了"守外洋不如守海口，守海口不如守内河""调客兵不如练士兵，调水师不如练水勇"的战略防御方针。其次是要利用国际关系的矛盾、条件去防御、战胜英国侵略者。《筹海篇》第三篇"议战"阐述了"调夷之仇国以攻夷"的策略思想。他认为，美、法、俄与英国有矛盾，越南、泰国、缅甸、尼泊尔皆我之近邻，对英国侵占印度，进攻中国也都存戒心。我"若能许俄罗斯海舶赴粤贸易，联络弥利坚、佛兰西等国"，近督尼泊尔进攻印度，则"英夷之兵舶不敢舍其境而远犯中国"。魏源"调夷之仇国以攻夷"的思想，与林则徐"以夷治夷"的主张是一致的。著名历史学家范文澜在评论林、魏这一思想时指出，"外交上林则徐、魏源强调'以夷治夷'并非主观空想。美、法两国想夺取英国对华贸易的利益。葡萄牙怕英国夺取澳门，愿供给船炮及新式技术，并通报新消息，这都是事实……廓尔喀想联合中国共同反抗英国侵略，这也是事实。这些事实都是对中国有利的。可是腐朽的清政府不能利用这些有利条件，它以'敌情叵测，难保其非阴助英人，代探我虚实'为借口，拒绝利用美、法等国与英国的矛盾"，① 从而在鸦片战争中断送了一切可以利用的国际条件。

关于"以夷款夷"，魏源指出，"以守为款，而后外夷范我驰驱，是谓以夷款夷"。《筹海篇》第四篇即为"议款"。所谓"款夷"就是以外交、贸易、经济等手段处理与各国的关系。"款夷"之策有二。一是"听互市各国以款夷"，即满足各国通商的正常要求，按通商各国的惯例与各国做生意，注意利用各国、各外商之间的矛盾，使各国互相逐利而争好于我。二是"持鸦片初约以通市"。鸦片"岁耗中国财数千万计，竭我之富，济彼之强"，故"款夷"则必禁鸦片。魏源强调，"款夷"虽是非武力的和平外交手段，但处理外交问题必须以实力为后盾，必须立足于自立、自守、自强。他说："外夷惟利是图、惟威是畏，必使有可畏怀，而后俯首从命。"因此，必须加强国防，加强武备。他说："至于武备之当振，不在夷之款与不款。既款之后，夷瞰我虚实，觇我废弛，其所以严武备、绝狡启者，尤当倍急于未款之时。"如果我们内部空虚、百业废弛、武备不振，在外交场合也往往是易被人欺负的弱者。"款夷"必须坚持"威足慑之，利足怀之，公则服之"的原则。魏源提

① 范文澜：《中国近代史》上册，人民出版社，1947，第61页。

出的关于外交事务的杰出见解，实创中国近代外交思想之先声。

　　三大主义中，最为精彩、最富创发性的是"师夷制夷"说。魏源在《筹海篇》第三篇中阐述了"师夷长技以制夷"的思想，他说："善师四夷者，能制四夷；不善师外夷者，外夷制之。"他认为夷之长技有三，"战舰、火器、养兵练兵之法"，必须学来为我所用。魏源提出了一个发展近代军事工业和发展近代民用工业的蓝图。（1）在广东沙角、大角设造船厂一，火器局一。船厂除造军舰，还可造商船。火器局主要制造战舰用的火炮和城垒用的守炮，以及各省绿营用的鸟铳、火箭、火药，还可造民用的量天尺、千里镜、龙尾车、风锯、水锯、火轮机、火轮舟、自来火、自转碓、千斤秤等生产生活用具。可见，魏源所说的师夷长技绝不限于军械，而是要军工、民用皆能"师其所长"。（2）聘用外国科技专家。具体说来，是聘请弥利坚（美国）、佛兰西（法国）、葡萄牙三国技术人员，在粤东船厂和火器局传授造兵舰、火炮及民用生产工具的技术，"择内地巧匠、精兵以传习之"。魏源认为这样做，既可学到外国的先进技术，又可以培养本国专家。（3）准许福建、上海、宁波、天津等城市仿效粤东船厂、火器局，建造船厂和火器局，生产的商船和民用器物"或自用，或出售者，听之"。另外开采银矿，除朝廷开采外，"沿海之银矿许民开采"。魏源的这一设想，在一定程度上反映了发展民族工业的需要。（4）学习外国养兵、练兵之法。魏源看到清朝的军队日益虚弱、军中的武器装备日显落后、军中的组织纪律日渐荒疏，认为外国"饷兵之厚，练兵之严，驭兵之纪律，为绿营水师对治之药"。根据魏源的设想，"师夷长技"的近期目标，是通过建立造船厂与火器局，学习西方的造船铸炮技术和"行船演炮之法"，组建一支拥有中号战舰100艘、火轮船10艘、官兵3万人，炮械精利，号令严明的水军，以改变清军水师的落后面貌。"师夷长技"的长远目标，是通过学习西方国家的"长技"，赶超欧美，打败外国侵略者。他相信中华民族只要发愤图强，善于学习西方，就可以"风气日开，智慧日出，方见东海之民，犹西海之民"。中国人是聪明的，罗铖（指南针）、壶漏（钟表）"创自中国而后西行"，只要做到放眼世界而不故步自封，勇于创新而不墨守成规，就可以赶上西方国家，与它们并驾齐驱，甚至超过它们。

魏源强调，不论"攻夷""款夷"还是"师夷制夷"，都必先"知夷情"。他在著作中反复强调："欲制外夷者，必先悉夷情始"；① "筹夷事必知夷情，知夷情必知夷形"；② "夫制驭外夷者，必先洞悉夷情"。③ 他自己编写的《海国图志》，就是一部帮助国人"知夷""悉夷"，帮助国人了解西方、睁眼看世界的著作。（1）《海国图志》介绍了西方科技，介绍了西方的船坚炮利和民用生产技术。卷八四的《仿造战舰议》、卷八五的《火轮船图说》，集中谈轮船、兵舰；卷八六的《铸炮铁模图说》、卷九一的《西洋自来火铳制法》、卷九〇的《西洋炮台说》《地雷图说》等，对西洋各种火器做了很多介绍；卷九四的《西洋器艺杂述》，根据多种资料介绍了察天筒（水银湿度计）、定时钟（闹钟）、天船（热气球或氢气球）、风铳（气枪）、指南针、甲板船（军舰）、千里镜（望远镜）、水琴、风琴、风锯、电锯、显微镜、自鸣钟、避雷针等。（2）介绍了英、美等西方国家的政治制度。他介绍了英国的君主立宪制和两院制："王后主国"、"贵臣共十二人……理政事者先"，"都城有公会所，内分两所，一曰爵房（即上议院），一曰乡绅房（即下议院）"。④ 他颂扬美国"勃列西领以四年为一任，期满更代，如综理允协，通国悦服，亦有再留一任者，总无世袭终身之事"的总统选举制和"众可可之，众否否之""三占从二，会独徇同"的国会制。⑤ 他把"不设君位，惟立官长等办理国务""惟择乡官理事，不立王侯"的瑞士誉为"西土桃花源"。⑥ （3）介绍了西方列强的近代工业化发展概况，介绍了英、美等国的经济状况和经济制度。书中提到欧洲人以"商贾为本计"即以工商立国，如英国，其人"皆

---

① 魏源：《海国图志》卷二，《魏源全集》第 4 册，第 27 页。
② 魏源：《海国图志》卷二，《魏源全集》第 4 册，第 27 页。
③ 魏源：《圣武记》卷一二，《魏源全集》第 3 册，第 517 页。
④ 魏源：《海国图志》卷五一、卷五二，《魏源全集》第 6 册，第 1386、1428 页。
⑤ 魏源：《海国图志》卷五九、卷六〇，《魏源全集》第 6 册，第 1611、1625 页。
⑥ 魏源：《海国图志》卷四七，《魏源全集》第 6 册，第 1316 页。

力工勤商，早夜经营之效，由人烟稠密，户以繁滋，田园不足于耕，故工匠有三十五万户，多于农夫三之一，不止贸易一国一地，乃与天下万国通商也"。"每百人中务农者十之三，开矿者十之一，制造者十之一，为商贾者十之二，余教师、法师、医生、武士、水手。"①（4）介绍了欧美各国的文化、教育情况。它让国人看到西方各国相当重视教育。"欧罗巴诸国皆尚文学，国王广设学校，一国一郡有大学、中学，一邑一乡有小学。"图书馆等文化事业也很发达，各国"都会大地皆有官设书院，聚书于中，日开门二次，听士子入内抄写、诵读"。②美国也是如此，"好学进，遍庠序"，"每乡设学馆一所"，"不拘贫富"皆可入学。"国内遍设大小书院不计其数，国之男女无不能书算者。""又设授医馆二十三所，法律馆九所，经典馆三十七所，教人行医，通晓律法，博览经典，通各国音语。"③（5）介绍了英、美等国婚姻自主、男女平等的情况。数千年来，中国社会一直是男尊女卑，婚姻则由父母之命、媒妁之言决定。而英、美等国的情况迥然不同，"婚娶择配，皆女自主之"。"国中女子之权胜于男子、富贵贫贱皆一妻，无妾，妻死乃得继娶，虽国王亦只一妃。"④《海国图志》还向国人介绍了西方各国地理、宗教等方面的情况，堪称近代早期中国人了解世界的百科全书。

　　经过鸦片战争，清王朝的政治、经济、军事腐败都进一步暴露，魏源对清王朝的弊政有了更深刻、更清醒的认识，从而其改革弊政的思想有了进一步的发展。有关内政改革的内容在《海国图志》这部巨著中也有所反映。魏源在《海国图志》"叙"中把当时中国社会的弊病概括为两大祸患：一是"人心之寐患"；二是"人材之虚患"。所谓"寐患"是指愚昧无知。清政府长期实行闭关锁国的对外政策，阻碍了中国人学习世界先进思想文化和科学技术，使当时朝野上下对世界大势和西方文化茫然无知。他揭露了清朝统治阶级昧于"夷情"的陋习，指出清统治者对当时世界各国的地理位置

---

①　魏源：《海国图志》卷五一，《魏源全集》第6册，第1396页。

②　魏源：《海国图志》卷三七，《魏源全集》第6册，第1084页。

③　魏源：《海国图志》卷六〇，《魏源全集》第6册，第1636页。

④　魏源：《海国图志》卷五三，《魏源全集》第6册，第1442—1443页。

"若迷路之子，指东谓西"；"所谓欧罗巴者，尔时不知为何地"。①
道光皇帝也竟不知英国"地方周围几许？所属国共有若干？又英吉
利至回疆各部有无旱路可通？平素有无往来？与俄罗斯是否接壤？
有无贸易相通？"② 他把昧于外情的顽固派比作井底之蛙。所谓"虚
患"就是空虚不实，其具体表现是虚伪、粉饰、怕困难、结党营
私、养痈遗患、崇尚空谈、不务实事等。

　　魏源在《筹海篇四·议款》中指出，鸦片大量输入与战争失败
的内在因素，是国政腐败，是"水师之通贿不惩，商胥之浮索不
革，战舰之武备不竞"。如果不是"养痈于数十年之前，溃痈于设
巡船之后"，英国侵略者是不会那样放肆的。今战争失败，人们
"但归咎于割痈之人，而养痈、溃痈者不问，故今益以养痈为得
计"。"割痈之人"，是指领导禁烟与抗战的林则徐及其他人。"养痈
溃痈者"是指妥协投降的穆彰阿、琦善等腐朽愚昧官僚。爱国有
罪，昏庸当道，清廷朝政是何等腐败。

　　面对这一现实，魏源要求对国政进行大力"变更"。他在《海
国图志》"叙"中发出了祛除"两患"、革新内政的强烈呼声。他
说，对于鸦片战争之惨败，"此凡有血气者所宜愤悱，凡有耳目心
知者所宜讲画也"。因此，要认真"去伪，去饰，去畏难，去养痈，
去营窟，则人心之寐患祛"；"以实事程实功，以实功程实事，艾三
年而蓄之，网临渊而结之，毋冯河，毋画饼，则人材之虚患祛"。
他相信，只要实事求是地进行改革，而不是哗众取宠，以切实行动
取得切实效果，则不难"寐患祛而天日昌，虚患祛而风雷行"。此
段话，他一连用了5个"去"字，4个"祛"字，2个"毋"字，
可见他是多么焦灼地盼望以改革的风雷驱除天日的阴霾。

　　在与《海国图志》几乎同时问世的《圣武记》等著作中，魏源
也大力呼唤变革。他在《圣武记》卷七《雍正西南夷改流记》中提
出："小变则小革，大变则大革；小革则小治，大革则大治。"在
《默觚·治篇》中，他痛斥清朝官吏不习"吏治"、不求"民瘼"、

①　魏源：《海国图志》卷五二，《魏源全集》第6册，第1423—1424页。
②　魏源：《海国图志》卷五三，《魏源全集》第6册，第1444页。

不问"国计边防"，浑浑噩噩，"除富贵之外不知国计民生为何事，除私党之外不知人才为何物"。并深刻地指出："变古愈尽，便民愈甚，利国愈甚。"①

总之，《海国图志》对外主张"师夷"——学习西方，对内主张"变更"——革除弊政，并要求把"师夷"与"变更"结合起来。可以说，"师夷长技以制夷"的主张是魏源革新内政的经世致用思想发展的产物，而它的提出又标志着改革思想发展到了一个新阶段，促进了近代改革思想的发展。《海国图志》是近代第一个比较系统的改革开放的方案。魏源是开中国改革开放思想之先河的先进思想家。

《海国图志》在国内没有发挥它应有的价值，它既没有成为19世纪下半叶一般国人了解世界的普及读物，也未能为顽固保守、不思进取的清政府所采纳，致使其现实意义难显于当世。然而，《海国图志》却对近代士人、知识精英产生了深刻的影响，它深深地启迪和鼓舞了后来的早期改良派、洋务派、戊戌维新派，支配进步思想界达七八十年之久。第二次鸦片战争发生后，《海国图志》更多地为人们所重视。侍郎王茂荫于《天津条约》订立后向咸丰帝推荐该书，要求从中探明"御夷之法"和"抵制之术"（《筹办夷务始末·咸丰朝》卷二八）。接着，冯桂芬在《校邠庐抗议》里，称赞魏源的"'师夷长技以制夷'一语为得之"。洋务派使其主张得以部分施行。光绪元年（1875），左宗棠为重刻《海国图志》作叙，将他在福建创设船厂等洋务称为"此魏子所谓师其长技以制之也"。早期改良派也颇赞赏其主张。王韬在《扶桑游记》一书中说："'师长'一说，实倡先声。"再后，又影响到维新派康有为、梁启超等人。康有为在自编年谱中记载，他早年就阅读了《海国图志》等书，稍长对西方有了进一步的认识后，于1879年再读《海国图志》等书，"渐收西方之学，为讲学之基础"。梁启超多次高度评价《海国图志》。他在《中国近三百年学术史》一书中称"师夷长技以制夷"等主张"其论实支配百年来之人心，直至今日犹未脱离净尽，

_____

① 魏源：《默觚·治篇》十一、五，《魏源集》下册，第862页。

则其在历史上关系，不得谓细也"。在《论中国学术思想变迁之大势》一文中，又指出《海国图志》"奖励国民对外之观念"，是"新思想之萌蘖"。《海国图志》堪称与近代先进中国人学习西方历程相始终的一代名著。

"墙内开花墙外香。"1851 年，《海国图志》传入日本，短短几年，翻印本和节译本竟有 20 余种，成为中日文化交流史上的奇观。日本维新运动先驱佐久间象山、吉田松阴、桥本佐内等争读这本书，深受启迪。他们称赞此书是"武备大典"，引魏源为"海外同志"。魏源的著作对明治维新的思想启蒙、对日本的倒幕运动起到了不可忽视的促进作用。

《海国图志》对西方也有一定影响。早在 1850 年德国人郭实腊、英国人威妥玛即将《海国图志》摘译成德文、英文，向西方介绍。19 世纪末在美国亦有译本流行。

中日近代化一败一成的命运，从《海国图志》在自己的故土受到冷落而在东邻日本产生广泛的共鸣这一现象中可以约略窥见因由。日本的盐谷世弘慨叹："呜呼！忠智之士，忧国著书，不为其君用，反为他邦。吾不独为默深悲，抑且为清帝悲也夫！"（转引自王家俭《魏源年谱》）这种奇特的墙内开花墙外香的现象，不仅是爱国思想家魏源个人命运的悲剧，也是中华民族的悲剧。当然，"墙外香"也是魏源和他的祖国的骄傲。

## 六　仕途不济　晚景凄凉

魏源科场屡屡失意，道光九年（1829）第三次参加会试不中，捐了一个内阁中书舍人。后来又曾两进科场，仍然铩羽而归。30 年的科场跋涉，终不得金榜题名，于是将一腔落第举子的羞愤迁怒于八股取士制度，一度绝意科场。道光二十四年（1844），51 岁的魏源迫于生计，在"同人皆劝其出山"的情况下，重返科场，与青年学子共同参加会试。此次总算勉强中了进士——因试卷潦草罚停殿试一年，次年补殿试赐同进士出身，出任东台知县。年过半百才典个县令，魏源心中很酸楚，说："中年老女，重作新妇，世事逼人至此，奈何！"然而日后的仕途也并不得意。

　　道光二十六年（1846），因母病故，回家居丧。魏源十分重视人才，在他的著作中，对于如何爱才、求才、识才、选才、用才，有许多论述。在任东台知县时，了解到学宫附近有数十座瓦窑，已有百余年历史，慨然叹曰："国家求人材于士林，而簧庠实士之根本，烈焰冲霄，终年燔炙，复何望耶？"① 他决意迁走瓦窑，但因母忧去官未能如愿，常以为憾。

　　魏源自称"溺山水"，热爱祖国山河，一生中只要有空闲，就游览名山大川，足迹遍布大半个中国，曾游览普陀山、庐山、泰山、恒山、华山、衡山、嵩山、黄山、九华山、五台山、天台山、武夷山、雁荡山等大山，洞庭湖、西湖等名水。刻有一印章："州有九，涉其八；岳有五，登其四。"他每游胜景辄有所吟咏，现存山水诗600首，占其诗作的绝大部分。曾作《戏自题诗集》，诗道"太白十诗九言月，渊明十诗九言酒，和靖十诗九言梅"，自己则是"应笑十诗九山水"。这种癖好和情趣在魏源是由来已久的，他的老师曾经劝告他不要"耽于山水"；当他意懒心灰时，也乐于隐遁山林了。魏源失意于入世而寻求出世之方，一是"溺仙""溺山水"；一是"溺佛"。关于寄情山水的情志，他有诗云："半生放浪深山里，日逐烟霞穷不已。世人狂我弃利名，我亦怪世遗云水。"② 表达了他热爱山水而淡泊名利的感情。他毕竟追求过功名，然而于科场失意，于仕途多舛，功业难建，壮志未酬，阅尽了世态炎凉，于是就想放情山水，逃避现实了。他的一些山水诗也抒发了这样一种情怀。道光二十七年（1847），他在《洞庭吟》中就发出了"雄谭空喟贾长沙，忧乐江湖复何用?!"的感叹。③ 此时，他已54岁，朝政使他非常失望，自己的主张无法实行，怎能不伤感？

　　道光二十八年（1848），魏源游历了祖国东南半壁河山，"半年往返八千里，岂独云山入卷中"，又写了一些吟咏山水之诗作。这

---

① 魏耆：《邵阳魏府君事略》，《魏源集》下册，第959页。
② 魏源：《游山后吟》，《魏源集》下册，第688页。
③ 魏源：《游山后吟》，《魏源集》下册，第713—714页。

次他还南游至香港、澳门，写下了《香港岛观海市歌》《澳门花园听夷女洋琴歌》等。《香港岛观海市歌》借所谓海市蜃楼的幻景以虚带实，描绘了资本主义统治下商业发达、市场繁荣的香港的景象。作者于诗题下自注："香港岛在广东香山县南绿水洋中，诸屿环峙，藏风宜泊，故英夷雄踞之。营廛舍楼观如澳门，惟树木郁葱不及焉。予渡海往观，次晨甫出港而海中忽涌出数山，回顾香港各岛，则锐者圆，卑者矗，尽失故形，若与新出诸山错峙。未几山渐离水，横于空际，交驰互骛，渐失巘崿，良久化为雄城如大都会，而海市成矣。自寅至巳始灭。幻矣哉！扩我奇怀，醒我尘梦，生平未有也。其可以无歌？"诗中写道："中有化人中天之台千由旬，层层级级人蚁循。龙女绡客阑干扪，珊瑚万贝填如云，贸易技巧纷诈谖。商市罢，农市陈，农市散，军市屯，渔樵耕馌春树帘，画本掩映千百皴。"[1]展现了一片充满生机而又纷纷攘攘的资本主义自由竞争的景象。

道光二十九年（1849），魏源服丧期满，复职任兴化知县。兴化西靠运河，距高邮湖、洪泽湖也近，地势低下，时有涝灾。当地筑有南关、中新等五坝以防洪，若是在初秋洪水涨高，其时早稻已经收获，启坝泄洪，不会影响收成。但近因堤坝不坚实，河员唯恐堤坝被冲垮致罪，夏天湖水刚涨即启坝泄洪，"虽黄穗连云弗顾也"。魏源到任前一年，就因在早稻即将成熟时泄洪，发生大灾，淮、扬大饥。这年6月，魏源上任时，又逢高邮湖、洪泽湖洪水暴涨，早稻"垂秀将实"，河员欲启坝，民情激愤。他"闻风驰赴，督民卒昼夜筑护，与河员相持"，风雨泥淖中为民请命，使河员不敢泄洪。其时，西风大发，大雨倾盆，湖浪滔天，高邮湖堤危在旦夕。他身先士卒，同当天十余万民工奋斗在修堤补缺一线，几次被"巨涛所漂"，"暑雨所激，目光肿如桃"，通过努力，保住了大坝，"立秋后获毕，坝启，岁竟大丰"。百姓非常感激，将收获的稻谷称为"魏公稻"。后又在堤坝上立石碑，规定"湖涨，但事筑防，不

---

[1] 魏源：《香港岛观海市歌》，《魏源集》下册，第740页。

得辄议宣泄，必节逾处暑，秋稼登场，始启坝"。① 魏源还组织人力、物资加固了运河的堤坝。这是魏源主政以后以其经世思想造福民众的生动事例。

道光三十年（1850），魏源任海州分司运判，帮助两江总督陆建瀛改革淮南盐政。

咸丰元年（1851），魏源迁任高邮知州。这年1月，太平天国运动爆发。咸丰三年（1853）3月，太平天国定都天京，魏源在高邮举办团练，镇压太平天国运动。4月即被清廷革职。其原因，据咸丰的朱批是魏源"屡将急递退回，以致南北信息不通"，"玩视军机"。魏源对镇压太平天国之事可能并不积极。有传说称太平天国曾聘魏源、梅曾亮和包世臣三人为"三老"。其子在《邵阳魏府君事略》中则解释为，清朝督办江北防剿事务的杨以增因宿怨以"迟误驿报"的罪名上告朝廷，魏源被革职。称道光二十九年兴化高邮湖启坝泄洪，杨以增实主其议，但此议被魏源阻止，杨以增遂迁怒于魏源，并寻机报复。

这年，魏源还编成了《元史新编》一书。魏源有感于当时清朝面临分崩离析的危局、面临尖锐的民族矛盾，与元朝崩溃前的情形颇有类似之处，遂致力于研究元史，以期通过总结元朝灭亡的教训，为清廷提供借鉴。他在编写《海国图志》前后，就编《西北疆域沿革图》，著《元代征西域考》《元代西北疆域考》。此后，他广为采用正史材料，并征引《元朝秘史》、《蒙古源流》、《元典章》和元人文集，撰《元史新编》。该书凡14本纪、42列传、7表、32志，总计95卷，逾100万字。在该书中，魏源谴责元代"内北外南"的民族歧视政策，告诫清统治者加强满汉联合；痛斥奸臣叛将，主张整顿吏治，改革官僚机构；注意元代治河、钞法等方面的经验，希望清统治者"留意经济之学"。他希望将这部著作上呈朝廷，以为清廷提供殷鉴。他在《拟进呈元史新编表》中说："前事者后事之师。元起塞外有中原，远非辽金之比，其始终得失，固为代之殷鉴也哉！"

① 魏耆:《邵阳魏府君事略》,《魏源集》下册，第957页。

咸丰四年（1854），钦差大臣周天爵保奏魏源官复原职。这时魏源已年过六旬，便以"遭遇坎坷，世乱多故，无心仕宦"而辞归。他把全家迁到兴化，从此潜心学佛，整理生平著作。他"专心净业，自称为'菩萨戒弟子魏承贯'，会译《无量寿经》，并辑《观无量寿佛经》、《阿弥陀经》和《普贤行愿品》为《净土四经》"，① 另撰有《净土四经总叙》《无量寿经会译叙》《观无量寿佛经叙》《阿弥陀经叙》《普贤行愿品叙》。

咸丰六年（1856）秋，他去杭州游历，寄寓东园僧舍，在僧舍时"闭目澄心，危坐如山，客至亦不纳。即门生至戚，接二三语，便寂对若忘"。② 这年春，他寄书给好友湘潭周诒朴，请周力行刊刻他编辑的《净土四经》。周诒朴在《原刻净土四经叙》中记有其事："余友邵阳魏默深源精通宗教，晚年专心净业，六年春，自秦邮驰书问讯，并手录四经，序而见贻。书云：'老年兄弟，值此难时，一切有为皆不足恃。惟此横出三界之法，乃我佛愿力所成，但瓣一心，终登九品。且此念佛法门，普被三根，无分智慧男女，皆可修持。若能刊刻流布，利益非小。子其力行毋怠。'"魏源是净业弟子，但兼容其他宗派。

咸丰七年（1857）3月，魏源病逝于东园僧舍，终年64。因魏源挚爱杭州山水，家人将他葬于西子湖畔的南屏山。曾热心"经世"的伟大思想家魏源，最终选择了"出世"的道路，皈依佛门。魏源一生著述很多，据估计达600万字。除已提及的《皇朝经世文编》《道光洋艘征抚记》《海国图志》《圣武记》《元史新编》外，较重要的还有以下著述。

（1）《老子本义》2卷。这是魏源二十七八岁时所著。撰《老子本义》之宗旨，在于发掘《老子》哲学的精华，如"自然"之道、"无为治天下"、"慈、俭、不敢为天下先"等，为提倡经世致用服务。

（2）《大学古本发微》2卷。完成于道光元年（1821）。魏源认

---

① 黄丽镛：《魏源年谱》，湖南人民出版社，1985，第188页。
② 魏耆：《邵阳魏府君事略》，《魏源集》下册，第959页。

为朱熹的《大学章句集注》把《大学》分为经一章和传十章（补传一章），不对，而《大学》古本的章次是正确的。

（3）《诗古微》20卷。当时，齐、鲁、韩三家诗为今文经，颇遭冷遇，而毛诗为古文经，则独领殊荣。魏源继承今文经"微言大义"之家法，将齐、鲁、韩三家与毛诗一起研究，欲从《诗经》中探求三代政风之"深微"，于道光九年著成《诗古微》。他说："《诗古微》何以名？曰：所以发挥齐、鲁、韩三家之微言大义，补苴其罅漏，张皇其幽渺，以豁除《毛诗》美刺正变之滞例，而揭周公孔子制礼正乐之用心于来世也。"①

（4）《董子春秋发微》7卷。魏源颇憾何休之注《春秋》"但依胡母生条例，于董生无一言及"，而"近日曲阜孔氏、武进刘氏皆公羊专家，亦止为何氏拾遗补缺，而董生之书未之详焉"，董仲舒的《春秋繁露》未被重视。故作此书，"所以发挥《公羊》之微言大义，而补胡母生条例、何邵公解诂所未备也"。②

（5）《书古微》12卷。完成于咸丰五年（1855）。关于该著作之宗旨，魏源说："《书古微》何为而作也？所以发明西汉《尚书》今古文之微言大义而辟东汉马、郑古文之凿空无师传也。"③

（6）《古微堂集》《清夜斋诗稿》，是魏源的诗文集。在生前魏源的文章就编过《清夜斋文集》，但未有刻本，估计其中文章以后均已收入《古微堂集》。光绪四年（1878），《古微堂集》由淮南书局刊行，魏源的主要哲学著作《默觚》收入其中。清末长沙人黄象离增补《古微堂集》，将其重编为《魏默深文集》，于宣统元年（1909）由国学扶轮社印行。1976年，中华书局把魏源的文集和诗集合编在一起，加以校点，出版了《魏源集》上、下二册。2004年，岳麓书社出版了《魏源全集》共20册。

---

① 魏源：《诗古微道光刻本序》，《魏源全集》第1册，第93页。
② 魏源：《董子春秋发微序》，《魏源全集》第12册，第119页。
③ 魏源：《书古微序》，《魏源全集》第2册，第1页。

# "中国最后一位大儒"与"中国西学第一人"

## ——曾国藩与严复思想比较

　　曾国藩是最后一批士大夫的代表，被称为"中国最后一位大儒"，而严复是第一代现代知识分子的典型，被视为"中国西学第一人"。他们均是传统文化经世致用精神的继承者与弘扬者，均不满于汉学宋学无用、无实，传承了文化传统中的经邦济世情怀与实事求是精神；均文宗桐城派，由曾国藩推动而实现中兴的桐城古文，经严复以先秦文体表达现代思想这一中介，成为五四新文学运动的前驱。从曾国藩到严复，既有继承，也有扬弃。在某些方面，严复的思想是在曾国藩等人思想的基础上发展而来的，如从曾国藩等人的变易论通向严复介绍的进化论；均为军事近代化尤其是建设近代海军的重要推动者；从曾国藩将传统学术门类中增加"经济之学"，到严复从西方引进现代经济学；从曾国藩倡导"格致"，到严复全面介绍西方科学；均为中国教育近代化尤其是近代中国留学教育的先驱者、先行者。严复对曾国藩思想也有突破性发展：以"自由为体，民主为用"否定了"中学为体，西学为用"的思想；对纲常名教、对君主专制采取激烈抨击、全面颠覆的立场，体现出资产阶级民主主义与封建专制主义的天壤之别；曾国藩终其一生没有从旧学中突破、突围，而严复对旧学进行揭露与批评，为学术形态从传统到现代的转型，为中国现代社会科学学术体系的建立，开启了闸门。

　　曾国藩与严复都曾站在时代的前列，他们分别是洋务思潮与运动、维新思潮与运动的代表性人物，均为中国近代史上著名的思想精英与文化精英，言行在其生前身后的中国社会产生了广泛、深刻、久远的影响。他们的思想言行有相似的地方，如都有"求富""求强"的民族主义关怀；均关心国事民瘼、关注经济世务，是实学思潮的传承者、"理学"实践品格的践履者；均具有开放意识，是西方现代性的移植者、传播者，中国现代化思想与运动的推动者、实践者；都有与时俱进的变革意识，分别以变易观与进化论呼唤社会变革、近代化转型；都尤其关注军事领域的变革，关注西方军事技术的引进，尤其是海军的建设；等等。然而，曾国藩与严复毕竟是两代人，洋务思潮与维新思潮毕竟是不同历史时期聚合的社会思潮，严复的成长、维新思潮的高涨虽然仰赖于洋务派的培养、洋务思潮的培育，但严复、维新思潮最终摆脱了洋务思潮的窠臼，摆脱了"中体西用"的藩篱，成了洋务派、洋务思潮的批判者、替代物。

　　梁启超曾言："凡文化发展之国，其国民于一时期中，因环境之变迁，与夫心理之感召，不期而思想之进路，同趋于一方向，于是相与呼应汹涌如潮然。始焉其势甚微，几莫之觉，浸假而涨——涨——涨，而达于满度；过时焉则落，以渐至于衰熄。凡思非皆能成潮，能成潮者，则其思必有相当之价值，而又适合于其时代之要求者也。"① 正是兴起于 19 世纪 60 年代的洋务思潮在 1895 年甲午战败后落潮、曾国藩成为过气人物之时，维新思潮、维新运动汹涌如潮，严复也成为晚清思想界的明星。

一

　　曾国藩是最后一批士大夫的代表，被誉为传统士大夫追求的最高境界"立德立功立言三不朽"的道德完人、儒林楷模，世人称其为"中国最后一位大儒"；而严复是第一代现代知识分子的典型，

———————————

① 梁启超：《清代学术概论》，第 1 页。

被梁启超、蔡元培等人视为"中国西学第一人"。他们留给后人的印象似乎截然有别，似乎是一个卫道，一个离经；一个守旧，一个趋新；一个固守"中体"，一个讲求西学。但其实，曾国藩也曾是时代的前驱，面对西学东渐、面对工业文明大潮、面对现代性扩张、面对全球化趋势，他选择了顺应与接纳，以其远见卓识奏请"师夷智以制船造炮"，提出引进成套"制器之器"，第一个造出轮船，第一个提出"官商督办"，第一个上奏提出派遣留学生计划……可以说是领一时之风骚。而严复在以西学猛烈抨击传统的背后，也有对传统的眷顾，于传统文化的传承他与曾国藩虽无直接的师承，但前后相续、薪火相传的发展脉络依稀可见，有迹可循。

曾国藩、严复都是传统文化经世致用精神的继承者与弘扬者，他们均不满于汉学支离琐碎、宋学（理学）空腐无实，强调理学的实践品格，传承了传统儒学经邦济世的情怀与传统实学的经世致用精神，主张学术要面向现实，关注国计民生。曾国藩师从倭仁、唐鉴讲习程朱理学，并一生"致力程朱理学"，但他讲理学，重点在强调理学经世致用，凸显理学的实践品格，着力发挥理学中的"事功"因素。他强调："今日而言治术，则莫若综核名实；今日而言学术，则莫若取笃实践履之士。"① 他不满于"乾嘉以来，士大夫为训诂之学者，薄宋儒为空疏；为性理之学者，又薄汉儒为支离"的两派互相攻讦的状况，② 认为汉学家标榜的"实事求是"与宋学家的"即物穷理"宗旨是相通的，③ 因此"一宗宋儒，不废汉学"。④ 为实现理学经世，曾国藩将关注点放在"礼学"上。他将"礼"称为"治世之术""经济之学"，曾说："古

---

① 曾国藩：《复贺长龄》（道光二十三年），《曾国藩全集》（修订版）第 14 册《诗文》，岳麓书社，2011，第 229 页。

② 曾国藩：《复夏弢甫》（咸丰十年八月二十一日），《曾国藩全集·书信二》，岳麓书社，1991，第 1576 页。

③ 曾国藩指出："近世乾嘉之间，诸儒务为浩博，惠定宇、戴东原之流钩研诂训，本河间献王实事求是之旨，薄宋贤为空疏。夫所谓事者，非物乎？是者，非理乎？实事求是，非即朱子所称即物穷理者乎？"见《书学案小识后》，《曾国藩全集·诗文》，岳麓书社，1994，第 166 页。

④ 曾国藩：《复夏教授书》（同治元年十二月），《曾国藩全集·书信五》，岳麓书社，1992，第 3467 页。

人无所云经济之学、治世之术，一衷于礼而已。"① 又说："盖古之学者，无所谓经世之术也，学礼焉而已。"② 他将"礼"视为于内加强个人修养，于外整军治国、序化社会的灵丹妙药，说："古之君子之所以尽其心、养其性，不可得而见。其修身、齐家、治国、平天下，则一秉乎礼。自其内焉者言之，舍礼无所谓道德；自外焉者言之，舍礼无所谓政事。"③ 曾国藩还把经济之学从传统学术门类中独立出来，把姚鼐等人的分传统学术为三门的说法发展为"圣人为学之术有四"。他说："有义理之学，有词章之学，有经济之学，有考据之学。义理之学即宋史所谓道学也，在孔门为德行之科；词章之学在孔门为言语之科；经济之学在孔门为政事之科；考据之学即今世所谓汉学也，在孔门为文学之科。此四者阙一不可。"④

　　严复对汉学宋学的"无用""无实"予以猛烈抨击，但他传承了国学中的实用理性因素、经世致用传统，推崇讲究实效的格物致知精神。宋明理学有重要的两支：一是以北宋的"二程"为先驱，由在福建讲学的朱熹与其弟子开创的"闽学"，明清之际的传人有严复所推崇的乡贤陈文龙，其重要命题有"格物致知"论；一是起源于北宋的湖南道州人周敦颐，由南宋胡安国及其子胡宏、张栻等创立的湖湘学派，明代崛起了王夫之，在晚清的传人有唐鉴、曾国藩、左宗棠等，其突出的特点是提倡理学经世，引导学人走向实政、实用、实行，躬行实践。洋务运动兴起后，左宗棠主政福建，又举荐沈葆桢出掌马尾船政局，严复于 1866 年被录取为马尾船政学堂首届学生，闽学与湖湘学中的实践因素共同涵养了他的务实精神与经世情怀。作为湖湘文化精英的曾国藩和闽学传人的严复都传承了传统文化的经世精神，体现了理学的实践品格。不过，与曾国藩以礼释理、理学经世的思想有别，严复以西学诠释格致，强调以西学经世。他在《主客平议》中所引的"旧者"之言论与曾国藩的说法如

---

① 《曾国藩全集》（修订版）第 14 册《诗文》，第 486 页。
② 曾国藩：《孔芝房侍讲刍论序》，《曾国藩全集·诗文》，第 256 页。
③ 曾国藩：《笔记二十七则·礼》，《曾国藩全集·诗文》，第 358 页。
④ 曾国藩：《问学》，《曾文正公全集·求阙斋日记类钞》卷上，第 4 页。

出一辙："旧者曰：中国古之学者，无所谓经世之术也，治礼焉而已。而先王之宰制天下，也无所谓经世者也，明礼焉而已。"又以"新者"的口吻强调："洋务西学，诚经世者所不可不讲也。"① 不难看出，这里的"旧者"与"新者"之间的讨论，其原型是曾国藩与严复的观点。

曾国藩与严复均文宗桐城派。桐城派在方苞、刘大櫆与姚鼐三祖开山之后，"姚门四弟子"方东树（1772—1851）、管同（1780—1831）、姚莹（1785—1853）、梅曾亮（1786—1856）继其余绪，但仍未能挽救古文于衰微，到曾国藩以"中兴名臣"的强大政治与文化资源推动桐城古文的中兴，改变了古文一蹶不振的局面，使桐城古文一时独霸晚清文坛。曾国藩极力推崇桐城古文，尤其推尊作为桐城派领袖之一的姚鼐与其所提出的分传统学术为义理、词章和考据三途的说法。他在《圣哲画像记》中指出："姚姬传氏，言学问之途有三：曰义理，曰词章，曰考据。戴东原氏亦以为言。如文、周、孔、孟之圣，左、庄、马、班之才，诚不可以一方体论矣。至若葛、陆、范、马，在圣门则以德行而兼政事也。周、程、张、朱，在圣门则德行之科也，皆义理也。韩、柳、欧、曾、李、杜、苏、黄，在圣门则言语之科也，所谓词章者也。许、郑、杜、马、顾、秦、姚、王，在圣门则文学之科也。② 顾、秦于杜、马为近，姚、王于许、郑为近，皆考据也。此三十二子者，师其一人，读其一书，终身用之，有不能尽。"他把姚鼐列为三十二圣哲之一，可见他对姚鼐的尊崇。

作为"中国西学第一人"的严复对桐城古文情有独钟，与曾国藩对晚清文坛的主导作用是分不开的。张裕钊（1823—1894）、黎庶昌（1837—1898）、薛福成（1838—1894）、吴汝纶（1840—1903），有曾氏"四大弟子"之称，其中之一的吴汝纶与严复有着师承与较为密切的关系。严复早年留学英伦，住英公使曾国藩之子曾纪泽对其古文水平颇有微词："近呈其所作文三篇……于中华文

① 严复：《主客平议》，王栻主编《严复集》第1册，第116页。
② 曾国藩：《圣哲画像记》，《曾国藩全集》（修订版）第14册《诗文》，第15页。

字未甚通顺，而自负颇甚。余故抉其疵弊而戒励之，爱其禀赋之美，欲玉之于成也。"① 严复意识到自己的古文水平之不足，② 回国后即拜曾国藩之弟子、桐城大师吴汝纶学古文。有记载称严复、林纾等四人曾"执贽请业，愿居门下"，吴"谢不敢当"。③ 严复曾向吴汝纶了解桐城派所推崇的古籍，吴汝纶列了曾国藩所举的"六经"与"七书"，又特别推荐了姚鼐编选的《古文辞类纂》和曾国藩编选的《十八家诗钞》："本意谓中国书籍猥杂，多不足行远。西学行，则学人日力，夺去太半，益无暇浏览向时无足轻重之书。而姚选古文，则万不能废，以此为学堂必用之书，当与六艺并传不朽也。……往时曾太傅言：六经外有七书，能通其一，即为成学；七者皆通，则闲气所钟，不数数见也。七书者：《史记》、《汉书》、《庄子》、《韩文》、《文选》、《说文》、《通鉴》也。某于七书，皆未致力，又欲妄增二书：其一姚公此书，余一则曾公《十八家诗钞》也。"④ 严复在致吴汝纶书中还与其讨论了曾国藩的古文文选："文正公《古文四象》已为里耳之大声，集资印之，自为寡和之曲。然子云虽明知之覆瓿，尚终为之。先生勉为其难，未必无同志也。文正集见者惟黎刻及鸣原堂。前种以桐城之严洁，运□出文选之详瞻高华，于宋以来之文章，益叹观止。独其议论，则每有不能仰止者。如《书扁鹊仓公传后》，辄谓无关史氏宏旨，致讥子长。此独不知医药之有关治道。此理得今，西国群学而益明。且忘太史氏所职者之为何事矣。且不讥其日者龟策，独讥扁鹊、仓公，又何说耶？书来尚望有以开之。"⑤ 吴汝纶旧学深湛，乐闻新知，严复对他非常尊敬，称"吾国人中，旧学淹贯而不鄙夷新知者，湘阴郭侍郎以后，吴京卿

① 曾纪泽：《出使英法俄国日记》，岳麓书社，1985，第186页。
② 后来严复在《与吴汝纶书》中称："复于文章一道，心知好之，虽甘食耆色之殷，殆无以过。不幸晚学无师，至过壮无成。虽蒙先生奖诱拂拭，而如精力既衰何，假令早遘十年，岂止如此？"王栻主编《严复集》第3册，第522—523页。
③ 郭立志编撰《桐城吴先生（汝纶）年谱》，沈云龙主编《近代中国史料丛刊》第725辑，台北，文海出版社，1972，第37页。
④ 吴汝纶：《答严几道》，《吴汝纶全集》第3卷，黄山书社，2002，第235页。
⑤ 王栻主编《严复集》第3册，第523页。

一人而已"。① 对于严复翻译《天演论》，吴汝纶一直予以关注，在译书之初即致信严复，表示"欲先睹为快"。在阅完该书的译文初稿后，他赞叹不已，认为"得惠书并大著《天演论》，虽刘先主之得荆州，不足以喻……盖自中土翻译西书以来，无此闳制"。② 1898年4月，《天演论》正式出版，吴氏为该译作写序，称其"乃骎骎与晚周诸子相上下"，认为"自吾国之译西书，未有能及严子者也"。③ 1903年，吴汝纶去世，严复悲伤不已，写成挽联："平生风义兼师友，天下英雄惟使君。"

由曾国藩强力推动而实现中兴的桐城古文，经过严复等以先秦文体表达现代思想这一中介，实际上开启了现代文化载体转型的先声，成了五四新文学运动的过渡与前驱，而桐城古文则最终落为"桐城谬种"。周作人揭示了桐城古文与严氏以古文体传播新思想的话语系统同现代新文学之间的内在关联，他说：

> 假如说姚鼐是桐城派定鼎的皇帝，那么曾国藩可说是桐城派中兴的明主。在大体上，虽则曾国藩还是依据桐城派的纲领，但他又加添了政治经济两类进去，而且对孔孟的观点，对文章的观点，也都较为进步。姚鼐的《古文辞类纂》和曾国藩的《经史百家杂钞》二者有极大的不同之点：姚鼐不以经书作文学看，所以《古文辞类纂》内没有经书上的文字。曾国藩则将经中文字选入《经史百家杂钞》之内，他已将经书当作文学看了。所以，虽则曾国藩不及金圣叹大胆，而因为他较开通，对文学较多了解，桐城派的思想到他便已改了模样。其后，到吴汝纶、严复、林纾诸人想来，一方面介绍西洋文学，一方面介绍科学思想，于是经曾国藩大范围后的桐城派，慢慢便与新要兴起的文学接近起来了。后来参加新文学运动的，如胡适之、陈独秀、梁任公诸人，都受过他们的影响很大，所以我们可以说，今次文学运动的开端，实际

---

① 严璩：《侯官严先生年谱》，王栻主编《严复集》第5册，第1550页。
② 吴汝纶《答严幼陵》，王栻主编《严复集》第5册，第1560页。
③ 吴汝纶：《天演论序》，王栻主编《严复集》第5册，第1317—1319页。

已是被桐城派中的人物引起来的。①

## 二

洋务思潮、维新思潮与共和思潮是晚清进步思潮中三个拾级而上的阶梯。维新思潮虽然是作为洋务思潮的对立物与批判者出现的,维新思潮的兴起、高涨却有赖于洋务思潮的铺垫与培育。具体到严复与曾国藩也是如此,严复作为近代资产阶级启蒙思想家的成长,与包括曾国藩在内的洋务派思想的涵养以及洋务运动所提供的平台是分不开的。在某些方面,严复的思想是在曾国藩等人的洋务思想基础上成长、发展起来的。我们不妨看看以下几个方面。

第一,从曾国藩等人的变易论通向严复介绍的进化论。严复介绍的进化论得以在保守氛围浓重的士大夫阶层、在社会各阶层中快速传播,有多种原因,如上面提及的严复运用了以桐城古文为现代传媒的策略,还有空前严重的民族危机等,但其中一个重要的因素是前期的变易观的铺垫。

鸦片战争爆发后,中国社会发生沧桑巨变,时人称其为“变动”“变端”“创事”“创局”“变局”等。② 面对走出中世纪、走向全球化的大变局,曾国藩主张以通达权变、与时变易应对变局。变易思想普遍存在于传统文化典籍,其中又以《易传》中最为集中、典型。曾国藩以《易传》的思想观察正在发生的大变局、大变革。他在 1859 年写道:“吉,非有祥瑞之可言,但行事措之咸宜,无有人非鬼责,是即谓之吉。过是则为咎矣。……《易》爻

---

① 周作人:《中国新文学的源流》,华东师范大学出版社,1995,第48页。

② 丁昌日在1867年断言,中西接触的扩大是一千年来所发生的最大的一次变化。李鸿章在1872年声称,西人东侵是三千年来所发生的最大的变化。光绪在位时期,曾纪泽称这是五千年来最大的变化,张之洞书之为亘古未有的奇变。王韬:《韬园尺牍》卷七,第2页。齐思和等编《鸦片战争》第5册,第409页;《清代筹办夷务始末·同治朝》卷五五,第25页;李鸿章:《李文忠公全集·奏稿》卷一九,第45页;曾纪泽:《文法举隅》,《曾纪泽集》,岳麓书社,2008,第125页;王尔敏:《晚清政治思想史论》,第215页。

多言贞吝。易之道，当随时变易，以处中当变，而守此不变，则贞而吝矣。……故曰：'震无咎者，存乎悔。'"① 后又说："国藩读《易》至《临》，而喟然叹曰：刚浸而长矣，至于八月有凶，消已不久矣。可畏也哉！天地之气，阳至矣，则退而生阴；阴至矣，则进而生阳。一损一益者，自然之理也。"② 他主张根据随时变易的观点探讨治国之术，采取治国之策，以"本朝为主，而历溯前代之沿革本末，衷之以仁义，归之所易简。前世所袭误者，可以自我更之；前世所未及者，可以自我创之。其苟且者，知将来之必敝；其知当者，知将来之必因。所谓虽百世可知也"。③ 他之推行洋务新政是"可以自我更之""可以自我创之"的必然结果，如果坚持"祖宗之法不可变"，那断然不可能有"师夷长技""西学为用"。

严复也感受到近代发生的巨大的历史变化，他还以"运会"一词解释变化的原因："观今日之世变，盖自秦以来未有若斯之亟也。夫世之变也，莫知其所由然，强而名之曰运会。运会既成，虽圣人无所为力。盖圣人亦运会中之一物，既为其中之一物，谓能取运会而转移之，无是理也。彼圣人者，特知运会之所由趋，而逆睹其流极。唯知其所由趋，故后天而奉天时；唯逆睹其流极，故先天而天不违。"④ 他还希望通过进化论探寻"天演规律"，探讨因应之策。他通过写作《原强》等论文与翻译《天演论》，将进化论介绍到中国，也与传统文化的变易思想、与《易传》的思想做了嫁接。他提到："后二百年，有斯宾赛尔者，以天演自然言化，著书造论，贯天地人而一理之。此亦晚近之绝作也。其为天演界说曰：'翕以合质，辟以出力，始简易而终糅杂。'而《易》则曰：'坤其静也翕，其动也辟。'至于全力不增减之说，则有自强不息为之先。凡动必复之说，则有消息之义居其始。而'易不可见，乾坤或几乎息'之

---

① 曾国藩：《笔记二十七则·悔吝》，《曾国藩全集》（修订版）第 14 册《诗文》，第 412 页。
② 曾国藩：《求阙斋记》，《曾国藩全集》（修订版）第 14 册《诗文》，第 143 页。
③ 《曾国藩全集》（修订版）第 16 册《日记之一》，咸丰元年日记，第 246 页。
④ 严复：《论世变之亟》，王栻主编《严复集》第 1 册，第 1 页。

旨，尤与'热力平均，天地乃毁'之言相发明也。"①

严复在翻译《天演论》时与"曾门四大弟子"之一的吴汝纶多有磋商，最后并由其作序，这是变易论递进到进化论的一个注脚。吴汝纶固然推崇严译"雄于文"，也显然认同严复"做"《天演论》所传达的"自强保种""与天争胜"的核心思想。

第二，以曾国藩为先导的洋务派"求强"思想与实践，把严复带入晚清军事近代化的进程，并促使其在甲午战争失败后对军事近代化的挫折做了深刻的反思。

魏源提出"师夷长技以制夷"从思想上开启了军事近代化变革，但将这种"师夷长技"的军事变革付诸操作层面乃始于曾国藩。曾国藩在与太平军作战的过程中，领教了"西洋之落地开花炮"的"惊心动魄"，这促使其考量购置、仿制洋枪洋炮。1860 年 12 月，曾国藩在《遵旨复奏借俄兵助剿发逆并代运南漕折》中表示："目前资夷力以助剿济运，得纾一时之忧；将来师夷智以造炮制船，尤可期永远之利。"② 在得到朝廷答复后，他于 1861 年 1 月在安庆建立一家名曰安庆内军械所的工厂，后制造了第一艘轮船。咸丰十一年七月在《复陈购买外洋船炮折》中，他提出："购买外洋船炮，则为今日救时之第一要务。凡恃己之所有夸人之所无者，世之常情也；忽于所习见、震于所罕见者，亦世之常情也。轮船之速，深炮之远，在英、法则夸其所独有，在中华则震于所罕见。若能陆续购买，据为己物，在中华，则见惯而不惊，在英、法，亦渐失其所恃。……购成之后，访募覃思之士，智巧之匠，始而演习，继而制造，不过一二年，火轮船必为中外官民通行之物。"③ 他不满足于购买洋船洋炮，而希望自行制造武器。后来他一再表达了这样的思想。如 1862 年，他在答复奕䜣的信中说："顷又接劳辛阶总制咨到折稿，其意欲全用外国人，不参杂用之。国藩愚见，既已购得

---

① 严复：《天演论·自序》，王栻主编《严复集》第 5 册，第 1320 页。

② 曾国藩：《遵旨复奏借俄兵助剿发逆并代运南漕折》，《曾国藩全集》（修订版）第 2 册《奏稿之二》，第 618 页。

③ 曾国藩：《复陈购买外洋船炮折》，《曾国藩全集》（修订版）第 3 册《奏稿之三》，第 186 页。

轮船，即应配用江楚兵勇，始而试令司柁、司火，继而试以造船、造炮，一一学习，庶几见惯而不惊，积久而渐熟。"① 后来他又派容闳"前派西洋购办制器之器"，还于 1865 年与李鸿章倡导在上海设立江南机器制造局并附设译书局。

由于洋务派实行"自强"新政，严复得以投身晚清近代化的军事变革。1866 年，14 岁的严复进入洋务派创办的新式学堂福州船政学堂学习海军，1875 年受派赴英，1876 年进入英国格林尼茨皇家海军学院深造。1879 年学成回国，先在福州船政学堂任教，后被李鸿章调到设于天津的北洋水师学堂，历任总教习、会办、总办等职。洋务派不突破"中体西用"藩篱的"师夷长技"的军事变革没有收到"自强"之效，甲午战争北洋海军的全军覆没更彻底宣告了洋务运动军事近代化的破产。亲历洋务派"求强"过程的严复对洋务运动的弊端有切身的体会，他对曾国藩开启的近代化军事变革做了深刻的反思。他批评洋务派的"求强"只学了点皮毛、是治标之举，批评洋务派只看到外国的"形下之粗迹"的"汽机兵械"、非"命脉之所在"的"天算格致"，而不了解作为学命脉的科学与民主，即"于学术则黜伪而崇真，于刑政则屈私以为公"。② 他认为洋务运动的"师夷长技"只有技术层面的变革而没有相应的制度层面、文化心理层面、价值层面的变革，其失败的结局是可以预期的、是必然的。然而，"晚近世言变法者，大抵不揣其本，而欲支节为之，及其无功，辄自诧怪"。③

第三，从曾国藩关注国计民生的"经济之学"，经由洋务派创办民用工业以"求富"的过渡，到严复对西方经济学的介绍与对经济自由主义的倡导。

曾国藩将"经济之学"独立为传统学术的一个门类，显示了他对吏治、财政、练兵等方面问题的重视。他屡次提及自己阅读了魏源编撰的《皇朝经世文编》。随着西方现代机器生产、现代商

---

① 曾国藩：《复奕䜣桂良》，《曾国藩全集》（修订版）第 25 册《书信之四》，第 200 页。
② 严复：《论世变之亟》，王栻主编《严复集》第 1 册，第 2 页。
③ 严复：《与〈外交报〉主人书》，王栻主编《严复集》第 3 册，第 560 页。

业文明的引入，曾国藩提出"官督商办"，关心起"商战"。1863年，曾国藩在答复奕䜣的信中说："国藩于洋务素未谙究，然体察情形，参之众论，大抵如卫鞅治秦以"耕战"二字为国，泰西诸洋以"商战"二字为国，用兵之时，则重敛众商之费；无事之时，则曲顺众商之情。众商之所请，其国主无不应允。"① 不过，曾国藩提出的"经济之学"还是传统意义上的一个比较笼统的概念，但其所包含的关注现实、关注国计民生的指向，对于现代意义的经济学的引进与建构，无疑是一个过渡的环节、连接的桥梁。

相对于曾国藩提出的经邦济世、经国利民意义上的"经济之学"，现代经济学的概念更为专门、专业。严复有感于"经济"一词过于宽泛，在翻译亚当·斯密《原富》（即《国富论》）时使用了"计学"一词，并在"例言"中做了说明："计学，西名叶科诺密，本希腊语。叶科，此言家。诺密，为聂摩之转，此言治。言计，则其义始于治家。引而申之，为凡料量经纪撙节出纳之事，扩而充之，为邦国天下生食为用之经。盖其训之所苞至众，故日本译之以经济，中国译之以理财。顾求必吻合，则经济既嫌太廓，而理财又为过狭，自我作故，乃以计学当之。"② 严复成为将西方经济学系统介绍到中国的第一人。

曾国藩将较为宽泛的"经济之学"列为传统学术的一个独立学科，严复翻译亚当·斯密的《国富论》，将西方经济学介绍到中国，从一个侧面代表了近代中国经济领域从传统到现代的转型。

第四，从曾国藩倡导理学"格致之学"，到后来他和其他洋务派人士提倡、重视西方格致之学，提倡西方"长技"与自然科学，为戊戌时期严复等人全面介绍、提倡现代科技，奠定了基础。

近代初期，国人对科学的认识还是朦胧的、肤浅的，洋务运动兴起之初人们使用传统色彩浓厚的"格致学""格物学"等词指称自然科学。"格致"一词，是从儒家经典《大学》中的"格物致知"而来，原意是一种道德修养工夫。这样，洋务时期的"格致"

---

① 曾国藩：《复奕䜣》，《曾国藩全集》（修订版）第 26 册《书信之五》，第 131 页。
② 严复：《译斯氏〈计学〉例言》，王栻主编《严复集》第 1 册，第 97 页。

一词就有了两层含义，时人指出中国重道轻艺，格致以义理为重，是"义理之格致"，所悟的是"形上之道"；西方重艺轻道，格致以物理为重，是"物理之格致"，所悟的是"形下之器"。曾国藩信奉程朱，推崇朱熹的"格物致知"之说，所重自然是道德修养意义上的"义理之格致"，"格致"首先指的是求得仁义之道的手段与途径。但曾国藩一面讲求义理，一面提倡经世致用。他以"务实"为基点调和汉宋，连接汉学的"实事求是"与宋学的"格物致知"，强调理学要面向现实、服务现实，为理学的应变求新，也为"格致"从"义理之格致"到"物理之格致"的调适拓展，打开了通道。他在传统学术门类中增加了"经济之学"，还在"经济之学"中纳入了舆图算法、步天测海和制造机器等新内容。兴办洋务后，曾国藩由"师夷技"到"师夷智"，由买船到主张造船，到主张仿制"制器之器"，再到希望了解机器原理的技术理论、自然科学，体现出其见识高出一般封建士大夫。他注意收罗各种了解西方技术和情况的人才，容闳称当时"总督幕府中亦有百人左右……凡法律、算学、天文、机器等等专门家，无不毕集"。[1]

　　严复早期使用的也是"格致"一词。如《论世变之亟》中说："今之称西人者，曰彼善会计而已，又曰彼擅机巧而已。不知吾今兹之所见所闻，如汽机兵械之伦，皆其形下之粗迹。即所谓天算格致之最精，亦其能事之见端，而非命脉之所在。其命脉云何？苟扼要而谈，不外于学术则黜伪而崇真，于刑政则屈私以为公而已。斯二者与中国理道，初无异也。顾彼行之而常通，吾行之而常病者，则自由、不自由异耳。"[2]《原强》中指出，"二百年来，西洋自测算格物之学大行，制作之精，实为亘古所未有"，"顾彼西洋以格物致知为学问本始，中国非不尔云也，独何以民智之相越乃如此耶？"[3]戊戌变法前后，严复在其早期译著《国计学甲部》残稿的按语中使用了"科学"一词："故即使治此学者，祈向之不灵，前言

① 容闳：《西学东渐记》，湖南人民出版社，1981，第68页。
② 严复：《论世变之亟》，王栻主编《严复集》第1册，第2页。
③ 严复：《原强》，王栻主编《严复集》第1册，第24、29页。

之不验，亦不过见（此）学之精，原因之未得，不可谓人事无因果，抑科学之无此门也。"有的学者据此称严复是最早使用"科学"一词的人。① 不过1898年出版的《天演论》中，使用的还都是"格致"一词。到1901—1902年出版的《原富》中，是"格致"、"格物"与"科学"并用，其中"科学"一词使用了3次，大体以"格致""格物"指代物理、化学等具体自然科学学科，而以"科学"指代包括自然科学与社会科学在内的各门理论科学，如："科学中一新理之出，其有裨益于民生日用者无穷。""今夫格物者，治宗教妄诞尚鬼之蔽之圣药也，假使通国之士夫于科学名理之类多所究心，吾未见宗教鬼神之说能为厉也。"

严复所说的"科学"，一是指狭义的自然科学。他在《与〈外交报〉主人书》中批驳"西政为本，西艺为末"时指出，"名、数、质、力，四者皆科学也"；"是故以科学为艺，则西艺实西政之本"。② 这里说的科学即指自然科学。一是指包括自然科学与社会科学在内的广义科学。他在《京师大学堂译书局章程》中按照"西学通例"把"西国诸科学"分为三科："一曰统挈科学，二曰间立科学，三曰及事科学。""统挈科学"包括"名数两大宗"，即逻辑学和数学；"间立科学"分"力质两门"，"力如动静二力学水学火学声学光学电学，质如无机有机二化学"；"及事科学"指"治天地人

---

① 参见汪晖《科学的观念与中国的现代认同》，《汪晖自选集》，广西师范大学出版社，1997，第221—222页。关于谁最先在中国使用"科学"一词，学界有不同的看法。罗竹风主编的《汉语大词典》认为"科学"的使用至少可以追溯到南宋的陈亮（汉语大词典出版社，1991，第57页）。袁翰青认为梁启超最先使用"科学"一词（《科学、技术两词溯源》，《北京晚报》1985年9月19日，第3版。认为梁启超于1896年在《变法通议》中第一次使用了"科学"一词）。樊洪业认为康有为第一个使用"科学"（《从"格致"到"科学"》，《自然辩证法通讯》1988年第3期。认为康有为编著的《日本书目志》一书的第1册卷二"理学门"中列有"《科学入门》，普及舍译，《科学之原理》，本村骏吉著"，是中文首次出现"科学"一词。1898年6月康有为进呈光绪帝《请废八股试帖楷法试士改用策论折》中三次使用了"科学"一词）。朱发建提出近代中国最早使用"科学"一词的人是王国维（《最早引进"科学"一词的中国人辨析》，《吉首大学学报》2005年第2期）。周程、纪秀芳认为，晚清企业家唐廷枢才是中国近代第一个使用"科学"之人（《究竟谁在中国最先使用了"科学"一词？》，《自然辩证法通讯》2009年4期）。

② 严复：《与〈外交报〉主人书》，王栻主编《严复集》第3册，第559页。

物之学也",包括天文学、地质学,"人有解剖,有体用,有心灵,有种类,有群学,有历史;物有动物,有植物,有察其生理者,有言其情状者"。① 自然科学、人文社会科学的各具体学科多被包罗其中,从中可窥见严复广义科学概念之大概。

从曾国藩的"格致"到严复的"科学",表明国人突破了对科学的狭窄认识,表明了近代中国科技近代化的不断深入,而且从科技现代性的引进进一步拓展到人文现代性的移植。

第五,曾国藩是中国教育近代化的开启者,尤其是近代中国留学教育至为关键的推动者,而严复成为受惠、受益于早期留学教育的留学生,回国后为推进教育近代化进程做出了重要的贡献。

1868 年 6 月,曾国藩到上海检阅江南制造总局轮船洋炮等制造工程,陪同视察的容闳向曾国藩建议附设一所"兵工学校",曾国藩对此"极赞许,不久遂得实行"。容闳后来回忆说:"于江南制造局内附设兵工学校,向所怀教育计划,可谓小试其锋。"② 1872 年,30 名赴美留学的幼童自上海启航,成为近代中国派出的首批留学生。曾国藩对首批留美幼童的派遣起了最重要、最关键的作用。他曾多次上书说明派遣留学生的重要性。如同治十年七月,他和李鸿章联名上奏,请求选派子弟出洋学艺;同治十一年(1872)正月十九日,他与李鸿章又联衔上了《幼童出洋肄业事宜折》,将挑选幼童及驻洋应办事宜六条开列。

严复从 1867 年入福州船政学堂学习,五年间"所习者为英文、算术、几何、代数、解析几何、割锥、平三角、弧三角、代积微、动静重学、水重学、电磁学、光学、音学、热学、化学、地质学、天文学、航海术等"。③ 后到英国留学,成为第一批官派赴欧留学生中的一员。1879 年回国后先后在福州船政学堂、北洋水师学堂、复旦公学、安徽高等学堂、北京大学等学校任职。他还提出了"鼓民力、开民智、新民德"的教育救国主张,明确主张废除八股,反对

① 严复:《京师大学堂译书局章程》,王栻主编《严复集》第 1 册,第 130 页。
② 容闳:《西学东渐记》,第 121 页。
③ 严璩:《侯官严先生年谱》,王栻主编《严复集》第 5 册,第 1546 页。

洋务派"中学为体，西学为用"的观点，其教育实践与思想对中国
教育近代化做出了重要贡献。

## 三

从曾国藩到严复，从"中国最后一位大儒"到"中国西学第一
人"，他们的思想有共性，有后者在前者基础上的发展，但也有差
异，有后者对前者的批判与扬弃。这种差异是传统士大夫与现代知
识分子之间的差距，很大程度上是由时代的落差形成的，同样的思
想在 19 世纪 60 年代是先进的，但到 90 年代就落伍了。冯友兰在其
《中国哲学史新编》中有所评价：总体来说，曾国藩镇压了太平天
国，阻止了中国的中世纪化，这是他的功；他的以政带工延迟了中
国近代化，这是他的过。他的思想是一贯的，那就是保卫中国传统
文化，其主要内容是纲常名教，即所谓"礼"。但因形势变了，所
应付处理的问题不同，所以功过各异。在"同治维新时期"曾国藩
的这种思想就是洋务派思想。所谓同治维新基本上都是这种思想支
配的，那种维新表面上看似乎是把中国的近代化推进了一步，其实
是延迟了中国的近代化。

严复对曾国藩思想的突破性、超越性发展体现如下。

第一，从曾国藩到严复，其思想在"西学为用"上有了突破性
的发展，后者以"自由为体，民主为用"的全新模式批判、否定了
前者"中学为体，西学为用"的思想。

严复批判"中体西用"针对的是张之洞，但这一思想的前驱是
冯桂芬、曾国藩等人。曾国藩对"中体西用"思想虽没有经典性的
表述，也不是理论的总结者、阐释者，但在某些场合仍有论列，如
他在同治元年五月的日记中说："欲求自强之道，总以修政事、求
贤才为急务，以学作炸炮、学造轮舟等具为下手工夫。"又如他在
谈及"义理"与"经济"之关系时说："义理与经济初无两术之分，
特其施功之序，详于体而略于用耳。"① 强调"义理为先"，道德为

---

① 曾国藩：《劝学篇示直隶士子》，《曾国藩全集》（修订版）第 14 册《诗文》，第
487 页。

体，经济为用，经世之学不能摆脱"义理"，义理包举经济，经济服从义理。更重要的是，他一面卫道，一面"师夷"；一面讲理学、礼教，一面办夷务、洋务，是"中体西用"思想的发明者、先导者与先行先试者。

严复对"中体西用"的洋务纲领进行了系统、深刻的批判，又针锋相对地提出"自由为体，民主为用"，是"中体西用"论作为社会主流思想的终结者，显示了"西学第一人"的智慧、见识与理论勇气。他对"中学为体，西学为用""西政为本，而西艺为末也""主以中学，以西学辅其不足也"等说法进行了抨击，认为这些说法"其害于吾国长进之机，少者十年，多者数纪"。针对"中体西用"说，他指出："体用者，即一物而言之也。有牛之体，则有负重之用；有马之体，则有致远之用。未闻以牛为体，以马为用者也。中西学之为异也，如其种人之面目然，不可强谓似也。故中学有中学之体用，西学有西学之体用，分之则并立，合之则两亡。议者必欲合之而以为一物。且一体而一用之，斯其文义违舛，固已名之不可言矣，乌望言之而可行乎？"针对"主以中学，以西学辅其不足也"之说，他指出："若夫言主中学而以西学辅所不足者，骤而聆之，亦若大中至正之说矣。措之于事，又不然也。往者中国有武备而无火器，尝取火器以辅所不足者矣；有城市而无警察，亦将取警察以辅所不足者矣。顾使由今之道，无变今之俗，是辅所不足者，果得之而遂足乎？有火器遂能战乎？有警察者遂能理乎？此其效验，当人人所能逆推，而无假深论者矣。""使所取以辅者与所主者绝不同物，将无异取骥之四蹄，以附牛之项领，从而责千里焉，固不可得，而田陇之功，又以废也。"①

第二，曾国藩和严复，一个卫道，一个离经；一个以"忠君勤王"自守，一个倡导"尊民叛君"，他们对纲常名教、对封建道德、对君主专制的态度从坚决捍卫、一意卫护，到激烈抨击、全面颠覆，体现出封建专制主义与资产阶级民主主义的天壤之别。

曾国藩被视为道德文章冠冕一代的"末世完人"，是"立德立

---

① 严复：《与〈外交报〉主人书》，王栻主编《严复集》第3册，第558—560页。

功立言三不朽"的绝代名儒，是中国传统社会的"最后一个圣人"，是中国传统文化的集大成者。他自己按《大学》"修身齐家治国平天下"的设计走完一生，又以"勤俭立身""耕读保家"的家风要求子女，创建湘军则以"勤王卫道"相号召，以"仁""礼"为治军之旨归。其卫护纲常名教的思想在《讨粤匪檄》中已经清楚地表现出来。他在该文中提出："自唐虞三代以来，历世圣人，扶持名教，敦叙人伦，君臣、父子、上下、尊卑，秩然如冠履不可倒置。粤匪窃外夷之绪，崇天主之教，自其伪君、伪相、下逮兵卒贱役，皆以兄弟称之，谓惟天可称父。此外，凡民之父，皆兄弟也；凡民之母，皆姐妹也。……举中国数千年礼义、人伦、诗书、典则，一旦扫地荡尽，此岂独我大清之变，乃开辟以来名教之奇变。"[1] 他虽讲求洋务，但从未动摇过对儒学的信仰，从未移易对纲常名教的坚守。他尤其恪守君臣之道，其所强调的"忠恕"、"孝悌"、"智勇"、上下名分、尊卑贵贱等社会准则和道德规范最终均指向对君主的绝对忠诚，并多次拒绝称帝。

严复以"新民德"相号召，以自由、民主为武器，对封建旧道德、对纲常名教尤其是"君为臣纲"、对君主专制制度进行了激烈的批判。他在《论世变之亟》一文中，对中西方政治观念和道德观念做了比较："中国最重三纲，而西人首明平等；中国亲亲，而西人尚贤；中国以孝治天下，而西人以公治天下；中国尊王，而西人隆民。"他在《辟韩》中以卢梭的天赋人权论来批判唐代思想家韩愈所著《原道》宣传的君主专制理论，批判中国古代的君主专制制度。他宣传了主权在民的思想，指出，"斯民也，固斯天下之真主也"，"是故西洋之言治者曰：国者斯民之公产也，王侯将相者，通国之公仆隶也"。"民者，出粟米麻丝、作器皿、通货财以相为生养者也，有其相欺相夺而不能自治也，故出什一之赋，而置之君，使之作为刑政、甲兵，以锄其强梗，备其患害。然而君不能独治也，于是为之臣，使之行其令，事其事。是故民不出什一之赋，则莫能为之君；君不能为民锄其强梗，防其患害则废；臣不能行其锄强梗，

---

① 曾国藩：《讨粤匪檄》，《曾国藩全集》（修订版）第 14 册《诗文》，第 140 页。

防患害之令则诛。"他抨击了君主专制制度，指出："夫自秦以来，为中国之君者，皆其尤强梗者也，最能欺夺者也。""秦以来之为君，正所谓大盗窃国者耳。"①

第三，曾国藩终其一生没有从旧学中突破，而严复对旧学的局限、对科举八股与传统学术的弊端进行了揭露与批评，为学术形态从传统到现代的转型，为中国现代社会科学学术体系的建立，开启了闸门。

曾国藩对理学与宋学有所批评，对传统学术有所改造，对西学有所吸收，如提出打破汉宋门户之见，增加"经济之学"门类，强调经世致用，等等。但他的基本立场是理学家，是"最后一位大儒"，他对传统学术之革新的出发点、着眼点是因应时代大潮冲击下儒学所面临的危机，挽救传统学术所面临的衰势、颓势，提振、复兴以儒学为核心的传统文化。他承继程朱道统，将"义理之学"推向儒学学术的首位，是理学在晚清最有代表性的传承者。他对汉学、宋学有所批评，展示出以"务实"为基点调和汉、宋的取向，但其用以贯通两者的是"礼治"，"其论学兼综汉、宋，以谓先王治世之道，经纬万端，一贯之以礼"。②他提出经世致用、"经济之学"，又称"治世之术""经济之学"不过是"礼"而已；强调"格物致知"，其所说的"格致"也主要是"义理之格致"，西学格致被置于从属地位。

严复则痛陈传统学术与治学方法的弊端，大力提倡西方近代科学包括社会科学，推动了中国学术从传统向现代的转型。他在《救亡决论》中认为中国"学术末流之大患，在于循高论而远事情，尚气矜而忘实祸"，抨击汉学崇古信古，学风烦琐，"然吾得一言以蔽之曰：无用"，"以为怡情遣日之用，而非今日救弱救贫之切用也"。批评宋学"牢笼天地""师心自用"，"吾又得一言以蔽之曰：无实"。他大胆宣布："固知处今而谈，不独破坏人才之八股亦除，与[举]凡宋学汉学，词章小道，皆宜且束高阁也。"又宣称："四千

① 严复：《辟韩》，王栻主编《严复集》第1册，第33—34页。
② 《清史稿·列传一九二》。

年文物，九万里中原，所以至于斯极者，其教化学术非也，不徒嬴政、李斯千秋祸首，若充类至义言之，则六经五子亦皆责有难辞，嬴、李以小人而陵轹苍生，六经五子以君子而束缚天下。"他对科举八股尤其深恶痛绝，抨击道："天下理之最明而势所必至者，如今日中国不变法则必亡是已。然则变将何先？曰：莫亟于废八股。夫八股非自能害国也，害在使天下无人才。"他把八股之害归纳为三点："锢智慧""坏心术""滋游手"。三害之中，"有一于此，则其国鲜不弱而亡，况夫兼之者耶！"①

严复大力提倡现代科学方法与科学精神。他指出："大抵学以穷理，常分三际。一曰考订，聚列同类事物而各著其实。二曰贯通，类异观同，道通为一。""中西古学，其中穷理之家，其事或善或否，大致仅此两层。故所得之大法公例，往往多误，于是近世格致家乃救之以第三层，谓之试验。试验愈周，理愈靠实矣，此其大要也。"他指出从逻辑的角度，科学方法分内导和外导，也就是归纳和演绎，并指出："内导者，合异事而观其同而得其公例。"内导包括考订和贯通两层，外导就是"试验印证之事"。② 严复尤其强调在"实测"基础上的求真求实精神。他说："一理之明，一法之立，必验之物物事事而皆然，而后定之为不易。其所验也贵多，故博大；其收效也必恒，故悠久；其究极也必道通为一，左右逢原，故高明。方其治之也，成见必不可居，饰词必不可用，不敢丝毫主张，不得稍行武断，必勤，必耐，必公，必虚，而后有以造其至精之域，践其至实之途。"③

严译名著涉及哲学伦理学（《天演论》）、经济学（《原富》）、法学（《法意》）、社会学（《群学肄言》）、政治学（《社会通诠》《群己权界论》）、逻辑学（《穆勒名学》《名学浅说》）、史学（《欧战缘起》《支那教案论》）、教育学（《中国教育议》），成为中国现代社会科学的奠基者，近代中国第一个具有现代意识、国际视野的学人。

［原载《湖南人文科技学院学报》2012 年第 1 期，作者俞祖华、赵慧峰］

① 严复：《救亡决论》，王栻主编《严复集》第 1 册，第 40—54 页。
② 严复：《西学门径功用》，王栻主编《严复集》第 1 册，第 93—94 页。
③ 严复：《救亡决论》，王栻主编《严复集》第 1 册，第 45 页。

# 从入世到出世的大跨度转身

## ——李叔同的生命意识与文化心态略探

  李叔同从入世到出世的大跨度转身，从人生历程的角度，是其强烈的生命意识、强烈的"人生欲"引导他攀登更高更远的人生境界，他的大致人生轨迹是从富家子弟的纨绔人生、风华才子的艺术人生到高僧大德的宗教人生，西湖杭城兼具浪漫风情与佛教重镇的城市品格与其不同人生阶段的精神气质息息相通，从而使他在杭州实现了"绚丽至极而归于平淡"的传奇转折。从社会文化的角度，是他对中、西、印（佛教）文化的一种选择，他在文化上的出发地是儒学，或者说是以儒学为核心的传统文化；在青春时节以"出国"为形式选择了反叛，即由儒学而西学、由中国经学而西方艺术；1918年又以"出家"的形式由西学转向佛学。弘一法师留下了"悲欣交集"的临终遗书，其"欣"主要是在"内圣"层面，是在个体心灵的内在超越方面，是在人生意义的追寻上，是因为"小我"获得了灵魂的安顿与超越的归境；其"悲"主要是在"外王"层面，是悲悯苍生之悲，是不满社会现实之悲，是忧患国家民族命运之悲，尤其是他圆寂时国家仍处在日寇铁蹄的践踏之下，其悲悯情怀又如何得以释怀？

  晚清民国之际，从传统士大夫转身而来的现代知识分子，其人生感悟与文化心态的突出特点是充满矛盾与纠结，李叔同从入世到出世，从儒学到西学再到佛学，从豪气干云到遁入空门，从潇洒无羁的风流才子、风华绝代的艺术奇才到芒鞋布衲的苦行僧人、超然尘外的高僧大德之传奇人生，及他耐人寻味的"悲欣交集"的绝笔，是这种矛盾纠结的典型写照。

李叔同于 1918 年秋在杭州出家。出家的时间、地点都意味深长。

他选择秋天这一时节。秋天是收获的季节，但随之将至的是冬天。中国文人自古有悲秋的情结，从落叶飘零感叹生命易逝。其时，李叔同的生命时节大约在秋季，情感经历上舒展过风花雪月，艺术成就上收获了如日中天，可谓风流半世、事业有成。盘点了收获，他不愿盛极而衰，他要挑战秋去冬来，因而选择了从头再来。

他选择风情万种而又古刹林立、开放前沿而又历史久远的杭州，或许是一种宿命，在这里完成从情圣到圣僧、从艺术家到宗教徒的大跨度转身颇富象征意义。李叔同于 1912 年秋应老友经亨颐之聘到杭州浙江第一师范学校任音乐图画教师，西湖杭城的风花雪月按理说对这位风华才子的精神气质是再合适不过的一种结缘。岂知才过几年，他又选择在这座美丽优雅的繁华古都了断尘缘，皈依佛门，由风华才子到云水高僧，由华枝春满到禅灯梦影，实现了其人生的戏剧性转折。杭城有着包容的城市品格、有着丰厚的文化内涵，这里演绎过一幕幕风情万种的浪漫故事，足以安顿文人雅士的风月情怀；这里吟唱过一曲曲壮怀激烈的英雄悲歌，足以激励壮士巾帼的风云壮志。但杭城又有"东南佛国"之称，是宋代以后中国佛教发展的重心之地，加上这里湖山秀美、清茶淡水的环境，对李叔同这样不断寻求生命意义、不断追求人生圆满并有着惊人才华与毅力的哲人来说，别具一种吸引力。他在《我在西湖的出家经过》一文的篇首即提及：杭州这个地方实堪称佛地，因为寺庙之多有两千余所，可想见杭州佛法之盛了。也许只有杭城兼具浪漫风情与佛教重镇的城市品格，与李叔同那种在"人生三层楼"上不断攀登的精神的结合，①

---

① 李叔同的弟子丰子恺在题为《我与弘一法师》的演讲（1948 年 11 月 28 日）中说，我以为人的生活，可以分作三层：一是物质生活，二是精神生活，三是灵魂生活。物质生活就是衣食，精神生活就是学术文艺，灵魂就是宗教。"人生"就是这样的一个三层楼……弘一法师是一层一层走上去的。弘一法师的"人生欲"非常强，他的做人一定要做得彻底。他早年对母尽孝，对妻子尽爱，安住在第一层楼中。中年专心研究学术，发挥多方面的天才，便是迁居二层楼了。强大的"人生欲"不能使他满足于二层楼，于是爬上三层楼去，做和尚，修净土，研戒律，这是当然的事，毫不足怪的。

才成就了他的那种"绚丽至极而归于平淡"的传奇人生。

一

衡之于其弟子丰子恺的物质生活—精神生活—灵魂生活"人生三层楼"说，似乎不难寻觅李叔同在"三层楼"攀登的人生轨迹，这就是富家子弟的纨绔人生—留洋学子的激情人生—风华才子的艺术人生—高僧大德的宗教人生，而引领他前行的正是强烈的生命意识、强烈的"人生欲"。李叔同的内心世界极为丰富，他对生命敏锐、强烈、深刻的感悟与体验，贯穿其波澜起伏、曲折蜿蜒的一生。

弘一法师在圆寂前口述遗嘱时特意叮嘱妙莲法师：遗体停龛时，要用小碗四个，填龛四角，以免蚂蚁闻臭味走上；应逐日将水加满，以防蚂蚁又爬上去，焚化时，损害了蚂蚁的生命。法师在临终之际依然怀有的这种对生命的珍爱、尊重，足以令人动容。

"人生之浮华若朝露兮，泉壤兴衰；朱华易消歇，青春不再来。"[1] 生命是宝贵的，又是短暂的，惟因短暂而更显得宝贵。李叔同非常珍惜自己的短暂人生，他希望以永不知足的不断追求去"探求人生的究竟"，希望以纷繁多彩的人生面向去寻求人生的意义，希望以律己大爱去实现人生境界的至善至美。出家是其截然不同的人生体验的分界，是其人生历程新的阶段的开始，是其充分实现人生价值的一种努力。

在俗的李叔同以"绚丽至极"的激情人生彰显、张扬了人性的价值与生命的意义。他既展现了指点江山、以身许国的壮志豪情，也显露了风花雪月、离愁别绪的悱恻柔情。

体现其激昂慷慨之风云壮志的豪放呐喊有《辛丑北征泪墨》《祖国歌》《我的国》《满江红》等。1901 年出版的《辛丑北征泪墨》中有一首《感时》："杜宇啼残故国愁，虚名况敢望千秋。男儿

---

[1] 《索性做了和尚：李叔同作品及墨宝集》，上海文化出版社，2005，第 109 页。

若论收场好，不是将军也断头！"[1] 1905 年，李叔同留学日本前为沪学会补习科所作了《祖国歌》："上下数千年，一脉延，文明莫与肩。纵横数万里，膏腴地，独享天然利。国是世界最古国，民是亚洲大国民。呜呼，大国民！呜呼，唯我大国民！"[2] 辛亥革命发生后，李叔同于 1912 年作《满江红·民国肇造》："皎皎昆仑，山顶月，有人长啸。看囊底，宝刀如雪，恩仇多少？双手裂开鼷鼠胆，寸金铸出民权脑。算此生不负是男儿，头颅好。荆轲墓，咸阳道。聂政死，尸骸暴。尽大江东去，余情还绕。魂魄化成精卫鸟，血花溅作红心草。看从今，一担好山河，英雄造。"[3] 这首词表达了李叔同对革命志士不惜抛头颅、洒鲜血反对专制、缔造共和的英雄豪气的感佩，指出烈士虽献出肉身，却已"魂魄化成精卫鸟，血花溅作红心草"，获得了生命价值的永生；这首词也不难让人联想到惠泽杭城的苏东坡，联想到埋骨西子湖畔的岳飞，他们数百年前在《水调歌头·大江东去》《满江红·怒发冲冠》中的豪气与英雄气，在李叔同的词作中有了悠远的回响。这是李叔同与西子湖、与吴越文化的精神气质息息相通的一个方面。

体现其温婉清丽之离情别恨的婉约低吟，最著名者莫过于那首《送别》。"长亭外，古道边，芳草碧连天。晚风拂柳笛声残，夕阳山外山。天之涯、地之角，知交半零落，一瓢浊酒尽余欢，今宵别梦寒。"[4] 这首送别挚友许幻园的词，广为传唱，不知引发了多少敏感心灵的共鸣。人生一世，不如意事十之八九。因此，对生离死别、情人相思、人生短暂、青春易逝、生命凋零的感伤，是人之情感的常态。这种伤离别、苦离散的生命体验，也如影逐形般追随着李叔同，即使是他做翩翩公子、风流才子时也一直被心灵伤痛折磨着。在男女情事方面，还在 1894 年，情窦初开的李叔同结识了京剧名伶杨翠喜，他倾心爱过、用心疼过，却不能拥有。奉母命南迁上海后，他给杨翠喜寄过两首《菩萨蛮》表达其浓情蜜意，其一："燕支山

---

[1] 商金林编注《李叔同集》，花城出版社，2012，第 4 页。

[2] 商金林编注《李叔同集》，第 41 页。

[3] 商金林编注《李叔同集》，第 37 页。

[4] 商金林编注《李叔同集》，第 46 页。

上花如雪，燕支山下人如月。额发翠云铺，眉弯淡欲无。夕阳微雨后，叶底秋痕瘦。生小怕言愁，言愁不耐羞。"其二："晚风无力垂杨懒，目光忘却游丝绿。酒醒月痕低，江南杜宇啼。痴魂销一捻，愿化穿花蝶。帘外隔花荫，朝朝香梦沾。"① 但杨翠喜终被段芝贵用重金聘去并献给了王爷载振，后又成了富商的小妾。那种爱了又失去的体验让李叔同一直难以忘怀，这种伤痛也许只有"出家"才能全然放下。

出家前夕，李叔同还写过一首《早秋》，怀念生命中最初路过的那段爱情："十里明湖一叶舟，城南烟月水西楼。几许秋容娇欲流，隔着垂杨柳。远山明净眉尖瘦，闲云飘忽罗纹绉。天末凉风送早秋，秋花点点头。"② 除了杨翠喜，李叔同还曾和谢秋云、朱慧百、李苹香等花场女子诗词唱和，如1902年访谢秋云时作《七月七日在谢秋云妆阁》："风风雨雨忆前尘，悔煞欢场色相因。十日黄花愁见影，一弯眉月懒窥人。冰蚕丝尽心先死，故国天寒梦不春。眼界大千皆泪海，为谁怅惆为谁颦?"③ 再如他以"惜霜仙史"之名赠李苹香七绝三首："沧海狂澜聒地流，新声怕听四弦秋。如何十里章台路，只有花枝不解愁。""慢将别恨怨离居，一幅新愁和泪书。梦醒扬州狂杜牧，风尘辜负女相如。""伊谁情种说神仙，恨海茫茫本孽缘。笑我风怀半消却，年来参透断肠禅。"④ 他的这种风月情怀与西子湖畔的风花雪月是那样的合拍，这是李叔同与西子湖、与吴越文化的精神气质息息相通的又一方面。

友人、亲人的逝去，更能触动他的柔弱、敏感的心灵，激发他对生命凋零之深深喟叹，引发他对生命苦短的无奈感伤。1905年，李叔同相依为命的母亲去世，这使他陷入极大的悲伤之中，他改名

① 商金林编注《李叔同集》，第33页。
② 商金林编注《李叔同集》，第47页。
③ 李叔同：《七月七日在谢秋云妆阁》，郭长海、郭君兮编《李叔同集》，天津人民出版社，2006，第47页。
④ 李叔同：《书赠苹香》，《弘一法师全集》第8册，福建人民出版社，1992，第70页。

李哀，把感恩与忧伤写进歌词《梦》里，并在母亲的丧礼上弹奏钢琴吟唱："哀游子茕茕其无依兮，在天之涯。惟长夜漫漫而独寐兮，时恍惚以魂驰。萝偃卧摇篮以啼笑兮，似婴儿时。母食我甘酪米粉饵兮，父衣我以彩衣。哀游子怆怆而自怜兮，吊形影悲。惟长夜漫漫而独寐兮，时恍惚以魂驰。梦挥泪出门辞父母兮，叹生别离。父语我眠食宜珍重兮，母语我以早归。月落乌啼，梦影依稀，往事知不知？泪半生哀乐之长逝兮，感亲之恩其永垂。"① 正因为对人生苦短、生命易逝有了更痛彻的领悟与体验，他痛定思痛，亟思有所作为，乃选择了东渡留学，从翩翩公子变身而为风华才子，通过留学六年与在浙江一师执教七年（其间曾在南京高等师范学校兼职），终于成为顶尖的艺术奇才。

我们不妨借用一年的四季时节来比喻李叔同的人生阶段。如果说26岁前富家子弟的纨绔人生是其人生的春季，负笈东渡留学6年海外学子的激情人生是其人生的夏季，在杭州任教7年的艺术人生应当是进入其人生的秋季了。这是一个收获的季节，他所展示的艺术才华、所取得的艺术成就世所公认；这也是一个感伤的季节，人生过半，时光荏苒，对一直在追求人生完满的他来说，深感需要挑战自己。

他1912年到杭州时正是秋季。此前他曾于1902年为秋季参加乡试到过杭州，住了约一个月。此番再来，时光流逝，生离死别，使他感慨万千，他把感伤包括悲秋的心情记在了一篇游记里：

> 壬子七月，余重来杭州，客师范学舍。残暑未歇，庭树肇秋，高楼当风，竟夕寂坐。越六日，偕姜夏二先生游西湖。于时晚晖落红，暮山被紫，游众星散，流萤出林，湖岸风来，轻遽致爽。乃入湖上某亭，命治茗具。又有菱芰，陈粲盈几。短童侍坐，狂客披襟，申眉高谈，乐说旧事。庄谐杂作，继以长啸，林鸟惊飞，残灯不花。起视明湖，莹然一碧；远峰苍苍，若现若隐，颇涉遐想，因忆旧游。襄岁来杭，故旧交集，文子

① 李叔同：《梦》，郭长海、郭君兮编《李叔同集》，第50页。

耀斋，田子毅侯，时相过从，辄饮湖上。岁月如流，倏逾九稔。生者流离，逝者不作，坠欢莫拾，酒痕在衣。刘孝标云："魂魄一去，将同秋草。"吾生渺茫，可唏然感矣。漏下三箭，秉烛言归。星辰在天，万籁俱寂。野火暗暗，疑似青磷；垂杨沉沉，有如酣睡。归来篝灯，斗室无寐，秋声如雨，我劳如何？"①

这期间，他还写过《悲秋》《落花》等。在《悲秋》里，李叔同写道："西风乍起黄叶飘，日夕疏林杪。花事匆匆，梦影迢迢，零落凭谁吊。镜里朱颜，愁边白发，光阴暗催人老。纵有千金，纵有千金，千金难买人少。"② 他在感叹人生，感叹韶华易逝，感叹昔日红颜今日暮年。终于他选择在秋天出发，成就了另一座丰碑。

其实，在他做公子迷恋杨翠喜时，为收束其风月情怀，母亲就曾劝他学佛，还让他拜了已皈依佛门的王孝廉为师。那时的他，或许想着有更丰富的人生经历、更丰富的人生体验，或许想着"绚丽至极"再"归于平淡"，或许想着一步一步地登上"人生三层楼"。在留下一串串足迹、阅尽绚丽人生之后，他听从了西子湖畔暮鼓晨钟的召唤，洗尽铅华，从缤纷艺坛翻然转身。李叔同与佛教结缘，是他与西子湖、与吴越文化的精神气质息息相通的第三方面，也是最重要的方面。这就不难理解他的"乐杭居""一半勾留在此湖"，也不难理解他在杭州实现了一生的重大转折。

总之，强烈的"人生欲"引导着李叔同不断寻求生命意义，从他少年时的"人生犹似西山日，富贵终如草上霜"，到中年时寄希望"寿世无长物，丹青片羽留"，③ 即希望借助艺术延续生命价值，到最终皈依佛教以体证生命的庄严与永恒。在此过程中，吴

① 《索性做了和尚：李叔同作品及墨宝集》，第13页。
② 李叔同：《悲秋》，郭长海、郭君兮编《李叔同集》，第51页。
③ 李叔同：《题梦仙花卉横幅》，《李叔同诗全编》，浙江文艺出版社，1995，第46页。

越文化、西湖文化的不同侧面与李叔同不同阶段的精神气质产生了共鸣。

## 二

从人生历程的角度，李叔同在杭州实现的"大跨度转身"是其个体人生境界的一种转换，而从外在的社会文化的角度，则是他对中、西、印（佛教）文化的一种选择。他在文化上的出发地是儒学，或者说是以儒学为核心的传统文化，包括接触已经中国化的佛学；他在青春时节选择了反叛，即由儒学而西学、由中国经学而西方艺术；他的心灵归宿是佛学。他在"人生三层楼"的攀登，从文化的角度是一个儒学到西学再到佛学的"文化苦旅"。

正如李叔同选择在秋天这一时节出家，具有挑战秋去冬来、盛极而衰的象征意义，"1918"这一年份也耐人寻味、启人深思。1918 年是第一次世界大战结束的年份，这场大战充分暴露了西方文化的弊端，使一些曾对西方满怀热情与憧憬的先进分子开始转而怀疑西方，西方人士也对西方现代文明进行了深刻的反思。一战后考察欧洲，对西方战后凄惨衰败耳闻目睹的梁启超发表《欧游心影录》，发出当时欧洲社会"西洋文明已经破产了"的哀叹。近代以来以"向西方学习"为基调的中国思想界发生了分化与转向。有的转向了社会主义，如中国共产主义的先驱李大钊在 1918 年发表了《法俄革命之比较观》（7 月 1 日）、《庶民的胜利》（11 月）和《Belshevism 的胜利》（12 月）等标志马克思主义在中国得到初步传播的文章。有的选择了以现代性重新诠释儒学，返本开新，建构现代新儒学的路向。有的从离异到回归，从向往西方转向复归传统，西学大师严复晚年就表现出向传统回归的倾向。也有的依旧向往西方文明，如胡适派学人坚持了自由主义的思想路径。在当时儒学被痛批、西学被怀疑的文化氛围中，李叔同的文化取向似乎合理，但还是显得格外与众不同，他放下了西学，没有重新回归儒学，而选择了佛学，发誓"非佛经不书，非佛事不做，非佛语不说"，成了弘一法师。

关于文化路向的选择，当时同样被出世与入世问题困扰的梁漱溟也在中、西、印三大文化之间进行选择。不过，他与李叔同儒学—西学—佛学的心路历程有别，是由佛入儒而归宗于儒学，他自己归纳其思想轨迹是"在我十几岁时，极接近于实利主义，后转入于佛家，最后方归于儒家"。他认为人类面临三大问题，即人和物之间的问题、人和人之间的问题、人和自己内心之间的问题。与此对应的是三种人生态度，"第一种人生态度，可用'逐求'二字以表示之。此意即谓人于现实生活中逐求不已，如：饮食、宴安、名誉、声、色、货、利等，一面受趣味引诱，一面受问题刺激，颠倒迷离于苦乐中，与其他生物亦无所异"。"第二种人生态度为'厌离'的人生态度……感觉得人生太苦，一方面自己为饮食男女及一切欲望所纠缠，不能不有许多痛苦；而在另一方面，社会上又充满了无限的偏私、嫉忌、仇怨、计较，以及生离死别种种现象，更足使人感觉得人生太无意思……此种厌离的人生态度，为许多宗教之所由生。最能发挥到家者，厥为印度人。印度人最奇怪，其整个生活，完全为宗教生活。他们最彻底，最完全；其中最通透者为佛家。""第三种人生态度，可以用'郑重'二字以表示之……这条路发挥得最到家的，即为中国之儒家。此种人生态度亦甚简单，主要意义即是教人'自觉的尽力量去生活'。"① 他在《东西方文化及其哲学》中提出了"人生—文化三路向"说，指出人类生活大约不出三个路径样法即"向前面要求""对于自己的意思变换、调和、持中""转身向后去要求"。西方文化走的是第一路向，根本态度是"向前要求"；中国文化是第二路向，"以意欲自为、调和、持中为其根本精神"；印度文化是第三路向，"以意欲反身向后为其根本精神"。② 不过，他认为印度文化是早熟，由此，他由佛入儒。

李叔同早年接受了系统的儒家文化、传统文化教育。他出生于天津富商家庭，但父亲李世珍（号筱楼）有进士功名，官至吏部主

① 梁漱溟：《三种人生态度》，《梁漱溟全集》第 2 卷，第 81—86 页。
② 梁漱溟：《东西方文化及其哲学》，《梁漱溟全集》第 1 卷，第 381 页。

事，也算书香门第。7 岁从仲兄受启蒙，8 岁从乳母习诵《名贤集》，9 岁入私塾，初读《孝经》《毛诗》，转年学习《唐诗》《千家诗》，11 岁时学习"四子书"、《古文观止》、《尔雅》、《说文解字》等，13—15 岁研读史汉精华和《左传》等史籍，还学过宋明理学著作，如《返性篇》《格言联璧》等。他还曾受教于天津名士赵幼梅、唐静岩，学习诗词、书法、篆刻。他不仅在教育背景上有深厚的儒学基础，而且其交游与生活习气深受传统士人风气的影响，可说是浸沉在浓厚的儒家文化氛围之中。他在天津和严修、周啸麟、王仁安、王吟笙等一批饱学文士有很多文字交往；1899 年迁上海后与袁希濂、许幻园、蔡小香、张小楼结"金兰之谊"，号称"天涯五友"；与杨翠喜等的交往唱和也有着传统文人名士风流的流风遗韵。李叔同也曾想按传统儒学的"内圣外王"之道走传统士子的"修齐治平"之路，还于 1902 年到杭州参加了辛丑"恩科"乡试。但时代变了，正如时人所说的面临"三千年未有之变局"，传统儒学于"外王"无济于救国救世，于"内圣"与新式知识分子追求个性解放的精神志趣格格不入，忧国忧民的先进分子只能如鲁迅所言"别求新声于异邦"。

李叔同是行动者，而不是思想家。他选择了以实际的行为进行其特有的文化选择与文化批判：20 世纪初年他以"出国"这一方式宣布了与儒学的离异，及对西学的向往；1918 年他则以"出家"这一方式表明放下了西学，而归宗于佛学。"出国"当时是时尚，而"出家"则异于流俗，两个节点与两次转向使他完成了中、西、印三大文化系统之旅。

1905 年秋，李叔同东渡日本留学。他遵循儒家"内圣外王"的框架，关注社会问题与人生问题两大问题，怀抱治平救国的政治关切与安身立命的人身关切。虽依旧为两大关怀，但有了与时俱进的全新发展路向，这就是在"外王"层面为当时的改革与革命的政治风潮所感染，从"忠君报国"转向维新救国、革命救国；在"内圣"层面为当时的个性解放思潮所影响，从克己修身、战战兢兢转向舒展个性、张扬人生。实际上，在东渡之前，其心灵中已然埋下了异端文化包括佛学的种子，其言行已展露出反叛传统、离异儒学的端倪。在他 5 岁父亲离世前后，家里延请一些僧人诵颂《金刚经》等佛经，父亲在诵经声中安详离世，其幼小的心灵也有了佛学的深深烙印；后来他又聆听王孝廉诵读《大悲咒》《往生咒》等，更预示了他与佛家的最终结缘。甲午国难后，他赞同变法图强，支持康梁维新，曾慨叹"老大帝国，非变法无以自存"，并自刻一枚"南海康君是吾师"印章以明志。1901 年，他考入南洋公学，成为蔡元培的学生，有了更多接触新思想、新文化的机会，促使其思想有了更多新的因素。在 1904 年底 1905 年初所作组诗《为沪学会撰文野婚姻新戏册既竟系之以诗》中，我们可以看到表明其接受了"自由""革命"观念的"鼠子胆裂国魂号，断头台上血花紫""自由花开八千春，是真自由能不死"的诗句，有表明其接受了革命派"反满"影响的"孟旃不作吾道绝，中原滚地皆胡尘"的诗句，也有"誓度众生成佛果，为现歌台说法身"这样含有佛教文化因素的诗句。在东渡前夕，他为母亲操办了迥然不同于旧礼教的新式丧礼，[①] 葬礼上全家穿的是黑色的衣服，而不是传统的白衣披麻戴孝，自己在丧礼上边弹钢琴边唱悼歌，被时论赞许为"新世界之奇士"，庄严宣示了反叛旧文化的态度。

李叔同东渡日本，这是其文化基本价值取向从儒学转向西学、从中国传统文化转向西方现代文明的标志。在"外王"层面，他于 1906 年冬加入了中国同盟会，积极参加反清革命，向往自由民主。他的政治态度，从 19 世纪末的支持康梁维新，到辛丑年《感时》中的"男儿若论收场好，不是将军也断头"，[②] 到出国前夕《金缕曲》中的"破碎河山谁收拾？零落西风依旧……长夜凄风眠不得，

① 1905 年 7 月 24 日《大公报》刊登《附启》说："我国丧礼繁文缛节，俚俗已甚。李叔同君广平愿力袪其旧。爰与同人商酌，据东西各国追悼会之例，略为变通，定新仪如下：一、凡我同人倘愿致敬，或撰文诗，或书联句，或送花圈花牌，请毋馈以呢缎绸幛、纸扎箱彩、银钱洋圆等物；二、诸君光临，倘须致敬，请于开会时行鞠躬礼；三、追悼会仪式：甲、开会，乙、家人志哀辞，丙、家人献花，丁、家人行鞠躬礼，戊、来宾行鞠躬礼，己、家人致谢来宾行鞠躬礼，庚、散会。"
② 李叔同：《感时》，郭长海、郭君兮编《李叔同集》，第 4 页。

度众生那惜心肝剖？是祖国，忍孤负！"① 再到辛亥革命发生后写下
慷慨激昂的《满江红》，从忠君到改良再到革命，日趋于激进、激
烈与激昂，在这一过程中，其炽热的爱国热情、强烈的入世精神、
积极的参与意识、深沉的忧患情怀，可以说是一以贯之、清晰可鉴。
在"内圣"层面，他选择了最能驰骋心性、飞扬个性的艺术领域，
从西方引介音乐、美术与戏剧并进行创新，"文艺的园地，差不多
被他走遍了"，成了当时国内顶尖的艺术奇才。人们列举了李叔同
在艺术领域的诸多"第一"：1906 年春他创办了中国第一本音乐期
刊《音乐小杂志》，该杂志仅出 1 期，其扉页上印有他用木炭绘成
的贝多芬像，这是国人绘制的第一幅贝多芬像；同年冬，他与曾孝
谷创立了中国第一个研究话剧的艺术团体春柳社，标志着中国话剧
的奠基与发端，春柳社成立了演艺部，于 1907 年上演《茶花女》，
由李叔同饰茶花女，稍后又公演《黑奴吁天录》，迈出了中国话剧
实践的第一步；他在浙江一师任教期间，开设了室内室外写生课，
采用了男性裸体模特写生，是最早介绍西洋画知识的人，也是第
一个聘用裸体模特教学的人；他所撰写的《西洋美术史》《欧洲
文学之概观》《石膏模型用法》等著述创下同时期国人研究之第
一；他又最早采用五线谱教授学生音乐，其作品《春游》是中国
最早的一首三声部声乐作品，是目前所知的中国最早的一首合唱
歌曲，也是中国作曲家运用西洋作曲技法进行多声部音乐创作的
最早探索；等等。中国现代文明是从西方移植的，近代先驱者引
入西方现代性经历了不同的阶段。洋务时期重点从西方引入科技
现代性，包括现代自然科学、现代技术；从 19 世纪末开始着重引
入西方人文现代性，在这一方面，严复、梁启超等重点介绍了西
方现代经济学、法学、社会学与思维科学，而李叔同是引入西方
现代音乐、美术与话剧的先驱，由此可见，将他作为中国新文化
运动开启阶段的旗帜性人物并不为过。他在艺术领域引进西方现
代性的作用发挥到极致后，移师宗教领域，在推进人文现代性的
历程中竖立起两座丰碑。

---

① 李叔同：《金缕曲》，郭长海、郭君兮编《李叔同集》，第 35 页。

民国初年南北军阀割据混战的政治乱象与第一次世界大战使欧洲沦为一片废墟的悲凉景象，使曾经千辛万苦向西方寻求救国救民真理的先进分子对西方现代文明产生了深刻的怀疑，一些西方人士也发出了"西方的没落""西方文明破产了"的声音，在此背景下，李叔同选择"出家"这一特有的方式放下了他曾经牵手、钟情的西方艺术，出家后只保留了属于传统文化范畴的书法。

弘一法师于1918年秋皈依佛门后，潜心修行佛学，成为中国佛教律宗的著名高僧。他在艺术上取得了诸多被称为"中国第一"的开创性贡献，在宗教上同样被推许为现代律宗第一人，正如赵朴初所言："近代中国佛教，自清末杨仁山居士倡导以来，由绝学而蔚为显学，各宗大德，阐教明宗，竞擅其美，其以律学名家，戒行精严，缁素皈仰，薄海同钦者，当推弘一大师为第一人。"① 弘一法师摒弃一切俗事，致力于律宗的研究与弘扬，披阅《四分律》和唐代道宣、宋代元照的律学著述，写成现在佛教流通的《四分律比丘戒相表记》，所撰其他律学方面还有《在家律要之开示》《问答十章》《征辨学律义八则》《新集受三皈五戒八戒法式凡例》《佛说无常经叙》《律学要略》等。他在行持上严格持守戒律，强调"佛教仍待出家人严持戒律才能振兴；出家不仅要严持戒律，持一分算一分"，并身体力行，奉律至诚至严，树立了伟岸的人格形象。他成为近代以来佛门首屈一指的律学大师，被崇奉为律宗第十一世祖。

## 三

"悲欣交集"，这是弘一法师的临终遗书。寥寥四字，却玄机无穷。正像他的出家是留待后人不断猜想，或许是永远也猜不透的谜一样，对于大师"悲欣交集"四字的真谛我们只能从各自的角度去猜度、理解。

---

① 赵朴初:《弁言》，中国佛教协会编《弘一法师》，文物出版社，1984，第2页。

　　佛学是弘一法师的最终归宿，而儒学是其"文化苦旅"的最初启程，走得再远，但原乡是无法完全忘怀的。弘一法师是"出家的儒者"，儒家文化"天下有道则现，无道则隐"的古训深深积淀于他的文化心理，他的入世与出家就是在遵循先圣的格言。而儒家"内圣外王"的框架，即使在他出家之后也对他有深深的影响。在他出家之后，那种救世情怀，那种对国家命运的关怀，那种对"外王"层面的关切，不是像个体的声色、情感、家庭、功名、利禄、聚散那样说放下就能放下的。财产、妻女、名誉地位、文学艺术都是身外之物，甚至自己的身体也是虚幻的存在，但不能不常怀爱国之心，常存救世之念。这是大师的大爱、大师的大慈大悲之所在。

　　弘一法师的"悲欣交集"之"欣"主要是在"内圣"层面，是在个体心灵的内在超越方面，是在人生意义的追寻上。他看过了从生到死、从繁华到凋谢，看过了人生的方方面面，经历了"绚丽至极而归于平淡"，有着丰富的人生经历与人生体验，足以让其欣慰。他在"人生三层楼"上不断攀登，做一样像一样，把每一阶段都做到极致，从功利境界到艺术境界再到宗教境界，从风华少年到艺术奇才再到大德高僧，有着充分实现的人生价值，追求了更高更远的人生境界，足以让其欣慰。他最终从滚滚红尘中抽身，远离尘世的喧嚣，求得了内心的宁静，"问余何适，廓而忘言，华枝春满，天心月圆"，是一种安宁的心境，也足以让其欣慰。他超越了世俗价值观，在宁静的环境中对生命的意义、人生的终极价值有了深入的思考，"穷究自身的意义"有了圆满的答案，既能满足现世的人生关怀又能安顿超越层面的终极关怀，最终获得超越的归境，更足以让其欣慰。

　　弘一法师的"悲欣交集"之"悲"主要是在"外王"层面，是悲悯苍生之悲，是不满社会现实之悲，是忧患国家民族命运之悲。"出家"只是解决了"小我"的心灵安宁、灵魂安顿，但只要怀有对"大我"的"大爱"，"大爱"必有"大悲"，故有云"大慈大悲"。朱光潜称他是"以入世的精神做入世的事业"。他悲悯芸芸众生，以普度、救济众生为志，他的一个学生曾这样评价他："他放弃了安适的生活，抛妻别子，穿破衲，咬菜根，吃苦行头陀的生活，完全是想用律宗的佛教信仰，去唤醒那沉沦于悲惨恶浊的醉梦中的人群——尽管这注定要失败，但我们不能离开时代的背景，离开先生的经历，苛求于他。"① 他悲悯正在蒙受苦难的祖国，其手书"念佛不忘救国，救国不忘念佛"如今仍陈列于福建泉州开元寺中。1937 年 10 月，日本侵略军逼近厦门，友人劝其内避，但弘一法师表示"为护法故，不怕枪弹，誓与厦市共存亡"。② 又自题其居室为"殉教堂"。抗日军兴之际，弘一法师在福建泉州度六十寿辰，柳亚子寄去一首祝寿诗，诗曰："君礼释迦佛，我拜马克思。大雄大无畏，迹异心岂异。闭关谢尘网，吾意嫌消极。愿持铁禅杖，打杀卖国贼。"弘一法师读后提笔回诗偈一首："亭亭菊一枝，高标蔼劲节。云何色殷红，殉教应流血。"③ 他时刻准备着为国家殉难。从少年到晚年，从入世到出世，其忧国之心、爱国之情与报国之志从未改变。陆游《示儿》有"但悲不见九州同"的诗句，弘一法师圆寂时国家仍处在日寇铁蹄的践踏之下，其悲悯情怀又如何得以释怀？

〔原载《鲁东大学学报》2014 年第 1 期，作者俞祖华、俞梦晨〕

① 参见刘仰东《李叔同的出家之路》，《人民政协报》2010 年 10 月 16 日。
② 《弘一法师全集》第 8 册，福建人民出版社，1992，第 236 页。
③ 李叔同：《为红菊花说偈》，《弘一法师全集》第 10 册，第 62—63 页。

# 梁启超的家教理念及成功实践

中外历史上成功实施家教的家长不乏其例，梁启超是其中的典范，有学者称他为"中国家教第一人"。或许有人对此有所怀疑，但其在教子育女上尽心尽力地全面投入，其所育九个子女皆成俊才，其400余封家书娓娓道出的亲子之情，其家教理念与实践的完美结合，足以说明梁启超无愧于这一称号。梁启超"一家三院士，满门皆才俊"的成功家教，为世人贡献了难以复制、堪称奇迹的成功案例。

## 一　最成功的家教案例

梁启超是叱咤风云的政治家，清末民初的各次政治事件几乎都有他的身影；又是笔锋常带感情的文章大家、学术大师，给后人留下1400多万字的精神文化遗产，登上文坛后平均每年写下39万字。他还十分重视下一代的培养，苦心、精心、细心、耐心地教育子女，缔造了"一家三院士，满门皆才俊"的家教传奇。

梁启超重视家风、精心教子，取得了满门俊秀、数代风流的硕果。他的九个儿女个个品德高尚、才华出众、学有所成，对国家做出了自己的贡献，尤以"一门三院士"为代表，建筑学家梁思成、考古学家梁思永在1948年当选为中央研究院首届院士，航天专家梁思礼也于1993年当选为中国科学院院士。其他子女也各自取得了骄人的成就：长女梁思顺是诗词研究专家，编有《艺蘅馆词选》；三子梁思忠是英年早逝的炮兵上校；次女梁思庄是著名图书馆学家，

曾任北京大学图书馆副馆长；四子梁思达是著名经济学家；三女梁
思懿是著名社会活动家，曾任山东省妇女联合会主席、中国红十字
会国际联络部副部长等职；四女梁思宁是革命军人。

如果按世俗的眼光，比一比谁家的孩子发展得更好，梁家子弟
自然不是最风光的，他们中没有大富大贵者，均乃"百无一用"的
书生。这里，首先有一个起点的问题。有的人出身于王公贵戚、政
治世家，有的人出身于豪门大户，这样的人想不富贵都难，如果发
展得很好，不能说与家教毫不相干，但它很可能不是关键因素。梁
启超告诫子女"不必泥定爹爹的话"，总是给子女灌输那种凡事靠
自己、爱拼才会赢的理念。梁家九个子女不靠"拼爹"，不依赖父
亲的名声，而是放开手脚走自己的路。在梁启超生前，也就是长子
思成学成就业，父亲虽然没少操心、费心，但思成和林徽因夫妇没
有选择父亲供职其间且又相对安逸的清华大学，而是凭自己的实力
去了东北大学打拼，开创了中国第一个建筑学系。其次，有一个择
业与人生的价值取向的问题。梁启超要求子女不追求名利地位、不
追求大富大贵，而是努力争取有贡献于社会。他在家书中教导孩子
们说："要各人自审其性之所近何如，人人发挥其个性之特长，以
靖献于社会，人才经济莫过于此。"① 又说："天下事业无所谓大小，
士大夫救济天下和农夫善治其十亩之田所成就一样。只要在自己责
任内，尽自己力量做去，便是第一等人物。"②

古代的士人为科举仕途而寒窗苦读，但梁启超告诫子女："做
官实易损人格，易习于懒惰于巧滑，终非安身立命之所。"③ 在他看
来，文学家、艺术家、科学家在历史上的作用非政治家所能比，他
给思成回信时说："试问唐开元、天宝间李白、杜甫与姚崇、宋璟
比较，其贡献于国家者孰多？为中国文化史及全人类文化史起见，
姚、宋之有无，算不得什么事，若没有了李、杜，试问历史减色多

---

① 梁启超：《致孩子们书》（1927 年 2 月 16 日），《梁启超家书》，陕西师范大学出版
　　社，2011，第 180 页。
② 梁启超：《致思顺书》（1923 年 11 月 5 日），《梁启超家书》，第 71 页。
③ 梁启超：《致思顺书》（1916 年 10 月 11 日），《梁启超家书》，第 39 页。

少呢?"① 他要求子女不必追求飞黄腾达,也不必太看重物质财富。他说:"一个人在物质上的享用,只要能维持着生命便够了。至于快乐与否,全不是物质上可以支配。能在困苦中求生活,才真是会打算盘哩。"②

诚然,一个家庭的子女个个都有出息,也不是个案、少数,如"一门三院士"虽世所罕见,却也非梁家所仅有。被称为"黎氏三兄弟"的黎鳌、黎介寿、黎磊石分别于 1994 年、1996 年、1994 年当选为中国工程院院士,在中国医学界传为美谈。与梁启超对梁家三兄弟成长为院士起到重要作用有所不同,在黎家,由于父亲早逝,由长兄黎鳌接济两位弟弟并将他们引上医学之路,最终成就了一个家庭走出三位院士这一医学界绝无仅有的传奇。有的父母可能也教子有方,但没有留下诸如家书、家训、家谱、家属后人追忆之类的文本,使我们无从准确解读其家教经验并从中得到有益启迪。梁启超则不仅创造了满门才俊的家教传奇,也为后世留下了弥足珍贵的家教理念与行之有效的家教方法。

梁启超的九个子女都成才,而且都得到了全面的发展。梁启超在题为《为学与做人》的演讲中指出,教育包括知育、情育和意育三方面,知育教人不惑,情育教人不忧,意育教人不惧。"一家三院士,满门皆才俊",这是指知育。一门三院士,在中国科学史上极为少见,即便是放之于世界,也是屈指可数;满门俊秀、数代风流,100% 的成功率,这也很难得,很让人羡慕。

情育方面,往大处讲是爱国。梁启超有七个子女有海外学习与生活的经历,最后都学成回国了。其外孙女吴荔明在《梁启超和他的儿女们》中说:"公公梁启超一家是爱国之家,他们的思想行为最闪光之处就是对祖国的热爱。公公一生千变万化,但爱国之心永不变。他的儿女们也个个爱国……公公的 9 个儿女中先后有 7 人曾到国外求学或工作,他们在国外读书数年,学贯中西,成为各行业的专家。由于他们从小受到良好的家庭教育,除对本专业深入掌握

① 梁启超:《致孩子们书》(1927 年 2 月 16 日),《梁启超家书》,第 180 页。
② 梁启超:《致思顺书》(1927 年 5 月 13 日),《梁启超家书》,第 218 页。

外，还多才多艺，有较高的文学艺术修养，对西方的生活都很适应，就他们的学问及本人的素质完全可以进入西方国家上层社会，物质、地位可达到较高层次，但他们没有一个人留在国外，都是学成后就回来报效祖国。"① 往小处讲，梁启超一家家庭和睦，其子女对爱情都很忠贞，他们的婚姻家庭都是美满和幸福的。有的文学作品虚构了林徽因在婚外的爱情故事，但那只是传说。2000 年电视剧《人间四月天》播出后，梁思成、林徽因夫妇的长女梁再冰对歪曲徐志摩与林徽因关系的性质表示了强烈的不满。梁再冰说："徐志摩去世时我年纪还小，但作为林徽因和梁思成的女儿，我很了解徐志摩同我父母之间关系的性质。徐志摩是我家两代人的朋友。他曾经追求过年轻时的母亲，但她对他的追求没有做出回应。他们之间只有友谊，没有爱情。徐志摩是在母亲随外祖父旅居伦敦时认识她的，那时她只有 16 岁，还是一个中学生。当时对她来说，已结婚成家的徐志摩只是一个兄长式的朋友，不是婚恋对象。破坏另外一个家庭而建立的婚姻是她感情上和心理上绝对无法接受的。"又说："母亲在世时从不避讳徐志摩曾追求过她，但她也曾明确地告诉过我，她无法接受这种追求，因为她当时并没有对徐志摩产生爱情。她曾在一篇散文中披露过 16 岁时的心情：不是初恋，是未恋。当时她同徐志摩之间的接触也很有限，她只是在父亲的客厅中听过徐志摩谈论英国文学作品等，因而敬重他的学识，但这并不是爱情。她曾说过，徐志摩当时并不了解她，他所追求的与其说是真实的她，不如说是他自己心目中一个理想化和诗化了的人物。"②

意育方面，梁启超的子女个个经受了比较大的挫折和磨难，做到了"艰难困苦，玉汝于成"，没有一个是顺境成才的。他们按照父亲的教诲，不惧挫折、常思进取，经受住了困境、逆境的磨砺与考验，而且，他们不"拼爹"，不靠梁启超的名声，而是靠自己的艰苦奋斗、靠自己的自强自立，书写了各自灿烂的人生篇章。梁思成夫妇、梁思永夫妇曾被困四川的李庄，当时条件极其艰困。林徽

① 吴荔明：《梁启超和他的儿女们》，北京大学出版社，2009，第 380—381 页。
② 梁再冰：《徐志摩与其母"爱情故事"纯属虚构》，新浪网，2000 年 5 月 7 日。

因身患严重的肺结核而久卧病榻，梁思永身患严重肺病几乎垂危，但他们挺过来了，终于在专业上取得了卓越成就，为国家做出了重要贡献。梁思宁在南开大学读一年级时，因日军侵略而失学，她毅然南下加入新四军，奔赴抗日前线，后来被开除党籍，35 年后才得平反。梁思礼不到 5 岁时父亲就去世了，家里经济状况大不如前，他 17 岁赴美求学，带着母亲给的 400 美元，购完船票后仅剩不到 200 美元，开始了半工半读的穷学生生活，当时因战争与国内、与家里断了联系，一切都要靠自己，靠打工支持自己的学业，刻苦攻读八年，终于取得博士学位。

著名历史学家傅斯年曾这样评价："梁任公之后嗣，人品学问，皆中国之第一流人物，国际知名。"① 梁氏文化世家，由梁启超开启，传承已经三代、过百年，被推崇为中国第一精英家庭。梁启超创造了难以复制、堪称奇迹的成功教育案例，造就了令人瞩目、绵延百年的文化世家，专家称其为"中国家教第一人"。

## 二　先进的家教理念与方法

梁启超创造了满门才俊的家教传奇，也为后世留下了弥足珍贵的家教理念与行之有效的家教方法。他的家教思想较集中地呈现在写给子女的 400 余封书信中。梁启超家书与曾国藩家书、傅雷家书并称"三大家教典范文本"。在曾国藩、傅雷和梁启超三人中，曾国藩教子治家很有成就，但作为"最后一位大儒"，其理念、方法与话语传统色彩浓厚，自然不如被称为"中国知识分子第一人"的梁启超更适合于我们这个时代的各位家长。傅雷教子以严苛著称，作家楼适夷撰有《读家书，想傅雷》回忆："我很少看到他同孩子嬉戏逗乐，也不见他对孩子的调皮淘气行为表示过欣赏。他亲自编制教材，给孩子制定日课，一一以身作则，亲自督促，严格执行……他规定孩子应该怎样说话，怎样行动，做什么，吃什么，不

---

① 　吴荔明：《傅斯年为梁氏兄弟仗义陈情》，《中华读书报》1998 年 10 月 14 日。

能有所逾越。"① 相比之下，梁启超引导九个子女通过各自努力在不同领域做出不俗业绩的经验，更富有时代气息，也更平实、更贴近寻常百姓。

其一，知、情、意全面发展的理念。梁启超把教孩子学做人放在核心地位，指出教育的目的是要求学生、要求孩子做一个智、仁、勇兼备的人，教学生、教孩子做一个全面发展的现代人。儒家提出要培养智、仁、勇"三达德"兼备的君子。据此梁启超提出"教育应分为知育、情育、意育三方面，——现在讲的知育、德育、体育不对，德育范围太笼统，体育范围太狭隘——知育要教到人不惑，情育要教到人不忧，意育到教到人不惧"。他批评道："讲到学校里的教育吗，第二层的情育，第三层的意育，可以说完全没有，剩下的只有第一层的知育。就算知育罢，又只有所谓常识和学识，至于我所讲的总体智慧靠养成根本判断力的，却是一点儿也没有。这种'贩卖知识杂货店'的教育，把他前途想下去，真令人不寒而栗!"② 他在对子女的教育中，坚持了知、情、意全面发展，首要任务在教会做人的理念，注意对儿女进行修身、治家、做人、处世方面的教育，对孩子的成长产生了重要影响。

其二，注重幼学女学的理念。梁启超于1897年初发表过《论幼学》一文，强调"人生百年，立于幼学"，③ 非常重视孩子的早期教育。这与俗语所说"三岁看大，七岁看老"的道理是一致的。

梁启超还在1896年发表了《论女学》一文，这是中国较早倡导女子教育的重要文章，提出了"欲强国必由女学"的思想。④ 他既精心教子，也悉心培养思顺、思庄、思懿、思宁四个女儿，还自称更偏爱女儿一些。他在四个女儿的教育上所付出的精力、情感与各方面的投入，没有逊色于思成、思永等人，教育方法与特色上也是以知、情、意全面发展为目标，严慈并济，宽厚为主，严格约束，

---

① 楼适夷：《读家书，想傅雷》（代序），傅敏编《傅雷家书全编》，江苏文艺出版社，2014，第156页。
② 梁启超：《为学与做人》，《饮冰室合集·文集之三十九》，第105页。
③ 梁启超：《变法通论·论幼学》，《饮冰室合集·文集之一》，第44页。
④ 梁启超：《变法通论·论女学》，《饮冰室合集·文集之一》，第43页。

四个女儿个个事业有成。

其三，个性主义教育理念。梁启超主张个性解放，体现在教育领域就是尊重个体、尊重每个孩子个性的个性化教育理念。他用心观察与掌握每一孩子的特点，根据孩子的特性因材施教，对他们采取个性化教育方式，各因其性进行人生规划、教育规划与职业规划，进行智商、情商、逆商等心理素质的陶养。他根据自己的观察向孩子提出建议，但又很尊重每个孩子的志向、志趣，积极鼓励孩子探索适合自己的专业领域、发展方向。如他希望思庄在美国以外的大学上学，避免全家变成"美国风"；又希望她学习生物学，觉得这门学科在当时中国还是空白，有发展前途。思庄尊重父亲的意愿，考取了加拿大著名的麦基尔大学，又选学了生物学。由于麦基尔大学的生物学教授课讲得不好，难以引起思庄对生物学的兴趣，她将这种苦恼告诉了思成。梁启超得知后，于1927年8月5日写信说："庄庄，听见你二哥说你不大喜欢学生物学，既已如此，为什么不早对我说。凡学问最好是因自己性之所近，不必泥定爹爹的话。"

第四，趣味主义教育理念。趣味主义是梁启超的人生信仰，也是其最重要的教育理念之一。他曾谈道："我是个主张趣味主义的人，倘若用化学化分'梁启超'这件东西，把里头所含一种原素名叫'趣味'的抽出来，只怕所剩下的仅有个零了。我以为：凡人必常常生活于趣味之中，生活才有价值；若哭丧着脸挨过几十年，那么，生活便成沙漠，要来何用？"[1] 他把趣味主义运用到家庭教育上。他说："我是学问趣味方面极多的人……每历若干时候，趣味转过新方面，便觉得像换个新生命，如朝旭升天，如新荷出水，我自觉这种生活是极可爱的，极有价值的。我虽不愿你们学我那泛滥无归的短处，但最少也想你们参采我那烂漫向荣的长处。"[2] 他在家庭教育中很注意引导孩子们追求知识的兴趣，享受生活的乐趣，注意把趣味主义体现于孩子培养目标、培养方案的设计中。他主张孩子选择专业、职业要因趣而学、因趣而去劳作，不要毫无兴趣而赶

① 梁启超：《学问之趣味》，《时事新报·学灯》1922年8月12日。
② 梁启超：《致孩子们书》（1927年8月29日），《梁启超家书》，第234页。

鸭子上架，不要把学问当敲门砖。他希望儿女不仅从所学专业、学业、读书中获得趣味，也从人文、艺术、游戏、现实生活中多渠道增进自己的兴味，希望孩子有广泛的兴趣爱好。他让思顺多做游戏运动，让思成"多学些常识"尤其是"文学或人文学科中之某部分"，让思庄"多认识些朋友"并在专业外再学"一两样关于自己娱乐的学问"，让思忠参加社团活动，带思达看歌剧，与"老白鼻"思礼戏耍，等等，寓教于乐，把学习变成了一件轻松愉快的事情。

第五，营造温馨、和谐的寒门家风。家庭是孩子一生中最早参与也最长居于其间的社会环境，梁启超很重视家庭环境的营造，努力创造有利于孩子成长的温馨、和谐的寒门家风。

以家学涵养知育。他注意营造浓浓的文化氛围，注重对孩子进行人文底蕴的熏陶。他督促思顺、思成等学习国学经典，有时亲自为他们买书、寄书；为了充实思达、思懿、思宁的国学、史学知识，他聘请家庭教师，在家中办起了补课学习组。他还给孩子题写诗词，赠送书画，带孩子看歌剧，要求孩子临摹隶书碑帖拓片，通过各种途径提升孩子的人文素养。

以亲情陶养情育。梁启超注意营造有利于对孩子进行情感教育的温馨、和谐的家庭氛围。他感情浓烈，很爱孩子，和孩子之间互相关心、互相思念，全家上下也都有着很深厚的感情。每逢家人生日，梁家就会团聚庆贺，其乐融融。1922 年 12 月 25 日，梁启超在南京讲学时致信思顺，提到"我于你妈生日以前，一定回到家"。1924 年 6 月 6 日致思顺信中说"今日是祖母忌日，你们都去南长街家里行个礼"。

以寒士家风培养意育。梁启超要求子女继承"俭以养德"的传统文化精神，要求子女"养成节俭吃苦的习惯"，要求子女乐于在艰苦的环境中"磨练人格"，"使汝等常长育于寒士之家庭，即授汝等以自立之道也"。[1] 他在给思顺的信中说："你和希哲都是寒士家风出身，总不要坏自己家门本色，才能给孩子们以磨练人格的机会。"[2] 不

---

[1]　梁启超：《致思顺书》（1916 年 2 月 8 日），《梁启超家书》，第 27 页。
[2]　梁启超：《致思顺书》（1927 年 5 月 13 日），《梁启超家书》，第 218 页。

过，他并不认为守寒士家风就是要过得"寒酸"，他说："你们既已都是很规矩的孩子，不会乱花钱，那么便不必太苦，反变成寒酸。"

第六，注重以"渔"授子。中国有句古话叫"授人以鱼不如授人以渔"，给人一条鱼能解决其一饭之需，却不能解决长远的问题，如果想让人永远有鱼吃，那就要他学会钓鱼、捕鱼的方法。梁启超主张"教人当以方法为主"，他写过读书法、作文法、历史研究法等方面的著作。他在家庭教育中非常注意治学方法的点拨，如总结出了鸟瞰、解剖、会通的"三步读书法"：鸟瞰即粗略了解大概，明确重点；解剖即将各部分仔细钻研，重要处仔细解剖，疑难处仔细研究，有所得则记忆之；会通即上下左右贯通，将全书全面彻底了解而后已。又如提醒思成"凡做学问总要'猛火熬'和'慢火炖'两种工作，循环交互着用去"，① 指出治学需要猛攻、强攻，也需要积累，需要稳扎稳打，久久为功。

从梁启超教育九个子女的成功家教实践中，我们可以品味他教育子女所遵循的一些重要原则。

言谈举止的"小道理"与安身立命的"大道理"兼顾，围绕"教人学做人"一个目标。梁启超在教育子女时，从看什么书、行什么礼、吃什么东西、走什么路线、写什么样的信、培养什么样的爱好等很具体的地方入手，于细微处见关怀，于细微处见引导，但仍可见如何做人的大道理。不经意间的细节，或许会深深影响孩子的一生，如给思成寄的《营造法式》一书，有很大的偶然性，但这件事决定了思成日后的专业方向。他也常和孩子们讲要爱国、要以天下为己任、"要在社会上常常尽力"这些安身立命的大道理，讲要"兴会淋漓"、"处忧患最是人生幸事"、"要吃得苦，才能站得住"、"莫问收获，但问耕耘"、"悲观是腐蚀人心的最大毒菌"这些含意深刻的人生哲理。这些大道理深刻地影响了他的儿女们，爱国就是他留给子女的最大财富。

宽严相济，突出一个"爱"字。梁启超在家庭教育中对孩子宽严相济，慈爱与严格结合，他对孩子的宽和严都体现了一个"爱"字，

---

① 梁启超：《致孩子们书》（1927 年 8 月 29 日），《梁启超家书》，第 235 页。

宽中有爱，严中也有爱，因为爱不仅仅是无微不至的呵护，更不是随心所欲的娇惯、是非不分的放纵，而是梁启超所说的"爹爹虽然是挚爱你们，却从不肯姑息溺爱"。从梁启超写给子女的数百封家书中不难体会他对子女的浓浓爱意，亲切的称呼、细致的关怀、深情的思念、真诚的告白、娓娓的诉说、谆谆的教诲，无一不在充分展露深深的父爱。但他对子女的要求很严格。一次思永和一个小朋友打架，虽然是那个小朋友的错，但梁启超仍严厉批评了思永，让他好好想想三个问题：一是有没有必要打架？二是怎样与对方和好如初？三是再碰上这类事应该怎么处理？在思永给出了满意回答后，梁启超才让他吃午饭。饭后，他亲自带着思永前往对方家中向那个小朋友道歉。

"润物无声"与"掷地有声"结合，争取达到一个好的效果。家庭教育具有潜移默化的性质，父母通过言传身教、口传心授、日常养成、亲情陶养，在长时间里对孩子施加默默的影响。梁启超深知自己的一言一行都会有意无意地影响子女情感方式、行为方式与价值取向。他所营造的家庭氛围、他给孩子们写的大量家书、他给孩子们讲的爱国故事、他身上贯穿一生的报国言行、他的乐观精神与独立人格，以润物细无声的方式激励着孩子成长成才。梁启超对子女的教育既有"润物无声"的感化，也有"掷地有声"的点化。如他在书信中就有用与无用、规矩与"求巧"、专精与博学、读书与生活、"猛火熬"与"慢火炖"等关系，对思成的治学目标、治学方法、治学精神进行了全面的指导；他在书信中既肯定思忠"自己改造环境，吃苦冒险"的精神，又批评他太过孟浪，"冒险总不是这种冒法"。在他的书信中，有的话题很轻松、很幽默、很风趣，也有的话题很严肃、很沉重、很震颤，如他告诫思成夫妇"失望沮丧是我们生命上最可怖之敌"，告诫思顺"我想有志气的孩子，总应该往吃苦路上走"。

## 三　精心的家教实践

出身名门，有更显赫的身份背景，有更优越的成长氛围，有更丰裕的家族资源，然而，不是出身豪门、名门的子弟个个都能成龙成凤。名人家教有梁启超家这样满门才俊的传奇，但也有令人唏嘘不已、深为痛惜的案例。

梁启超的老师康有为的家教就远非完美可言。康有为一生有六位妻妾，生育十二个子女，长大成人的有二子四女，长女康同薇、次女康同璧卓有成就，成了女界名流，其他子女就说不上成大器了。梁启超在给其子女的信中提到了恩师一家的乱象与窘境："他家里真是一塌糊涂，没有办法。最糟的是他的一位女婿（三姑爷）。南海生时已经种种捣鬼，连偷带骗。南海现在负债六七万，至少有一半算是欠他的（他串同外人来盘剥）……他那两位世兄，和思忠、思庄同庚，现在还是一点事不懂，活是两个傻大少（人尚不坏，但是饭桶，将来亦怕变坏）。还有两位在家的小姐，将来不知被那三姑爷摆弄到什么结果，比起我们的周姑爷和你们弟兄姊妹，真成了两极端了。我真不解，像南海先生这样一个人，为什么全不会管教儿女，弄成这样局面。"康有为身后"萧条得万分可怜"，梁启超得知其死讯后"赶紧电汇几百块钱去，才草草成殓"。

另一位民国名人胡适，与江冬秀育有二子一女，女儿夭折，他颇为自责："如果我早点请好的医生给她医治，也许不会死。我把她糟掉了，真有点罪过。我太不疼孩子了，太不留心他们的事，所以有这样的事。"长子胡祖望虽在美国接受了高等教育，但成绩远未达到父亲的期望，胡适也甚是恼火："今天接到学校报告你的成绩，说你'成绩欠佳'，要你暑期在学校补课。你的成绩有八个'4'，这是最坏的成绩。你不觉得可耻吗？"小儿子胡思杜更不成器，读了两个大学都未能毕业，还染上了赌博等坏习惯，被美国当局驱赶回国。

名人之后未能成器，甚至变坏，家长要承担很大的责任，尤其是父亲，正如俗话所说"养不教，父之过"。究其原因，主要如下。一是因家庭起点高，有的家长甚至想复制自己的成功，故对孩子有过高的期望值，教育不得法，一旦达不到期望又在心里予以放弃。据康有为弟子卢湘文回忆，康师曾把女儿同复送到他这里受教，还说："此女甚钝，幼时尝教以数目字，至数遍尚不能记，余即厌恶之。"二是家长忙于自己的事业，无暇照顾、管教孩子。维新变法前，康有为还有余暇照管其长女、次女，但对后面几个子女投入不够，子女们后来的发展也就有了差别。胡适自己忙于公务，而妻子是家庭妇女，文化程度不高，使孩子疏于管教。1946 年 6 月 16 日，胡适在日记里写道："小三今天毕业，今天又是美国人的 Father's Day（父亲节），我很惭愧对两个儿子、一个女儿（死了），都没有尽我能够尽的责任。"三是家庭条件优裕，家长对孩子的各种要求都予以满足，娇生惯养的结果是有的孩子骄横、张狂，有的孩子沾染了坏习气，甚至走上违纪违法的道路。

我们不妨简要回顾一下梁启超细致入微、全心投入、精心周密的家教实践。

其一，关注孩子成长的每个阶段。梁启超关注着儿女成长的每一阶段，从早期幼教，到学校教育，到出国留学，再到学成回国，就业择业；注视着孩子走出的每一步，从呱呱坠地到青春年华，从蹒跚学步到展翅高飞，从好学青年到事业中坚。他关心孩子的早期教育，我们这里举梁思礼的例子。梁思礼是梁启超最小的孩子，他不到 5 岁时父亲就去世了。思礼从 2 岁开始，就由家里人教他读书。父亲给在国外的孩子们写信，经常会提到"老白鼻"，还把着他的手教他给海外的哥哥姐姐们写信；把他抱到椅子上面，教他写字，给他讲解。梁思礼谈到，自己在很小的时候就知道了欧洲的文艺复兴，知道了达·芬奇，知道了米开朗琪罗……总的来说，童年的家庭气氛对于他一生的影响非常之大。梁启超千方百计让孩子上好学校，总是不计成本，大量投入，宁肯别的方面节省一点，也要让孩子上好学校。梁思成、梁思永、梁思忠在出国留学前均就读于北京清华学校，梁思达、梁思懿在南开中学读书。他支持孩子出国留学，在其晚年同时有五个子女求学、生活在海外；他也有把梁思达、梁思懿、梁思宁等送出国留学的打算，但因他过早去世，未能如愿。

其二，引领儿女获得全面发展。梁启超希望子女个个成才，而且都得到全面发展，教育子女先学会做人，同时学会做事、做学问；他注意知育、情育、意育并重，对子女的智商、情商、毅商、财商进行全面培养。在其引领下，九个子女个个身心健康，都做到了爱国、善良、自立、坚毅、上进、好学，既确立了远大的理想、高尚的品德、正确的人生观，滋养了健全的心智，又学有所成，才华出众。

在智商方面，他提醒子女"汝辈学业切宜勿荒"，鼓励孩子尽最大努力挖掘自己的潜能，但又希望子女量力而行，告诫子女在健康与学习之间还是要以健康为重，如与思顺提到"功课迫则不妨减少，多停数日亦无伤。要之，吾儿万不可病，汝再病则吾之焦灼不可状矣"。

在情商方面，他注意教诲子女事亲以孝，在家书中常常提醒儿女要孝敬、尊敬尊长，还鼓励孩子之间形成亲密、温馨的关系；也非常注意培养孩子的爱心、同情心，告诫子女"人生在世，常要思报社会之恩"，一个人只是做到"亲亲"还远不够，还要推己及人，做到"老吾老以及人之老，幼吾幼以及人之幼"。他认为艺术是"情感教育最大的利器"，提醒孩子们不管自己所学专业是什么，都要学些文学、艺术、人文方面的知识，以此陶冶自己的情操，丰富自己的人生。

在毅商方面，他告诫子女要有坚定的意志和顽强的毅力，要乐于在艰难的环境中磨炼自己，指出"处忧患最是人生幸事，能使人精神振奋，志气强立"，[1]"人之生也，与忧患俱来，知其无可奈何，而安之若命"。[2] 对于所遭遇的挫折，对于人生的得失，要把它看成"磨炼身心最好机会"。[3] 思成在出国前遭遇了车祸，梁启超在信中即言及"人生之旅历途甚长，所争决不在一年半月，万不可因此着急失望，招精神上之萎蒇。汝生平处境太顺，小挫折正磨练德性之好机会"。[4]

梁启超还重视对子女进行财商教育。他在给子女的书信中，就包括留学费用、房产购置、股票、保险、抵押、信贷、报业等在内的一系列家庭财务、理财规划进行沟通与讨论，以期树立孩子们敢于言"利"的经济观念、善于取"利"的理财能力，对他们进行财

---

① 梁启超：《致思顺书》（1916年1月2日），《梁启超家书》，第25页。

② 梁启超：《致思成书》（1925年12月27日），《梁启超家书》，第116页。

③ 梁启超：《给孩子们书》（1927年1月27日），《梁启超家书》，第174页。

④ 梁启超：《致思成书》（1923年7月26日），《梁启超家书》，第68页。

商的培养与教育，进行如何正确对待财富的教育。他在书信中不断向孩子灌输理财观念、理财意识，详细罗列各种流水细账，对孩子们的财商进行引导。他和孩子们强调"切勿见猎心喜，吾家殆终不能享无汗之金钱也"，① 反对发不义之财，并时常在书信中告诫子女什么钱当挣，什么钱不当挣。1912 年 12 月，他在给思顺的信中称："吾若稍自贬损，月入万金不难，然吾不欲尔尔。"② 强调自己不会为了钱财而贬损人格，丧失尊严。他还几次在书信中让思顺力劝母亲不要再投机，如"当告汝母切切不可再投机，若更失败，吾力亦实不逮也"等。③

其三，扮演多重角色的好爸爸。梁启超在儿女们面前亦庄亦谐、亦师亦友、亦尊亦亲，扮演了亲情上的好父亲、心灵上的好朋友、学识上的好老师、人格上的好榜样等多重角色。

他是孩子们的慈父。他亲切地称长女思顺"大宝贝""娴儿""宝贝思顺""Baby 思顺""顺儿"等，称小儿子思礼"老白鼻"，给思懿取"司马懿"的外号，称思庄为"庄庄""小宝贝"，称思忠为"忠忠"，称思达为"达达"，至于思宁，却又以行名，呼为"六六"；或者集体称为"大小孩子们""对岸一大群孩子们""大孩子们、小孩子们"等。这些称呼映衬出的是父亲的亲切与慈爱。他疼爱男孩，也疼爱女孩，曾在给思顺的信中提到："吾爱女之名举国皆知，故交相见者，无不问汝，却无人问思成以下。"④

他是孩子们的知心朋友。他的书信没有一般长辈常有的说教，没有疾言厉色的训斥，没有居高临下的口气。只有循循善诱，没有呵斥指责；只有建言建议，没有武断命令；只有娓娓道来，没有简单粗暴；只有信任通透，没有遮遮掩掩。在他的笔下，爱像一种无形的力量源源不断地注入孩子们的心田，亲情像一湾甘甜的清泉悄无声息地滋润着孩子们的人生。他直白地表达对孩子的思念，有时还在孩子面前撒娇，表露出童趣、天真、孩子气的一面。他虽然忙，

---

① 梁启超：《致思顺书》（1912 年 12 月 18 日），《梁启超家书》，第 14 页。
② 梁启超：《致思顺书》（1912 年 12 月），《梁启超家书》，第 10 页。
③ 梁启超：《致思顺书》（1912 年 12 月 18 日），《梁启超家书》，第 14 页。
④ 梁启超：《致思顺书》（1912 年 12 月 18 日），《梁启超家书》，第 14 页。

但总是尽可能地抽出时间，给孩子们讲故事，陪孩子们听歌剧，到户外去郊游，和孩子们一起做游戏，和孩子们一起到北戴河海滨嬉戏，给孩子们带来了无穷的欢乐，自己也享受着天伦之乐，保持着某种难得的童趣。

他是儿女们学业上的好老师。他对子女在治学方向上进行引领，在治学方法上进行指导，在具体问题上进行点拨，在治学态度上潜移默化，对儿女的成长、发展起了至关重要的作用。从知识谱系的角度，父亲梁启超是一位博学的大师，而儿女则是具体学科领域的专家，儿女从某一具体角度、某一学术领域入手，在继承家学的基础上将其拓展、深化。

他是子女们成长过程中的好榜样。他人格上尚德自强做儿女的模范，知育上乐学敏思堪为儿女楷模，意育上乐观进取为儿女树立榜样，情感上知所节制为儿女做出表率。如在情感生活中，梁启超有激情奔放的一面，也有理性克制的一面。他在1925年12月27日的信中说："我是感情最强烈的人，但经过若干时候之后，总能拿出理性来镇住他，所以我不致受感情牵动，糟蹋我的身子，妨害我的事业。"[1] 他有一位叫何惠珍的红颜知己，曾三次向其表达爱意，但梁启超以理智克制自己的情感，都以家有妻室为由明确予以拒绝。

## 四　珍贵的现实启示

梁启超虽然去世已近一个世纪，但他教育子女成才的经验与方法，对于今天的父亲们仍然具有弥足珍贵的参考、借鉴价值。我们着眼于现实，归纳了"健康是基础，做人最重要""男孩女孩都要用'爱'来养""要督促，更要量力而行""要引导，更要尊重个性""重言传，更要重身教""富爸爸更当倡导寒门家风"等"梁启超家教案例的现代启示"。

"健康是基础，做人最重要"对现实的启示是：梁启超当年所批评的"第二层的情育，第三层的意育，可以说完全没有，剩下的

---

① 　梁启超：《致思成书》（1925年12月27日），《梁启超家书》，第116页。

只有第一层的知育"情况依然存在，甚至可以说更为严重。家庭教育中，也有家长只盯着孩子的学习成绩，而对其他方面关心不够。正如梁思礼围绕"父亲思想"接受记者采访时所谈："年轻的父母望子成龙，这是可以理解的，但是目前学校、家庭教育存在着问题，把小孩变成了考试的机器，考试变成了成才的'独木桥'，好像只有考上了重点大学，才会有前途。从前中学教育，老师们除了教授功课外，还教育怎么做人，怎么做一个合格的人，怎样做一个崇高的人。现在往往有很多人考试很好，成为高考状元，但其他能力很差。由于学校只追求升学率，使得一些望子成龙的家长强迫子女读书，要求子女从重点中学到重点大学，忽视了培养子女做人的道理，因此学校也应该重视素质教育。"①

"男孩女孩都要用'爱'来养"，也很有现实意义。中国有句古话叫"穷养男，富养女"。对男孩的培养更注意意志、精神的磨炼、磨砺，对女孩的培养更注意气质、品味的涵养、熏陶，有一定的合理性。现在的家庭大多不存在重男轻女、区别对待之类的问题，梁启超更多地体现了男女平等对待的家庭教育思想也就更有借鉴意义。他对男孩女孩是都富养——尽可能接受优质教育，尽量多走走多看看，尽量多见世面；又都穷养——都要求其守寒士家风，要求孩子自己的事情自己做，自己的路自己走。都富养，也都穷养，也就是梁启超在给思忠的信中所说的"爹爹虽然是挚爱你们，却从不肯姑息溺爱，常常盼望你们在苦困危险中把人格能磨练出来"。②

"要督促，更要量力而行"，针对的是中国父母望子成龙的焦虑症，这种过高的期望很可能会适得其反。梁启超家教的重要特点是在发展目标上实在平和，在成长过程中不拔苗助长，给孩子们留足了余地，留足了驰骋想象的时间、自由发挥的空间。梁启超当年没有给孩子提出过高的要求，没有给孩子太大的压力，只是要求他们"尽自己的能力去做"。思成后来成了院士，但父亲当年的期待是

① 梁思礼：《"父亲思想使我终身受益"——梁启超之子梁思礼专访》，《广州日报》2005 年 5 月 12 日。

② 梁启超：《致孩子们书》（1927 年 5 月 5 日），《梁启超家书》，第 212 页。

"希望你回来见我时，还我一个三四年前活泼有春气的孩子，我就心满意足了"；① 思永后来成了院士，但父亲当年的期待是"我所望于思永、思庄者，在将来做我助手"；思礼后来也成了院士，但父亲当年的期待是"家里学自然科学的太少了"，"希望达达以下还有一两个走这条路"。他的孩子有时也成绩不好，但他从未埋怨孩子没出息，还说："你们弟兄姊妹个个都争气，我有什么忧虑呢？"

"要引导，更要尊重个性"，针对的是家长的盲目攀比。梁启超注意引导，但尊重每个孩子的个性、志向、志趣。他的九个子女，各走各的路，专业大相径庭，但是在各自的领域都取得不错的成就。现在的家长，不像梁启超当年需要细致观察自己九个孩子的不同特点，对孩子进行有的放矢的个性化教育，但要切记不要盲目攀比"别人家的孩子"，每一孩子都有自己的特点，对孩子所提要求要符合自家孩子的个性、志趣与实际情况。

"重言传，更要重身教。"梁启超对"言传"与"身教"两种形式都很重视。梁启超的"言传"有两种重要形式。一是给孩子讲故事。梁启超只要有时间和孩子们在一起，就天南地北地给孩子们讲爱国英雄的故事。一是通过给孩子写信对他们进行教育，留下400 多封家书。他更以自身的实际行动为儿女们树立了榜样。他要求子女爱国，首先自己做到了，他的爱国之心一生从未动摇过，其探索国家和民族命运思想与行动从未停止过；他要求子女"学业切宜勿荒"，首先自己做到了，他一生勤于思考、勤于著述，留下了1400 万字的论著，成为"百科全书式的学者"。父母无须不厌其烦地告诉孩子什么可以做，什么不可以做，而是要从自身做起，以行动为孩子树立榜样。如果你自己终日无所事事，却要求孩子树立远大理想；如果你自己一天到晚看电视，却告诉孩子要好好学习；如果你自己整日忙着聊天、"偷菜"，却告诫孩子要少上网、要戒"网瘾"；如果你自己人前一套人后一套，却提醒孩子要诚实守信，那一定是没有说服力，也不会产生好的效果的。

"富爸爸更当倡导寒门家风。"时下，"富二代""官二代""星

---

① 　梁启超：《致孩子们书》（1927 年 8 月 29 日），《梁启超家书》，第 234 页。

二代"不时成为负面新闻的焦点，成为网络围观事件的主角。究其原因，家庭教育也难辞其咎。梁启超不是大富大贵，难以与那些超级财富精英比阔，但论家庭综合实力，则可说是遥遥领先的。在政界，他曾经是呼风唤雨的风云人物，也担任过部级高官；在学界，他绝对是大师级的领袖；论财力，其收入在当时的绝大多数国人看来也是天文数字。他集优质的政治资源、学术资源与财力资源于一身，却常和孩子讲"生活太安逸，易消磨意志""吾家十数代清白寒素，此乃最足以自豪者"。① 在父亲的教育下，梁家子女个个务实低调，人人埋头做事，没有一个以名门之后自居而骄横张狂的。梁家子女的出色成就印证了时下流行的那句话：低调，才是最牛的炫耀！梁氏家族守住寒士家风，使家族文脉延续已过百年，这对希望打破"富不过三代"魔咒的财富精英来说，无疑是难得的教材。

　　[根据作者 2013 年 9 月 5 日在山东省图书馆大众讲坛等讲座的讲稿整理，内容取自俞祖华、俞梦晨《像梁启超那样做父亲》（山东画报出版社，2013）]

---

① 　梁启超：《致思顺书》（1916 年 2 月 8 日），《梁启超家书》，第 27 页。

# 清季与民国为何大师辈出

清季与民国，那是一个内忧外患、秩序动荡的混沌年代，"故国不堪回首"，又是一段大师辈出、名家云集的岁月。

人文领域的清华国学研究院神话与科技领域的西南联大奇迹，就是那个兵荒马乱的年代给国人留下的"批量生产大师"的完美传奇，却难以复制。

清华国学研究院于 1925 年 9 月 1 日开学，名闻一时的"清华四大导师"王国维、梁启超、陈寅恪、赵元任，以及李济等受聘执教，后因王国维自沉、梁启超病逝及其他原因，至 1929 年停办。清华国学研究院在短短四年中培养了四届 74 名学生，包括梁实秋、徐中舒、姜亮夫、王力、吴其昌、姚名达、高亨、陆侃如、贺麟、蒋天枢等 50 多位世所公认的学术文化名流。

由北京大学、清华大学和南开大学联合组成的西南联大，在七七事变发生、平津相继沦陷后，迁居西南边陲昆明。战火纷飞中的西南联大在其存在的短短八年（1938 年 5 月到 1946 年 5 月）里，共培养毕业生 3343 名，其中有杨振宁、李政道 2 位诺贝尔奖获得者，黄昆、刘东生、叶笃正、吴征镒 4 位国家科学技术最高奖获得者，赵九章、郭永怀、陈芳允、屠守锷、杨嘉墀、王希季、朱光亚、邓稼先等 8 位"两弹一星"功勋奖章获得者以及 173 位两院院士。

何以兵荒马乱、烽火连天的时代，却大师辈出？人们希望拨开历史天空中的迷雾，寻求其中的奥秘。

还是要感谢时代的赐予，虽说那个时代充满危机与绝望，但"绝望之为虚妄，正与希望相同"。西方文明的冲击，带来了全新的文化元素；现代大潮的拍打，促进了全面的社会转型。传统偶像与信仰打破了，势必需要价值重建；汉学、宋学被批判了，需要代之以现代学术体系；文言文被弃置一边，需要尝试新的话语表达方式。正是在价值重建、现代学术开创与白话文兴起的过程中，成长起一批批学术大师，他们因为得风气之先而在社会文化的重新洗牌中成了时代的骄子。这就不难理解，"爱国""中华民族""经济学"这些现代名词，常是梁启超率先使用；胡适写了《中国哲学史大纲》《四十自述》等"半部书"，写了粗糙幼稚的白话诗集《尝试集》，居然能"暴得大名"。

以梁启超、严复、章太炎、王国维为代表的"清末一代"与胡适、鲁迅等"五四一代"知识精英在某种程度上可以说是空前绝后的：就西学视野与现代背景而言，先贤大儒无法望其项背；从国学根底和旧学修养来看，后世学子又可望而不可即。这就容易理解"大师之后再无大师"了。

传统学术混而不分，而现代学术分科日趋细化。包括梁思成、梁思永在内的"民国一代"，适应治学日益专门、学科日益分化的趋势，成了刚刚开创的现代各专门学科的专业知识分子。如果说梁启超作为"清华四大导师"之一，其优势在于学贯中西、博通古今，因而能在开创"会通古今、会通中西、会通文理"的清华学派中发挥关键作用，那么，他作为父亲的卓越之处在于因其了解学术分科的趋势，能引领子女在现代新学科的建立中占据先机。梁思成成为中国建筑史的宗师，完成第一本由中国人自己编写的《中国建筑史》，在东北大学创立了中国第一个建筑系，与其留美期间父亲专门寄来的一部重新出版的宋代书籍《营造法式》有很大关系。梁思永成为受过正规现代考古学训练的第一位中国人，可以说是对父亲事业的一种继承，也受益于在父亲的安排下跟随李济参加了田野考古实习。

清华国学研究院神话、西南联大奇迹与梁启超家教传奇，三大案例可说有一个共同之处，即"名师出高徒"。清华四大导师是毋庸置疑的顶尖国学大师。在筹办国学研究院时，时任清华大学校长的曹云祥向胡适征询，并拟请他担任国学研究院的导师，胡适拒绝了，表示：非第一流学者，不配做研究院的导师，自己实在不敢当。西南联大也是大师云集，在 1948 年中央研究院首届院士评选中，全部 81 位院士中有 27 人出自西南联大，占了三分之一。这些案例充分说明了名教授给本科生授课的重要性。

再就是在民国学校教育中，教育行政化不算严重。1917 年蔡元培执掌北京大学，实施了"教授治校"。清华园则流传着"教师是神仙，学生是老虎，职员是狗""校长是条狗"的说法。1928 年安徽大学校长刘文典顶撞蒋介石，也盛传于当时的学界。大学不是衙门，教授个性飞扬，方能涵养大师的学识、精神与气象。

还有，民国学术名流有相对丰厚的薪酬。民国前期，一般职员或工人的月收入是 8 元左右，毛泽东在北京大学图书馆工作的收入就是这个数。当时，北京大学一级教授胡适、辜鸿铭、蒋梦麟等的月薪为 280 银圆，胡适在 1917 年寄给母亲的信中提到"适之薪金已定每月 260 圆"，10 月 25 日的信中又提到"适在此上月所得薪俸为 260 圆，本月加至 280 圆，此为教授最高级之薪俸"。梁启超于 1925 年被聘为清华国学研究院导师，月收入是 400 元，此外，他还有多项兼职，收入也有稿费等其他来源。

这不是最重要的。抗日战争时期，梁思成、梁思永曾困于四川李庄，贫病交加；西南联大的办学条件也极艰苦，但有一种精神力量支持着大师的成长。正如杨振宁所说："战时，中国大学的物质条件极差，然而，西南联大的师生却精神振奋，以极严谨的态度治学，弥补了物质条件的不足。"出自陈寅恪之口的"独立之人格，自由之思想"，则是对那个时代大师级学人学术精神的最好提炼。

［原载《齐鲁晚报》2013 年 12 月 25 日］

# 大时代·小时代·微时代

　　"大时代"是鲁迅在1927年冬天写下《〈尘影〉序言》时提出的一个概念，他说："中国现在是一个进向大时代的时代。但这所谓大，并不一定指可以由此得生，而也可以由此得死……这重压除去的时候，不是死，就是生。这才是大时代。"

　　"小时代"是"80后"作家郭敬明2008年起推出的以上海为背景的都市爱情小说，包含《小时代1.0折纸时代》《小时代2.0虚铜时代》《小时代3.0刺金时代》，该作品描写林萧、南湘、顾里、唐宛如四个从小感情深厚、有着不同价值观和人生观的"80后"女生所经历的情感故事。

　　大致从2010年开始，我们国家又悄然进入了"微时代"。以"微"为名号的事物层出不穷，如微博、微信、微小说、微电影、微旅行、微课教学、微公益等，真可谓无"微"不至，人人织"微"。

　　在某种意义上，鲁迅生活的时代、"80后"的少年青春时代和21世纪10年代，按照大时代、小时代、微时代的时序排列也可以成立。

　　从鲁迅生活的清季民国，一直到20世纪80年代，呈现了"大时代"的许多特征。那是一个大变革的时代，经历了清王朝灭亡、北洋军阀垮台、国民党政权覆没、新中国成立、改革开放启动等大事件，中国处在"不是生就是死"的历史转型中。人们尤其是年轻人关怀的是天下兴亡，思考的是大问题，从孙中山的"振兴中华"、梁启超的"少年中国"、毛泽东的"问苍茫大地谁主沉浮"、周恩来的"为中华之崛起而读书"、鲁迅的"我以我血荐轩辕",到"文革一代"的"只有解放了全人类才能最后解放自己",再到20世纪80年代"文化热"的"指点江山"和"学生干部忙爱国",都是"宏大叙事"。那时的学子心忧国家、胸怀天下,梁启超的7个子女有海外学习、生活的经历,都学成归来报效国家。那是一个需要巨人也产生了巨人的时代,掌控话语权的是一些享有盛名的文坛巨匠、学术大师,如清季梁启超的启蒙宣传风靡天下、举国欲狂,还有现代文坛大师"鲁郭茅巴老曹",流行学界、文坛的作品则往往是反映宏大主题的鸿篇巨制。

到了"80后"登场的"小时代",一些不难察觉的"小变化"相继发生。社会变革不再是暴风骤雨,而是小烈度的、和风细雨式的,和谐社会取代了阶级斗争,执政话语取代了革命话语,虽说改革是一场深刻的革命,但终归是社会主义制度的自我完善,不是要打破一个旧世界、建立一个新世界。既已承平日久,年轻人也就"不谈风云谈风月",从革命转向情感,从天下兴亡转向个体命运,从宏大叙事转向小资情调,人们忙活着"捞金",忙活着过起自己的"小日子",一些人放下了豪气干云的理想主义,转而趋向务实,甚至走向拜金主义。鲁迅说"大时代"是"方生方死",《小时代》所描写的则是"醉生梦死"。难怪《人民日报》连续刊文,批评《小时代》"热衷于表现小我,抒发个人志趣","'小'了时代,窄了格局,矮了思想","遮蔽甚至替代大时代、大世界、大格局"。在产生《小时代》的年代,书写与阅读发生了深刻的变化,严肃文学作家受到了冷落,鲁迅、冰心PK不过"玉女作家",读完张炜450万字的《你在高原》的读者应当为数寥寥,流行的是短、平、快的"文化快餐",排在"作家富豪榜"前列的有不少是网络写手,受到欢迎的题材是描写个体情感、命运的《小时代》《中国合伙人》,以及《超级女声》《中国好声音》等娱乐类节目。

进入微时代后,越来越多的普通民众开始借助微博行使话语权。制造和引领话题的,不一定是梁启超、鲁迅这样的"文豪",草根人物也可以借助微博成为网络这一新舆论场的热点人物。阅读与书写的趋势,从作者来讲,是大众化,2013年初新浪微博用户已超过

5 亿；从文本来讲，是小微化，微博有 140 的字数限制；从节奏来讲，是即时化，新闻传播速度远非传统媒体可比。微时代是社会生活节奏加快的一种反映，物质食粮上是速食快餐，而在精神食粮方面，文化产品生产所需要的"静夜思"是一种奢望，文化产品消费上的"慢阅读"也成了一种几乎失传的美好。

无须怀疑从"大时代"到"小时代"再到"微时代"所反映与折射的社会变迁的进步意义，也无须批评《小时代》"烂得惊人"，这种变迁所反映出的话语民主、现代科技、个性发展、时尚元素、开放社交、人文关怀等趋势，或许就是"五四"喊出的"民主""科学"口号的一种时代回响。

实际上，"宏大叙事"与"私人叙事"、"理想信念"与"情感欲求"、"鸿篇巨制"与"文化快餐"、"大道理"与"小清新"、"高调"和"亲和"，不是绝对对立、互相排斥的。"中国梦"就把"实现中华民族的伟大复兴"的国家梦想与每一个中国人"共同享有人生出彩的机会，共同享有梦想成真的机会"的个体追求有机地结合了起来。正像当年为救亡、革命、启蒙而奔走的先驱，一面是强烈的救国情怀、富强关怀，一面也呼唤过个性解放，张扬过人的感性、欲望、野性、个体性，如鲁迅《略论中国人的脸》就批评过中国人的脸上缺少了一种叫"兽性"的东西。《小时代》主人公的同时代人可以在"我的青春我做主"、尽情享受自己的个体人生之余，把个体的人生梦融入国家的复兴梦，过好小日子，同时又有大格局。"微时代"完全可以有大关怀，如政务微博的开设就为包括草根网民在内的民众搭建了公共关怀、议政建言的平台。的确，这是一个理想冷却的时代，这也是一个梦想闪耀的时代；这是每个年轻人的小时代，又是实现中国梦的大时代。

[原载《齐鲁晚报》2014 年 1 月 8 日]

# 中国家教第一人

中外历史上成功实施家教的家长不乏其例，梁启超是其中的典范，有学者称他为"中国家教第一人"。或许有人对此有所怀疑，但其在教子育女上尽心尽力地全面投入，其所育九个子女皆成俊才，其400余封家书娓娓道出的亲子之情，其家教理念与实践的完美结合，足以说明梁启超无愧于这一称号。

梁启超的九个儿女个个品德高尚、才华出众、学有所成，成为对国家做出杰出贡献的栋梁之材，尤以"一门三院士"为代表，建筑学家梁思成、考古学家梁思永在1948年当选为中央研究院首届院士，航天专家梁思礼也于1993年当选为中国科学院院士。其他子女也各自取得了骄人的成就：长女梁思顺是诗词研究专家，编有《艺蘅馆词选》；三子梁思忠是英年早逝的炮兵上校；次女梁思庄是著名图书馆学家，曾任北京大学图书馆副馆长；四子梁思达是著名经济学家；三女梁思懿是著名社会活动家，曾任山东省妇女联合会主席、中国红十字会国际联络部副部长等职；四女梁思宁是革命军人。

如果按世俗的眼光，比一比谁家的孩子发展得更好，梁家子弟自然不是最风光的，他们中没有大富大贵者，均乃"百无一用"的书生。这里，首先有一个起点的问题。有的人出身于王公贵戚、政治世家，有的人出身于豪门大户，这样的人想不富贵都难，如果发展得很好，不能说与家教毫不相干，但它很可能不是关键因素。梁启超告诫子女"不必泥定爹爹的话"，总是给子女灌输那种凡事靠自己、爱拼才会赢的理念。梁家九个子女不靠"拼爹"、不依赖父亲的名声，而是放开手脚走自己的路。在梁启超生前，也就是长子思成学成就业，父亲虽然没少操心、费心，但思成和林徽因夫妇没有选择父亲供职其间且又相对安逸的清华大学，而是凭自己的实力去了东北大学打拼，开创了中国第一个建筑学系。其次，有一个择业与人生的价值取向的问题。梁启超要求子女不追求名利地位、不追求大富大贵，而是努力争取有贡献于社会。他在家书中教导孩子们说："你们各人要自审其性之所近何如，人人发挥其个性之特长，以靖献于社会，人才经济莫过于此。"又说："天下事业无所谓大小，士大夫救济天下和农夫善治其十亩之田所成就一样。只要在自己责任内，尽自己力量做，便是一等人物。"

古代的士人为科举仕途而寒窗苦读，但梁启超告诫子女："做官实易损人格，易习于懒惰与巧滑，终非安身立命之所。"在他看来，文学家、艺术家、科学家在历史上的作用非政治家所能比，他在给思成的回信中说："试问唐开元、天宝间李白、杜甫与姚崇、宋璟比较，其贡献于国家者孰多？为中国文化史及全人类文化史起见，姚、宋之有无，算不得什么事，若没有了李、杜，试问历史减色多少呢？"他要求子女不必追求飞黄腾达，也不必太看重物质财富。他说："一个人在物质上的享用，只要能维持生命便够了，至于快乐与否，全不是物质可以支配。"

诚然，一个家庭的子女个个都有出息，也不是个案、少数，如"一门三院士"虽世所罕见，却也非梁家所仅有。被称为"黎氏三兄弟"的黎鳌、黎介寿、黎磊石分别于1994年、1996年、1994年当选为中国工程院院士，在中国医学界传为美谈。与梁启超对梁家三兄弟成长为院士起到重要作用有所不同，在黎家，由于父亲早逝，由长兄黎鳌接济两位弟弟并将他们引上医学之路，最终成就了一个家庭走出三位院士这一医学界绝无仅有的传奇。有的父母可能也教子有方，但没有留下诸如家书、家训、家谱、家属后人追忆之类的文本，使我们无从准确解读其家教经验并从中得到有益启迪。梁启超则不仅创造了满门才俊的家教传奇，也为后世留下了弥足珍贵的家教理念与行之有效的家教方法。他的家教思想较集中地呈现在写给子女的400余封书信中。梁启超家书与曾国藩家书、傅雷家书并称"三大家教典范文本"。

　　在曾国藩、傅雷和梁启超三人中，曾国藩教子治家很有成就，但作为"最后一位大儒"，其理念、方法与话语传统色彩浓厚，自然不如被称为"中国知识分子第一人"的梁启超更适合于我们这个时代的各位家长。傅雷教子以严苛著称，作家楼适夷撰有《读家书，想傅雷》回忆："我很少看到他同孩子嬉戏逗乐，也不见他对孩子的调皮淘气行为表示过欣赏。他亲自编制教材，给孩子制定日课，一一以身作则，亲自督促，严格执行……他规定孩子应该怎样说话，怎样行动，做什么，吃什么，不能有所逾越。"相比之下，梁启超引导九个子女通过各自努力在不同领域做出不俗业绩的经验，更富有时代气息，也更平实、更贴近寻常百姓。

[原载《齐鲁晚报》2013 年 11 月 6 日]

# 从名人家教的得失谈起

出身名门，有更显赫的身份背景，有更优越的成长氛围，有更丰裕的家族资源，然而，不是出身豪门、名门的子弟个个都能成龙成凤。名人家教有梁启超家这样满门才俊的传奇，也有令人唏嘘不已、深为痛惜的案例。

梁启超的老师康有为的家教就远非完美可言。康有为一生有六位妻妾，生育十二个子女，长大成人的有二子四女，长女康同薇、次女康同璧卓有成就，成了女界名流，其他子女就说不上成大器了。梁启超在给其子女的信中提到了恩师一家的乱象与窘境："他家里真是八塌糊涂，没有办法。最糟的是他的一位女婿（三姑爷）。南海生时已经种种捣鬼，连偷带骗。南海现在负债六七万，至少有一半算是欠他的（他同外人来盘剥）……他那两位世兄，和思忠、思庄同庚，现在还是一点事不懂，活是两个傻大少（人尚不坏，但是饭桶，将来亦怕变坏）。还有两位在家的小姐，将来不知被那三姑爷摆弄到什么结果，比起我们的周姑爷和你们弟兄姊妹，真成了两极端了。我真不解，像南海先生这样一个人，为什么全不会管教儿女，弄成这样局面。"康有为身后"萧条得万分可怜"，梁启超得知其死讯后"赶紧电汇几百块钱去，才草草成殓"。

另一位民国名人胡适，与江冬秀育有二子一女，女儿夭折，他颇为自责："如果我早点请好的医生给她医治，也许不会死。我把她糟掉了，真有点罪过。我太不疼孩子了，太不留心他们的事，所以有这样的事。"长子胡祖望虽在美国接受了高等教育，但成绩远未达到父亲的期望，胡适也甚是恼火："今天接到学校报告你的成绩，说你'成绩欠佳'，要你暑期在学校补课。你的成绩有八个'4'，这是最坏的成绩。你不觉得可耻吗?"小儿子胡思杜更不成器，读了两个大学都未能毕业，还染上了赌博等坏习惯，被美国当局驱赶回国。

名人之后未能成器，甚至变坏，家长要承担很大的责任，尤其是父亲，正如俗话所说"养不教，父之过"。究其原因，主要如下。一是因家庭起点高，有的家长甚至想复制自己的成功，故对孩子有过高的期望值，教育不得法，一旦达不到期望又在心里予以放弃。据康有为弟子卢湘文回忆，康师曾把女儿同复送到他这里受教，还说："此女甚钝，幼时尝教以数目字，至数遍尚不能记，余即厌恶之。"二是家长忙于自己的事业，无暇照顾、管教孩子。维新变法前，康有为还有余暇照管其长女、次女，但对后面几个子女投入不够，子女们后来的发展也就有了差别。胡适自己忙于公务，而妻子是家庭妇女，文化程度不高，使孩子疏于管教。1946 年 6 月 16 日，胡适在日记里写道："小三今天毕业，今天又是美国人的 Father's Day（父亲节），我很惭愧对两个儿子、一个女儿（死了），都没有尽我能够尽的责任。"三是家庭条件优裕，家长对孩子的各种要求都予以满足，娇生惯养的结果是有的孩子骄横、张狂，有的孩子沾染了坏习气，甚至走上违纪违法的道路。

梁启超当年没有给孩子提出过高的要求，没有给孩子太大的压力，只是要求他们"尽自己的能力去做"。思成后来成了院士，但父亲当年的期待是"希望你回来见我时，还我一个三四年前活泼有春气的孩子，我就心满意足了"；思永后来成了院士，但父亲当年的期待是"我所望于思永、思庄者，在将来做我助手"；思礼后来也成了院士，但父亲当年的期待是"家里学自然科学的太少了"，"希望达达以下还有一两个走这条路"。他的孩子有时也成绩不好，但他从未埋怨孩子没出息，还说："你们弟兄姊妹个个都争气，我有什么忧虑呢?"

梁启超当年驰骋政坛，致力启蒙，在生命的最后几年还身兼数职，社会事务、教学、学术与写作头绪繁杂，但他总是要挤出时间对孩子进行教育，抽空给孩子写信、与孩子聊天、陪孩子娱乐、带孩子看海、伴孩子一起成长。他曾在给思永的信中说："我现在忙极，要过十天半月后再回你，怕你悬望，先草草回此数行……因为忙，有好多天没有给你们信（只怕十天八天内还不得空），你这信看完后立刻转给姊妹他们，免得姊妹又因为不得信挂心。"

梁启超常和孩子讲"生活太安逸，易消磨意志""吾家十数代清白寒素，此乃最足以自豪者"，要求孩子们守住寒门家风；他对孩子的要求不是做大官、发大财、出人头地，而是"做大事，做实事，做一个对社会有用的人"。在父亲的教育下，梁家子女个个务实、低调，没有一个以名门之后自居而骄横、张狂的。

［原载《齐鲁晚报》2013 年 10 月 16 日］

# 从"土豪"词义变化看世风

2013 年走红的"土豪"词义已迥异于往昔。当今的"土豪"一词,可谓代表了社会大众、弱势群体对新富阶层"羡慕嫉妒恨"的复杂心态。

一面是含金量十足的"土豪""大妈"等热门词,一面是自嘲味颇浓的"蚁族""屌丝"等新称谓,它们似乎见证着当下的贫富差距扩大、基尼系数走高。新词语的产生、新词义的出现,成了直观、迅速地反映社会变革,包括社会阶层分化与社会风气变化的一面镜子。

"土豪"一词经历了古义、近义与今义的内涵变化,正是一个从褒义到贬义再到褒义的"否定之否定"过程。

在古代,土豪指有财、有势、有威望的地方豪强,或世居边境而有威望的一方首领。如宋末文天祥《己未上皇帝书》:"至如诸州之义甲,各有土豪;诸峒之壮丁,各有隅长。彼其人望,为一州之长雄。"此处的"土豪"并无明显贬义。北宋著名的杨家将就出身土豪,北宋名臣寇准也是"豪侈冠一时"的大土豪,但并不影响他们青史留名。

近代革命兴起后,土豪在政治上成了革命对象,在道德上则成了常与"恶霸""劣绅"等恶势力并列的污名化指称。辛亥革命时期,土豪就已成为出现频率不低的负面词语,如"土豪宜惩"曾连续两天出现在 1910 年 9 月《申报》的广告版上。在 1924—1927 年国民革命中,出现了"打倒土豪劣绅"的口号和"有土皆豪、无绅不劣"的说法,土豪在整体上成为革命的对象。《国民革命歌》有一种版本的歌词为:"打倒土豪,打倒土豪,分田地,分田地。我们要做主人,我们要做主人,真欢喜,真欢喜。"毛泽东在《湖南农民运动考察报告》中称，在大革命中，"一切帝国主义、军阀、贪官污吏、土豪劣绅，都将被他们葬入坟墓"。1927 年"八一"南昌起义后，中国共产党开始独立领导武装斗争，自此土地革命成为中国革命的中心内容。9 月，毛泽东领导秋收起义部队经过文家市，出现了"打土豪，分田地"的宣传标语，后各根据地出现了"收拾金瓯一片，分田分地真忙"的场景。

2013 年走红的"土豪"词义已迥异于往昔。当今的"土豪"一词，代表了社会大众、弱势群体对新富阶层"羡慕嫉妒恨"的复杂心态。处在社会下层、属于弱势群体的人们不再只是以"屌丝"自嘲，他们还发明了"土豪"这一话语，嘲弄"土气的富豪"富有而土气、华丽而粗野、炫耀而肤浅、一掷千金而品位不高，嘲弄新富阶层"有钱，但也只是有钱"。然而在拜金主义、物欲主义盛行的社会风气中，土豪又是大众羡慕的对象，有朝一日成为土豪或许就是在社会阶梯上攀行的"屌丝"们的向往，网友们戏谑称"与土豪做朋友"及"为土豪写诗"，甚至"路见不平一声吼，抱着土豪不放手"。

古代一些土豪有财有势且有威，他们的威望很大程度上来自文化上的资望、道德上的影响。传统社会的惯例是士大夫"告老还乡"，在乡绅身上，财富与文化是结合得较好的。当下，发生了某种财富与文化分离的现象，一些文化人缺乏市场意识，穷得发酸，"抱着金饭碗要饭吃"，或为拉赞助"为土豪写诗"；各种文化元素集结于城市，也没有告老还乡之类的反哺途径，造成乡村文化缺失，土豪成为暴发户，有钱无品，富得流油、土得掉渣。社会信仰上，拜金主义有蔓延趋势，文人与文化不受尊重，有的文人也不够自重，本应淡定对待财富的"禅师"也急于与土豪做朋友。

富有，不能只是物质的富有。刚刚去世的富豪邵逸夫，无疑值得土豪们效仿。他曾说："大丈夫贵兼济，岂独善一身？""我的财富取之于民众，应用回到民众。""一个企业家最高的境界是慈善家。"网民们不妨再倡议："土豪，我们一起做慈善吧。"

[原载《齐鲁晚报》2014 年 2 月 26 日]

下篇　地方史视野中的近世士人

# 王懿荣与甲午战争

　　甲午战争不仅是中日力量的较量，也为国内权力之争与更替提供了适宜的土壤。而在权力之争之外，还存在这样一位学者，他也在密切关注战事的发展，积极上书建言献策，进而请缨回籍办团练以亲自迎击日军。他即本文的主人公王懿荣。本文试图探讨作为学者、文官的王懿荣在甲午战争中的主张、行为、政治倾向，以及他是如何看待这场战争的失败的。当然，由于处于中央政权的边缘，他对甲午战争、对当时政局影响并不大，但其忠孝节义、公忠报国之心及其并非空谈的对民力的重视，为甲午战争增添了光辉而独特的一笔，也为我们体察甲午战争中处于中央政权边缘的学者的见解与主张提供了新的一例。

　　王懿荣（1845—1900），山东福山人，字正儒，号廉生、莲生，谥号文敏，清末著名学者，在金石学及古文字学方面很有造诣，被后人誉为"甲骨文之父"。同时，他还是一位杰出的爱国主义者，在甲午战争中曾再三上书，建言献策，进而回籍办团练以亲自迎击日军，后在八国联军侵华时任京师团练大臣，抗志不辱，率眷自尽，留下了可歌可泣的感人一幕。出身于官宦兼诗书世家的王懿荣，经八次乡试始中进士，在庶吉士教习馆肄业后，先后被任命为翰林院编修、国史馆协修官、会典馆纂修帮总纂官、磨勘试卷官、翰林院试讲、庶吉士教习、翰林院侍读、南书房行走、起居注官及国子监祭酒等，因而他一直是以文人、学者的身份活动于晚清政局中。本文将试图探讨这一处于中央政权边缘的学者、文官在甲午战争中的主张、表现、政治倾向，以及他是如何看待战争的失败的。

一

对于中日之间的这场战争，日本蓄谋已久，中国若不放弃在朝鲜等的权利，战争将不可避免。对于日本的挑衅，朝廷政要之间意见不一。有的希望通过其他国家的调停，避免这场危机；有的则主张积极备战。虽然这种分歧部分出于个人的见识不同，但其深层原因却来自久已存在的宫廷矛盾与朝臣党争。随着战争的爆发和战事的急转直下，朝廷内部冲突也逐渐明朗化，最终围绕和战问题，形成了两派：以光绪皇帝、翁同龢为首的主战派和以慈禧太后、李鸿章为首的主和派。

甲午战争爆发之时，王懿荣刚被任命为南书房行走兼国子监祭酒。对于其战前的态度，由于没有资料，已不可考，但战争爆发之后，他是积极主战的。

### 1. 《吁请暂停点景，但行朝贺疏》

光绪二十年（1894）六月二十三日，日本在牙山口外的丰岛海面挑起了战争。七月一日（8月1日），中日两国宣战，战争正式爆发。战争刚一开始，形势便对我方很不利。辽东半岛、山东半岛同时告急，8月中旬，平壤失陷，黄海制海权丧失，北洋海军受重创。就在这紧急关头，清廷却置民族存亡于不顾，忙于筹备慈禧太后的"万寿庆典"。为举行庆典，清廷早早就成立了庆典处，专门办理庆典事宜。庆典期间，凡慈禧太后由颐和园到皇宫所经过的道路两旁，街道铺面要修葺一新，并分段搭建龙棚、龙楼、经棚、戏台、牌楼、亭座及点设景物。点景工程共分60段，每段需银4万两，60段约需240万两。王懿荣对此很是不满，于是于九月一日上折《吁请暂停点景，但行朝贺疏》。王懿荣要求暂停设点景的主要理由是在颐和园、皇宫这么重要的地点设景，万一有倭人混入，以瞻仰景点为名，"变生肘腋，恐非六班及周庐直宿诸大臣一时所能猝办"。表面看是为安全着想，最后却指出慈禧七十大寿近在十年，况且"将来红旗报捷"，可"随时补行，何时非万寿之时?"① 可见，王懿荣的言下之意为事有缓急，朝廷现在应集中力量、集中精神对付外敌，等胜利之后再补办庆典也不迟。

### 2. 对战事不满，要求起用恭亲王奕䜣

平壤失陷、黄海海域丧失之后，主战派纷纷指责李鸿章等犹疑不定，一意主和而又拿不出切实可行的办法，以致贻误战机。进而他们提出应改变政局现状，一方面再度猛攻以孙毓汶为首的枢臣，另一方面则纷纷请用秉国二十余载，又息影十年之久的恭亲王奕䜣。而作为学官的王懿荣也加入了这一行列。九月一日，王懿荣上了两道折，一是《时势孔亟，请召用亲贤疏》，一是偕同王文锦、吴树梅联名奏上的《请召用恭亲王疏》。奏折中对当前的军事表示不满，认为"救兵虽多，漫无统制，征调各将，无争胜之意，有相妒之能"，因而"列城瓦解，事在意中"。他希望能重新起用"曾办军务，通晓洋情"的奕䜣辅佐在皇帝的左右，以重新"布置将帅，联络与国，震慑强敌"，最终"上佐宸谟，下孚众望"。② 可见，王懿荣对奕䜣寄予厚望，希望他的起复能扭转战局。有书云，恭王之出山，实德宗与清流人士合谋以促成者。殊不知，王懿荣、王文锦、吴树梅等学官在其中也起到了推动的作用。而就在王懿荣等上折的这一天，恭王奉旨召见，懿旨亦随下，"着在内廷行走"。随又下诏：派管总署及海军衙门，并会同办理军务。③

### 3. 反对轻许议和，主张坚决抗战

然恭王出山，不仅没能稳定进而改变战局，且竟追随太后，力谋促成和议，而成外廷中和议运动之中心人物。这使主战派大失所望，王懿荣的失望之情也是可想而知的。随着战事的步步恶化，以

① 王懿荣：《吁请暂停点景，但行朝贺疏》，吕伟达主编《王懿荣集》，齐鲁书社，1999，第 54 页。
② 王懿荣：《时局孔亟，请召用亲贤》，吕伟达主编《王懿荣集》，第 55 页。
③ 《大清历朝实录·德宗朝》卷三四八，第 1 页。

太后为首的主和派渐渐抬头。其实早在九月初，一场和议便已在悄悄地酝酿。只是由于各帝国主义国家意见不一致，且日本拒绝外人干预，而终于无成。然随着日军渡鸭绿江，九连城败讯至；随之又金、旅告警，京师人心惶惶，纷纷迁徙，谣言四起。面对危局，主战派无策可施，而主和派则又开始新一轮的寻求谋和之路。正是在这种情况下，王懿荣于十一月初四日（11 月 30 日）奏上《详度夷情审量时局疏》，反对轻许议和，主张坚决抗敌，"趁此大兵云集，精厉士马，厚积军火，肃清海隅，使其畏服，切誓有坚不敢再犯之心"。他相信如果轻言议和，偿付巨额赔款，必然使敌人"挟我之资"而卷土重来，"是益寇粮而资之盗也"，而国家将不得不用财政的一半支付赔款，从而有内溃之患。[①] 这道奏折，表达了他坚决抗敌的决心。

由上可见，王懿荣对甲午战争的态度非常明确，即停止靡费、集中力量、任用贤人、抗战到底。而且王懿荣的主战主张并不限于空谈，随着战事的发展，他进一步谋求将之赋予行动。

## 二

虽然朝廷内部对于或和或战意见不一，但战事还是不以人的意志为转移继续进行。光绪二十年底，日本从国内调派一支军队抵达大连湾，与入侵辽东半岛的部分日军会合成新的军团，以大山岩为司令官，共计 2 万人，由联合舰队 25 艘军舰、16 艘鱼雷艇掩护，攻击山东半岛。十二月二十三日、二十四日（1895 年 1 月 18 日、19 日），日本海军派"吉野""秋津洲""浪速"三舰到登州（治所在今蓬莱）海岸，对府城进行炮击，并击中了蓬莱阁。十二月二十五日（1895 年 1 月 20 日），日军攻陷成山和荣成县城，包抄威海卫后路。山东巡抚李秉衡派兵与敌在枫岭、桥头等地交战。光绪二十一年正月初五日（1895 年 1 月 30 日），日军向威海卫南帮海岸诸炮台发起进攻，同时联合舰队从海上发起攻击，威海卫后防诸要塞全

---

① 王懿荣：《详度夷情审量时局疏》，吕伟达主编《王懿荣集》，第 38 页。

部落入敌手。

眼看战火蔓延到自己的家乡，王懿荣愁虑彷徨，眠食俱废。他上疏请求回籍兴办团练以抵御倭寇。他在奏折中指出，自己的老家福山地处滨海，距威海百八十里，是渤海南路要冲，地理位置十分重要。"此地一失，大局瓦裂。"胶东半岛军事防御力量薄弱，虽有山东巡抚李秉衡公忠廉介，坚持抗敌，但因上任不久，兵力单薄，武器陈旧。而自己十六七岁时曾随父亲办理登州海疆一带团练，有一定的经验和旧关系。现在时值国家危难之际，唯有恳求皇帝准许他回籍"会同抚臣办理团练，兼事招募"。他还指出，眼下军情紧急，刻不容缓，"非有得力军干，迅速赴援，不足济急"。因此建议皇帝派自己的堂弟、陕西永兴军记名提督王鸿发驰援威海，以解威海之围。他还奏请皇上恩准莱阳籍的翰林院编修王垿、黄县（今龙口）的族兄翰林院检讨王守训、荣成籍的前宿松县知县孙葆田等一起前往胶东，协助自己办理团练。①

同日，王懿荣的妹夫、两江总督张之洞也向朝廷建议，在"孤军恐难久持，援军缓不济急"的情况下，由山东巡抚李秉衡"晓谕荣成、登州一带居民，各集团练义勇，协助官军击倭"。② 光绪帝采纳了这些建议，令李秉衡催促地方文武赶紧办理，同时允准王懿荣回籍办团练，并颁发饷银2000两，以作筹备之资。其实，早在十二月十日（1895年1月5日），和议事宜已由中国政府公开宣布，正式进行。然和议一直由太后主持，光绪帝和翁同龢等则甚不愿和。批准王懿荣回籍办团练之事，说明光绪帝在这时还不愿放弃最后的希望，而在如此不堪的战局和如此复杂政局下任用王懿荣，说明光绪帝对王懿荣相当的信任。这对王懿荣来说也是莫大的殊荣。

王懿荣接旨后，于光绪二十一年正月十九日（1895年2月13日）承领所需银两后，于二十二日（2月16日）由京城束装出发，立即赶回原籍。他在回登州途中沿路考察直隶及山东各州县举办团练的情况，并随时向朝廷奏报，"臣此次沿途，经过直隶及本省各

---

① 吕伟达主编《甲骨文之父——王懿荣》，山东画报出版社，1995，第155—156页。
② 吕伟达主编《甲骨文之父——王懿荣》，第156页。

州县地方，亲加访问正在举办的团练"，"畿辅以顺天所属之良乡六里河，东省以青州所属之昌乐较之为齐整，而莱州之潍县民团尤属认真，此皆逼近京城及东抚住扎之区"。① 经过 20 多天的跋涉，王懿荣于 2 月 13 日抵达莱州府，面见山东巡抚李秉衡。至此他才知道威海已经失陷，北洋海军于正月二十三日（2 月 17 日）他刚离开京师时已全军覆没，北洋海军提督丁汝昌、总兵刘步蟾、参将杨用霖等自杀殉国。王懿荣不顾旅途劳累，与李秉衡商谈布防和巡视团练有关事项，在十几天内巡视了登州所属十县团练训练情况。在蓬莱阁北山炮台视察结束后，他亲笔题写了《郓城夏公印辛酉字庚堂德公碑》，表彰提督夏辛酉率守军向日三舰发炮轰击，使"吉野受此一惊，急旋舰身躲避"的事迹。

王懿荣奔走各县，积极联络、多方筹措，完全有可能组织起一支强大的民团武装。然而，就在王懿荣回籍办团练之时，朝廷却向着议和派的政治倾向倾斜。在北洋海军全军覆没后，即正月二十八日，和战两派已不再针对和战问题争论不休，而是就议和中是否割地大起干戈。二月，吴大澂、宋庆又先后有牛庄、田庄台之大败，在主战派看来，虽有诸多的不情愿，但议和已箭在弦上，不得不发。李鸿章于二月二十三日到达马关，三月二十三日终在草约上签字。"俯仰东南天半壁，酒酣硎地泪纵横。"② 消息传来，王懿荣悲痛欲绝，以刀砍地，恨声连连。民心可用，清廷却弃之不用；宝刀可以杀敌，而今锋芒何向？！他希望自己指挥民团，像先贤那样保家卫国，但看来是报国无门，只能徒叹山河破碎。

## 三

此番请缨抗敌虽未能如愿，王懿荣却对此次战争有了更多的了解。在他看来，战争中存在许多导致失败的因素。概括起来，主要

---

① 王懿荣：《黄县团练杂记》，山东省博物馆藏。
② 王懿荣：《戚武毅公宝刀歌谢莱阳徐明府桂宝同年》，吕伟达主编《王懿荣集》，第 124 页。

有以下几点。

第一，朝廷不知民心可用，看不到下层广大人民群众中蕴藏着反对侵略者的巨大力量。王懿荣指出，"莱阳、栖霞西南乡一带人，最剽悍"，为使他们郡的"冢墓不至沦入异域"，他们愿意组织起来，"愿出连环保结"，"死丧断不相怨"，表现出誓死保卫家乡的豪情。然而清廷却弃置不用，不仅不信任人民，还伤害了民心，以致百姓群言"官募断断不出"。王懿荣认为在外敌当前之时，还有一种力量可以利用，即"黔、蜀哥老之魁杰"和"回家投诚之孙"。他在这次回乡办团练时接触了具有这两种身份的人，"一称有敢死之党三千余，一称素养马队五千余，若一旦用时声呼即至，马匹且不须买，并能冲抄，不须侦探"，王懿荣对他们的力量给予了相当的认可，认为凭借他们的力量，再"加以乡里子弟可得万人"，并且"乡先生有智谋可用者，亦得数十人"，"将来若有台澎之举"，根本"不须乞外洋保护"。他不无豪迈地说："且不愁海面无兵舰，只此一片净土，老黑当道卧，豹子焉敢过也。"①

第二，各将帅之上无统一的指挥者，因而相互掣肘。如王懿荣在要求重新起用奕䜣的奏折中指出，各将帅，"漫无统制，征调各将，无争胜之意，有相妒之能"，因而"列城瓦解，事在意中"。②而在与张之洞的书信中谈及团练的经历时，王懿荣明确指出将帅之间和睦相处、互相倚势的重要性，"蛇无首不行"，"人心甚齐，最为可用"。③ 如果所有的部队齐心协力地抵抗，孤军深入的敌军是难以取胜的。王懿荣还看到，由于湘军、淮军等具有私军的性质，因此不宜调度，不愿受其他将帅的控制。如他在请缨回籍办团练时便指出荣成失陷的部分原因在于"淮军水师倚势李鸿章，不遵该抚约束"。④ 该抚即李秉衡。

第三，将帅的素质太差。对地势的了如指掌和有效利用是制胜的必要条件。然而那些指挥作战的人却"昧于地势"，盲目抗战。

① 王懿荣：《与张之洞》，吕伟达主编《王懿荣集》，第 245—246 页。
② 王懿荣：《时事孔亟，请召用亲贤疏》，吕伟达主编《王懿荣集》，第 55 页。
③ 王懿荣：《与张之洞》，吕伟达主编《王懿荣集》，第 245 页。
④ 吕伟达主编《甲骨文之父——王懿荣》，第 155 页。

王懿荣针对登州地势言，"沿海营圈遗迹了然，皆前明基址，针对海口水中无礁石，小船可抢岸处所，所安置星罗棋布，密如散丝"。指挥官却不了解这些，不利用这有利地形做有效部署。王懿荣愤而骂道："东省大小将帅王八蛋，乌足以知之哉！"在这些将帅中，他给了李秉衡很高的评价，"东抚谋国，椎心呕血，自是当今纯臣第一"，他同时指出，就是这样一个纯臣，"一不晓洋务，二不知兵事，三且不看京报，以束薪为牛羊，机局太小，不可以为滕薛大夫"，即使有这些不足，相对于其他将帅来说，也"已万中选一矣"。①

第四，军队本身存在诸多问题。王懿荣指出，军队的纪律本来就相当差，加之"哨一味克扣"士兵的军饷，致使"兵之所过毒甚于贼"。这种士兵平时对待百姓似贼，奸人妇女、抢人财物，无恶不作，而一旦遇有战事，便望风而逃。"海上诸军，皆凑集远东败卒，巩绥逃余而成。"② 这样的军队怎能打胜仗？

再者，兵力分配不均，如胶东半岛兵力就很单薄，武器也落后，在紧急关头援军又迟迟不到，致使"众情惶惑"。在多方力量的建议下，光绪皇帝下令地方文武集办团练，但办团练，购置西洋新式快炮、快枪都需要资金，而户部所支费用明显不足。王懿荣在给张之洞的信里讲到户部支银二千两为筹备费用时，说"大为东抚所诧，渠不只能于此种事大诧而已"，分明是诧于数量太少。几个月来，王懿荣不仅将这二千两银子全部花光，自己还赔上了白银五百余两，"皆所称贷于乡"。③ 就是这二千五百两，王懿荣也觉得"虚耗可惜"，"不敢累国家以度之也"，而将钱全部交还回去。而与此形成鲜明对比的是，慈禧太后和一些官员则全然不顾战争急需，依然大肆铺张浪费和贪污靡费。王懿荣对此感叹道："自有地方大吏，然所耗者，吾土脂膏，宁不痛哉！"④

① 王懿荣：《与张之洞》，吕伟达主编《王懿荣集》，第246页。
② 王懿荣：《与张之洞》，吕伟达主编《王懿荣集》，第245页。
③ 王懿荣：《与张之洞》，吕伟达主编《王懿荣集》，第244—246页。
④ 王懿荣：《与王松溪（十六）》，吕伟达主编《王懿荣集》，第236页。

## 四

王懿荣作为甲午战争中的主战者，其主张与当时以清流派为主的主战派相当接近，在行动上也自觉不自觉地融入主战派的活动中。王懿荣与主战派在某些方面的不谋而合并不是偶然的，而是有迹可循的。

首先，官宦兼诗书世家出身的王懿荣，自小就接受了良好的教育，具有了传统士大夫"修身齐家治国平天下"的远大抱负。他的父亲曾任四川成绵潼龙茂兵备道，办过登州海疆一带团练，王懿荣当时十六七岁，也跟随其父"周历各口"，"二三豪侠皆所周知"。[①]因而他虽然一直担任文职，但受其父亲的影响，也具有武人的气质。戚继光的抗倭事迹和民族气节对他也产生了很大的影响。王懿荣从小就敬仰戚继光这位同乡的抗倭名将，童年时即爱读其《练兵实纪》《纪效新书》等兵书，光绪十五年（1889）他在翰林院供职时，特将翰林院所藏戚继光的《止止堂集》送交山东巡抚张曜在济南重印，并撰写了《重刻明戚武毅公〈止止堂集〉叙》。所以在这次回乡办团练之中，当莱阳知县徐桂宝钦佩其回郡抗敌的事迹而将自己珍藏的戚继光当年抗倭时所用的宝刀赠给他时，他的惊喜之情难以自抑，特意为此写下了《戚武毅公宝刀歌》。良好家教和英雄气节的熏陶使王懿荣早早形成了关心国家命运、公忠谋国的品质，如在光绪六年殿试的"对策"中，王懿荣便围绕吏治倡廉、人君躬行节俭、整军经武三件国家大事，阐述了自己独到的见解，[②]可见他在练习章句、帖括的同时，对国家大事、对军事相当关心。对国事如此关心的他，当外敌入侵时，怎能坐视不管？

其次，王懿荣忧国忧民、忠贞耿直的品质，使他与清流派较接近，而与慈禧太后等则显得格格不入。如光绪十年，他任会典馆纂修帮总纂官之时，曾针对某些京官利用朝廷允准各省督抚通筹外销

① 吕伟达主编《甲骨文之父——王懿荣》，第155页。
② 王懿荣：《对策》，吕伟达主编《王懿荣集》，第366—370页。

闲款为京官津贴之便而不择名目滥筹、滥发的情况，上《京员津贴银两更定名目疏》，建议朝廷"妥筹闲款，更定名目，作正开销，既维士风，亦端政体"。尽管已经估计到"此疏一出，望者嫌怨，议者违驳，至于讥弹"，但为了遏制"一世士风，江河日下"的状况，表示绝不随波逐流，遭到非议"亦所不避"。① 再如甲申易枢之后，他不顾慈禧太后的淫威，上《醇亲王位分尊崇，请恪遵御论收回成命疏》，反对慈禧太后给予醇亲王太大的权力，认为以醇亲王的身份（皇帝的父亲），不如让他"颐养闲居，长承天眷"，以维持纲常伦纪。② 尽管其理由充满了纲常伦纪等迂腐观念，但其忠贞耿直、直言敢谏的政治品格怎能与围绕在慈禧太后身边的势利小人混在一起。最为鲜明的是他所上的《吁请暂停点景，但行朝贺疏》，矛头直指慈禧，恐怕比清流派也有过之而无不及。慈禧太后不顾国事，只顾自己享乐的行为，对于早就提出君主必须"躬行节俭为天下先"的王懿荣来说，肯定是极为不齿的。

再次，从王懿荣的社会关系来看，他和清流派关系比较密切。清流派的主将翁同龢与潘祖荫均是王懿荣的老师，三人在金石学方面也有着共同的兴趣。《清史稿·王懿荣传》云"懿荣泛涉书史，嗜金石，翁同龢、潘祖荫并称其博学"。因而，翁同龢、潘祖荫对王懿荣相当器重和关心。清流派之健将张之洞与王懿荣既是挚友，张之洞还是王懿荣的妹夫，故二人关系也非同一般。此外，清流派之一的吴大澂，与王懿荣同为进士出身，且也擅长金石考古，因而与王懿荣关系也很密切。同治年间，王懿荣、张之洞、潘祖荫、吴大澂等均在北京，经常在一起聚会。如同治十一年七月五日（1872年8月8日），潘祖荫邀请京师名流聚会，纪念东汉大学者郑玄的生辰，参加集会的11人中便有张之洞、吴大澂、王懿荣。此外，王懿荣与张之洞、吴大澂等均有书信往来。此种关系说明他们之间有着相近的性情、共同的兴趣，在政治主张上的相近和互相影响也是在

① 王懿荣：《京员津贴银两更定名目疏》，吕伟达主编《王懿荣集》，第17—18页。
② 王懿荣：《醇亲王位分尊崇，请恪遵御论收回成命疏》，吕伟达主编《王懿荣集》，第22页。

所难免的。虽然在甲午战争期间王懿荣在政治上倾向于以光绪帝和翁同龢为首的主战派，但并没有卷入当时的政权纷争。在很多问题上，他仅是从忠孝节义、公忠报国的立场出发，就事论事，因而持论较公允，如其对主战派一向所器重之李秉衡的评价，既指出其公忠廉介的一面，又指出其不足，皆从事实出发。由于处于中央政权的边缘，他对甲午战争、对当时政局影响并不大，但其忠孝节义、公忠报国之心及其并非空谈的对民力的重视，却为甲午战争增添了光辉而独特的一笔，也为我们体察甲午战争中处于中央政权边缘的学者的见解与主张增添了新的一例。

[2004 年 9 月威海"甲午海战 110 周年研讨会"会议论文，作者俞祖华、刘虹]

# 周自齐与清华大学的创建

清华学堂作为由美国退还部分庚子赔款兴办的留美预备学校，是清华大学的前身，而周自齐是清华学堂的奠基者、开创者，可以说是创办清华大学第一人。他在争取美方退回部分"庚款"用于留学、考选三批直接赴美留学生、筹建游美肄业馆、负责清华学堂的筹建等方面，发挥了重要作用。

1906 年，美国伊利诺伊大学校长詹姆士向美国总统西奥多·罗斯福（Theodore Roosevelt）递交了《关于向中国派出教育使团的备忘录》，建议投资于培养年青一代的中国人，强调：此举的道义影响一经扩展，即使从纯粹物质意义上说，也能够比用别的方法付出相同代价获得更多的回报——道义精神上的主宰比军旗更必然地为商贸开辟道路。在中国传教数十年的美国传教士明恩溥也建议，将庚子赔款用于供给中国的学生到美国留学，可以制止将来中国发生类似义和团运动这样的"灾难"。根据詹姆士、明恩溥等人的建言，西奥多·罗斯福总统 1907 年 12 月提出咨文，国会于 1908 年 5 月 25 日通过议案，授权美国总统以合适的方式将美国分得的庚子赔款部分"退还"中国。12 月 18 日，罗斯福发布退款令，决定从次年 1 月 1 日起开始实施。1909 年初，美国政府以退还庚子赔款"余额"的名义，资助中国学生赴美留学，及在中国开办留美预备学校。中美双方商定，"自 1909 年开始，每年至少派遣 100 名学生赴美，从第五年起，每年至少派遣 50 名，直到退款用完。并设立游美学务处负责留学生的派遣"。① 游美学务处下设游美肄业馆，负责对留美学生进行出国前的培训；1911 年 4 月 11 日清政府批准将游美肄业馆改名为清华学堂。清华学堂作为由美国退还部分庚子赔款兴办的留美预备学校，是清华大学的前身，而周自齐是清华学堂的奠基者、开创者，可以说是创办清华大学第一人。

周自齐（1871—1923，一说生于 1869 年），字子廙，山东单县单城镇牌坊街人。1896 年赴美国哥伦比亚大学留学，历任驻美公使书记官、参赞，驻纽约、旧金山领事等职。1908 年回国，1909 年 7 月 20 日（农历六月初四日）任游美学务处总办，1910 年奉命在圆明园旧址筹建游美肄业馆（留美预备学堂）。1911 年 2 月，周自齐兼任清华学堂监督（校长），范源廉、唐国安为副监督，学堂于 4 月 29 日（农历四月初一日）正式开学。

周自齐对清华大学的开创作用，体现在清华学堂成立前后争取与筹备"庚款留美"的不同阶段。

第一，在争取美方退回部分"庚款"用于资助中国学生留美的过程中，起到了一定的作用。根据 1901 年签订的《辛丑条约》，清廷支付列强赔款 4.5 亿两，美国分得其中的约 7.3%，共 3200 多万两，约合 2444 万美元。《辛丑条约》谈判过程中，美国就曾提议赔款减额。1902 年，《纽约时报》刊文介绍美国国务卿海约翰考虑选择时机向中国退还部分"庚款"。1904 年 12 月 6 日，美国国务院远东问题顾问、随后出任美国驻华大使的柔克义根据国务卿的授意，草拟了提交国会的关于退款的备忘录。在得悉美国有意削减"庚款"超额部分后，上年出任美国公使的梁诚，从 1904 年 12 月起积极活动，游说美国朝野，争取美国减免部分款项。时任驻美参赞的周自齐也积极参与此事。尤其是在 1907 年梁诚卸任公使后，周自齐继续致力于交涉退款之事。梁诚在起程回国当日即 7 月 3 日给清廷的奏折中说："圣鉴事：窃臣于光绪三十三年三月二十一日（1907 年 5 月 3 日），承准外务部电开，本日奉旨，梁敦彦着充出使美墨秘

① 《派遣学生赴美留学办法折》，清华大学校史研究室编《清华大学史料选编》第 1 卷，清华大学出版社，1991，第 116 页。

古大臣，钦此。二十二日（5 月 4 日）承准外务部电开，新使到任需时，希派员代理使事，迅即回京供差，等因。适臣与美外部磋议减收赔款一案，正有头绪。当经电咨外务部，俟赔款议妥，得有照会作据，立即定期起程。去后，兹接美外部来文，减收赔款，事已妥协。自应遵照部电，将美墨秘古使事，遴选暂留美馆二等参赞官周自齐代理，定于五月二十三日（7 月 3 日）由美都起程，即于是日交卸。"① 在中国驻美公使人员的交替时期，是周自齐保证了与美方交涉工作的连续。经周自齐的不懈努力，终成美国退还庚子赔款之事，美方仅照收所谓应赔之款 1165 万多美元。

第二，出任游美学务处总办，直接负责考选三批直接赴美留学生。1909 年 5 月，美国公使馆根据与清政府的协议照会清外务部，派汉务参赞丁家立为代表，襄助挑选学生一切事宜。5 月 29 日，清政府外务部决定特派外务部左参议周自齐负责留美事务。宣统元年五月二十三日（1909 年 7 月 10 日），《外务部为拟定收还庚子赔款遣派学生赴美办法大纲事奏折》提出："拟在京师设立游美学务处，由外务部、学部派员管理，综司考选学生，遣送出洋，调查稽核一切事宜。并附设肄业馆一所，选取学生入馆试验，择其学行优美，资性纯笃者，随时送往美国肄业，以十分之八习农工商矿等科，以十分之二习法政理财师范诸学。所有在美收支学费，稽察功课，约束生徒，照料起居，事务极为繁重，拟专派监督办理。至于学生名额，自应按照各省赔款数目分匀摊给，以示平允。其满洲、蒙古、汉军旗籍，以及东三省、内外蒙古、西藏亦应酌给名额，以昭公溥。"该折附了《派遣留美学生办法大纲》，其中规定："设游美学务处。由外务部、学部会派办事人员，专司考选学生，管理肄业馆，遣送学生及与驻美监督通信等事，并与美国公使所派人员商榷一切。"②

1909 年 7 月 17 日（宣统元年六月初一日），游美学务处设立。此游美学务处设立之日说法，乃据宣统二年三月十四日《游美学务

① 《清政府开办清华学堂史料选》，《历史档案》1987 年第 3 期。
② 《清游美学务处档案史料》，《历史档案》1997 年第 3 期。

处为报宣统元年全年经费事致外务部呈文》，其中说："窃本处遵照奏案，每届年终应将用过银数造具清册，申请核销，现自宣统元年六月初一开办之日起，至十二月底止，所有本处当年经费均系按月支领。"①

1909 年 8 月，周自齐正式出任游美学务处总办。1909 年 8 月 8 日（宣统元年六月二十三日），张之洞致函外务部，称："前奉惠示，敬悉一切。游美学务处派周参议为总办，由两部会同札派各节办法，均极允当。惟事关两部，似以各派总办一人禀承两衙门堂官会同办理此事，较为灵捷。前在枢廷已与那中堂商妥，贵部派周参议，敝衙门派杨郎中熊祥。现拟仍照前议，派总办二员，即如尊议，由两部会同札派，仍请贵部主稿，以便早日派定，及时开办。既派总办二员，自无庸再派会办，拟改设为书记官或文案二员，专司办理华洋文牍，即由两衙门各派一员分司其事。"② 张之洞对外务部推荐周自齐出任游美学务处总办不持异议，但同时推举学部丞参杨熊祥兼任总办，建议游美学务处设总办两员，不设会办。稍后确定的《游美学务处暂行章程》规定"总办一员，由外务部、学部会同选派"，"会办二员，由外务部、学部各派一员"。其他办事人员还有庶务长一员、文案二员、英文文案二员、庶务员四员、书记生六员等。1910 年 3 月 11 日（宣统二年二月初一日），外务部上呈《为增派范源廉等二人为游美学务处会办事片》，奏请任命范源廉、唐国安为游美学务处会办，容揆为驻美学生监督："前由臣等会派前署外务部左丞左参议兼学部丞参上行走周自齐充学务处总办，业经奏明在案。该处事务殷繁，举凡考选学生、管理肄业馆、遣送学生等事，在在需人襄理。查有学部员外郎范源廉、外务部主事唐国安，中西学均属精通，堪以派充该处会办。至驻美监督专管收支学费，约束生徒，责任极为重要。查有驻美使署参赞、候选道容揆，曾在美国耶路大学毕业，历充湖北、江南、广东等省游美学生监督，于

①　《清游美学务处档案史料》，《历史档案》1997 年第 3 期。
②　《清游美学务处档案史料》，《历史档案》1997 年第 3 期。

游学情形素为谙悉，以之派充驻美学生监督允堪胜任。"①

9 月 2 日（宣统元年七月十八日），周自齐呈文外务部，要求"刊刻木质关防一颗，文曰'奏设游美学务处之关防'，俾资钤用"。该呈文还报告了游美学务处最初的开办情况，提到："窃自齐等前奉钧谕，筹办游美学务，经将办理情形，随时禀明在案……现经赁得东城侯位胡同民房一所，暂为办公之地。公同商定聘约各员分任职事，并拟具暂行章程以资准则……谨将本处暂行章程及任事人员衔名薪水数目，另缮清单呈请堂宪察核批准施行。"② 该呈文附有《游美学务处暂行章程》《游美学务处人员衔名薪水清单》等。其中，《游美学务处人员衔名薪水清单》载明：外务部署左丞兼学部丞参上行走周自齐，每月薪水 250 两，支半薪；外务部候补主事唐国安，每月薪水 400 两；学部员外郎范源廉，每月薪水 200 两，支半薪。

游美学务处不久从侯位胡同迁到史家胡同。游美学务处的主要工作之一是选派赴美留学生，周自齐直接主持了前三批赴美留学生的选拔。周自齐在《游美学务处为报本处开办情形及刊刻关防事致外务部呈文》中报告了第一批留美学生的招考情况："至本年应送学生一百名，为时已迫，恐难足额，拟将本京报考及各省咨送第一格之学生汇集考试，按照定章，认真选录，指定学校，于八月内派员护送前往美国入学肄业，俟择有考期，另文申报。"③ 同日，周自齐另文呈报了关于第一批招生考试的安排。此前，在 7 月 10 日呈报的奏折及办法大纲获得批准后，外务部、学部于 7 月 29 日（宣统元年六月十三日）发出《为招考赴美国留学生事致各省督抚电稿》，通知各省督抚选送考生，进京考试："惟查美国学校收取学生之期在西历九月，现在时日将届，今年只得变通办理，专取第一格学生，定于七月二十日在京考试。所考中学、西学程度条举于下……贵治如有合格之选，务祈从速通饬晓谕，着即来京投到，总期实能合格

---

① 《清游美学务处档案史料》，《历史档案》1997 年第 3 期。
② 《清游美学务处档案史料》，《历史档案》1997 年第 3 期。
③ 《清游美学务处档案史料》，《历史档案》1997 年第 3 期。

不误试期。"① 是年 9 月 4 日考试国文，9 月 5 日考试英文，此两场为初试，通过初试者才能参加其余各场考试。9 月 8 日放初榜，录取 68 人。9 月 9 日考代数、平面几何、法文、德文、拉丁文，9 月 10 日考立体几何、物理、美国史、英国史，9 月 11 日考三角、化学、罗马史、希腊史。五场考试之后，最后录取邝煦堃、金涛、朱复、唐悦良、梅贻琦、胡刚复、金邦正、秉志、张准、王士杰等 47 人，并于 10 月由唐国安率领赴美。1910 年 7 月下旬到 8 月初，招考第二批留美学生，400 余人报考，录取胡适、赵元任、竺可桢等 70 人，由游美学务处文案唐彝率领赴美。此前，4 月 15 日（宣统二年二月十一日），游美学务处向外务部呈报《考选留美学生及各省提学使考送留美学生办法》。7 月 21 日进行初试，上午考中文，下午考英文；7 月 25 日初试发榜，入围 272 名。第二场考试从 7 月 26 日开始，进行 4 天。8 月 1 日或 2 日发榜，录取 70 名。该次还录取了备取生 143 名，后进入游美肄业馆学习，经培训后赴美留学。关于第二次考选，1910 年 12 月 21 日（宣统二年十一月二十日），外务部、学部呈报《为报第二次遣派学生赴美入学情形事奏折》，提到："其第二次应派之学生，当就各省咨送及在京报考学生，于本年六月间分场考试国文、英法等文及各种科学，认真核阅，选取分数较优者七十名，经送赴美学习。其各科学力深浅不齐，而根底尚有可取，年龄亦属较轻之各生，经选取一百四十三名，俟新建肄业馆落成，收入高等科，分班肄习，以咨预备。所有取定分数较优之学生七十名，经臣等委派游美学务处文案候选知县唐彝等护送出洋。"②第三次招考于 1911 年 6 月 23—29 日在清华学堂进行，从考入清华学堂的 468 人中，录取了黄国栋、梅光迪、陆懋德、章元善等 63 人，由学务处英文教员钟文鳌、英文文案谭辉章、学生施赞元护送赴美留学。三批共选送了 180 名学生赴美留学。

周自齐作为游美学务处的总办，全面负责该处人员配备、经费落实、学生选派等各项工作。在游美学务处筹备及成立初期，先确

---

① 《清游美学务处档案史料》，《历史档案》1997 年第 3 期。
② 《清游美学务处档案史料》，《历史档案》1997 年第 3 期。

定周自齐负责留美事务，后他于 1909 年 8 月正式任职总办；至于会办，起初是否设置还不确定，一直到 1910 年 3 月才增派范源廉、唐国安为会办，唐国安又于同年 10 月率第一批学生赴美。有学者以周自齐在游美学务处支半薪，而唐国安是全薪，推断唐国安是游美学务处的实际负责人并据此断定他是"清华"创始人、"清华"第一任校长，这显然是与史实有出入的。如果说游美学务处是清华的前身，周自齐毫无疑义是该处的主要负责人，因而成为清华大学的奠基者。

第三，主持筹建游美肄业馆，着手兴建清华园校舍。因各省生源水平参差不齐，学部、外务部在选拔直接留学生的同时，还决定游美学务处设留美预备学校即游美肄业馆，学生出国前先在国内进行培训。1909 年 7 月 10 日呈报的《外务部为拟定收还庚子赔款遣派学生赴美办法大纲事奏折》及大纲都提到了游美学务处附设肄业馆，如《遣派留美学生办法大纲》规定："设肄业馆。在京城外择清旷地方建肄业馆一所，约容学生三百名，其中办事室、讲舍、书库、操场、教习学生等居室均备，延用美国高等、初级各科教习，所有办法均照美国学堂，以便学生熟悉课程，到美入学可无扞格，此馆专为已经选取各省学生暂留学习，以便考察品学而设。"① 9 月 28 日（宣统元年八月十五日），经清政府外务部、学部"奏准"，由内务府将皇室赐园——清华园拨给游美学务处，作为游美肄业馆的馆址。外务部、学部的奏稿中提到："查有西直门外成府东北清华园旧址一区，方广约四百余亩，尚存房屋数十间，卉木萧疏，泉流映带，清爽高旷，于卫生最为合宜，且与京张铁道路线距离仅有半里，往来亦称利便，以之建筑讲堂、操场、办事室、图书馆、教习寓庐、学生斋舍庶几藏修游息各得其宜。该园现归内务府官房租库经管，合无仰恳天恩俯准，将该园地亩房屋全行赏拨，作为游美肄业馆之用。"② 9 月 30 日（宣统元年八月十七日），外务部咨文内务府询问"何日移交清华园地亩兴筑游美肄业馆"。10 月 25 日（宣

---

① 《清游美学务处档案史料》，《历史档案》1997 年第 3 期。
② 《清政府开办清华学堂史料选》，《历史档案》1987 年第 3 期。

统元年九月十二日），游美学务处派员前往接收。从 1909 年至 1911
年，游美学务处在清华园修建了校门、清华学堂大楼西部、二院
（在清华学堂以北、电机馆的西边，现已拆除）、三院（在大礼堂以
北，现已拆除，在其原址扩建新图书馆）、同方部等一批建筑。"所
有学堂房屋虽未一律完竣，而讲堂斋舍及一切亟须应用之屋，业已
布置完备。"① 周自齐在任期间，在选定清华园作为校址、划拨土
地、兴建校舍等方面，都付出了自己的心血，并且这些均取得了重
要进展。

　　第四，负责清华学堂的筹建并出任首任监督（校长），使"清
华"粗具学校规模。1910 年 12 月 21 日（宣统二年十一月二十日），
游美学务处致函外务部，建议将游美肄业馆改为清华学堂："查游
美肄业馆，原为选取各生未赴美国之先暂留学习而设。故命名之初
取义尚狭，现在该馆分设高等、初等两学堂，学额推广至五百名，
以后每年遵照奏案尚须添招学生，而遣派名额岁有定数，旧生未尽
派出，新生相继入堂，自非预为规划不足以宏作育。现经拟定办法，
于该馆高等、初等两科各设四年级，并于高等科分科教授，参照美
国大学课程办理，庶将来遣派各生分入美国大学，或直入大学研究
科，收效较易，成功较速。而未经派往各生，在馆毕业亦得各具专
门之学，成材尤属较多。如此办理，则该馆学生不仅限于游美一途，
自应改定学堂名称，以为循名核实之计。查该馆地基原系赏用清华
赐园旧址，文宗显皇帝御书匾额现仍恭悬园内，拟请仍沿旧称定名
为清华学堂。"② 1911 年 2 月，筹建中的游美肄业馆迁入清华园，正
式改名为"清华学堂"。游美肄业馆改为清华学堂后，不再是单纯
的留学培训机构，还设置了培养专门人才的高等科，初步具备了高
等教育的规模，成了名副其实的"清华前身"。

　　有学者以 1911 年 9 月 6 日（宣统三年七月十四日）游美学务处
呈报外务部的《清华学堂章程》中的"本学堂监督以游美学务处会
办兼任，总理全堂一切事宜"的规定，推断"游美学务处总办周自

---

① 《清政府开办清华学堂史料选》，《历史档案》1987 年第 3 期。
② 《清政府开办清华学堂史料选》，《历史档案》1987 年第 3 期。

齐不应兼任清华学堂监督"，"1911 年 8 月起唐国安与范源廉同任学堂监督，而周自齐不再过问学堂事务"，① 由此得出唐国安是"清华"首任校长的结论。我们认为，规定"学堂监督以游美学务处会办兼任"的《清华学堂章程》这一文本，先于 1911 年 4 月 9 日（宣统三年三月十一日）由游美学务处申请奏明立案，② 修订稿报批于同年 9 月 6 日，但倡议将游美肄业馆改为清华学堂的奏折出现于 1910 年 12 月 21 日，游美肄业馆迁入清华园的时间为 1911 年 2 月，清华学堂于 1911 年 4 月 29 日正式开学，不能根据较晚出现的《清华学堂章程》否定此前周自齐兼任了清华学堂监督。《清华学堂章程》是对"向定章程"的"酌量变通"，较早的《游美学务处暂行章程》对学堂监督任职的规定，与《清华学堂章程》"学堂监督以游美学务处会办兼任"的规定是有区别的："本处秉承外务部、学部堂官命令，选任游美豫备学堂监督，堂中管理教授一切事务悉委任之，仍随时由本处认真稽核。"③ 在《清华学堂章程》之前，周自齐完全可以根据《游美学务处暂行章程》兼任学堂监督。在已公布的档案中，我们可以看到游美学务处根据章程有关"本处秉承外务部、学部堂官命令，选任驻美监督"的规定，选任容揆等为驻美监督的呈文，但并无选任学堂监督的文件，根据清华早期史料，应该是由总办兼任了学堂监督。

周政先生查阅了大量涉及清华学堂首任领导的早期史料，如 1912 年 3 月 27 日严复在给熊纯如的信中说："清华园，周子廙为之监督。以周管理财政，遂成近水楼台。闻已登告四月杪开学，但该堂自开办以来，殊少成效，而管理法尤无可言，此次虽行招集，恐

① 孟繁茂：《关于周自齐兼职总办未任监督——谈谈清华学堂的创办人周自齐兼及游美学务处的创办过程》，http://blog.sina.com.cn/mengfanmaorenzh；《关于清华学堂首任监督——答周政先生》，http://www.aisixiang.com。
② 1911 年 4 月 9 日（宣统三年三月十一日）的《外务部为订立清华学堂章程事奏折稿》中提到："至该处所拟章程，臣等详加查核，计总则、学程、入学、修业毕业、游学、管理通则、职员、附则等。纲举目张，条分缕析，并声明专章所未规定之处，悉遵照奏定学堂章程办理。"《清政府开办清华学堂史料选》，《历史档案》1987 年第 3 期。
③ 《清游美学务处档案史料》，《历史档案》1997 年第 3 期。

旧生必生裹足。令郎如决拟进彼，进京后，复必当为介绍也。"① 以此证明："从 1911 年 4 月开学一直到 1912 年 4 月前的这段时间内，清华学堂的三位监督一直是由游美学务处的总办和会办兼任，从未有过两套领导班子分别管理游美学务处和所附设的清华学堂。""直到 1912 年 4 月清华学堂的三位首任领导即正副监督，都是由游美学务处的总办和会办兼任，相当于现在学校的正副校长，周自齐是清华学堂的监督即主要领导。1912 年 4 月至 10 月唐国安是清华学堂的监督。这与历年来清华大学校史的内容一致，与目前清华大学官网上的说法一致。清华大学在大量研究的基础上所写的《清华大学校史稿》、《清华大学志》和《清华漫话》中有关清华学堂首任领导的内容符合历史事实。"② 我们认为，周政等学者及清华大学官方认定周自齐为清华第一任校长的说法，是符合史实的。

综上所述，周自齐担任了游美学务处总办，也直接负责游美肄业馆，并且是清华学堂筹建及最初阶段的学堂监督，无论是在名义上、职责上还是实际上，都是清华的主要开创者，是有名也有实的清华第一任校长。至于被有的学者称为清华第一任校长的唐国安，在周自齐任游美学务处总办半年多后被增派会办，并在周自齐后继任清华学堂监督，当然，他也是清华大学的重要开创者之一。

［原载《鲁东大学学报》2014 年第 6 期，作者俞祖华、俞梦晨］

---

① 严复：《与熊纯如先生书》，王栻主编《严复集》第 3 册，第 602 页。
② 周政：《周自齐——清华学堂首任监督——与孟凡茂先生商榷，兼谈清华学堂开学的前前后后》，http://www.aisixiang.com/data/72454.html。

# "退"与"守"：吴佩孚晚年儒道观考释

　　吴佩孚深受传统文化"儒道互补"模式的影响，此外还重视佛教。前期力求在外王事业有一番作为，曾取得很大的成功，成了20世纪20年代最有希望一统中国的枭雄；同时注重儒家传统的"忠""孝"等德目，并吸纳儒家主张的"王道""德治"等理念。他晚年虽退出了政治、军事舞台，但其"退"实为调适、转进，"退"到书斋、家庭、佛道与山林，转向了立德、立言，并在极艰难的情况下最终"守"住了民族大义、清廉人格与爱物情怀等底线。

　　有着"儒将"之称的吴佩孚（1874—1939），一生大起大落，身后毁誉不一，可谓曲折、复杂、多元，盖棺还难论定。笔者以为不妨尽可能地抛开作为旁观者各自的视角、立场、情感等因素，看看这位走过了跌宕起伏的一生的"秀才军阀"，他内心中的人生信念、人生追求，尤其是看看他在遇到人生磨难情况下的坚持、坚守，看看他在人生低谷时"退"到什么境界与"守"住什么底线。

## 一　人生得意时的道德修养与外王事功

　　李泽厚认为，儒道互补是两千年来中国思想的一条基本线索。他指出："老庄作为儒家的补充和对立面，相反相成地在塑造中国人的世界观、人生观、文化心理结构和艺术理想、审美兴趣上，与儒家一道，起了决定性的作用。""表面看来，儒、道是离异而对立的，一个入世，一个出世；一个乐观进取，一个消极退避；但实际上它们刚好相互补充而协调。不但'兼济天下'与'独善其身'经常是后世士大夫的互补人生路途，而且悲歌慷慨与愤世嫉俗，'身在江湖'而'心存魏阙'……也成为中国历代知识分子的常规心理以及其艺术意念。"① 儒生出身的吴佩孚，其人生理念与人格建构自然也打上了"儒道互补"这一文化结构的深深烙印，体现出"兼济天下"与"独善其身"的互补、调和与平衡。在吴佩孚的文化心理与人格建构中，除了儒、道，还重视佛教。也就是说，他的人格两重性是"儒学与道释的互补"。

　　吴佩孚对"道"的体验与诠释，就将儒家的"入世"与道家、佛家的"出世"统一起来，是三教合一之"道"。他讲"出世"时纳入了佛学，认为："教别三宗，道无二致。溯厥源流，老教固为最古，而儒教则最为切用……其出世之法，惟我世尊发明其始，而包罗万象，超出三界，说法不过指其津梁，说理则实包乎四大，其济度则广博无边，真有不可思议之处。"又说："穷则独善其身，达则兼济天下，此由所居之位而言之也；有道则现，无道则隐，此就所处之时而言之也。若论吾人，既受此天赋之形体，智慧杰出于万物之中，则不论有道无道，皆宜以一身为斯世斯民，谋其福利，不论在朝在野，皆应于国、于民，负其责任。"②

　　虽然，吴佩孚主张"三教合一"，主张"入世"与"出世"的相通，主张无论处何种处境、作何种文化选择都当求"道"重"德"，但由于人生起伏与环境变化，其人格建构中的文化取向必然会有所侧重。道德修养无关人生境遇，治平天下却受制于机遇、环境。因此，吴佩孚也基本没有偏离得意时以儒家"入世"精神追求"兼济天下"、失落时以道释的"出世"态度持守"独善其身"的传统士人人生模式。

　　吴佩孚为儒生出身，有秀才功名，自幼饱读四书五经，对儒家

① 李泽厚：《美的历程》，文物出版社，1981，第53—54页。
② 吴佩孚：《明德讲义》，唐锡彤主编《吴佩孚文存》，吉林文史出版社，2004，第84、88—89页。

入世精神深有感悟。儒家有所谓"格物，致知，诚意，正心，修身，齐家，治国，平天下"八条目之说，要求士人"修己而安人"，即内求圣人之德，外求王道政治，通过建功立业把内在的道德修养外化为治平天下。对此，吴佩孚有所体会。他指出："格物致知，正心诚意，不外修身功夫；而齐家治国平天下，乃修身之效果。""致知、格物、诚意、正心，而以修身为其归宿；齐家、治国、平天下，而以修身为其起端。由修身而心正、意诚、物格、知致，所谓内功，亦即内圣之功。由修身而家齐、国治、天下平，所谓外功，亦即所谓外王之学。"①

吴佩孚希望把内圣转换为外王，把修身功夫落实为治国平天下的效果。其后人称："'以天下为己任'是先祖父的一贯信条，也是他生活与行为的准则。"② 他力求在外王事业、在建功立业上有一番作为，成一番大业，虽几经起落，但曾取得很大的成功。他于1898年投笔从戎，加入驻扎天津的淮军聂士成部，经过二十余年，与曹锟一道接替1919年12月病死的冯国璋而成为直系军阀首领。同年6月9日，他发表了同情、支持学生五四爱国运动的通电。他说："彼莘莘学子，激于爱国热忱，而奔走呼号，前仆后继，以莛击钟，以卵投石，既非争权利热衷，又非为结党要誉，其心可悯，其志可嘉，其情更可有原……如必以直言者为有罪，讲演者被逮捕，则是扬汤止沸，势必全国骚然。"③ 这一通电为他在全国赢得了"爱国将军"的盛名。凭借此前所继承的军事实力与所累积的巨大民望，吴佩孚等指挥直系在1920年7月的直皖战争中，打败了早已声名狼藉的皖系；后又在1922年4月的第一次直奉战争中，打败了日本支持的奉系，使直系成为主导北洋政府的军事力量。此后，吴佩孚雄踞洛阳，拥兵数十万人，控制着直隶、陕西、山东、河南、湖北等省，其实际掌控的地盘与累积的声望超过了其上司、以"贿选"当上民国总

---

① 吴佩孚：《明德讲义》，唐锡彤主编《吴佩孚文存》，第80页。

② 吴运乾、吴运坤：《追忆晚年的先祖父吴佩孚》，唐锡彤主编《吴佩孚研究文集》，吉林文史出版社，2004，第210页。

③ 《吴佩孚等对处理学生爱国运动态度通电抄件》（1919年6月9日），唐锡彤、胡震亚主编《吴佩孚档案资料选编》，民国档案杂志社，2008，第45页。

统的曹锟。至此, 吴佩孚登上了其个人权势的巅峰, 一度被外国观察家看成 20 世纪 20 年代最有希望统一中国的军事领袖, 并在 1924 年 9 月 8 日以"中国最强者""中国最有权势的人物"成为首次亮相美国《时代》周刊封面的中国人。此外, 在 1922 年《密勒氏评论报》"中国当今十二位大人物"评选中列第 5 位,[①] 在 1926 年《京报副刊》"新中国之柱石十人"评选中列第 11 位。[②] 不过, 由于冯玉祥倒戈, 吴佩孚很快在第二次直奉战争中惨败于奉系张作霖, 走上了外王事业的下坡路。1926 年初, 东山再起的吴佩孚又被北伐军大败, 退往四川且潦倒落魄, 在政治舞台上再不见他叱咤风云、纵横捭阖的身影。

　　儒学提出"自天子以至于庶人, 壹是皆以修身为本", 对于个人而言, 就是无论地位高下、在朝在野、落魄发达, 都要重德修身。吴佩孚也注意在政治、军事实践中贯彻儒家主张的"王道""德治"等政治理念。在 1918 年的南北战争中, 他于 8 月 21 日发出息争御侮通电, "望文官不贪污卖国, 武官不争地盘, 当以今生不做督军, 不住租界, 不结外人, 不借外债自律"。[③] 他还一生信奉"不贪财, 不好色, 不纳妾, 不嫖娼"。又清廉自守, "虽曾握军政大权, 然从不积蓄私产, 衣食之奉, 均不改变昔日寒士本色, 悉任其夫人张氏之安排, 亦无好恶选择其间"。[④] 1939 年上海《民生》杂志创刊号曾描述吴佩孚的生活: 他虽身居要职, 无奈赋性刚毅, 廉洁自守, 与其部属同甘共苦, 所以说到他的衣服方面, 当在职时除了数袭必备的军服, 西装和华服一件也没有的。他的衣料全系国产所制, 绝无一袭非国货之物, 即家中眷属亦然如是, 至于西服则终生并未穿过。他权势虽然显赫, 为了杜绝任人唯亲, 写过一道手谕, 蓬莱吴姓天、孚、道、云、龙五世之内不能叙用。

————————

① 参见杨天宏《密勒氏报"中国当今十二位大人物"问卷调查分析》,《历史研究》2002 年第 10 期。

② 《京报副刊》1926 年 3 月 15 日。

③ 赵恒惕等编《吴佩孚先生年谱》, 沈云龙主编《吴佩孚先生集》上编, 台北, 文海出版社, 1971, 第 215 页。

④ 李满康:《传记》, 沈云龙主编《吴佩孚先生集》下编, 第 300 页。

吴佩孚把"以德服人"的王道政治作为自己的政治理想。他在《明德讲义》中说："今日之天下，尚力之天下，非尚德之天下也！然以力服人者，非心悦而诚服之也，力不足也。力不足者，则所以受其折服，不过暂时之忍受。苟有时其力稍足以与之相抗，未有不拔剑而起足惧而兴者也……今之天下，固尚力之天下，然公理自在人心，清议难逃众口，所以横逆之来，力不足以抗者，亦惟有自修其德，而浩然之气，决然之心，固不可以稍有所妨害，稍有所改变也……愿有志救国者，其惟德是务，又何畏彼哉。"① 为施行王道政治，吴佩孚倡导"扶持礼教"，强调"礼教是治国之本""修齐治平即是王道"。他在演讲中指出："民国以来，提倡法制兼及物质科学固善，更能注重礼教，国际地位岂不驾乎世界之上。现在全球各国争学中国道德，力求中国学问，惟恐或后，而我国民反将固有之道德仁义，放弃不讲。假如外国得我国粹而更强大，我国岂不又要向外国学礼教么？希望国人对于孔孟书籍，多加注意才好。简言之，即此礼教两字。晰言之，就是三纲、五常、五伦、八德。"② 吴佩孚在身居高位之时，尽可能地把礼教贯穿于治军、治国过程中，贯穿于自身的军事、政治实践中。

在民国建立而新政治秩序仍未稳固确立的转型时代，在新思想、新文化如潮水涌动的变革时代，在"尚力之天下，非尚德之天下"的动荡时代，吴佩孚倡导传统道德与王道政治，显得有些另类。这既使他树立起了不同政见的人都不得不佩服、景仰的道德人格，也限制了其外王事业上的进一步作为：其一，民国政治秩序尚未稳定，还是群雄争霸、乱世枭雄的年代，"取而代之"之事频频发生，吴佩孚坚守着"忠诚"伦理固显卓尔不群，但他对曹锟的"愚忠"，也限制了其据有"以天下为己任"更广阔的政治舞台；其二，政治少不了"厚黑学"，军事也少不了权谋术，吴佩孚的君子做派固有别于非得等敌军列好阵后再出击的宋襄公，但他以礼教自持，在翻

① 吴佩孚：《明德讲义》，唐锡彤主编《吴佩孚文存》，第 101—102 页。
② 吴佩孚：《二十年夏在四川广安县中学校欢迎会讲演词》，唐锡彤主编《吴佩孚文存》，第 118 页。

手为云覆手为雨的政敌面前显得局促无奈；其三，吴佩孚所坚守的传统道德，在新文化运动方兴未艾之时，显然不如新思想、新意识形态更为趋时。由此看来，吴佩孚虽已极接近统一中国，但最终没有荡平天下，且由其政治生涯的顶峰急转直下，似乎也是一种宿命。儒家讲"立德、立功、立言"的"三不朽"，吴佩孚在"通电"战中频频得分，也就是说，"立言"对其"立功"帮助不少。但其"立德"对"立功"而言，却是双刃剑，可谓"成也萧何，败也萧何"。历史评价往往是"成王败寇"，但道德上的成功者却不一定是外王事业的成功者，于是，历史评价与道德评价就常有二律背反的现象。

## 二 失意后"退"到书斋、家庭、佛道与山林

1926 年 9—10 月，吴佩孚在武汉被北伐军击败，退回河南洛阳。1927 年 3 月，奉军占领郑州、洛阳等地，吴佩孚退守巩县，后退往四川，7 月 13 日到达川东巫山县的界岭。途经白帝城时，他曾通电表示"入川纯系游历，决不作政治活动"。此番退守之后，"长于用兵"的吴佩孚失去了"用武之地"，政治上也从此没有东山再起。按照"穷则独善其身"的要求，吴佩孚晚年的"退"，实为调适、转进，有以下几种形式。

其一，"退"到书斋，从"立功"转向"立德""立言"。吴佩孚一生重视道德修养，且在民国军阀人物中以"秀才""学者"著称，他在通电等文告中显示的文才也为时人所知。但相对而言，他人生前期更为人们所瞩目的是其"立功"上的建树，是其在军事、政治领域的所作所为。

吴佩孚退守四川后，在政治上不能有所作为，军事上已无用武之地，乃将其人生抱负转向"立德""立言"，转向立德传道、著书立说。他将"立德""立言"两者结合起来，晚年的著述、讲演往往围绕提倡修身养性，围绕传播道德教化。他认为"穷则独善其身"不够，"若为独善，即为自私"，应当追求"兼善"，通过同人切磋砥砺共同修道进德，通过传道感化拯救天下人心，"能多化一

人，则多一人之功德，能多行一善，即有一善之效验……人人能独善而进为兼善，则世界将由升平而入于太平"。又说："达而在上，则发号施政，为福国利民之嘉谟嘉猷；穷而在下，则因材设教，以济当时，立说著书，以传后世，为世道人心之保障。"① 到了"穷而在下"之时，虽仍心忧国家天下，但无力、无法实现政治抱负，故只能是为拯救天下人心"因材设教，以济当时"与"立说著书，以传后世"，而讲演与著述则被其视为济当时、传后世的重要手段。

吴佩孚在讲演中，把提升学生、市民、将士等各界群众的道德素质，提高整个社会的道德层次、道德水平，激发各界群众的道德精神、道德勇气，作为一个基本目标。如他在面对将士演说时曾说："要想恢复民国共和，须先恢复中国一贯相传之忠孝节义。此种道德，渊源甚大，可以说是与中华民族共生死、共存亡者也。""民国既尊崇关岳为武圣，我等军人即当以关岳为法，须拿出几分忠义之气以解国难。在野学者亦当以孔孟为法，辟邪说，放淫辞，以扶持名教纲常、五伦八德，作中流之砥柱。"② 他在中学的演说中，强调教育的根本是"道德仁义礼"，指出"诸君根本着手方法，千万要注重忠孝二字。因孝者是本忠者是用。人人全能尽忠尽孝，何患天下不平？"③ 他对军士演说时说"应知有所守，有所戒"，应守者有忠、孝、节、义，应戒者为酒、色、财、气、烟、赌。④ 他对各界群众演说时说："总而言之，不分各界，无论何人，都要研究忠孝二字，军界人对亲能尽孝，对国必能尽忠。各界亦是如此。妇女对孝字外，贞节二字，更当注重。"⑤ 他在四川国学会讲演时说："今世道愈非，人心益薄，首宜由礼教入手，以维持数千年之国粹，须

① 吴佩孚：《明德讲义》，唐锡彤主编《吴佩孚文存》，第89—90页。
② 吴佩孚：《十九年春节在四川绥定河市坝对川陕边防军官佐及本部随员训词》，唐锡彤主编《吴佩孚文存》，第115—116页。
③ 吴佩孚：《二十年夏在四川广安县中学校欢迎会讲演词》，唐锡彤主编《吴佩孚文存》，第119页。
④ 吴佩孚：《十九年夏在四川绥定军官教育团讲演词》，唐锡彤主编《吴佩孚文存》，第130—132页。
⑤ 吴佩孚：《二十年秋在金堂各界联合欢迎会讲演词》，唐锡彤主编《吴佩孚文存》，第145页。

讲三纲五常五伦八德。"① 他在同乡会演说时指出："礼教即为中国最长久之道，我们在座皆为山东人，各界均有，无论何界，都应遵守孔孟的礼教……礼教就是三纲、五常、五伦、八德，是人人应当遵守的。"②

讲演着眼于"济当时"，而著述则着眼于"传后世"。吴佩孚的几种著述都成书于晚年，也都立足于道德救世、礼教救国。他于1927年写成《循分新书》，其写于四川达县的"书叙"中指出："按新书之作，为救时而作也。今之时何时哉？三纲不振，五伦不讲，八德不修，乃越礼犯分之时也。拟从而挽救之。""其必以循分名者，盖欲人知书中所指示之事，皆吾身分内之事也。苟能遵循而力行之，或遵循而改悔之，不惟可以修身，可以齐家，并可由治国而平天下，以成化育之功，以跻圣贤之域，尚何越礼犯分之有哉？"③ 该书分述士、农、工、商等各界，父子、主从（君臣）、夫妇、兄弟、朋友等各伦所当各自遵循的名分、职分，倡导人人各守本分。他在书"跋"中结合军人的名分、职分谈道："吾以军人为名，是军人者，吾之名分也；吾以保卫为职，是保民卫国者，吾之职分也。倘视民与国之艰危，而不拯救，则名分有忝，职分未尽，而不循分之咎即难辞。然吾欲救民救国，以全其名分，符其职分，而人或不听吾之救，吾又如之何哉？是书，盖欲人各循其名分，而无犯分之罪；各循其职分，而无歉分之愆也。捧读之下，不禁动吾拯救之心。军人果名分是循而不犯，职分是循而不歉，尚何内乱外患之有哉？""人有定分，定分不可移；人有本分，本分不可失；人有正分，正分不可歉。"④ 他于1937年刊行《正一道诠》与《明德讲义》，两书均融合儒释道三教讲论道气、性理、修身养性之道。他还于1931年辑录、刊行《大丈夫论》，于1935年出版《春秋左传浅解》（后更名《春秋正议证释》），等等。

① 吴佩孚：《四川国学会讲演词》，沈云龙主编《吴佩孚先生集》上编，第153页。
② 吴佩孚：《二十一年春在北京山东同乡会讲演词》，唐锡彤主编《吴佩孚文存》，第163页。
③ 吴佩孚：《循分新书书叙》，沈云龙主编《吴佩孚先生集》上编，第3页。
④ 吴佩孚：《循分新书跋》，沈云龙主编《吴佩孚先生集》上编，第60页

　　吴佩孚还以诗书画自课，《吴佩孚先生集》收录了其 111 首诗词，晚年作品居多，另有书画传世。

　　其二，"退"到家庭，从国事转向家事，从事业转向家庭。家庭是每一个人的心灵港湾，尤其是当人们在外面遇到挫折、在事业上遇到痛苦时，家庭是人们心灵的一个温暖寄宿地。当吴佩孚落难时，也是有家人相伴、理解，才不觉寂寞无助，才有了情感的慰藉。他的《入蜀》一诗写道："曾统貔貅百万兵，时衰蜀道苦长征。疏狂竟误英雄业，患难偏增伉俪情。楚帐悲歌骓不逝，巫云凄咽雁孤鸣。匈奴未灭家何在，望断秋风白帝城。"① 写到自己曾经统兵百万，如今落难流亡，已是英雄末路，似乎到了"霸王别姬"的境地，好在伉俪情深，患难中的真情支持着他挺过艰困，支持着他保持"匈奴未灭家何在"的家国情怀。晚年诗作中还有其他涉及家庭家族情怀的诗句，如有一首诗写道："贫贱夫妻百事难，更将写韵了饥寒；不贪金屋贪茅屋，嫁个黔娄与世看。"②

　　由于经过磨难后对家庭的价值有了进一步的感悟，吴佩孚晚年关注道德、礼教时，对家庭伦理格外推重。如《循分新书》中不仅有士孝、农孝、工孝、商孝、敦弟、治家、教子、礼亲、睦邻、子必孝顺、亲必慈爱、夫必淳良、妻必柔顺、兄弟必有爱、祖先必追祭等近半章节直接阐释家庭伦理，其他部分也往往间接涉及，如"效忠"一章批评"独以忠之义属乎臣"，指出"事君之忠"仅为"忠之一端"，"由是而兄弟相待以忠厚，邻里相待以忠直，乡党相待以忠信，朋友相待以忠正，宾主相待以忠敬，师弟相待以忠挚，奴仆相待以忠爱，夫妇相待以忠贞，长幼相待以忠实，贫富相待以忠义，贵贱相待以忠诚"。③《明德讲义》"忠恕"一节中也强调："忠之狭义，仅对君而言；忠之广义，则无所不包。""孝行"一节强调"孝"是"人生第一事"。④ 这样，"忠"就主要不是指"忠

① 吴佩孚：《入蜀》，唐锡彤主编《吴佩孚文存》，第 216 页。
② 吴佩孚：《赠孙孝子德福韩烈女桂卿八首·其五》，唐锡彤主编《吴佩孚文存》，第 226 页。
③ 吴佩孚：《循分新书》上卷，唐锡彤主编《吴佩孚文存》，第 7—8 页。
④ 吴佩孚：《明德讲义》，唐锡彤主编《吴佩孚文存》，第 82—83 页。

君"，它也成了家庭伦理的重要内容。

　　吴佩孚在晚年的讲演中时常把家庭伦理教育作为重要内容，如他指出"家族制之关于国之盛衰甚重"，要求做到奉祖先、孝双亲、睦宗族、和乡邻、爱兄弟、别夫妇，尤其是"孝为人之根本，能做到几分就可通神明，感天地。故云孝为百行之原"。① 他还指出："人能尽孝，必能尽忠，是孝实为忠之根。"② "子孙能在家尽孝，推而在社会、在国家必可尽忠。"③ "今日之女子，即将来之妻与母，欲为贤妻贤母，则不能不遵守三从四德。"④

　　吴佩孚没有局限于享受天伦之乐、享受家庭亲情，而是放眼国家、社会，阐释、倡导家庭伦理，有些观念显得陈旧，如要求妇女"遵守三从四德"，但有的观念跟上了时代进步的节拍，如对"忠"的理解。

　　其三，"退"到佛道，从外王事业转向心性之学。退守四川后的吴佩孚已无从号令与兼济天下，对儒学的关注相应地由外向内，即从"外王"层面调适到"内圣"层面，又适当地把目光从入世的儒学转向了出世的道家与佛学。据年谱记载，他在撤往四川前，"对国事灰心，行经嵩山，坚欲削发为僧，张夫人力劝，乃走南阳"；流亡四川后，曾于1928年住绥定檀木场玉皇山，"日与乡民弈棋，从此戒酒，有时亦参禅，又聘峨眉老僧讲授楞严经，时萌出家之念"。1929年初由檀木场移居绥定近郊河市坝之大兴寺，"日研梁山来知德先生易经，并与青城道士余道成虚己参究，心境怡然"。⑤ 1932年初吴佩孚来到北平，皈依道佛，书房中有其手不释卷的《吕洞宾文集》一部，还有一套《金刚经》，因其信奉佛教，是

---

① 吴佩孚：《二十年夏在四川广安县吴氏宗祠欢迎会讲演词》，唐锡彤主编《吴佩孚文存》，第123—124页。

② 吴佩孚：《十九年夏在四川绥定军官教育团讲演词》，唐锡彤主编《吴佩孚文存》，第130页。

③ 吴佩孚：《二十年秋在成都吴氏宗祠欢迎会讲演词》，唐锡彤主编《吴佩孚文存》，第147页。

④ 吴佩孚：《二十年冬在甘肃省教育会讲演词》，唐锡彤主编《吴佩孚文存》，第157页。

⑤ 赵恒惕等编《吴佩孚先生年谱》，沈云龙主编《吴佩孚先生集》上编，第250、253页。

当时北平市佛教协会会长。

其实，还在人生春风得意之时，吴佩孚就对老学、佛学有所关注。1923 年 8 月上旬，他在洛阳与来访的美国考古学者比萧浦谈到老子、道教，批评了宋儒排斥佛老，称孔子曾屈节往访老子，"孔子所说者为仁义礼乐而已，老子则主无为而顺应自然，故欲矫正其平日处世之态度，而归摄于至纯至真之念也"。"老子以养极为宗旨，滔滔五千言，不外提倡清静无为以理国立身。老子去国而周室衰，其遗经传汉而汉室盛，后世称老子之至德者，皆引此为证焉。现在风靡中国思想界者，似为正统之儒学，然而浸润一般人心者，反为老子之教义。宋儒之学说一出，儒佛老庄，各划鸿沟，儒者排斥佛老而目为异端邪说，殊不知此囿于门户之见而已。"① 吴佩孚与多名道士有或多或少的交往，如第 62 代天师张元旭曾应其邀住河南鸡公山达两年之久。1925 年，吴佩孚随持松法师学习《金刚经》。

吴佩孚晚年信奉佛道，不只取佛道出世之意。他依然关注民生国运，关心天下苍生，只是把"达而在上"时的"兼济天下"，调适为"穷而在下"时的"兼善天下"。为拯救天下人心，他一反宋儒排斥佛老的门户之见，将佛道的心性思想与儒学的"内圣"之学融会贯通，建构其儒释道三教合一的心性论。他在兰州佛教会的讲演中谈道："世称三教儒释道。儒宗孔子，释宗如来，道宗老子，名义虽殊，实是同源……释氏乃老子化身，孔子既学礼于老子，释氏亦得道于老子。故曰三教同源，故曰太上东度仲尼，西度牟尼。""三教俱以讲性为主。儒教是存心养性，释教明心见性，道教是修身炼性。"② 他认为三教同源于老子，而道之来源载在《易经》，因此，三教都要讲《易》，"《五经》《四书》莫非解《易》，即佛藏、道藏，亦莫非解《易》"。③ 为论证三教同源之说，其言论未免有些牵强附会。

---

① 李满康：《传记》，沈云龙主编《吴佩孚先生集》下编，第 273—274 页。

② 吴佩孚：《二十年冬在兰州佛教会讲演词》《二十一年春在北京五台山佛教总会讲演词》，唐锡彤主编《吴佩孚文存》，第 160、169 页。

③ 吴佩孚：《二十四年秋在四川国学会讲学词》，唐锡彤主编《吴佩孚文存》，第 143 页。

吴佩孚根据三教同源、三教合一的思想，对其道德修养论所涉及的一些范畴进行了贯通。关于"德"，他指出，儒释道三教都重"德"，"佛曰功德，老曰积德，儒曰修德，三教之言德，各有精微，而三教之重德，则为一致"。关于"道"，他指出，"德之为言得也"，"德者即所谓得道也"，"三教之言德，既异途而同归；三教之言道，亦大同而小异。不明德而能得道者，有之乎？无也。不修德而可求道者，有之乎？无也"。① 关于修身，他指出，"道者路也，三教所言之道，皆三教示人以必由之路也……此道也，即修身之大道也，儒以正心诚意，为修身之大道；佛以明心见性，为修身之大道；我教则以三花结顶，五气朝元，为修身之大道"。② 关于性命，他指出："三教教人，皆言性而不轻易言命，实以性之功全，性之真见，则命之立，可随之而定也。但论修身之大道，修性者固不可不兼修其命也。"③ 这些例子，足以说明吴佩孚贯通三教以建构心性论的努力。

晚年的吴佩孚既已失去军队与权力，再谈儒家外王之学，谈治国平天下，已属放空清谈，因此，转向内圣之学实为自然而至。这个时候，就算谈政治，也是从道德的角度入手谈德治、王道，虽显得有些不切实际，但还算谨守分寸。他转向佛道，不是没有流露过"我欲乘风归去"的退隐之意，但主要不是吸收其出世思想，而是将佛道的修养论与儒学内圣之学进行贯通，旨在引导整个社会向上，拯救社会人性。这种从"兼济天下"到"兼善天下"的调整，其境界要高于"穷则独善其身，达则兼济天下"的互补模式。

其四，"退"到山林，从关注社会人生转向关注自然。回归自然，是中国文人厌倦官场后时常选择的归隐方式，是中国士人政治失意后时常选择的疗伤路径，陶渊明《归园田居》中的"久在樊笼里，复得返自然"就是这种心态的写照。"秀才将军"吴佩孚在失落、失意于官场与战场后，同样选择大自然作为慰藉心灵的场所。

---

① 吴佩孚：《明德讲义》，唐锡彤主编《吴佩孚文存》，第87—88页。
② 吴佩孚：《正一道诠》，唐锡彤主编《吴佩孚文存》，第53页。
③ 吴佩孚：《循分新书》下卷，唐锡彤主编《吴佩孚文存》，第36页。

他晚年写了一些寄情山水、亲近自然、以物言志的诗文，展示了其心态从面向社会到回归自然的某种调整。

吴佩孚在外王事业鼎盛之际写过一首《五十自寿》："欧亚风云千万变，英雄事业古今同。花开上苑春三月，人在蓬莱第一峰。"①他作为此时最接近统一中国目标的"大英雄"，也不禁流露出"人在蓬莱第一峰"俯视山水、"一览众山小"的感觉，可说是豪气干云。但好景不长，吴佩孚在1924年9月爆发的第二次直奉战争中因冯玉祥"恩将仇报"而惨败，次年初他退到黄州时写的山水诗已是另一种心境。"与君钓雪黄州岸，不管人间且自由"，②还是放下人间的是是非非吧，"钓雪"江边乐得逍遥自在；"近来省识闲中乐，自注清流洗水仙"，③金戈铁马的日子茫然消逝，浇水养花的闲适性情倒也快活；"眼前风物皆吾有，两岸楼台万顷田"，④寄情山水万物皆归于我，该有多么富足。英雄豪气退了，有感伤，但有山水做伴，心情还是可以的。

一度东山再起后，吴佩孚在风云变幻的社会政治舞台上彻底跌倒，山水自然又成了他的"心灵鸡汤"。1927年他黯然入川途经白帝城时写过"望月空余落花句"这样的凄凉诗句。但入川后，有诗书自娱，有道释自遣，有山水相依，他还是心满意足的。这在他的诗词里也能反映出来，如："春到人间草木知，东风得意莫迟迟。迁乔好鸟偏能语，拾翠佳人亦能诗。"⑤"春日遥看五色光，红红绿绿气芬芳。迁乔好鸟枝头语，拾翠佳人野外忙。"⑥他把自己入川看成迁了乔木，其心情也没有辜负春光。他还书写过"林塘多秀色，山水有清音"的对联，寄托自己淡泊娴雅的心志。另有多首咏梅、咏竹的诗词，如《写竹述怀》《竹德赞》《题竹诗三十首》等，借以表达自己的志节。

①　吴佩孚：《五十自寿》，唐锡彤主编《吴佩孚文存》，第212页。
②　吴佩孚：《赤壁春望书示云史》，唐锡彤主编《吴佩孚文存》，第213页。
③　吴佩孚：《除夕示云史》，唐锡彤主编《吴佩孚文存》，第213页。
④　吴佩孚：《渡江游鄂城西山二首·其二》，唐锡彤主编《吴佩孚文存》，第214页。
⑤　吴佩孚：《逆步林星阶春日有感原韵》，唐锡彤主编《吴佩孚文存》，第217页。
⑥　吴佩孚：《春日有感》，唐锡彤主编《吴佩孚文存》，第218页。

吴佩孚不仅从感性层面关注自然，还在科学、哲理层面探求自然。他写过《日食参考说》，涉足了自然科学。他在晚年的《易经新解》《正一道诠》《明德讲义》等著作中，探求了天道观、天人关系、天道与人道的关系，将自然之道与人生之道贯通，对宇宙的认识达到了一定的思想深度与高度。他既把"道"看成修身养性的人生之道，也把"道"看成世界本源的物质之道，指出："道之为物，何物也？杳兮冥兮，其中有精；恍兮惚兮，其中有物……我敢质直而言之曰，气而已矣。"①他强调了人道与天道、社会与自然的相通，认为天地为一大太极，人身为一小太极。他指出："常人瞒昧而不知，视天地为一道，人为一道，万物为一道，格不相入，焉知天地人物之为一道乎。"②"好生之德，出之于天，而成之于人；悔过之心，出之于人，而应之于天。天与人，本同其德，则人与天，应共此心。天听自我民听，天视自我民视。天之所行，本以民为转移，作善降之百祥，作不善降之百殃。天之所罚，亦由于人之感召。故天与人，虽巍巍乎其莫能及，默默焉如有所闻，而人与天，实息息可以相通，心心可以相印。"③他强调天道、人道相通的目的是，借助天的权威引导社会向上，虽有"天人感应"的局限，但揭示天人本质相通与天道的物质性，反映了现代科学知识传播背景之下宇宙观的总体进步；强调天道、人道相通的思想，也有利于建立人与自然的和谐关系。也正是由于人与自然的和谐，自然山水才成了人们放飞心情、放宽心境的辽阔空间。

吴佩孚的自然思想既有感性的、诗意的，又有理性的、形而上的，其境界、深度似又高于纯粹的"采菊东篱下，悠然见南山"。

## 三 落难后坚"守"了民族大义等底线

人可以在官场失落、失意，可以在战场失守、失败，但在人格

① 吴佩孚：《正一道诠》，唐锡彤主编《吴佩孚文存》，第54—55页。
② 吴佩孚：《明德讲义》，唐锡彤主编《吴佩孚文存》，第78页。
③ 吴佩孚：《正一道诠》，唐锡彤主编《吴佩孚文存》，第58页。

操守、道德情怀上必须守住底线。吴佩孚没有战死沙场，没有大爱义举，不是私德白璧无瑕，也没有特别值得称颂的壮举与言行，而只是在极艰难的情况下顽强地坚守着不应放弃、不能放弃、不容放弃的底线，尤其是守住了民族大义。

吴佩孚晚年的坚守，可以概括为以下四个方面。

其一，国家层面有爱国之心，守住了民族大义。吴佩孚晚年多次严词拒绝日人引诱，主张抗日救国，不媚日、不做汉奸，坚守民族大义，并为此付出生命的代价，这成为其一生最大的亮点。1927年，他被北伐军打败退往四川途中，日本第一遣外舰队司令荒城二郎少将派特务机关长佐藤秀夫与他接触，表示日方可资助步枪十万支、机枪二千挺、大炮五百门、子弹若干，助款百万，"促先生再起，坚拒之，此后凡日人谈及政治，必严词拒绝"。1931年九一八事变发生当晚，"先生一夕不寐，翌晨，立电成都日领馆转日政府，严重抗议，如日军不自动撤退，将团结御侮，义无反顾"。[1] 他曾当面质问张学良"不抵抗"，还写了诗对其进行批评："棋枰未定输全局，宇宙独存待罪身。醇酒妇人终短气，千秋谁谅信陵君。"[2] 1935年华北事变中，日本侵略者策动汉奸搞"华北自治"，拟"推吴为华北首领"，被其"严词拒绝"。[3] 1937年初，"前顾问日人冈野增次郎，被张清炤计诱，日方复加利用，乃称衔命来华，特向先生游说，在平津两地活动两月有余，三月廿九日始得入谒，先生绝口不谈政治，冈野无所用其技"。七七事变发生后，吴不及撤离，"日方请先生出任维持会长，严词拒之"。[4] 1938年，日本加紧拉拢、引诱吴佩孚，日本特务土肥原亲自出马做工作，吴的左右也有人怂恿其做傀儡，吴对以"大帅若不出，恐将不利"相威胁的土肥原表示："吾老矣，早迟都是要死的。"因此，土肥原没有办法，悻悻而退。[5]

①  赵恒惕等编《吴佩孚先生年谱》，沈云龙主编《吴佩孚先生集》上编，第252、255页。

②  吴佩孚：《赠张汉卿》，唐锡彤主编《吴佩孚文存》，第222页。

③  唐锡彤、胡震亚主编《吴佩孚档案资料选编》，第389页。

④  赵恒惕等编《吴佩孚先生年谱》，沈云龙主编《吴佩孚先生集》上编，第259—260页。

⑤  唐锡彤、胡震亚主编《吴佩孚档案资料选编》，第408页。

吴还对劝阻自己的朱家骅表示"我不作汉奸"。1939年，日方还是一再引诱，吴均予严词拒绝，并因此而遭不测。吴佩孚的民族气节受到了国共两党与社会各界的普遍好评。

　　其二，社会层面有爱民之情，守住了仁爱精神。吴佩孚晚年的一些诗作，流露出其博爱苍生的情怀，如有诗云："民国军人皆紫袍，为何不与民分劳？玉杯饮尽千家血，红烛烧残万姓膏。天泪落时人泪落，歌声高处哭声高。逢人都道民生苦，苦害生灵是尔曹？"① 他在《循分新书》"仁民"一章中指出："仁民之事，不必博施济众也，不必从井救人也。……与鳏寡孤独之民遇，便有许多安顿保护之心与事；与分散流离之民遇，便有许多周全安集之心与事；与劳瘁勤敏之民遇，便有许多矜恤赏给之心与事。而又各量己力，各随己分，不避谤，不求名，是即仁民者也。"② 吴佩孚晚年演讲的一个重要内容，就是宣传、倡导、推广慈善，希望"一人为善，推广十人；十人为善，推广百人；百人为善，推广千人；千人为善，推广万人；万人为善，普及无边矣"。③

　　其三，个体层面有慎独之德，守住了清廉人格。吴佩孚曾把自己坚持的"四不"内容写入一副长联，挂在客厅，以明心迹。该对联为："得意时清白乃心，不纳妾，不积金钱，饮酒赋诗，犹是书生本色；失败后倔犟到底，不出洋，不走租界，灌园怡性，真个解甲归田。"他在前期得意时清廉自守，不置产、不贪污、不索贿、不受贿，享有清誉；在晚年失意时慎独自重，不食嗟来之食，为人尊重。

　　其四，自然层面有畏天之意，守住了爱物情怀。吴佩孚在《循分新书》"爱物"一章中指出："夫我之与物也，皆为天地所生，岂有我惜命，而物不惜命哉，抑何不仁如是也……吾今一一指出，凡物之有功者，切勿食而不禁。凡物之无功者，切勿杀而不节。更能

---

① 吴佩孚：《五十四岁生日述怀》，山东省历史学会胶东人物研究专业委员会编印《吴佩孚诗抄》，2009，第28页。
② 吴佩孚：《循分新书》下卷，唐锡彤主编《吴佩孚文存》，第34页。
③ 吴佩孚：《二十年秋在四川三台县慈善会讲演词》，唐锡彤主编《吴佩孚文存》，第134页。

启蛰不杀，方长不折，自见生气洋溢，生机畅遂，人与物各安其天，各若其性，而永为茂对时育之天下也，岂不伟而。"① 可见其推人及物的爱物情怀。他在诗文中寄情山水、物我与共的心境，是这种爱物情怀的一种表现。人类敬天爱物，同时大自然也给人类带来福祉、带来愉悦，这是古人所追求的"天人合一"。对此，吴佩孚也心向往之。

吴佩孚一生的进与退、得意与失意、外王与内圣、生活与事业、金戈铁马与闲情逸致，都受到传统思想、传统士人风习的深刻影响。对传统风范、传统思维与情感方式的遵循，为他赢得了道德人格上的声名，但限制了其外王事功的作为。他前期因金戈铁马、治平天下而至人生鼎盛，并有"花开上苑春三月，人在蓬莱第一峰"的春风得意，但为他赢得身后名的却是流落四川并有"楚帐悲歌雏不逝，巫云凄咽雁孤鸣"的英雄悲歌后，对道德底线尤其是民族大义的坚守。得与失、幸与不幸，可以这般转换，历史的辩证法就是如此。

[原载《民国档案》2014 年第 4 期，作者俞祖华、赵慧峰]

---

① 吴佩孚：《循分新书》下卷，唐锡彤主编《吴佩孚文存》，第 36 页。

# 吴佩孚治国思想刍议

吴佩孚所处的时代是一个新旧杂糅、传统与现代并存的转型时期，是一个从帝国到民国过渡的"改朝换代"周期，时代的纷乱决定了其思想、行为必然充满矛盾色彩。他接受传统教育且为秀才出身，但时逢民国初年的动荡而成为著名的军事家、政治家。他希望重建统一、安定的国家秩序并使国家得到有效治理，其治平、治国思想与手段，一面传承了古人修齐治平、德治礼教的"古时丹"，一面拾取了民主法治、国民会议一类的"新药方"。其治平天下的努力一度卓有成效，被看作当时最有可能统一中国的强人，但转眼兵败入川，最终退出了曾叱咤风云的政治军事舞台。纵观其纵横捭阖、波澜壮阔的政治军事生涯，我们可以从三个方面领略其基本治国思想。

## 一 致力国家统一和民族独立

大一统观念是中国传统文化的重要传统，它深深影响生活在这片土地上的每一个政治人物、每一位普通民众。作为一位有着较深厚传统文化素养和民族主义情怀的北洋军人与政治领袖，吴佩孚始终关注着国家统一。在民初陷入军阀割据纷争后，吴佩孚根据时势与自身实力地位的变化，始则通电呼吁"停战"、主张和平统一，后又推行"武力统一"主张，希望以武力荡平天下。

吴佩孚以军人姿态介入政治，在政坛发挥重要影响力并"实现了从'北洋师长'到'政治领袖'的身份转型",① 正是从以通电呼吁和平统一开始的。从 1917 年开始，掌握北洋政府实权的皖系头目段祺瑞大力推行武力统一政策，发动了一场针对西南军阀的南北战争。由于直皖之间的矛盾，直系军阀在北方取得重要进展后，转向消极怠战、通电议和。直军与湘军代表从 1918 年 5 月 25 日开始在耒阳前线举行秘密谈判，于 6 月 15 日达成停战协定。当时驻扎在湖南衡阳的北洋军第三师师长吴佩孚在此后发表的一系列通电中，表达了反对武力统一、呼吁和平统一的思想。他在 1918 年 8 月 7 日发表的致苏督李纯的阳电中指出："此次奉命南来，亦明知阋墙之祸，非国之福，然为维持中央威信起见，势不得不借武力促进和平……讵中央误听宵小奸谋，坚持武力，得陇望蜀，援粤攻川，直视西南为敌国，竟以和议为逆谋。推其用意，必欲歼灭西南而后快。夫西南各省，非中国土地耶？非中国人民耶？何竟以法律之争，遂视为不共戴天之仇也。佩孚等分属军人，即当爱国，国亡于外敌，固军人之罪；国亡于内乱，亦军人之羞。"他陈述了"对于内争，不宜主战"的各种理由："实行专制，酿成全国叛离、外人瓜分之祸。缘此推之，亡国之兆已萌，若再以武力平内乱，恐亡之不速也"；"我国既与德奥宣战，方谋对外之不暇，若竟以有限之兵力，从事内争，置外患于不顾，是对敌国宁可屈服，对国人毫无迁就，重轻倒置，贻笑外人，是岂计之得者"；"我国内争年余，所有军用各款，纯由抵押借债而来，用借款以残同种，是何异饮鸩止渴"。②他在 8 月 21 日发出的致大总统冯国璋的马电中指出："溯自我国法律问题引起内争，全国纷纭，已逾一载，长此以往，分崩之祸，即在目前。国利安在？民福奚存？此不仅师长等所惕焉忧惧者也。况年来外交紧急，国债繁兴，险象环生，无一非内争之所致，人非木石，能勿痛心……师长等虽至愚昧，决无法律知识，然亦尝闻大总统媾和宣战之特权，为约法所允许，对外尚然，而对内主和，尤不

---

① 马建标：《媒介、主义与政争：五四前后吴佩孚的崛起与权势转移》，《安徽史学》2017 年第 4 期。

② 佚名：《调和南北战争》，《近代史资料》总 36 号，中国社会科学出版社，1978。

得谓为非法，为此恳请我大总统仍根据'约法'之精神，实行悲悯之宏愿，颁布通国一体罢战之明令，俾南北双方军队，留有余力，以备将来一致对外，慎勿以摄职期满，轻思息肩。尤望我经略使与长江三督帅及各省区军民长官仰体元首苦衷，俯念生灵涂炭，群出赞助，协谋宁息。"① 得悉马电后，段祺瑞于 24 日发出敬电严斥吴佩孚"当恪遵军人应尽服从之天职"，同时有张作霖的敬电（24日）、倪嗣冲的圉电（26 日）表示要对西南作战到底。吴佩孚仍坚持主和，他在 26 日答复段的圉电中表示"学生直接服从者曹使，间接服从者陆海军大元帅，大元帅希望和平，通国皆知，经略使在汉表示和平，学生根据实行，谨守服从，无以过之"；他在 28 日致段的俭电中表示主和非受人之欺。吴佩孚在发表息兵停战通电的同时，还曾与南方订立《救国同盟草约》。吴佩孚的反战主和通电，使其获得了较大的政治影响力并确立了政治领袖的身份。

随着时势与实力地位的变化，吴佩孚后又转而赞同"武力统一"。1923 年后，吴佩孚明确提出了"武力统一"政策。中共在"对于时局之主张"中对吴佩孚的"武力统一"主张曾做如下评论："吾党对于时局主张，曾说过恢复国会，联省自治，黎元洪复位，吴佩孚得势，都不能解决时局"，"缓进的洛阳派吴佩孚主张暂时利用黎元洪为傀儡，直系取得实际的政权，一面以武力削平南方统一中国，一面以金钱包办宪法，然后利诱威迫国会议员拥戴他们的大帅做很体面的合法总统，所谓'武力统一北洋正统'就是当时吴佩孚号召的政纲"。中共方面反对军阀推行的"武力统一"，强调"打倒军阀及军阀背后的外国势力，才是救济中国的唯一道路"。②

吴佩孚虽然有从"和平统一"到"武力统一"的立场变化，但变中也有不变，这就是始终受到中国传统大一统观念的深刻影响，坚持维护国家统一和民族独立的正确立场。1920 年直皖战争结束后，湖南督军赵恒惕、云南督军唐继尧等主张联省自治，以"建设

---

① 《吴佩孚书牍全编》，竞智图书馆，1922，第 4—5 页。
② 《中国共产党对于时局之主张》（1923 年 8 月 1 日），中央档案馆编《中共中央文件选集》第 1 册，第 174—175 页。

联邦化的单一国家"。吴佩孚指责他们"借自治之帜以抗中央",并
发动直系将领通电,指责联省自治是"莠言邪说"。1921 年,川军
将领刘湘等人通电"川省完全自治",吴佩孚亲自致函刘湘予以批
驳。他说:"今我国倡联省之说,乃由合而分,流弊所及,直不啻
举二十一行省,裂为二十一国,豆剖瓜分,恐不在强邻,而在萧墙
之内,此真可为中国前途一痛哭也。呜呼!"① 1935 年,日本为发动
全面侵华战争,掀起所谓"华北自治运动"。日本人要吴佩孚出山,
充当"华北国"领袖,他不为引诱威逼所动,宁愿清贫做寓公,绝
不出山当汉奸。他说:"自治者,自乱也!中国已经乱了几十年,
老百姓吃够动乱之苦。如再有人制造动乱,分裂国家,老百姓所不
容也!天地良心所不容也!我吴佩孚绝不做对不起祖宗后代
的事!"②

在事关国家主权、民族独立的大是大非面前,吴佩孚立场坚定,
爱憎分明,毕其一生维护国家主权和民族独立。1894 年甲午战争爆
发,吴佩孚目睹日本侵略者发炮击中蓬莱阁上匾额"海不扬波"四
个大字中的"不"字。他"誓雪国耻",多年后填《满江红》词以
表达他报国心和复仇志:"甲午耻,犹未雪,国民恨,何时灭?驾
长车踏破,三韩地缺。壮志饥餐岛夷肉,笑谈渴饮倭奴血。待从头,
收拾旧山河,朝天阙。"③ 1919 年 1 月巴黎和会召开,吴佩孚以一师
之长,电告中国代表顾维钧等不能出卖山东主权,从而促使中国拒
签巴黎和约。五四时期,吴佩孚力主拒签合约,反对补签合约和中
日直接交涉,实有收回山东主权之大功。1931 年九一八事变后,吴
佩孚由四川到北京,力图说服张学良共同抗日。他在北京许多学校
和机关宣传抗日,鼓励青少年和各界人士抗日救国。1932 年 3 月 9
日,伪满洲国成立,吴佩孚拍案而起,随即发表申讨"满洲国"蒸
电,谴责日本帝国主义"阴行掠夺之实",正告侵略者:"吴佩孚以
退处之身,不能默尔。"随后,吴佩孚以在野之身致书日本天皇,

---

① 《吴佩孚书牍全编》,第 65 页。
② 唐锡彤编著《吴佩孚画传》,吉林摄影出版社,2005,第 177 页。
③ 沈云龙主编《吴佩孚先生集》上编,第 185 页。

代表中国人民向日本天皇发出了正义的呼喊。七七事变后，吴佩孚身陷北京，坚持特殊形式的抗战：一是坚决不出任伪职，与汉奸周旋；二是坚持日本人退出中国作为出山条件，与日本人周旋；三是提出恢复中国主权作为与汪精卫合作的条件，与汪伪周旋，直至献出生命。1939 年 12 月 4 日下午 3 时，日本特务川本芳太郎、日本军医石田，由汉奸齐燮元、符定一等陪同来到吴佩孚家中，名曰给吴佩孚治牙病，实为加害于他。"四时开刀，喉管切破，血流如注，一叫而绝，身死殉国。"①

## 二　关注民意与民主政治建设

吴佩孚受到传统民本思想与现代民主思想的双重影响，还是比较关注民意与重视民心向背的。他擅长"电报战"，在电文中每每强调"以民心为怀""以民意为依归"，一度赢得了社会舆论的支持，也为其在战场上取得对皖系、奉系的胜利奠定了民意基础。如上所述，他介入政治的"首秀"就是以通电形式呼吁和平统一，有效地赢得了民意的支持；在五四运动中，他发表通电支持学生爱国运动，赢得了公共舆论的青睐；他在通电中率先提出了召开国民会议的主张，得到了社会各界的响应，促进了国民会议运动的兴起。此后，他频频通过"电战"争取民心民意，显示了高超的舆论操控能力，也在一定程度上体现了政治领袖关注民意、重视民心的风范。但是，他属下的直系军人镇压了二七大罢工，严重伤害了其在工农大众中的民意支持度，也使中国共产党对其立场从"联吴"变成水火不容的生死仇敌。

吴佩孚在五四运动期间的通电为其赢得了"语语爱国，字字为民"的美誉，一时间"革命将军""爱国将军""救时伟人"等名号纷至沓来，共产国际、中共二大宣言也称赞他"是一个较进步的军阀"。他于 1919 年 6 月 9 日通电要求释放被捕学生，呼吁召开国民大会。电文称："有北京学生因开会宣讲被逮者数百余人，沪商

---

① 沈云龙主编《吴佩孚先生集》上编，第 263 页。

全体罢市，并沿江各埠亦有继续罢市、罢工之举动等语。不胜骇然。
窃维天视自我民视，天听自我民听，民心即天心也。士为四民之首，
士气即民气也。此次外交失败，学生开会力争，全国一致，不约而
同。民心民气，概同想见。我政府当轴诸公，对于我大总统五月二
十五日命令，不注意剀切晓谕，而趋重逮捕。窃恐操之过急，对于
直言之学子，未免轻重倒颠措施，殊非我大总统维持时局之本心也。
且防民之口，甚于防川。川壅而溃，其伤实多。征诸历史，不寒而
栗……大好河山，任人宰割，稍有人心，谁无义愤。彼莘莘学子，
激于爱国热忱，而奔走呼号，前仆后继，以莛击钟，以卵投石，既
非争权利热衷，又非为结党要誉。其心可悯，其志可嘉，其情更可
有原。纵使语言过激，亦须遵照我大总统剀切晓谕四字竭力维持。
如必以直言者为有罪，讲演者被逮捕，则是扬汤止沸，势必全国骚
然……仰恳大总统以国本为念，以民心为怀，一面释放学生，以培
养士气。一面促开国民大会，宣示外交得失缘由，共维时艰，俾全
国一致力争，收回青岛，以平民气，而救危亡。"① 在得悉北洋政府
准备在巴黎和约上签字的消息后，他联络 61 名南北将领联名通电反
对签约。通电指出："顷接京电，惊悉青岛问题，有主持签字噩耗。
五中摧裂，誓难承认。盖青岛得失，为吾国存亡关头，如果签字，
直不啻作茧自缚，饮鸩自杀也。况天下兴亡，匹夫俱与有责，而失
地亡国，尤属军人之辜。吾国数百万军人，厚糜饷糈，竟坐视强迫
执行，不能作外交之后盾，以丧失国土。是军人无以对国家，而政
府亦无以对人民也。"② 他在 1920 年的 "清折" 中，请求 "俯顺舆
情，饬专使等拒绝签字，坚持到底，以达我收回青岛之目的"。③ 他
在直皖战争结束后发表的通电中提出了国民大会大纲，指出国民大
会 "由国民自行召集，不得用官署监督，以免官僚、政客操纵、把

---

① 《吴佩孚等要求释放学生公布外交始末电》（1919 年 6 月 9 日），中国社会科学院
　近代史研究所等编《五四爱国运动档案史料》，江苏人民出版社，1980，第 351—
　352 页。
② 《谭浩明吴佩孚等反对和约签字电》（1919 年 7 月 1 日），《五四爱国运动档案史
　料》，第 353 页。
③ 《吴佩孚对时局意见与建议清折》，唐锡彤、胡震亚主编《吴佩孚档案资料选编》，
　第 62—63 页。

持"，"取国民自决主义，凡统一善后及制宪法、修选举法、暨诸重大问题，由国民公决，他方不得借口破坏"。① 吴佩孚在五四运动前后的通电，引用了"天视自我民视，天听自我民听"等体现民本思想的典故，表达了"以国本为念，以民心为怀"的愿望，顺应了当时的民意民心，尤其是其较早倡导的召开代表"真正民意"的国民大会的主张，得到了社会各界的积极响应，由此兴起了轰轰烈烈的国民会议运动。

鉴于吴佩孚在五四运动中的表现，苏俄、共产国际提出了"联吴"的主张，而李大钊通过白坚武的关系具体推进了"联吴"工作，② 如"吴佩孚四大政策保护劳工一项，确是李守常同志经过他的至友白坚武（吴佩孚幕下的政治处长）建议于吴佩孚的"；直系取得了第一次直奉战争的胜利，"吴佩孚新胜之余，收买人心，通电发表四大政治主张，其中一项便是'保护劳工'。吴佩孚知道交通系在铁路上有长远的势力，同时又知道共产党在铁路上有新兴势力，于是他就企图利用共产党铲除交通系。当时共产党北京党部明知道吴佩孚的利用，然而亦乐得相互利用一下，因为在铲除交通系这一点上对于工人阶级是有利的"。③ 吴佩孚出于赢得民意民心的考量提出了包括"保护劳工"在内的政治主张，他在 1922 年 8 月 1 日发表通电，向国会议员提出尽先制定宪法、注意调节集权分权、规定强迫教育与劳动法等项希望，还提出"劳动问题，先进之邦，其政家恒殚精疲神于斯，以求调剂。然云涌波兴，终无妥适之方。我国物产丰富，原料充斥，政治修明，数年以往，必为工业繁盛之国。劳动既为社会实力之中坚，其保护待遇尤不能不具确定之保障。建设肇基，一在适时，一在虑远。政治问题，多闻适时之法，社会问

---

① 《申报》1920 年 7 月 31 日。
② 参见徐有礼《李大钊一九二二年七月洛阳行——兼论吴佩孚"保护劳工"通电之考辨》，《北京党史研究》1995 年第 2 期。
③ 邓中夏：《中国第一次罢工的高潮》，中华全国总工会工运史研究室、中华全国铁路总工会工运史研究室、河南省总工会工运史研究室等合编《二七大罢工资料选编》，工人出版社，1983，第 31—33 页。

题，夙膺虑远之义，故保工规条亟应附之根本大法"。① 吴佩孚在通电中提出"保护劳工"的主张，为其进一步赢得了"进步"、"开明"、关心劳工的声名。

作为深受"民本主义"思想影响的旧军人，吴佩孚同时深受新思想的启迪，因而一度十分关注民主政治建设，把召开国民大会、制定宪法看作"治本"的办法。1920 年 7 月，吴佩孚战胜皖系后，向曹锟、张作霖建议召开国民大会，解决国是。在获得曹、张两帅赞成后，7 月 31 日，吴佩孚直接向大总统、国务总理、各部总长、各省督军、省长、各团体、各报馆发出通电，主张召开国民大会，拟定大纲八条。（1）定名：国民大会。（2）性质：由国民自行召集，不得由官署监督，免官僚、政客操纵把持。（3）宗旨：取国民自决主义，凡统一善后及制宪法、修选举法、暨诸重大问题，由国民公决，他方不得借口破坏。（4）会员：由全国各县农工商学各会选一人为初选，所举之人不必各本会为限；如无工商等会，宁缺毋滥。然后再由全省复选五分之一，齐聚上海或天津成立开会。（5）监督：由省县农工商学各会会长互相监督，官府不得干涉。（6）事务所：先由各省农工商学总会共同组织，为该省事务所，并由总事务所电知各县农工商学各会，克日成立各县事务所，办事细则由该县自订。（7）经费：由各省县自治经费项下开支。（8）期限：以三个月成立开会，限六个月将第三条所列各项决议公布，即行闭会。② 吴佩孚这个具有民主理念的通电，得到了人民群众、商学各界和社会名流的欢迎，迅即在全国范围掀起了声势浩大的可称作"国民大会热"的民主与和平运动。李大钊发表了《要自由集合的国民大会》一文，明确支持吴佩孚的"国民大会"大纲。他说："吴子玉将军提倡的国民大会，不过是秉承我们民众的意思，不许这些在政治机关上的人干涉我们集会。我们应该赶快随时随处自由集合国民大会。"它"颇含职业的民主主义的原理，把这个精神扩

① "中华民国史事纪要编辑委员会"编《中华民国史事纪要（初稿）中华民国十一年（七至十二月份）》，台北，"中华民国史料研究中心"，1983，第205页。
② 《申报》1920 年 7 月 31 日。

而充之，很可能开个新纪元"。① 国民大会遭各类旧势力、当权者的反对，公布不到两个月即在无形中消失，却更加表明了它的进步性，因此得到了进步人士的称赞，产生了积极而深远的影响。

## 三　崇奉礼教治国

吴佩孚生当乱世，自然谈不上能有充分施展治国安邦能力的历史舞台。但是，从其支持"恢复法统""制宪救国"的态度，及对儒家道德的倡导与躬行实践可以看出，作为一个既深受传统文化影响又受现代政治思想洗礼的政治领袖，他是既重视争夺政治合法性资源，也重视"礼治"或者说"德治"的。

直系在 1922 年 4 月取得第一次直奉战争的胜利后，打出了"恢复法统"或"法统重光"的旗号。当曹锟问到何以统一天下时，吴佩孚答以"恢复法统，重开国会"八字。吴佩孚等接连发出通电，要求恢复被袁世凯解散的旧国会并继续旧国会未能完成的"制宪"工作，同时敦促由安福国会选出的总统徐世昌下台，转由黎元洪复任总统，其目的是确立自己作为民国"法统"的维护者与继承者地位，以确立直系军阀在全国的合法统治。吴佩孚等在 1922 年 5 月 19日的通电中指出："今兹国内名贤耆德，学人志士，谠言至论，日有所闻，或主张恢复六年国会及召集第三届国会，以维法统，或提倡国民自由会议，以征民意，以及国民制宪，联省自治，各种建议，凡有起疴之神功，皆为救时之良药。"② 他在同年 6 月 11 日请伍廷芳北上共商国是的通电中指出："民国肇造，祸变迭兴，立法机关两遭解散，六年之变，公总揆枢，对解散之命，毅然拒署，维持法统，守正不屈，为国保纪纲，为民族树正义，凛凛大节，炳若日星。自是以还，法统中绝，公与南中豪俊，张护法之帜，数年于兹矣，鞠躬尽瘁，艰苦备尝，国人至兹，犹知以恢复法统为解决时局之要

① 《晨报》1920 年 8 月 17 日。
② 《曹锟、吴佩孚等关于恢复民六国会等通电》，唐锡彤、胡震亚主编《吴佩孚档案资料选编》，第 113 页。

图，公之赐也。今者畿甸肃清，山河再造，东海下野，黄陂还都，六年旧会翩然苊止，护法之业遂告成功，此诚民物昭新，天下更始之会也。"① 他在同日致孙中山的通电中指出："国以法立，无法则乱，曩者共和肇创，参议院首定约法以立国民之基，公明法而退天下踬之。项城为德不卒，遂启内争。黄陂继任，海内庶乎定矣。不幸而有复辟之变，意气偾兴，再酿战祸。公提携南中豪俊，张护法之帜，法纪凌夷，理固然也……今者国是已明，山河再奠，国人于水深火热之余，佥欲恢复法统，以弭大乱。"② 在直系军阀的逼迫下，徐世昌于 1922 年 6 月 2 日发表辞职通电，黎元洪于 6 月 11 日入京供职，旧国会于 8 月 1 日恢复。

吴佩孚以"儒帅""儒将"著称，受到儒家思想的深刻影响，一方面其自身言行受到儒家文化、传统礼教的规范，另一方面他倡导以儒家的"德治""礼治"思想治平天下。终其一生，他讲究的是"修身齐家治国平天下"，强调："由礼教入手，以维持此数千年之国粹。"③ 他说："礼教为治国之本。如无根本，虽物质文明发达，适足以祸国殃民。"④ 他认为中国历史发展表明"自尧舜以下，历代有礼教则昌，无礼教则亡"；⑤ 他将民国时期陷于社会动荡归因于"礼治"的失序，指出："民国以来，争权利，废礼教，以致祸乱相寻，二十年之久。孔子曾云'以书礼为无用而废之者，必有祸乱'，故民国之现象如此。"⑥ 他强调要以孝治国，指出"如求国家之治，天下之平，须从孝字做起"。⑦ 他主张以孝为基础，再做到忠孝一体，"诚能忠由孝出，才算真正爱国，倘以为有利于国，有益于民，不可顺应潮流，与人同污，必须砥柱中流，挽回乾坤，方算大忠。

---

① 《吴佩孚关于拥护恢复旧国会及黎元洪复任总统并邀南方领袖北上共商国是通电》，唐锡彤、胡震亚主编《吴佩孚档案资料选编》，第 119—120 页。
② 《吴佩孚关于拥护恢复旧国会及黎元洪复任总统并邀南方领袖北上共商国是通电》，唐锡彤、胡震亚主编《吴佩孚档案资料选编》，第 121 页。
③ 唐锡彤主编《吴佩孚文存》，第 143 页。
④ 唐锡彤主编《吴佩孚文存》，第 166 页。
⑤ 唐锡彤主编《吴佩孚文存》，第 163 页。
⑥ 唐锡彤主编《吴佩孚文存》，第 207—208 页。
⑦ 唐锡彤主编《吴佩孚文存》，第 175 页。

只要做到忠孝两字，可算顶天立地之男子"。① 他大声疾呼："我意以礼教精神为体，物质文明为用，体用兼备，则利益无穷矣。"② 他甚至预言："近来西人亦多研究中国礼教，果能实行，亦可与中国同化，大同盛世，可期而待之。"③ 他说："礼教就是三纲（君为臣纲、父为子纲、夫为妻纲）、五常（仁义礼智信）、五伦（君臣有义、父子有亲、兄弟和、夫妇顺、朋友信）、八德（孝悌忠信礼义廉耻），是人人应当遵守的。"④ 他对礼教是身体力行的，并时常以之劝勉国人。他的治军思想亦即三纲五常五伦八德，特别强调军人要"忠孝为体"。吴佩孚身为武人，但强调"以儒将兵"，虽推行"武力统一"，但又讲"王道政治"，这是他身上的又一矛盾之处。

1999 年以来，中国现代史学会、山东社会科学院联合召开了七届吴佩孚学术研讨会，对其一生做出了客观、公正的评价。一些专家学者认为吴佩孚是当之无愧的"民族英雄、道德楷模"。这一评价连同他的一些有价值的治国思想为越来越多的人所认同。

[2020 年 12 月河南新乡中国现代史学会 2020 年年会暨"近现代中国的国家治理"学术研讨会论文，作者俞祖华、唐锡彤]

---

① 唐锡彤主编《吴佩孚文存》，第 120 页。
② 唐锡彤主编《吴佩孚文存》，第 166 页。
③ 唐锡彤主编《吴佩孚文存》，第 166 页。
④ 唐锡彤主编《吴佩孚文存》，第 163 页。

# 新儒学一代宗师——牟宗三

牟宗三（1909—1995），哲学家、哲学史家，现代新儒学的重要代表人物之一，著有《逻辑曲范》《理性的理想主义》《道德的理想主义》等。这些著述思想深刻、见解透辟、意境高远，代表了传统哲学在现代发展的新水平，因此他被英国剑桥哲学词典誉为"当代新儒家中其所在一代最富原创性与影响力的哲学家"。

## 一　家世与家学

牟宗三，字离中，1909 年 6 月 12 日（农历四月二十五日）出生于山东栖霞县牟家疃（今栖霞市蛇窝泊镇牟家疃村）。牟宗三是牟氏家族从牟敬祖入籍栖霞六百年以来德业与成就出类拔萃者之一，是现当代牟氏家族子孙中声名最为显赫者。

牟宗三是栖霞"名宦公"牟敬祖的十九代孙。牟敬祖入籍栖霞时定居现蛇窝泊镇的南榆疃村。到四世牟庆由杨家村迁到杨刘村居住。七世牟时俊发奋努力，他为求子孙兴旺，决定不顾一切困难，在家中开设私塾，供子孙读书，终使牟家大有起色。牟家自此形成重视读书的传统，有的通过读书入仕，栖霞家族牟氏后裔出了京官 7 人、州官 22 人、县官 118 人；有的成为学者，清代出了大学者牟庭、牟应震，到了当代则出了牟宗三。

到第八世，牟氏家族几乎占据了全部杨刘村，杨刘村遂改名为"牟家疃"，牟家疃成为栖霞牟氏的起源地。八世牟道南、牟道一、牟道明、牟道远、牟道立、牟道行、牟道中、牟道平兄弟八人发奋读书，谋取功名，出仕或有功名者六人，被牟氏后裔称为"老八支"。牟宗三为"老八支"四房牟道远之后，牟墨林则为"老八支"六房牟道行之后。"老八支"六房牟道行的长子牟镗又生八子，八兄弟发奋读书，八人中有牟国玠、牟国珑（牟墨林高祖）二人中进士，被称为"小八支"，"小八支"中三代出了七个进士，还出了大地主牟墨林。牟宗三并非"小八支"的直接后裔，与"牟氏庄园"一支的关系也已较远，但包括"小八支"在内的栖霞"名宦公"牟氏家族的历史与荣耀，对他还是有感召与激励作用的。而在牟宗三去世后，牟氏庄园也专门建立了牟宗三纪念馆。

"老八支"四房牟道远虽未读书，但善于理财，使家业粗具规模。到十一世时，牟家的这一支牟恁（1664—1726）进士出身，曾任江苏武进、睢宁知县，有"江南第一清官"之誉。牟宗三为牟恁的后裔，他在大约1990年写给侄子牟伯深的信中提及了自己的人生深受先祖牟恁的影响，他说：

> 前函你说，祖宗先贤有灵心当喜之，我见此信，心中甚感（慨），又甚悲痛。我的那点灵感都来自我们村后的祖茔。恁祖的遗文"志梦有感"对我小小的生命影响最大。现在的一切都过去了，只剩下这一些书，供给社会文化，并用以报祖宗先贤之恩。①

牟宗三在1957年完成的《五十自述》中也追忆了牟氏家族祖先对其心灵的深刻影响。在其出生地蛇窝泊镇牟家疃村，牟氏家族的老茔——圈子茔（"老八支"四房牟道远即安葬于此祖茔）就坐落在牟家疃村西北半里许。牟氏祖茔给牟宗三留下了很深的印象：

> 我生长在山东半岛的栖霞，那是一个多山的小县，四季气候分明。邱长春当年说："走遍天下，不如小小栖霞。大乱不乱，大俭不俭。"我的村庄是处在环山的一块平原里。村后是我们牟氏的祖茔，周围砌以砖墙，范围相当大，在乡间，也算

---

① 引自林瑞生《牟宗三评传》，齐鲁书社，2009，第4页。

是一个有名的风景区。白杨萧萧，松柏长青。丰碑华表，绿草
如茵。苔痕点点，寒鸦长鸣。我对这地方常有神秘之感，儿时
即已如此，一到那里，便觉清爽舒适，那气氛好像与自己的生
命有自然的契合。我那时自不知其所以然，亦不知其是何种感
觉。这暗示着我生命中的指向是什么呢？夏天炎热郁闷，那里
却清凉寂静，幽深邃远，那不是苍茫寥廓的荒漠，也不是森林
的浓密，所以那幽深邃远也不是自然宇宙的，而是另一种
意味。①

　　儿时的牟宗三每次来到圈子茔，总能感受到它那种莫名的神秘，
感受到它那种清爽舒适的亲切，感受到那种幽深、肃穆的气氛与自
己的生命有着某种契合，暗示了其生命中的指向与牟氏家学、与牟
氏家族文化、与牟氏家族"耕读"传统、与中国传统文化之间的紧
密联系。牟宗三的个体生命与宗族生命、与民族文化的生命息息相
连，这就不难理解他在新思潮纷纷传入的氛围中，在接触、接受了
西方现代文化之后，依然转身守护中国传统文化的血脉与灵魂，致
力于"保内圣开外王"，致力于现代新儒学的开创。

　　清明时节，散居各处的族人支系，要按家族礼法，到祖茔来给
先祖扫墓祭奠。这种对祖宗的祭奠，在时间上通着先祖，在空间上
联系着散居的牟家子孙，是牟家族人精神上的聚会，是所谓"神交
古人"也。儿时的牟宗三把扫墓看成与先祖进行精神沟通的机会，
想着祖宗如何如何，听着大人说古道今，有了与先祖、神明的相通、
亲和之感，由衷觉得情趣谐和、心情愉悦。《五十自述》追忆了扫
墓的情景：

　　　　清明扫墓，茔春花趁早先开了，黄的花，绿的长条，丛集
　　在坟墓上，纸灰化作蝴蝶。奠一杯酒在坟前，坟中人的子孙们
　　前后有序地排着在膜拜。那生命是不隔的，通着祖宗，通着神
　　明，也通着天地。这不是死亡安葬时的生离死别。这时没有嚎
　　哭，没有啜泣。生离死别那种突然来的情感上的激动，因着年

① 牟宗三：《五十自述》，台北，鹅湖书社，1989，第4页，以下引此书不再注明。

月的悠久，而进入永恒，化作一种超越的顺适与亲和。人在此时似乎是安息了，因着祖宗的安息而安息；也似乎是永恒了，因着通于祖宗之神明一起在生命之长流中而永恒。斋明肃穆之中，也有眼前的春光愉悦。那春光是配合着白杨松柏的肃穆之春光，是通着祖宗神明的春光，是一种圣洁的春光，而不是那郁闷懊恼的春光。那愉悦是通着思古幽情的愉悦，想着祖宗如何如何，道古说今，也有一番闲适恬静。在儿时我总是兴奋地跟着大人去扫墓，也总是这样愉悦地扫墓而归来。

牟氏家族子孙在老八支以后，从牟家疃村分散到栖霞全县。但牟宗三所在这一支系一直居住在牟家疃村这一牟氏家族的起源地。牟宗三诞生在牟家疃村一座低矮的普通农村草房里。这栋草房后面，原先还有一栋两层楼的官宅，是其十一世祖牟悫的遗产，透露出这一支系曾经的荣耀。后这两处住宅被翻新改造，拆了旧宅，改建成平房，牟宗三夫人王秀英一直在此居住。

牟氏家族为"耕读世家"，有"耕读世家，勤俭家风"之遗风。七世祖牟时俊倾全家之所有，"课诸子，延名师，一举千里"，确立起读书科举之路。鼓励读书成为整个牟氏家族的遗风与传统，这成就了其以儒家文化为根基的胶东第一望族的显赫地位。这条绵延不断的、以儒学为根基的家族文脉，培育出一代代官宦名臣与文化精英，并终于在现代造就了牟宗三这一新儒学泰斗。牟宗三从其父亲身上感悟到牟氏家族重视读书、以儒学为基的文脉及传统文化所涵养的文化精神。他在《五十自述》中说：

> 他是典型的中国文化陶养者。他常看《曾文正公家书》，晚上也常讽诵古文，声音韵节稳练从容。我常在旁边听，心中随之极为清静纯洁。写字整齐不苟，墨润而笔秀。常教我们不要潦草，不要有荒笔败笔，墨要润泽，不要干黄，因为这关乎一个人的福泽。他是有坚定的义理信念的人。我觉得中国文化中的那些义理教训，在他身上是生了根的，由他在治家谋生的事业中生了根，在与乡村、农业、自然地理、风俗习惯那谐和的一套融而为一中生了根。

牟氏家族的"牟氏庄园"一支，第十世牟国珑遭遇官场磨难后，告诫后人要以种地治家为正业，走上了既耕且读的道路，"牟氏庄园"的成功对整个牟氏家族都有着深刻的影响。由于出生、生长在乡村，加上牟氏家族重视种地治家的传统，牟宗三养成了心理上亲近农夫农村、向往田园风光、讨厌秀才教授酸腐习气的精神气质。他在《五十自述》里提到：

> 我愿天下人都到农村里看看什么是生根的生命，什么是在其自己的生命，什么是真理的见证者，仔细印证一番，对照一番，从头想想，重新作一个有本有根的人，从这里建立自己为一个有本有根的政治家、思想家与事业家。

牟宗三生活在一个大变革的时代，传统社会秩序、传统文化遇到前所未有的外来冲击。1905 年，科举制度被废除，旧式教育被新式学堂取代。牟氏家塾也出于种种原因停办，牟氏家族的子弟转入新式学堂接受教育。1921 年，牟宗三由家塾转入新制小学。正是一面承续了儒学文脉、家学文脉，一面接受了现代文明的熏染，他具备了开创护本而又开新的现代新儒学的条件。

牟宗三的童年与少年时代一直在家乡生活、求学。他写下了有关儿时有关家乡春夏秋冬四时景象与童趣的难以忘怀的记忆。他追忆道：

> 清明寒食的春光是那么清美，清明时节去扫墓，黄的花、绿的长条丛集在坟墓上，纸灰化作蝴蝶；初夏时节，小麦覆陇黄，一切都显得浓华馥郁，丰盛壮大，比起清明寒食的清美，又自不同，那气候是令人昏沉迷离的，在清美的艳阳天中，乡村人都争着打秋千；秋天是农家最忙之时，在秋收农忙之时，人人都是辛劳而愉快的；冬天来了，溜冰、踢毽、拍球、打瓦，一切泼皮的玩艺我都来，夜晚向火取暖，听长工们说故事；数九冬腊，正是农闲的时候，乡村常演戏酬神自娱，他们喜演关云长、包文正的戏，在乡下野台上出演，其技术自不会好，粗俗自所难免。还有马戏团的演出：有一次，来了一个马戏团，

正在天气严冷，风雪飘零之时，他们圈了一个广场，先是鸣锣开场，继之一个十三四岁的小女孩骑在马上，绕场一周。矫健的身段，风吹雪雪得红红的皮色，清秀朴健的面孔，清新俊逸的风姿，但是可怜楚楚的，是女性的……

他还回忆：“村前是一道宽阔的干河……溪水清流。两岸平沙细软，杨柳依依，绿桑成行，布谷声催。养茧时节我常伴着兄弟姊妹去采桑。也在沙滩上翻筋斗，或横卧着。”牟宗三的少年时代就是在这样无忧无虑的远离都市文明的村落中度过，家乡给他留下的是一幅宁静、恬淡的山水画。他对少时田园生活的感受是幸福而富有诗意的：

> 家庭、乡村、乡村的地理环境、自然风光、风俗习惯，这谐和的根深蒂固的一套，一年三百六十日，一共十五年，我一直生活在那里，在那里生，在那里长，没有时间上的间隔，没有空间上的暌离，所以没有逆旅之感，也没有过客之感。

牟宗三对乡居的自然风光颇有留恋，但对家庭生活、情感生活却心存遗憾。他在自述中提到，自己常跟朋友说起，其情感生活是受伤的，没有感受到家庭温暖。由于出生于苦寒的大家庭，兄弟姊妹多，父母为生活劳苦终日，无暇照拂子女，亦无暇给子女以情感上的培育，多在自然状态中拖过。其家族由初祖牟敬祖到牟宗三，栖霞牟氏已经有十六代子孙。牟宗三家这一脉，出自“老八支”中的第四支，世代以耕读为业，到祖父之时家道已是衰微。祖父弃世时，薄田不过七八亩，安葬时只是土块，并无砖砌。其父牟荫清时刚毅守正，在家乡有较好的声誉。据牟宗三回忆，家里那时正开着一个骡马店，是祖父时留下来的，由父亲继续经营，后改营纺织业辅助农耕。伯父糊涂，不理家业，叔父年幼，体弱多病，父亲一人承担起家庭的重担。18岁即辍学，苦干了若干年，使家境有所好转。自己要帮着干些农活，如在秋收农忙之时，人人都是辛劳而愉快的，自己十五六岁时的身体是很壮健的，能背负120斤重的粮米走1里多路，就是那秋收时锻炼出来的，扛、抬、挑、负都做过，父亲常背后夸奖其泼皮，能弯下腰，水里土里都能去，以为是一把好庄家手。由此牟宗三称"我是一个农家子弟，又生长于一个多兄弟姐妹的家庭，而又天天忙于生活的家庭，只有质而无文的家庭"。[①] 孩子多，就不会娇惯，由此也少了许多的约束。

他的原配夫人王秀英，从小没有上过一天学，一生几乎没有走出她生活的村庄，但她一生豁达，性格开朗，成了一百多岁的寿星，晚年与她的儿孙们在栖霞幸福地生活。王秀英生于 1906 年 7 月 1 日，原籍莱阳市西河头乡南王家庄村，1929 年与牟宗三结婚，育两子，为牟伯璇、牟伯琎。牟宗三在大陆的后人除了两个儿子，还有 4 个孙子、5 个孙女，曾孙和曾外孙 10 多人。牟宗三后与赵惠元女士缔婚，生子元一，留学美国，后寓居香港。牟宗三于 1937 年因母亲杜氏去世回家乡奔丧后，没有再回栖霞。这对家乡、对牟宗三这个漂泊的游子来说都是很大的遗憾，他谈道：我 1948 年就逃难到香港，40 多年还是在逃难，没有停止，因为我无家可归，我原籍是山东栖霞县，但山东栖霞县人不承认我，因我没有户口。我祖宗在山东，但回去无人承认我，只欢迎我带钱回去。我仍在逃难，实为可悲。

这种遗憾是"海外关系"会连累亲人的时代造成的，但对个体生命来说却无法弥补。

## 二 求学经历

牟宗三回忆，依传统的惯例，做父母的对于子女得安排一个读书的。一般是老大管家，老二经商，老三就得读书。他在家是老三，其长兄为宗和，次兄为宗德。他家经过父亲的经营，渐趋佳境，还可以过得去，于是就教他从学。而他自己当时对于读书，并不见得是衷心的喜悦，心中所亲切喜悦的实质在是与土接近的农夫、与苍茫寥廓接近的赶马者，自己没有"万般皆下品，唯有读书高"的意识。父亲对子女的命运很是担忧和悲观，他在自述中忆及：

---

① 黄克剑、林少敏编《牟宗三集》，群言出版社，1993，第 51 页。

父亲对于兄弟姐妹及至子侄之命运之观察与预感，给我很大的刺激，我每于寒暑假回家，他便缕述各人之生相、性情给我听。他的结论是没有一个是有福的，看来都要受苦，而付之以无可奈何之叹。他只就各个人直接观察。我当时不明其所以，心想吾人勤俭平正，虽无富贵，何至受苦？后来我才知道，那是一种共业，大家都要受苦，这是一种民族的劫数，早就反映到每个人的相貌与心习上。

牟宗三9岁入乡村私塾，后转入新制蛇窝泊小学。15岁时进入栖霞县立中学。县城离家乡30余里，风俗习惯、自然风光都差不多，但他自此告别了与父母兄弟姊妹相处的家庭生活，告别了乡居的自然生活。中学时的牟宗三功课都很平常，但很用功，英文、数学比较好，对语文尤其是作文感到吃力；在学时，人人都能看小说，他却觉得难。比较高级一点的小说如《红楼梦》《水浒传》之类也是到了大学预科时才看得懂。

1927年暑期，19岁的牟宗三考入北京大学预科。此时离家更远了，正式进入了大都市。由于自身企向于混沌的气质、对于"落寞而不落寞"的欣趣与强度的直觉力，他在考入北大预科时即决定攻读哲学，预科二年级时在图书馆看《朱子语录》，觉得很有意味，但开始又不知其说些什么，还是坚持天天去看，直到一个月后忽然开朗了。

牟宗三两年后升入北京大学哲学系，经过4年苦读后毕业。他成为牟家疃村第一个走出乡村的大学生，每当回到乡里就会赢得一片羡慕的眼光和赞美之词。在大学期间，一方面，他比较喜欢学的是罗素的哲学、数理逻辑、新实在论等西方哲学。那时在学术风气开放自由的北大校园里，会集了中国几乎所有的哲学名流，对他学习西方哲学影响较大的有张申府、金岳霖、张东荪等，张申府讲授罗素哲学、数理逻辑等课，他所读的维特根斯坦和怀特海的哲学也曾得到其指教；金岳霖则讲授以新实在论为底子的哲学问题。另一方面，他也刻苦钻研中国哲学尤其是易学。他在课外对《易经》进行研读，从《周易集解纂疏》一字一句读起，一直到清代的易学，大学三年级时就完成了数十万言的《从周易方面研究中国之玄学及道德哲学》（重印时更名为《周易的自然哲学与道德涵义》）。"那个时候所谓'双向进行'的焦点在于直接地把握逻辑、本体论与宇宙本质的互相关系。换句话说，跟很多 20 世纪中国知识分子一样，他还没有考虑到西方认识论大革命关于知识范围所提出的怀疑。"① 他在大学三年级时从游熊十力门下，熊十力也视其为自北大有哲学系以来唯一可造之人。牟宗三最终由西学转到中学并重建道德理想主义即与熊十力对他的教诲分不开。他自称："吾与熊先生同住重庆北碚金刚碑，朝夕惕厉，启悟良多。又时与友人唐君毅先生聚谈，最为相得。……此种蕴蓄不能求之于西方纯逻辑之哲学，乃必求之于能开辟价值之源之孔孟之教。"② 他 23 岁时投到熊十力门下，31 岁时获交唐君毅，熊十力与唐君毅为其一师一友，相得最深。尤其是熊十力对他的一生为学及思想产生了巨大的影响，他从 1932 年（23 岁）到 1949 年（41 岁）一直追随熊十力，深受熊的熏染与陶养。他在《五十自述》里回忆到 1932 年春初见熊十力时的情景：

> 不一会看见一位胡须飘飘，面带病容，头戴瓜皮帽，好像一位走方郎中，在寒风瑟宿中，刚解完小手走进来，那便是熊先生。他那时身体不好，常有病，他们在那里闲谈，我在旁边吃瓜子，也不甚注意他们谈些什么。忽然听见他先生把桌子一拍，很严肃地叫了起来："当今之世，讲晚周诸子，只有我熊某能讲，其余都是混扯。"在座诸位先生喝喝一笑，我当时耳目一振，心中想到，这先生的是不凡，直憨的不客气，凶猛得很。我便注意起来，见他眼睛也瞪起来了，目光清而且锐，前额饱满，口方大，颧骨端正，笑声震屋宇，直从丹田发。清气、奇气、秀气、逸气：爽朗坦白。不无聊，能挑破沉闷。直对着那纷纷攘攘，卑陋尘凡，作狮子吼。我们在学校中，个个自命不凡，实则憧憧往来，昏沉无觉，实无所知。一般名流教授随风气，趋时式，恭维青年，笑面相迎。以为学人标格直如此耳。

---

① 郑家栋：《断裂中的传统》，中国社会科学出版社，2001，第 582 页。
② 牟宗三：《道德的理想主义》，台北，台湾学生书局，1985，序。

今见熊先生，正不复尔，显然凸现出一鲜明之颜色，反照出那名流教授皆是卑陋庸俗，始知人间尚有更高者，更大者。我在这里始见了一个真人，始嗅到了学问与生命的意味。反观平日心思所存只是些浮薄杂乱矜夸邀誉之知解，全说不上是学问。真性情，真生命，都还没有透出来，只是在昏沉的习气中滚。我当时好像直从熊先生的狮子吼里得到了一个当头棒喝，使我的眼睛心里在浮泛的向外追逐中回光返照：照到了自己的"现实"之何所是，停滞在何层面，这是打落到"存在的"领域中之开始机缘。此后我常往晤熊先生。

但牟宗三这位后来成为饮誉中外的著名哲学家因与名重一时的胡适的冲突，而从一开始就失去了留在北大哲学系任教的机会。牟宗三在《周易的自然哲学与道德涵义》的"重印志言"中回忆此事，称：

当时，北大哲学系要出系刊，主事者向余索文，吾以本书中述胡煦之一部分交之。先声明说：文太长，恐不合用，如不合，望即退还。后隔年余，无消息，问主事者，据云刊稿事前须先交师长审阅，老兄之稿交胡院长适之先生审阅，存胡先生处，汝可往取。吾即院长办公室见胡先生。胡先生很客气，他说：你读书很勤，但你的方法有危险，我看《易经》中没有你讲的那些道理。我可介绍一本书给你看看，你可先看欧阳修《易童子问》。我即答曰：我讲《易经》是当作中国的一种形而上学看，尤其顺胡煦的讲法讲，那不能不是一种自然哲学。他听了我的话，很幽默地说：哦，你是讲形而上学的！言外之意，也就不用谈了！继之，他打哈哈说：你恭维我们那位贵本家（胡煦），很了不起，你可出一本专册。我说谢谢！遂尽礼而退。回到宿舍，青年人压不下这口气，遂写了一封信给他，关于方法有所辨说，辨说我的方法绝无危险。大概说的话有许多不客气处，其实也无所谓不客气处，只是不恭维他的考据法，照理直说而已，因为我的问题不是考据问题。但无论如何，从此以后，就算把胡先生得罪了！这是乡下青年人初出茅庐，不通世故，在大邦学术文化界，第一步碰钉子。

1933 年，牟宗三从北京大学毕业，返回山东，在鲁西南的寿张师范做过一段时间教师。当年秋天，他来到天津，住在社会科学研究所，与张东荪、罗隆基相过从，经张东荪的介绍，加入国家社会党。1935 年秋天，他返回栖霞小住后去了广州，在私立学海书院任教。因学海书院解散，他经熊十力的介绍又前往山东邹平乡村建设研究院拜见梁漱溟。熊十力在信中请梁漱溟出资让牟宗三继续读书，但梁漱溟提出的三个条件，牟宗三有些反感，最终还是不辞而别，此后二人也很少有沟通。1937 年牟宗三任国社会党机关刊物《再生》杂志主编。此间他结识了张之洞的曾孙张遵骝。七七事变后，自北平过天津，走南京，再至长沙，后又衡山往桂林，1938 年任教于梧州中学、南宁中学。后又由广西入云南昆明，此后，"昆明一年，重庆一年，大理二年，北碚一年"，进入了他一生最艰苦、最困厄的时期，但这段独特的生活经历对其思想的发展却很重要。他在昆明期间专心从事《逻辑典范》的写作，此时正是他生活困顿之日，其生活费用全由张遵骝提供。关于这段患难之交，几十年之后，牟在自述中说："当时之惨淡真难以形容。我事后每一想及或叙及，辄不觉泣下。"他对"扼于昆明，谋事不成"这一段"落难"生活有着痛苦的体验与感受，在自述中描述了自己的心境：

> 吾自念我孑然一身，四无傍依，我脱落一切矜持；我独来独往，我决不为生存委曲自己之性情与好恶；我一无所有，一无所恃，我暗然而自足，但我亦意气奋发，我正视一切睚眦，我冲破一切睚眦；我毫不委曲自己，我毫不饶恕丑恶：以眼还眼，以牙还牙，恶声至，必反之，甚至嘻笑怒骂，鄙视一切。我需要骄傲，骄傲是人格之防线。我无饶恕丑恶之涵养与造诣。我在那阶段与处境，我若无照体独立之傲骨，我直不能生存于天地间。

1940 年，张君劢在云南大理创办民族文化书院，牟宗三前往读书，名义上是讲师。在大理期间，他的内心依然异常痛苦，自述中另有一段写道：

> 人不理我，我不理人。心灵投于抽象之思考，自然生命则
> 下坠而投于醇酒妇人。个体破裂之象由此开其端。普遍性与特
> 殊性趋于两极化，此之谓个体性之破裂。此是生命离其自己而
> 以种种因缘促成之结果，亦是最痛苦之境地。整个时代在破裂，
> 吾之个体生命亦破裂。此是时代之悲剧，亦是吾之悲剧。

大理民族文化书院后因政治原因停办，牟于是投奔于熊十力所
在的位于重庆北碚金刚碑的勉仁书院。

## 三　著述与讲学

大学时期撰写、1935 年由天津大公报社印行的《从周易方面研
究中国之玄学及道德哲学》，是牟宗三著述的开端阶段，是他的第
一部著作。该书所论重在整理汉易与介绍胡煦的《周易函书》和焦
循的《易学三书》。1988 年改版时更名为《周易的自然哲学与道德
涵义》。

牟宗三又从研究罗素与怀海特合著的《数学原理》入手，从事
逻辑研究。这方面的成果主要有 1941 年由香港商务印书馆出版的
《逻辑典范》，该书分 4 卷对逻辑学的诸方面加以讨论。第一卷为逻
辑学；第二卷为逻辑正文之一：真妄值系统，分成横的系统、纵的
系统，讲真假值的演算；第三卷为逻辑正文之二：推概命题的推演
系统，用现代逻辑的"命题函值"解决传统逻辑的命题式；第四卷
为纯理之批导，包括对罗素的数学基础之批评、数学基础之建立、
超越辩证与内在矛盾之批判。另有 1955 年由强生出版社出版的《理
则学》，该书是做教科书用的，分三部：第一部传统逻辑，第二部
符号逻辑，第三部方法学。

1942 年秋，牟宗三由唐君毅先生推荐赴成都华西大学任讲师，
从此踏上了独立讲学之途，同时在华西大学简陋的小屋里开始构思
撰述《认识心之批判》。该书于 1949 年完稿，但曾长时间"藏之筐
箧"，直到 1956 年由香港友联出版社印行。该书为牟宗三研究康德

哲学的最初成果。

　　1945 年 8 月，抗日战争结束，牟宗三由成都到重庆的中央大学哲学系任教。他讲西洋近代哲学史，内容别致，不从笛卡尔说起，反而从耶稣讲起，使学生更能了解来龙去脉。1946 年，牟与友人姚汉源一起创办《历史与文化》杂志，希望以此"昭苏士心，唤起国魂"，最终因经费拮据，只办了三期就停刊了。这年秋天，牟宗三轮任中央大学哲学系主任，因与方东美发生冲突而应聘去了金陵大学、江南大学辗转授课。牟的好友唐君毅为其在中央大学解聘鸣不平，无效后也毅然随同前往江南大学哲学系。1948 年，应熊十力的弟子程兆熊请求写了《重振鹅湖书院缘起》一文，在这篇文中他第一次提出了儒学第三期发展的命题，认为自孔孟荀以至董仲舒为儒学发展第一期，宋明儒学为第二期，现在则转入第三期。在第三期中他提出了"三统并建"说，即"道统之肯定，此即肯定道德宗教之价值，护住孔孟所开辟之人生宇宙之本源"。"学统之开出，此即转出'知性主体'以融纳希腊传统，开出学术之独立性。""政统之继续，此即由认识政体之发展而肯定民主政治为必然。"

　　1949 年国民党政府垮台，牟宗三前往台湾，开始了往返港台之间著书立说、传业授徒的生涯。在学术上，1949 年对牟宗三来说是他的第一个坎，在此之前，他致力于西方哲学，写出了《逻辑典范》、《理则学》及《认识心之批判》，此后重心转向中国历史文化尤其是儒学，在 50 年代本着内圣之学以解决外王问题的思路，先后写成了《道德理想主义》、《政道与治道》及《历史哲学》三书。

　　1950 年，受聘于台湾师范大学国文系，分别给三个年级讲授理则学、诸子课、中国哲学史。课堂上他从容不迫、娓娓而谈、环环相扣、善于激发，没有多久便名闻全校。在师院任教不久，他就与其他教授联合几位学生共同发起"人文讲习会"，后又发展为"人文学社"。考虑到人文学社成员在精神上的浮泛，他又另起组织了"人文友会"，由他主讲中西哲学。牟宗三性格狂傲难与世人相谐，他的新儒学理想并不为所有人赞赏，受排挤也是常有的事。恰好在 1956 年 8 月东海大学成立，因好友徐复观推介，东大盛意聘请，牟由台北转到台中东海大学执教。此间，1958 年元旦，牟宗三、徐复观、张君劢、唐君毅联署发表了《为中国文化敬告世界人士宣言——我们对中国学术研究及中国文化与世界文化前途之共同认识》，阐述了当代新儒家对中国文化的过去、现状和未来的基本看法，标志着当代新儒家真正形成。可是牟宗三所在的东海大学是教会学校，学生入校要先受洗礼，但校董事会声称学生受洗的人少，是因为牟宗三、徐复观讲中国文化的关系。不待校方"逐客"，牟于1960年10月离台赴港，就教于香港大学。

　　牟宗三在香港大学主讲中国哲学的同时，也为新亚书院兼课，主讲孟子等课目，对新亚的学生很有吸引力。1969年，接任新亚哲学系主任。1974年7月，牟宗三先生由香港中文大学退休。退休后，他仍然十分繁忙，时常往来于港台之间，不断地在各地讲学。

　　六七十年代牟宗三在学术上又登上了两个台阶。如果说牟的理论在50年代的重心在"外王"上，那么60年代牟的理论重心则转到"内圣"方面。"既欲本中国内圣之学解决外王问题，则所本内圣之学实不可不予以全部展露。"[①] 牟疏解中国文化的义理，把握其来龙去脉，主要体现在他60年代所完成的三部书中，即研究魏晋玄学的《才性与玄理》、研究南北朝隋唐佛教的《佛性与般若》和研究宋明理学的《心体与性体》。尤其是《心体与性体》，不仅是牟宗三研究中国传统学术思想方面最重要的成果，而且是反映他新儒家思想最重要的著作之一。70年代是他中西哲学思想会通的重要时期，如果说60年代他对中国历史文化的重心在于整理、疏通，那么70年代他的重心则在于对传统文化的转化、重建——重建儒家哲学，核心即重建儒家"道德的形上学"。其思想主要体现于《智的直觉与中国哲学》、《现象与物自身》和《圆善论》三部书中。前两部是对应康德的《纯粹理性批判》而作，第三部是对应康德的《实践理性批判》而作。另外，他还完成了《真善美的分别说与统一说》一书，对应康德的《判断力批判》，至此康德的三大批判学说被牟宗三全部消化吸收。正如郑家栋所说："西方哲学并没有影响和改变牟先生有关宇宙人生的基本认识，西方哲学包括康德哲学对

---

① 牟宗三：《历史哲学》，香港，人生出版社，1962，"增订版自序"。

于牟宗三的影响，主要的也只是具有形式的意义。"① 他的重建儒家"道德的形上学"最终得以确立。牟宗三在他八十大寿时说："从大学读书以来，六十年中只做一件事，是即'反省中华民族之文化生命，以重开中国哲学之途径'。盖学术生命之畅通，象征文化生命之顺适；文化生命之顺适，象征民族生命之健旺；民族生命之健旺，象征民族磨难之化解。无施不报，无往不复，文化慧命与哲学义理之疏通开发，既已开启善端，则来日中华文化之光大发皇，正乃理所当然势所必至之事，可预卜矣。"②

## 四　新儒家集大成者

牟宗三以《认识心之批判》《道德的理想主义》《智的直觉与中国哲学》《现象与物自身》《圆善论》《心体与性体》《佛性与般若》《才性与玄理》等一系列著作会通中西哲学，融合古今文化，疏解儒道释三教，尤其是对现代性视野下儒学的转换与重建进行了创造性的探索，构建了极富原创性的哲学体系即道德的形上学体系。

牟宗三对现代新儒学的贡献主要如下。

其一，牟宗三对儒学在现代的发展有着清醒的文化自觉与强烈的使命意识，率先提出了"儒学第三期发展"的概念、命题并加以大力推动，揭示了现代新儒学的发展方向，体现了文化保守主义对儒学现代发展的自我定位。牟宗三于 1948 年在其起草的《重振鹅湖书院缘起》中首次提出了儒学第三期发展问题，认为由孔孟荀到董仲舒是儒学发展的第一期，宋明儒学则代表了第二期，现在将转进儒学第三期。在牟宗三之前也有学者讨论过儒学的发展阶段，如陈寅恪于 1931 年的《冯友兰中国哲学史审查报告》中区分了先秦儒学与后世儒学特别是"宋代新儒学"两个阶段，甚至也有人将儒学的发展史分为三期，如 30 年代沈有鼎曾提出中国文化的第三期复兴

① 郑家栋：《断裂中的传统》，第 583 页。
② 蔡仁厚：《牟宗三先生学行事略》，蔡仁厚、杨祖汉主编《牟宗三先生纪念集》，台北，东方人文研究基金会，1996，第 4 页。

问题，但牟宗三最早对"儒学第三期发展"进行了明确的阐释与系统的论证，对现代新儒学的发展产生了深刻的影响。后来，有其他学者对儒学第三期发展问题进行发挥，如杜维明在《儒学第三期发展的前景问题》一文中阐述了儒学发展的意义及其使命。

其二，牟宗三在现代新儒学发展三个世代薪火相传的历程中具有承上启下的重要地位。现代新儒家的第一代有梁漱溟的"新孔学"、熊十力的新唯识论、冯友兰的新理学、贺麟的新心学等；现代新儒家第二代的主要代表人物是发表《为中国文化敬告世界人士宣言——我们对中国学术研究及中国文化与世界文化前途之共同认识》的"四君子"即牟宗三、徐复观、张君劢、唐君毅等；现代新儒家的第三代有杜维明、刘述先、余英时、成中英等。牟宗三和唐君毅是新儒学第一代熊十力的弟子，对传承与光大其师的思想发挥了重要作用。同时，他对下一代的杜维明、刘述先等人也产生了很大的影响。杜维明回忆，在台湾的中学时代因受周文杰老师的启蒙而走上诠释儒家传统的学术道路，而在东海大学亲炙牟宗三、徐复观的教诲才是他体悟探究儒家人文精神的本质理由。刘述先于1958年进入东海大学任教，与牟宗三、徐复观共事，得到他们的提携。刘述先后来提到，"牟先生是父亲和方先生（方东美——引者注）之外对我影响最大的一个人"，"在中国哲学，特别是宋明理学方面，我受到牟先生很大的影响"。[1]

其三，在儒家内圣之学、心性之学方面，牟宗三承继熊十力，将儒家"生命的学问"发扬光大，"通过心性论直接上达形而上学，不但道德形上学完成了熊氏未竟之业，而且对中国哲学的全面疏解亦由于西方哲学的功力而超过了他的老师"，"沿着熊氏的思路，牟氏把思孟—陆王心学一系的道德本体论在当代提扬到了不可再高的水平"。[2]

其四，牟宗三提出的"三统并建说"探讨了"外王"层面的问

---

[1]　景海峰编《儒家思想与现代化：刘述先新儒学论著辑要》，中国广播电视出版社，1992，第572页。

[2]　郭齐勇：《熊十力思想研究》，天津人民出版社，1993，第352—353页。

题，对传统儒学与现代民主、科学的关系，对实现儒学的现代转化进行了有益的探讨。他把民主与科学问题纳入儒家"内圣外王"的思想框架中加以阐发、说明，并在理论上进行系统建构，对现代新儒学的发展具有重要意义。

［俞祖华、王海鹏《清代栖霞牟氏家族文化研究》（中华书局，2013）相关章节］

# 牟家未能适应现代转型

牟氏家族自明初一世牟敬祖起，到当代新儒学泰斗牟宗三，家族文脉延续数百年，其中一支由贫寒人家发展到富甲一方并跳出了"富不过三代"的宿命，成为胶东半岛乃至整个山东省世泽久远、文脉悠长的家族之一。在 28 个文化世家大族中，牟氏家族的显著特点在于：其一，是仕途、文学、财富齐头并进，治家、治学、治业全面发展的综合型世家；其二，是需要面对从传统向现代转型的近世望族。

牟氏家族在其发展史上经历过两次重要的转型：一是从第七代牟时俊开始"课诸子，延名师"，走上科举之路，从人丁稀少的穷苦农家改换门庭，转而成为官宦人家，又经三代终成邑中望族，此后仍不断有子孙在科举取士之路上进取，续写官宦世家、文学世家的辉煌；二是第十世牟国珑被诬陷解职回籍后，看淡仕途功名，带领其中一支一改读书做官、科举取士的老路，选择了既耕且读的发展路径，积累起巨额的物质财富，成就了富甲一方的商业世家。

但牟氏家族作为旧式世家大族并不适应随后发生的从传统社会向现代社会的现代转型，家族成员多龟缩在胶东半岛腹地，依旧以从圣贤之书中获得的生存智慧应对欧风美雨激起的时代波澜，在封闭中走向没落，在变革中惊惶失措，没有在科举废除之后经略政治的成功范例，没有在军阀混战的乱世格局中投身军旅的"一将功成"，没有经营现代实业、从经营土地到资本运作的转型升级，这个曾经辉煌一时的胶东望族终于带着几分苍凉走进了历史，而牟氏庄园所积累的巨额财富在社会秩序重整、社会资源洗牌中，成了家族不得不放手的负资产。

当年从胶东屋脊来到京城求学的牟宗三，在牟氏家族整体"振古"的氛围中，受到了西学东渐的洗礼，遂将儒学与西学、传统与现代加以融合，成为学贯中西的新儒学泰斗，这可说是牟氏家族走进幽暗历史后的最后一抹亮丽的落日余晖。牟氏家族的崛起、转型、辉煌与没落，既提供了一个家族通过励志自强从贫寒之家转换成显赫家族的成功范本，也展现了一个大家族"呼啦啦似大厦将倾"、与封建社会一起走向没落的悲凉案例，其成功的启示与失败的教训都至为深刻、至为有益。

[原载《齐鲁晚报》2014 年 2 月 24 日]

## 附《牟氏家族：凝聚力与变通》

在山东栖霞，有一座与山西晋商大院和安徽徽商民居齐名的民居庄园，这就是国家级文物保护单位——牟氏庄园，也是《山东文化世家研究书系》中 28 个大家族中牟氏一支的聚居地。

牟氏家族的研究者、鲁东大学教授俞祖华说，这个庄园其实是一个家族历经三个朝代更迭，遇到挫折而艰苦谋变的见证。俞祖华说，从湖北北迁到山东的牟氏家族从明朝开始，一直到民国，一共经历了 18 代之久，康熙初年牟氏就成为栖霞四大家族之一。"这个家族早年的家训就是耕作传家，研究学术也是兴旺家族的一个重要方式，他家从第一代到第七代都是通过科举做官，一直是当地的当权者。但是清朝初年，牟家的 8 个孩子全部被清政府抓捕入狱，整个牟家遭遇了发展的重大挫折。"俞祖华说，这个时候，作为牟氏家族的一支认识到，兴旺家族不一定非要科举做官，于是开始转型为经商，这才有了牟家的中兴，以及这个牟氏庄园，这体现了一个家族面临困境，坚持而不溃散的家族凝聚力，同时这个家族的变通也向社会展示了其生存和发展的活力。

[原载《齐鲁晚报》2014 年 1 月 15 日]

## 徐 福

徐福，亦作徐市，字军房。山东黄县（今龙口市）人。① 徐王君偃第二十九世孙。据考证，其先祖为夏禹时伯益子若木的后裔。周穆王时，因功受封徐地而以徐姓。徐福生卒之年，正史无载。近代学者研究认为，徐福大约生于齐王建十年，即公元前 255 年。秦代著名方士，博学多才，是鬼谷子先生的关门弟子，学辟谷、气功、修仙，兼通武术，通晓医学、天文、航海等知识，且同情百姓，乐于助人，故在沿海一带民众中名望颇高。秦始皇时两次受命东渡日

---

① 关于徐福故里，《史记·秦始皇本纪》记载为"齐人"，具体指哪学界有不同说法，主要如下。一是"山东黄县说"。如王大均在《徐福故里新考》（《东岳论丛》1987 年第 1 期）一文中提出"徐福之故址乃汉时徐乡县，属今山东黄县"。明清两代的《一统志》、《登州府志》、《黄县志》和《山东通志》在"登州府黄县"或"黄县"条下，都记载了汉徐乡是以徐福求仙而得名的说法。清代著名学者王先谦《汉书补注》也说，徐福故址乃汉时徐乡县，属今山东黄县。二是"山东胶南琅琊镇说"。《辞海》、《中国人名大辞典》和日本《大汉和辞典》"徐（福）"条说："徐（福），琅琊人。"《辞海》还注明为今山东胶南。三是"山东平度说"。《平度州志》《莱州府志》记载："李仙乡领社十二，曰李仙庄……曰徐福社。"民国《平度县志》载，第一区徐福乡辖五村。光绪版《平度志要》记载，秦始皇派徐福往日本求长生不老药，耗资巨大，并带有童男女各 500 人，从丽山老子隐居过的仙人洞，取走古本《尚书》百篇，由蓬莱山出发到日本。汉代人为纪念徐福，以人名取村名。汉代以徐福为即墨（县治在今平度境内）人。四是"江苏赣榆说"。罗其湘、汪承恭在《秦代东渡日本的徐福故址之发现和考证》（《光明日报》1984 年 4 月 18 日）一文中首次提出了徐福为江苏省赣榆县徐福（徐阜）村人的论点。村名由 1985 年春赵朴初题写"徐福村"三字，并刻石立碑于村北徐福祠前广场处。1990 年 11 月江苏省政府批准改金山乡为徐福镇。

本，时间在公元前 219 年至前 210 年，共动用船只 60 余艘，动员 5000 余人出海。《史记·秦始皇本纪》记载，始皇二十八年（前 219 年）首次东巡时，"齐人徐市等上书，言海中有三神山，名曰蓬莱、方丈、瀛洲，仙人居之。请得斋戒，与童男女求之。于是遣徐市发童男女数千人，入海求仙人"。徐福率众出海数年，并未找到神山，徐福则在当地之山"崂山"留下后代，后代改姓崂或劳。

前 210 年（始皇三十七年），秦始皇第五次出巡时至琅琊行宫，徐福闻讯急忙赶来觐见。徐福从第一次入海求仙至此已有十年时间，耗资巨大，始终没有求得仙药。为了逃避惩罚，他只好向秦始皇说，长生不老药本来可在蓬莱仙山求得，只是水神派大蛟鱼守护无法近前取药，请皇帝增派一些射箭能手同去。秦始皇求药心切，当即批准了徐福的请求，命他选拔童男女、各种工匠、弓箭手等入海求取仙药。徐福推托说出海后碰到巨大的鲛鱼阻碍，无法远航，要求增派射手对付鲛鱼。秦始皇应允，派遣射手射杀了一头大鱼。后徐福第二次率众出海，来到"平原广泽"，他感到当地气候温暖、风光明媚、人民友善，便停下来自立为王，教当地人农耕、捕鱼、捕鲸和沥纸的方法，此后再也没有返回中国。

关于徐福东渡的前因后果，《史记·淮南王传》载淮南王谋臣伍被之言尤详："又使徐福入海求神异物，还为伪辞曰：臣见海中大神，言曰：'汝西皇之使邪？'臣答曰：'然。''汝何求？'曰：'愿请延年益寿药。'神曰：'汝秦王之礼薄，得观而不得取。'即从臣东南至蓬莱山，见芝成宫阙，有使者铜色而龙形，光上照天。于是臣再拜问曰：'宜何资以献？'海神曰：'以令名男子若振女与百工之事，即得之矣。'秦始皇大悦，遣振男女三千人，资之五谷种种百工而行。徐福得平原广泽，止王不来。于是百姓悲痛想思，欲为乱者，十家而六。"[1]

关于徐福东渡后的去向，有不同说法。有说徐福死于大海中。但流传更为广泛的说法是东渡到了日本。而最早把徐福入海求仙传说与日本连接起来的，应推《后汉书》。此书在《倭传》之后添记

---

[1]　司马迁：《史记》，中华书局，1959，第 3086 页。

了这样的一则内容："会稽海外……有夷洲及亶洲。传言秦始皇遣方士徐福，将童男女数千人入海，求蓬莱神仙不得，徐福畏诛不敢还，遂止此洲，世世相承，有数万家。"① 法国人希格勒的著作《中国史乘中未详诸国考证》指出亶洲即是日本岛。此后，徐福东渡到了日本的说法在中、日、朝鲜半岛广为流传。

韩国济州岛正房瀑布有"徐市过此"的遗迹，是说徐福船队途中经过此地，没有在这里停留，而是继续向东方航行，最后"得平原广泽，止王不来"。在朝鲜半岛南部，商洲里锦山中部山麓的海面岩石上，还刻有"徐福过此"和"徐福起拜"的文字，刻面为 1 平方米。当地有这样的传说：秦始皇听得徐福进言，派使者来朝鲜半岛求长生不老仙草，返回时在此刻下了这些字。到 20 世纪 80 年代中期，在与此岩刻仅隔一山的一个石洞里，发现了一幅壁画，上画动物、船只以及人物，洞外刻有脚印，小路旁还有象征太阳的画面。在济州岛的朝天浦岩石上，刻有"朝天石"三字，传说与徐福经此有关。日本的史籍文献中关于徐福东渡日本的记载不胜枚举。如宫下义孝世代密藏的《富士古文书》（又名《徐福古问场》）对徐福家世记之颇详。据传该书成书于 800 多年前，为皇室用毛笔以古代汉字撰写，包括三篇：《日本皇室历史》记述日本神武天皇以前五十一代神皇皇室的简史，而现今日本第一部史书《日本书记》只从神武天皇写起，没有记述神武天皇以前的历史，两者正好前后衔接；《徐福来日历史事迹》记述徐福率五百童男女及金银、五谷、医书到日本寻求长生不死药的事迹；《富士山变迁记录》记富士山原名福地山，即因徐福到此得名。据考证，日本的福冈县、福岛县也都因徐福得名，这些地方的居民多属徐福后代。过去富士山有徐福墓，因火山爆发被毁，福地山才改名富士山。

另据徐福七世裔孙秦福寿著文载，日本第七代孝灵天皇之时，徐福渡来日本列岛，先后抵筑紫（九州）、南岛（四国）、不二山（富士山）。徐福把七个儿子改为日本姓氏，长子姓福冈，次子姓福岛，三子姓福山，四子姓福田，五子姓福畑，六子姓福海，七

---

① 范晔：《后汉书》，中华书局，1965，第 2822 页。

子姓福住，然后把他们分别派往七个地方。从此，徐福的子孙遍及日本各地，逐渐繁衍起来。徐福则自称秦之徐福。《日本百科大辞典》载："徐福……到我纪伊的熊野浦登陆……留浦不返，人事开拔土地……其子孙终为熊野长，颇繁荣。"《日本产业事迹考》还说："熊野的捕鲸业世所闻名……徐福在纪州熊野上陆后，始于该地开展捕鲸业，以后逐渐传及东邦种地。"《籍埃随笔》（《日本随笔大成》第 2 期第 6 卷）载："附近村民学会制纸法，名徐福纸。"

与徐福有关的传说还有"千童镇"等。河北省盐山县千童镇，战国时为饶安县邑，徐福受命在此筑千童城，征召童男女百工集训，人们始称饶安邑为千童城。汉高祖五年（前 202 年，即徐福东渡后 8 年）置千童县，以千童城为县治（《汉书·地理志》）。北魏年间该地为沧州州治，至唐贞观十二年以后称旧县镇，至 1993 年，为纪念徐福，又改为千童镇。北魏年间千童城有开化寺，寺内竖千童碑、建千童殿和徐福祠。每年在农历三月二十八日举行隆重祭祀。每逢甲子年，还要举行大典，以召唤死在异域的魂灵还乡，这就是所谓"信子节"。"信子"民间游艺活动，起源于汉，由童男、童女扮成戏剧人物，在由十五六米高竿支撑的舞台上表演，其特点为高、奇、险、惊，为全国一绝。此一活动与日本佐贺地区金立神社 50 年一次的大规模徐福祭祀活动遥相呼应，反映了两地人民对徐福共同的敬仰。

## 徐 岳

徐岳（？—220），字公河。东汉东莱（今莱州市）人。东汉时期著名数学家、天文学家。他创造了世界上最早的算盘——游珠算盘，距今约有 1800 年的历史。

汉灵帝时，天文学家刘洪"按数术成算"创造了乾象历，这是中国古代第一部传世的考虑到月球运动不均匀性的历法，他还把乾象历传授给弟子徐岳。徐岳潜心钻研晦、朔、弦、望、日月交食等历象端委，进一步完善了乾象历。后又把该历法传授给吴中书令阚泽，乾象历遂在吴国得以推行。历法的研究为徐岳从事算学研究打下了坚实的基础。

徐岳搜集前人留下的大量数学资料，撰写出《数术记遗》《算经要用》等具有历史意义的数学著作。《数术记遗》卷首题"汉徐岳撰，北周汉中郡守、前司隶，臣甄鸾注"，相传该书由徐岳所作，但也有数学史家认为该书由北周甄鸾自著。该书以与刘洪问答的形式介绍了14种计算方法，分别为积算、太乙算、两仪算、三才算、五行算、八卦算、九宫算、运筹算、了知算、成数算、把头算、龟算、珠算、计数。14种算法中除第14种"计数"为心算，无须算具外，其余13种均需计算工具。"珠算"之名首见于此书。此书描写的珠算是：刻板为上中下三分，每分5个游珠，上1粒珠代表五，余4粒各代表一，上下两档作运算，中档作定位。徐岳在这部书中，不仅在世界上第一次为珠算定名，而且设计出珠算盘的样式，为后世珠算的研制和使用提供了重要的历史参考。

## 太史慈

太史慈（165—206），字子义。东莱黄县人。三国时吴国名将。身长七尺七寸，美须髯，猿臂善射，弦不虚发。自少好学，后担任本郡奏曹史，因郡守与州吏不睦，辞官避祸辽东。青年时，曾因向刘备请兵退黄巾军以解孔融之围，被孔融称为"年轻时的好朋友"。后到曲阿（今江苏丹阳）追随孙策，辅佐孙权屡建战功，先后任折冲中郎将、建昌都尉。建安十一年（206）与曹操部将张辽交战，中箭受伤，回京口（今镇江）死去，临死前大呼："丈夫生世，当带七尺之剑，以升天子之阶。今所志未从，奈何死乎！"终年41，孙权将其厚葬于北固山上。《三国演义》第十五回"太史慈酣斗小霸王"描述了他的英勇善战。

## 丘处机

丘处机（1148—1227），后因避孔子的名讳，将丘写成邱。字通密，号长春子。山东栖霞县滨都里（今栖霞市）人。金、元之际著名道士，为金世宗、金章宗、金卫绍王、金宣宗和元太祖成吉思汗所敬重，并以远赴西域劝说成吉思汗减少屠杀而闻名。道教的一支派全真道第五任掌教，被尊为全真道龙门派祖师。在金庸的《射雕英雄传》《神雕侠侣》等武侠小说中，丘处机被描述为一位豪迈奔放、武艺高强的道士，为大众所熟知。

丘处机生于金熙宗皇统八年（1148）正月十九日，祖辈业农，世称善门。母亲孙氏早亡，父娶继室怙恃之。由于家境贫寒，未尝读书，但天资聪颖，毅力不凡。从童年时就向往修炼成"仙"，少年时栖身村北的公山，过着"顶戴松花吃松子，松溪和月饮松风"的生活。传说他为了磨炼意志，曾一次次将铜钱从石崖上扔进灌木丛，直到找到为止。19岁时出家宁海昆仑山（今牟平东面），"悟世空华，知身梦幻，拟学神仙脱轮回之苦趣，复常乐之妙源，遂抛家产，割爱情，循居昆仑山石门峪，依道者以修真"。① 金世宗大定七年（1167）九月，听闻王重阳在山东宁海，便自昆仑山来到宁海全真庵，拜王重阳为师，成为"全真七子"中第一个拜师王重阳的人。王重阳为其训名处机，号长春子。"全真七子"除了丘处机，其他师兄弟是丹阳子马钰、长真子谭处端、长生子刘处玄、玉阳子王处一、广宁子郝大通、清静散人孙不二（马钰之妻）。丘处机虽不通文墨，但为了邀励其学习，王重阳仍令其执掌文翰，拜师之后跟随王重阳在山东胶东各地传教。

1169年（大定九年），王重阳携弟子四人西游，次年正月初四日途中病逝于汴梁城，弥留之际嘱咐说："处机所学，一任丹阳。"自此，丘处机在马丹阳教诲下，知识和道业迅速长进。丘处机跟随同门马钰、谭处端和刘处玄到陕西终南山拜会王重阳的朋友，于1172年将王重阳迁葬终南山，并守丧3年。守丧期间，在马钰的指导下志行苦修，勤奋自学，打下较好的内丹功底与文化基础。大定十四年（1174）秋，丘、刘、谭、马为师守丧期满，于陕西鄠县秦

① 史志经编《玄风应会图说文》之"遁迹昆仑"，见赵卫东辑校《丘处机集》，齐鲁书社，2005，第495页。

渡镇真武庙月夜对坐，各言其志，然后分路行化，丘处机西入磻溪（在今陕西省宝鸡市西南部）隐修。

1174 年（大定十四年）八月，入磻溪穴居，日乞一食，行则一蓑，虽箪瓢不置，历时 6 年，生活艰苦、学习刻苦、求道专一，因行携蓑笠人称"蓑笠先生"。

1180 年（大定二十年），自磻溪迁往陇州龙门山（今宝鸡市）继续苦修。在此隐居潜修 7 年，其间他"烟火俱无，箪瓢不置"，"破衲重披，寒空独坐"，生活极为清苦，但"静思忘念，密考丹经"，潜心于养生学、道学的研究，并广交当地文人学士，获得了丰富的历史、文化知识，终成为全真龙门派创始人。道成之后，于大定二十六年（1186），由陇州龙门山迁往终南刘蒋祖庵。

1188 年（大定二十八年）三月，丘处机应金世宗召，从王重阳故居赴燕京（今北京），奉旨塑王重阳、马丹阳（时已去世）像于官庵，并主持了"万春节"醮事。同年五月，金世宗召见于寿安宫长松岛，问以延生之理，他答以"惜精全神，修身之要；恭己无为，治天下之本。富贵骄淫，人情所常，当兢兢业业以自防耳。诚能久而行之，去仙道不远。诞诡幻怪，非所闻也"。[1] 后得旨返回终南山。1189 年（大定二十九年）春，金世宗病逝，继位的金章宗于明昌初禁绝全真道，全真道的发展陷入低谷。

丘处机遂于 1191 年（明昌二年）东归山东栖霞，以故居为基，兴建滨都观（赐号太虚观）。其后，即以滨都观为中心，在山东各地积极弘道，兴建了大量宫观，收受了大批弟子，为全真道在元初的兴起奠定了基础。1205 年（泰和五年）、1209 年（大安元年）两次游崂山，把全真道传入崂山，为日后崂山全真道的兴起做出重大贡献。其足迹还遍及青州、登州、莱州等地，扩大了全真教的影响。1214 年（贞祐二年），蒙古军占领山东、河北，金都南迁，山东发生民变，益都杨安儿起义军攻克登、莱等州，金朝驸马都尉仆散朝恩请丘处机协助招抚乱民，丘处机奉旨招抚了部分义军，使胶东百姓避免了一场战争的灾难。贞祐三年（1215）到兴定元年

① 《金莲正宗仙源像传》，见赵卫东辑校《丘处机集》，第 424 页。

（1217）间，山东发生灾荒，饿殍遍野，丘处机令全真弟子辛勤耕耘，并多次分粮济馁。又作《愍物》诗二首，其一云："天苍苍兮临下土，胡为不救万灵苦。万灵日夜相凌迟，饮气吞声死无语。仰天大叫天不应，一物细琐徒劳形。安得大千复混沌，免教造物生精灵。"其二云："呜呼天地广开辟，化出众生千百亿。暴恶相侵不暂停，循环受苦知何极。皇天后土皆有神，见死不救是何因。下土悲心却无福，徒劳日夜含酸辛。"① 两诗充分表现了其悲天悯人的情怀。

1203 年（泰和三年）刘处玄仙逝于莱州灵虚观，丘处机继任为全真道第五任掌教。金崇庆元年（1212）与兴定元年，郝大通、王处一也先后升霞，"全真七子"仅存丘处机，他独自承担起弘扬全真道的重任。丘处机掌教时间长达 24 年，其间在政治和社会上积极发挥自己的影响，使全真道的发展进入了兴盛时期。全真道的发展引起了当时各方的注意。其时，金、蒙、南宋三方鼎立，南宋、金朝屡次诏求丘处机，他都予以婉言谢绝。

1219 年（元太祖十四年）冬，居莱州昊天观，刘仲禄持成吉思汗"诏书"召请。"诏书"即现存河南省内乡县石堂山普济宫的《成吉思皇帝赐丘神仙手诏碣》，全文共 406 字，元武宗至大二年（1309）四月，"诏书"被刻在石碑上。

接到成吉思汗"诏书"后，丘处机表示：我循天理而行，天使行处无敢违。并于第二年春带弟子 18 人走上了西行觐见之路。自元太祖十五年（1220）春至十七年（1222）三月，他们从莱州经宣化（今河北宣德），越野狐岭，东北行至呼伦贝尔，再沿怯绿连河西行，穿越蒙古高原、金山，甫下经别十八里、昌八里（今新疆昌吉）、阿力麻里，塔剌思河、塞蓝（今哈萨克斯坦奇姆肯特）、霍阐没辇（锡尔河）、撒马尔罕、碣石（今乌兹别克斯坦沙赫里·沙勃兹），越阿姆河而南，1222 年初夏在大雪山（今阿富汗兴都库什山）与成吉思汗会见。在给成吉思汗讲道的过程中，"每言欲一天下者，必在乎不嗜杀人。及问为治之方，则对以敬天爱民为本。问长生久

---

① 　丘处机：《磻溪集》卷三，见赵卫东辑校《丘处机集》，第 44—45 页。

视之道，则告以清心寡欲为要。太祖深契其言"。① 经过三次讲道与两次劝谏，丘处机以平实的语言与真诚的态度，深得成吉思汗信重。在行宫中，成吉思汗对丘处机尊礼备至，不唤其姓名，只称呼"神仙"，并命丘处机统管天下僧道，豁免道士赋税差役。在丘处机的影响下，成吉思汗曾令"止杀"，故后人评说丘处机有"一言止杀"之功。在其东归之时，成吉思汗还赋予他多项特权，并赐予其虎符和玺书。

1224 年（元太祖十九年），丘处机回到燕京，奉旨掌管天下道教，住天长观，后成吉思汗下诏将天长观改名长春宫（今北京白云观），并赐"金虎牌"，以"道家事一切仰'神仙'处置"，即诏命丘处机掌管天下道教。丘处机充分运用成吉思汗赋予的各项特权，大力弘扬全真道。早在东归途中，行至盖里泊，便曾对弟子们言："今大兵之后，人民涂炭，居无室，行无食者，皆是也。立观度人，时不可失。此修行之先务，人人当铭诸心。"② 同年，丘处机持旨释放沦为奴隶的汉人和女真人 3 万余人，并通过入全真教即可免除差役的方式，解救了大批汉族学者。自此，全真教盛极一时，丘处机的声誉亦登峰造极，寺庙改道观、佛教徒更道教者不计其数。

1227 年（元太祖二十二年）七月九日，丘处机病逝于天长观，终年 80。临终前，七月四日，对弟子言："昔丹阳尝授记于余云：'吾殁之后，教门当大兴，四方往往化为道乡，公正当其时也，道院皆敕赐名额，又当主持大宫观，仍有使者佩符乘传，勾当教门事，此时乃公功成名遂归休之时也。'丹阳之言，一一皆验，若今符契。况教门中勾当人，内外悉具，吾归无遗恨矣。"元世祖时，追封为"长春演道主教真人"。有《磻溪集》《鸣道集》《大丹直指》《玄风庆会录》等著作传世。

在中国道教史上，如果说全真道是以"道教中之改革派"的面目出现的，那么，在全真道教史上，丘处机则是富有创新精神的一

---

① 《元史·丘处机传》，见赵卫东辑校《丘处机集》，第 455 页。
② 商挺：《大都清逸观碑》，陈垣编纂《道家金石略》，文物出版社，1988，第 614 页。

代宗师。丘处机从 1167 年拜王重阳为师，至 1227 年仙逝于燕京长春宫，为全真道奋斗了整整 60 年。在这 60 年中，他凭着异乎常人的意志与悲天悯人的情怀，志行苦修，立观度人，济贫拔苦，劝孝止杀，不但对全真道的兴旺发达做出了巨大贡献，而且使中原人民受惠颇多，成为中国历史上著名的思想家与宗教家。

## 戚继光

戚继光（1528—1588），字元敬，号南塘，晚号孟诸。山东登州（今蓬莱）人。嘉靖七年（1528）十一月十二日出生于山东济宁州（今济宁市）东南 60 里的鲁桥镇。嘉靖十二年（1533）由于父戚景通调任大宁都司（驻保定），戚继光随祖母回故里登州居住。戚继光出身将门，受父亲熏陶，从小就喜欢军事游戏，练就一身好武艺。他六岁入私塾读书，十多岁时已经博览群书，以经术鸣于时。

1544 年（嘉靖二十三年）父亲病重去世，他秉父命去京师办理袭职手续，袭任父职做了登州卫指挥佥事。1546 年（嘉靖二十五年）正式袭任世职，分工管理本卫的屯田事务。

1548 年（嘉靖二十七年）至 1552 年（嘉靖三十一年），奉命率领卫所士兵远戍蓟门（今北京市东北），春去秋归，每年一次，驰骋于胶东半岛和蓟镇边塞之间，成为驻守边防要塞和海防前线的青年将领。1549 年（嘉靖二十八年）参加山东乡试并以优异的成绩考中武举，次年进京会试，正逢蒙古俺答汗兵围北京城，乃临时守卫京城九门，并两次上书陈守御方略。

1553 年（嘉靖三十二年），戚继光因戍守蓟州有功被提升为都指挥佥事，管理登州、文登、即墨三营 25 个卫所，防御山东沿海的倭寇。从此他踏上了守卫海防、抵御倭寇入侵的战场，实践其"封侯非我意，但愿海波平"的宏愿。当时，倭寇日益猖獗，而明朝的海防不仅没有加强，反而问题越来越多，特别是卫所兵员失额，存者不及半数，且多老弱疾病；同时，部队缺乏训练，纪律涣散，"卒嬉于武，民怨于野"致使战斗无备。针对这些问题，戚继光大力整肃军纪，调整卫所，训练士卒，提高部队战斗力。首先，戚继光对卫所官员进行了较大的调整，撤销了 12 个不合格的领班指挥，重新选拔了王泮、冯守仁、刘继宗等 15 人加以补充，并几经考察而确认；同时，对各卫所所辖千户等官也进行了调整。其次，惩抑豪强，安顿地方。在山东，由于割据豪强势力把持地方，聚赌成风，败坏卫所军纪，扰乱社会安定。戚继光到任后对"豪强有势之家"严加查办，既有利于社会治安，也有利于整顿军纪，使山东沿海的防务大有改观。

1555 年（嘉靖三十四年）七月，戚继光调任浙江督司金事。他初到时，管理屯田事务，后经浙江总督胡宗宪推荐升任宁绍台参将，镇守宁波、绍兴、台州（今临海）三府。从元末以后，倭寇开始侵扰中国东南沿海，到明嘉靖年间达到最为猖獗的时期。戚继光认识到"倭非大创尽歼，终不能杜其再致"，决意痛击倭寇，尽数将其歼灭。在浙江期间，多次与倭寇作战，先后取得龙山所、岑港、桃渚之战的胜利。在战斗中，戚继光、谭纶、俞大猷三位抗倭名将并肩作战，建立了深厚的友谊。龙山所在定海县（今浙江舟山市）境内，北临大海，是倭船往来必经之道。

1556 年（嘉靖三十五年）八月，倭寇 800 多人打到龙山所，戚继光这时新任参将不久，听到消息立刻率军前往，面对倭寇的猛冲，参将卢镗等率 14000 多名明军抵御，明军竟一触即溃，戚继光见形势危急，连忙跳到一块高石上，一连三箭将三个倭酋射倒，倭寇被迫撤退。十月，倭寇又在龙山所登陆，戚继光与俞大猷等率军抗击，三战三捷，倭寇乘夜撤退。明军跟踪追击，至雁门岭遇伏，纷纷逃走，倭寇得以乘船出海。

1558 年（嘉靖三十七年）春，3000 多名倭寇占据岑港，并建栅筑垒，企图长期盘踞。明军作战初期不利，由于岑港久攻不克，俞大猷、戚继光等一度被撤职，但明廷令他们戴罪立功。为攻下岑港，戚继光等亲率士卒，奋勇冲锋，倭寇抵挡不住，转寇福建。

1561 年（嘉靖四十年）四五月间，倭寇大举进犯浙江沿海的台州府属的圻头、桃渚以及温州沿海地区，并兵分两路，妄图侵占台州、宁海。戚继光命把总楼南、指挥刘竞等守台州；命百户胡守仁、张元勋等守海门，居中策应；命中军游击兵协守新河，命把总任锦率兵船出海上，实施伏击；自己亲率主力前往宁海，并请宁波海道总兵同时出兵，水路会剿。四月二十六日，兵备佥事唐尧臣率军和新河城内的乡兵一起内外夹攻倭寇，军民同仇敌忾，把倭寇杀得大败。这时，倭寇流窜到距台州府五里的花街，准备攻城，恰逢久雨城墙多处塌坏，城内守兵又少，形势危急。戚继光闻讯，火速率兵南下在花街与敌遭遇，冒雨冲杀，倭寇夺路逃遁，戚继光率师在大田设伏待贼。几天后，倭寇经大田往仙居，此时，戚继光正率兵埋伏于倭寇必经之地白水洋上峰岭，待倭寇经过时，戚继光率军英勇冲杀，并命部将以鸳鸯阵冲锋。戚继军疾若风雨，有进无退，倭寇大部被歼，余部逃上一座小山，哨官丁邦彦又率军将小山包围并四面仰攻，使倭寇"败落岩谷，死者无算"。残倭逃到朱家园，戚家军乘势包围，并用火攻将倭寇团团围住，"贼屡突不得出"，全军覆没。短短的一个月内，戚家军九战九捷，彻底消灭了侵犯台州的倭寇。以后，倭寇再也未敢大规模进犯台州、宁波地区，浙江的倭患从此全部平息。台州大捷后，戚继光被提升为都指挥使。

实战过程中，戚继光发现明卫所军的战斗力极差，各地调来的客兵也缺乏训练，而且纪律败坏，自相残杀，骚扰百姓，一遇战事即望贼奔溃、闻风丧胆。其原因主要是士兵大多来自市井，本质贪利、顽劣、油滑，没有明确杀敌报国的信念而把当兵当作混饭吃的门径，导致不战自溃。为了提高军队的战斗力，戚继光决定重新组织、训练一支强大的抗倭军队。1556 年十一月，他起草了《任临观请创立兵营公移》，第一次提出了练兵的建议，其中提出"无兵而议战，亦犹无臂而格干将，乃今乌合者不张，征调者不戢，无不知其可也"。[①] 1557 年（嘉靖三十六年）二月，他再一次提出《练浙兵议》，指出："十室之邑，必有忠信；堂堂全浙，岂无材勇？诚得

---

① 傅维鳞：《明书·戚继光传》。

浙士三千，亲行训练，比及三年，足堪御敌，可省客兵岁费数倍矣。"① 鉴于倭寇为患东南沿海已久，明廷无奈之下，最终同意戚继光在浙江征兵。他先在绍兴征得 3000 名士兵，开始了严格的训练，但在岑港之战中这支新军仍不堪一击。1559 年（嘉靖三十八年），戚继光无意中目睹义乌矿工与永康矿工几万人打架的场面，惊呼："如有此一旅，可抵三军。"觉得义乌人敢打敢拼，不怕死，而且团结一致，只要加以有效训练，必定可以成为精兵强将。同年八月上《练乌伤兵议》，要求罢去所部旧兵，招募新兵。随即在义乌知县赵大河（江苏江阴人，嘉靖三十五年进士，三十七年出任义乌知县）的协助下，招募义乌 4000 余矿工、农民，进行了严格的训练，这就是著名的戚家军。戚继光针对沿海地形多沮泽、倭寇小股分散的特点，创立攻防兼宜的"鸳鸯阵"。鸳鸯阵综合各种兵器于一个战斗小组，每小组十二人，最前一人为队长，次二人持牌（长、圆各一），次二人持狼笯，次四人持长枪，次二人持短兵器，最后一人为火军，彼此相峙，攻守相易，机动灵活。黄仁宇在《万历十五年》中这样评价戚家军：戚家军的胜利记录无出其右，从 1559 年开始，这支部队曾屡次攻坚、解围、迎战、追击，而从未在战斗中被倭寇击溃。

戚家军在浙江的英勇作战，使倭寇在浙江沿海的侵扰受阻，福建成了倭寇侵扰的中心，福清、宁德、福安、福宁等地早被倭寇攻陷。1562 年（嘉靖四十一年），倭寇又攻陷永宁（今福建晋江市），使福建"沿海千里，尽为倭寇"，而宁德之横屿和福清的峰头，则是倭寇四处抢掠的老巢。同年七月，总督胡宗宪命戚继光领兵 6000 人援闽。八月一日，戚家军抵达福宁。八月七日夜，海潮刚落，戚继光便命士兵身背干草，摆成鸳鸯阵，冲向离岸 10 里的横屿岛。戚家军经过与倭寇的三个时辰生死搏斗，歼敌 2600 多人，取得了戚家军入闽抗倭的第一次大捷。接着，戚家军向福建挺进，乘胜直捣倭寇在福建最大的巢穴——牛田，击溃数上万名倭寇，倭寇大部被歼，余部落荒而逃，我方无一人牺牲。然后，戚家军又以迅雷不及掩耳

① 戚继光：《戚少保奏议》，中华书局，2001，第 65 页。

之势，奇袭倭寇另一巢穴——林墩，烧死和淹死倭寇 3000 名左右，斩首 960 人，俘虏 26 人，消灭了兴化（今莆田市）一带的倭寇。十月，戚家军班师回浙，戚继光升任副总兵，统辖台州、温州、福宁、福州、兴化五地，并兼领水寨，参将以下武官皆听节制。

1563 年（嘉靖四十二年）三月，戚继光奉命率领经过补充的戚家军万余人再度入闽剿倭，取得了平海卫战役的重大胜利。平海卫在莆田以东 90 里，此地成为倭寇的新巢穴。在攻打平海卫的战役中，戚家军负责正面进攻，福建总兵俞大猷为右军，广东总兵刘显为左军，配合出击。三月二十一日凌晨，戚家军下令前锋胡守仁发射火器，顿时鸟铳齐发，炮声震天，倭寇战马受惊，四处乱窜，戚家军乘机发起猛攻，双方展开肉搏战。与此同时，刘显、俞大猷各带兵赶到，使倭寇三面受敌，倭寇抵抗不住，纷纷败逃；明军紧追不舍兵将其围于巢中，发射鸟铳，抛掷火球，一时间倭巢一片火海；明军乘胜追杀，大获全胜。在不到两个小时的战役中，歼寇 24000 余人，斩首 2622 人，缴获兵器近 4000 件，解放被掳男女 3000 人。戚继光因此升都督同知，代俞大猷为总兵官，镇守福建全境。

同年底，戚继光又成功指挥了仙游战役，大败倭寇于仙游城下。十二月，倭寇 2 万余人围攻仙游，情况危急。戚继光和谭纶统兵救援，驻军离敌 20 里之地。戚继光先调动一支官军抢驻在仙游附近的铁山，据险为营，与倭寇对阵；再选派 500 勇士组成敢死队间或袭击倭巢，使其首尾不得安宁，同时，戚家军大营大肆擂鼓鸣炮，迷惑敌人。一切安排妥当，戚家军虽然在数量上不占有优势，但士气振作，期以必胜。二十六日，大雾弥漫，戚继光率军自南边向倭部紧急逼近，此时倭寇不明真相，正在乘雾攻城，明军主力突然由倭巢奋力冲杀，破围栏而入，焚烧敌营，其他各路将士亦配合突击，烧毁了倭寇的东西两巢，最后各路兵力联合攻进北巢，大败倭寇。仙游之战击溃 10000 余名倭寇，杀死倭寇 1000 余名，斩首 498 人，生擒 1 人，我方牺牲童子明等 24 人。仙游大捷是戚继光继平海卫大捷后取得的又一次重大胜利，也是戚继光指挥的以寡胜众、以弱胜强的光辉战例。

1565 年（嘉靖四十四年），戚继光挥师南下广东，与广东总兵俞大猷配合，肃清了广东境内的残倭。至此，明代抗倭斗争取得了决定性胜利。

在南方的倭寇被荡平后，戚继光于 1567 年（隆庆元年）十月被调往北疆，戍守蓟门。他到蓟州后，加高加厚长城，修建空心敌台，创立步、骑、车、辎重诸营，边境得以安宁。

1583 年（万历十一年），戚继光从京蓟总兵官任上调任广东总兵，后罢归登州，不久病卒。戚继光以捍卫边疆为己任，屡克强敌，战功卓著，著有《纪效新书》《练兵实纪》《止止堂集》等书传世。

## 张梦鲤（含张嗣诚、张瑞徵、张重启）

张梦鲤（1533—1597），字汝化，号龙池。祖居青州府乐安县（今广饶）碑次口村，元末其先祖张海山迁居莱阳县夏格庄镇双山村，传至九世而生梦鲤。父张锟（1493—1562），获赠奉直大夫（从五品文官封号）与中宪大夫（四品文官封号）。幼年好读书，应对敏捷，16 岁为莱阳县秀才第一名。1555 年（嘉靖三十四年），乡试中举人，次年中进士。1561 年（嘉靖四十年）授户部主事，监管国家粮库，制度谨严，秋毫无损。1565 年（嘉靖四十四年），任兵部武库，次年升职方员外郎。1567 年（隆庆元年）升开封府知府。1573 年（万历元年）张梦鲤升任山西布政司右参政，主管军饷。1576（万历四年）升任江西按察使。他到任后，整顿吏治，惩办讼棍，清理积案，平反冤狱，声望益高。1577 年（万历五年）升山西右布政使，主管铸钱，制定了八条规定，推行钱法，百姓称便。督抚因张梦鲤善于理财，令其总结成书上奏皇帝，遂升任山西左布政使，不久升为佥都御史、河北省巡抚。1581 年（万历九年）调张梦鲤去甘肃，任副都御史。同年，又召为大理寺卿（从一品）。后因受排挤，三次上书，请求告退，于 1582 年（万历十年）获准，遂退归故里。张梦鲤退归后，巡按吴定等人曾多次举荐起用，均婉辞谢绝；皇帝派专使登门，催其进京，张梦鲤以疾患错聩为借口，坚不受命。居家修治庭园，课子弟读书。于 1597 年（万历二十五年）病逝。

张嗣诚（1562—1619），字伯行，号从龙。张梦鲤之子。1585年（万历十三年）中举人，1595 年中进士。当年莱阳县城大街上为张梦鲤、张嗣诚父子建立了"父子进士坊"的牌坊。张嗣诚历任户部四川司主事、礼部仪制司员外郎、郎中，江西广德州知州，刑部云南司员外郎、浙江司郎中，山西按察司副使，死于任上。著有《丽光楼诗草》一卷。张嗣诚与其弟张嗣谟同朝为官，故当年莱阳县城还建有"兄弟制科坊"的牌坊。

张嗣谟（1566—1629），字仲嘉，号犹龙。万历选贡，历任直隶河涧府肃宁县知县、四川剑州知州。著有《风素斋诗文集》。其后人以"风素斋"作为本支系堂号，从张梦鲤到"风素斋"后人，先后出过 4 名进士、7 名举人、29 名贡生、40 多名生员。

张瑞徵（1619—1682），自卿旦，号华平。张梦鲤之孙，张嗣谟次子。1651 年（顺治八年）中举，次年考中进士。《莱阳县志》序的作者。授翰林院庶吉士，历任国史院检讨、左春坊左中允兼宏文院编修、浙江典试正主考。1658 年，升任河南按察司副使，分巡汝南道。善书画，尤工山水小绘。著有《足余居诗草》、《玉署集》（各一卷）和《莱阳八景诗钞》等。

除张瑞徵，张嗣谟另二子张载徵、张善徵在清兵进攻莱阳城时遇难，张善徵子张重启又中进士。张重启（1636—1704），字元公，号岱瞻。1666 年（康熙五年）中举人，1679 年（康熙十八年）中进士。授直隶省雄县知县。1693 年任顺天府乡试同考官。后升任刑部浙江司主事，再升任贵州司员外郎，最后升至福建司郎中。著作有《亭山园遗稿》二卷。

## 宋琬（含宋黻、宋应亨、宋璜）

宋琬（1614—1674），字玉叔，号荔裳，别号二乡亭主。山东莱阳人。1625 年（天启五年）以拔贡生入京。1631 年（崇祯四年），也就是宋琬 18 岁时，父宋应亨由清丰知县奉调京师任职，授礼部主客司主事。为求学业有成、进士及第，宋琬和二兄宋璜借省亲机会离开家乡，北上京师，进入国子监深造。1646 年（清顺治三年）中举人，得第二名（墓志称"亚魁"）。次年中进士。授户部河南司主事，后升调吏部稽勋司主事。1650 年（顺治七年）遭构陷入狱，次年出狱，官复原职。1653 年（顺治十年）冬，宋琬正式外调，授官分巡补陕西陇右道兼兵备金事。次年春，赴天水就任，到任不久秦州（今甘肃天水）发生八级地震，数万百姓无家可归，乃组织群众重建家园，采取措施赈济百姓，因其救灾有功，清廷"钦赐蟒服加一级，优升永平副使，管军饷"。1657 年（顺治十四年）春，奉调京畿任直隶永平道，任内清风亮节，改革弊政，公事公办，严禁将吏的虚报冒领和借机克扣行为，并削减不合理征项，宽恤民力，使农民负担大为减轻，还重修永平东西二堤，另编修了《永平府志》。1661 年（顺治十八年），奉调到江南，署浙江绍宁道，以左参政守宁阳，驻节宁波。次年因表现卓异，提升为浙江按察使，驻节杭州。但就在当年祸从天降，被族侄诬告，清廷遣钦差直接将其从任上械系京师审讯，被判刑三年。1663 年（康熙二年），宋琬案件被重新审查，主持审查的巡抚蒋国柱力为申雪，该案得以平反。1671 年（康熙十年），康熙帝除去权臣鳌拜等人，正式亲政，宋琬上书自讼冤屈，被重新起用任官吏部。次年授四川按察使司按察使。1673 年（康熙十二年）卒于京师客舍，时年 61，祀于乡贤祠。十年后归葬于故里，墓在旧莱阳县西古城村北。县志以及《清史列传》《清史稿》等均有传。

著有《安雅堂集》《二乡亭词》等。宋琬以诗名世，为清八大诗家之一，传世诗作有 1400 余首，《清史列传》评论其诗"格合声谐、明靓温润"。

宋琬出身世代书香名宦之家。胶东宋氏一世祖宋信原籍江西吉安府吉水县，为元朝胶东行省丞相，元至正年间（1341—1368）因失事谪贬般阳路（今莱州）总管，卜居山东文登宋村。其中一支之四世祖宋兴由文登迁居宁海（牟平）桃花社，又转迁入莱阳龙旺庄镇溪聚村，至明朝景泰年间九世祖宋黻成进士，为明代莱阳第一位进士，自此莱阳宋氏成为世家大族并迁居城里，莱阳也从此学风一振、文化昌明。

宋黻（1421—?），宋积长子，字景章，宋琬高祖。1450年（景泰元年）中举人，1460年（天顺四年）中进士。初授户部主事，后擢御史，累官至浙江按察使司副使。死后祀于乡贤祠，墓在旧莱阳县东溪渚冈。宋黻自幼时聪慧敏捷，迥然出众，秉性坚定，言行不苟。观政户部时，曾负责发放辽东军饷。此前任事官往往与监军头目相勾结，借机中饱私囊。宋黻则表现出不与污秽相勾结、务施实惠于将士的独特为官之道。之后在任浙江按察使司副使期间，用刑论法，惩恶雪冤，均清正廉明。宋黻为人天性笃孝，据说临终之际以自己为官在外未能尽孝，竟不能瞑目。宋黻又素有文名。民国年间纂修县志时，还见有《重修丹阳殿碑记》，不过现已不知存于何处。另据县志记载，宋黻有弟宋德（生卒年未详），为宋积四子，明成化间岁贡，曾官山西绛县丞。其余兄弟诸人，皆不可考。

宋琬的父亲宋应亨于1625年（天启五年）中进士。宋应亨次子宋璜于1640年（崇祯十三年）中进士，三子宋琬又于1647年（清顺治四年）中进士。宋氏一门三进士，轰动一方，成为莱阳的文苑佳话。

宋应亨（?—1643），宋述之子，字嘉甫，号长元。1615年（万历四十三年）中举人，1625年中进士。初授直隶清丰县知县，为官清丰知县期间，励精图治，大行教化，实施惠政，深得民心，离任后清丰百姓仍念其功德，并在城外建祠，称为"益咏堂"，以资纪念。明末，李自成军经过清丰时，且相诫曰"宋公有德于民，祠不可毁"，可见其为官廉正，深受百姓的尊敬。后擢礼部主事，调吏部稽勋司员外郎，1633年（崇祯六年）晋郎中。次年在吏部郎中任上"以祖母李太淑人春秋高，上疏请终养归"，辞职回老家莱阳。1641年（崇祯十四年）及次年，莱阳发生饥荒，宋应亨开仓赈粟，全活数千人。1642年（崇祯十五年），清军袭扰山东，连破数府县。闰十一月，宋应亨与知县陈显际谋划守城，出千金修筑城墙。清军到时，城上火炮、矢石并发，一次次击退清军。次年（1643）二月清军复至，莱阳终于失守，宋应亨等不屈而死，其节义壮举，彪炳史册。诏赠太仆寺少卿,清乾隆间赐谥节愍,入清丰县名宦祠。以其子宋琬贵,赠中大夫浙江参政。

宋璜(1605—1658),宋应亨次子,字玉仲,号答昊。1636 年(崇祯九年)中举人,1640 年中进士。授浙江杭州府推官,擢兵部主事。入清后,官顺天府推官。祀乡贤祠。宋璜也有文名,在北京时与其父宋应亨、其弟宋琬自相师友,每出一篇争相传阅,可惜英才早逝。县志《宋司理璜传》曰:"公亢直刚毅,不肯少挫。与人交,片言相许,不惜倾身以文,少有不合虽贵势必谢绝之。以故与世寡谐,郁郁不得志而殁焉,亦其天性然。邑有公事,不惮力请至。令人思其庇焉。"

## 左懋第

左懋第(1601—1645),字仲及,号萝石,乾隆时追谥忠贞。山东莱阳县人。明末著名政治家、外交家。南明赴清谈和使者,后被清扣押,宁死不降,因富有民族气节,后人称"明末文天祥"。

左懋第自幼聪明好学,勤于攻读。1630 年(崇祯三年),乡试中山东第二名举人,次年中进士,任陕西韩城令。任内打击豪强、均丈地亩、清理赋税、赈济灾民,颇多建树。韩城县城有苏武墓,身为韩城县令的左懋第从苏武身上学到了民族气节。1639 年(崇祯十二年)官至户部给事中,上书提出时局有四弊:民穷、兵弱、臣工推诿、国计虚耗。1641 年(崇祯十四年),奉命督办漕运。当时江南发生饥荒,遍地饿殍,饥民的反抗时有发生。他多次向崇祯皇帝上书,请求放粮赡灾,并发出了"赡救安可不变"的呼吁,为民请命。1643 年(崇祯十六年)秋,出巡长江防务。次年三月明朝灭亡,其时他正奉诏以吏科给事中的身份在南京、芜湖、池州等地核察兵饷,不在北京,而他留在北京的母亲陈氏①则在其从兄懋泰的

---

① 关于左懋第母亲的姓氏,有关史籍记载中存有歧异。《明史稿·左懋第传》与《明史·左懋第传》均谓左懋第之母为陈氏,清初学者王士禛《池北偶谈》卷七《谈献·左公母》却谓左懋第母为徐氏。丁鼎、王明华在《左懋第史事辨正》(《滨州学院学报》2005 年第 1 期)一文中考订认定为陈氏。

安排下逃离京师，东归莱阳，途中绝食而死，其忠烈气节受时人广泛赞扬。从兄懋泰降清。五月，福王朱由崧在南京即皇帝位，是为南明弘光帝，左懋第入仕南明，被委任为太常寺少卿，不久升任都察院右佥都御史，巡抚应天、安庆、徽州诸府。六月，左懋第临危受命为正使，又以陈洪范、马绍愉为副使，奉诏率使团赴北京与清廷议和。他表示要"效宋之文天祥"，"留正气于千古"。双方相见后，清方大臣指责福王即位为僭，左懋第大义凛然，予以驳斥。又欲祭告崇祯帝，为清方所阻。十月初，携二副使及随从百余人至北京张家湾，住进鸿胪寺，在鸿胪寺陈设太牢，率随员北面哭祭三日。十月二十七日多尔衮释放左懋第南归。左等走出永定门，冯诠劝多尔衮不要"放虎归山"，十一月十四日多尔衮遣百骑在沧州追回，独放暗地里降清的陈洪范南返。

左懋第被押回北京后严密禁锢在太医院，他自知已到尽忠报国的时候，乃手书"生为明臣，死为明鬼"一联以明志，并画了一幅苏武牧羊画像挂在墙上以自励。顺治二年（1645）闰六月颁布剃发令，随员艾大选遵旨薙发，左懋第将其乱棍打死，清廷前来责问，他答道："吾自行我法，杀我人，与若何预？"并拒食清廷为其设的"太平宴"。清廷曾遣洪承畴前来说降，左懋第说："此鬼也。洪督师在松山死节，先帝赐祭九坛，今日安得更生？"洪承畴惭愧而退。李建泰又来劝降，他怒斥："老奴尚在？先帝宠饯，勒兵剿贼，既不殉国，又失身焉，何面目见我？"其从兄懋泰来劝降，他谢过懋泰养母治丧之恩后，便怒责他叛明降清的变节行为，并严词表示"懋第无降敌之兄"，随之将其叱离。多尔衮亲自劝降与提审，懋第直立不跪，当被问及："你为何不肯剃头？"他答道："头可断，发不可断！"金之俊劝他："先生何不知兴废！"他针锋相对答道："汝何不知羞耻！"清政府见劝降不成，便将他逮捕入狱并施以酷刑，后又在水牢里关押了7天，终未能使他屈服。多尔衮知其不可降，闰六月十九日，命左右将其推出宣武门外菜市口处死。临刑时，左懋第南向再拜说："臣等事大明之心尽矣。"遂慷慨从容就义，时年45。他就义后，人们发现了其在太医院写下的绝命词："峡坼巢封归路迥，片云南下意如何。丹忱碧血消难尽，荡作寒烟总不磨。"随员陈用极、王一斌、张良佐、王廷佐、刘统等也不屈而死。

左懋第威武不屈、富贵不淫、坚贞不渝、视死如归的民族气节，受到了后人的称赞。1776 年（清乾隆四十一年）钦定殉节录，赐专谥"忠贞"，祀本邑乡贤、韩城名宦祠，莱阳又建左公祠，春秋次丁致祭。韩城人建祠与汉代的苏武并祀。著作有《梅花屋诗抄》一卷、《萝石山房文抄》四卷、《左忠贞公剩稿》四卷等。

## 郝懿行（含王照园）

郝懿行（1757—1825），字恂九，一字寻韭，号兰皋。山东栖霞人。清代著名经学家、训诂大师。妻王照园（1763—1851），字瑞玉，号婉佺，福山县（今烟台市福山区）河北村人，亦博涉经史。当时著书家有"高邮王父子（王念孙与子王引之），栖霞郝夫妇"之称。

郝懿行出身于书香门第。祖籍原直隶枣强县，明洪武初年，始祖明远公由莱州府徙居栖霞县城里，传到郝懿行已历经十五世。其八世祖郝晋，字康仲，号昆岳，明崇祯元年（1628）进士。初任四川巴县令，后擢御史，历任顺天府丞、顺天府尹、刑部左侍郎。明朝灭亡后，郝晋回故里，自号孟山隐。归顺清朝后任保定巡抚，后升兵部侍郎兼都察院副都御史，是栖霞历史上少有的高官之一。著有《丸啸斋集》。

其曾祖名倬，字卓人，附监生，考授州同。好义乐施，晚年喜读史书，懂医药，曾手集《医方便览》。曾祖母莱阳县张氏，康熙年间进士学孜之女。祖父名光宏，字骏声，是县学生员。祖母莱阳县张氏，是容县知县天植之女。父亲培元，字万贵，号梅庵，两举优行岁贡生，候选训导，有著述传世，其《梅叟闲评》四卷收入《郝氏遗书》，另有《灌园小记》一册（稿本）。母亲林氏是东庙后村贡生林檀之女，德性磨炼，久而弥纯，如慈惠、公平、勤俭诸节一一可观。兄弟三人，二弟郝懿林、幼弟郝懿徽。

1757 年（乾隆二十二年）七月初六，郝懿行出生于栖霞城内。

他在父母的督责培育下，自幼孜孜好学，7 岁入家塾，日读《孟子》数行。10 岁时温习《毛诗》，13 岁时开始跟从师傅学习时文，16 岁应童子试。1777 年（乾隆四十二年），21 岁时与本县林氏结婚。林氏是栖霞上林村林中立之女。由于郝懿行"少嗜学"，所以"早有文誉"，22 岁在县读书时，被山东学使赵鹿泉赏识，称其为"栖霞四杰"之一。

1786 年（乾隆五十一年）原配林氏病逝，郝懿行曾作《祭亡室林氏文》。同年秋天，郝懿行参加决课大考，为齐鲁的第一名，被保送入国子监学习。次年与福山才女王照园结为伉俪。

王照园出身于书香门第。父亲王锡玮是中国近代史上的名人王懿荣的从曾叔祖，因为早逝未能取得功名。王氏家族为福山县的名门望族，始祖王忠于明洪武年间官山东盐运司胶莱分司登（州）宁（海州）场盐课大使，来到福山县，传至王照圆已历经十四世。她 6 岁时丧父，在母亲教诲下，幼读《孝经》《内则》《毛诗》等。母亲林孺人出身于栖霞望族，知书达理，居家有法。12 岁时，母亲教授她读《诗经》，已能略知大意。15 岁能填词作诗，还擅长工笔山水，兼读经史。20 岁时作《葩经小记》。1787 年（乾隆五十二年）冬，她与郝懿行结婚（时王照圆 25 岁，郝懿行 31 岁）。一对新人，析难解疑，如师如友。次年秋，郝懿行去济南应试中举，作诗两首寄赠妻子。王照圆当即吟诗两首回赠丈夫。其中一首是："小试文场久擅名，矮庐一人倍经营。案头挥笔风添势，夜半构思月助明。花结锦成人易懒，云飞露白马登程。如君折的蟾宫桂，自尔方山听鹿鸣。"鼓励丈夫不要骄傲，再接再厉，争取进士及第。王照圆虚心好学，锲而不舍，常以"平生要做校书女，不负乌衣巷里人"的诗句自勉。《列女传注》是东汉女史学家班昭注释《列女传》的著作，其书早已遗佚，王照圆遵母命为《烈女传》作补注，完稿后又经郝懿行订正，成书《列女传补注》8 卷。她对朱熹的《诗经》注释不甚满意，于 1783 年重注，后因故停笔，其稿多已散失。1803 年又重整旧稿，并同郝懿行一起研究考订，以答问的形式写出二人对《诗经》的新解，每日一篇，多至二三篇，至嘉庆年间，写成《诗问》7 卷。1799 年（嘉庆四年）郝懿行中进士，授户部江南主事。王照圆随丈夫进京，同当时的文人、学者广泛交往，并受到尊重。在郝懿行结识的学者中，官位最高的当属阮元。他是嘉庆四年会试的副考官，是郝懿行的老师（年龄却比郝小 7 岁）。阮元曾请王照圆为其母子题诗。王照圆题曰："斋名积古从公定，室有藏书是母留。"王照圆的学识，也在郝懿行的学术研究中发挥了作用，郝懿行的许多著述，都注入了夫人的心血。郝懿行一度因病中止《尔雅义疏》的著述，王照圆一面护理丈夫，一面帮助缮清整理，积之成册。1825 年（道光五年）郝懿行去世后，王照圆回归故里，深居简出，专门整理丈夫遗著。自著有《列女传补注》《列仙传校正》《梦书》《晒书堂闺中文存》《葩经小记》《婉㜫诗草》等。1851 年（咸丰元年）病故。

郝懿行生活的年代，考据成风，"乾嘉学派"盛极一时。在此影响下，郝懿行也偏爱训诂，喜欢阅读《三仓》《尔雅》等文字训诂方面的书籍。一生的著作很多，有《尔雅义疏》《山海经笺疏》《春秋说略》《易说》《书说》《诗说》《郑氏礼记笺》《诗经拾遗》《汲冢周书辑要》《竹书纪年校正》《荀子补注》《宋琐语》《晋宋书故》，及《宝训》《蜂衙小记》《燕子春秋》《记海错》等四部自然科学方面的书，已刊和未刊加起来有 50 多种近 400 卷。其中，《尔雅义疏》是其代表作。《尔雅义疏》20 卷（另有王念孙删节本 19 卷，有《清经解》本），始作于 1808 年（嘉庆十三年），成书于 1822 年（道光二年），用时达 14 年。此书是众多疏解《尔雅》的著作中最为详赡、极便初学的一种，全书以《尔雅》晋郭璞注为底本，各条以大字首列《尔雅》原文，次以双行小字附列郭璞注，最后以双行小字列郝氏疏文。郝氏在考释草本虫鱼鸟兽名物方面用力最多，他十分注重目验，对于各种草木虫鱼往往有详细而确切的描述。《山海经笺疏》也是为时人推重的一部著作。《山海经》经清代毕沅作校注，吴任臣作广注，才便于阅读些，郝懿行作笺疏特采毕、吴二家之所长，以笺补注，以疏证经，又另作"订讹"一卷附在书末，为研究者提供了很好的参考。成书于 1804 年（嘉庆九年）的《记海错》，主要记文登、莱阳、即墨、日照、福山等海域的水产，书中共介绍海产 49 种（类），包括海洋动物45种（类）、海洋植物2类，还有2种非生物，是第一部专记山东沿海鱼类资源的地方水产动物志，填补了山东海域尤其是胶东半岛海域水产动物志的空白，可在一定程度上反映山东沿海及中国其他较高纬度地区的水产资源状况。郝懿行在整理中国古典文化方面做出了卓越的成就。

## 宋　庆

宋庆（1820—1902），字祝三，原名宋良确。山东蓬莱泊子宋家村人。晚清著名清末将领。

幼年家境贫寒，弃学而耕，时而为贾，终不得志。1853年24岁时赴安徽，投靠同乡亳州知州宫国勋。当时，亳州捻军首领孙之友假装降清，宋庆"察其意叵测，请击之。国勋壮其志，署为州练长"。① 几年后，捻军孙之友部接受宫国勋的招抚，该部由宋庆统领，号奇胜营，宋庆由此发迹。1855年，大股捻军进犯亳州，宋庆带兵败之，因此被保举为蓝翎千总。1856年，宋庆率300人在宿州击败捻军张乐行部；1857年，又击退黑旗大股捻军，夺回亳东两河口的民寨，此两役皆以少胜多，他因镇压捻军有功，擢花翎参将。1860年，钦差大臣、漕运总督袁甲三奉命统领临淮军，宋庆所部归其节制。太平军英王陈玉成部联合捻军张乐行部等10万人围攻凤阳府、县两城，宋庆等先率精兵夜袭捻营，后大军随到，两城之围遂解。1861年苗沛霖举兵抗清，宋庆率部疏通徐、泗路，夺回民寨数十处，保全了临淮大营，宋庆以同太平军、捻军作战有功，晋升记名总兵，赐名"毅勇巴图鲁"。1862年（同治元年），安徽巡抚唐训方裁临淮军，将三营归记名总兵宋庆统领，因宋庆勇号为"毅勇巴图鲁"，故称"毅军"。屡挫捻军于河南、山东，1865年擢为南阳镇总兵。1867年，奉命率毅军进驻山东，先与张曜将东捻军围堵于山东境内并分别剿灭，宋庆因功敕赐黄袍马褂，更勇号为"格洪额巴图鲁"。次年又参与镇压西捻军，随李鸿章战于直隶，授湖南提

① 《清史稿》卷四百六十一《列传》二百四十八。

督，赏二等轻车都尉。1869 年随左宗棠前往西北，镇压回民起义，因所部在陕西边境时屡挫回民军，调赴甘肃合攻肃州时尤为神勇，1872 年赏戴双眼花翎。1874 年又移授四川提督。1875 年（光绪元年），奉诏会办奉天军务，驻锦州、营口。1882 年（光绪八年）移军旅顺口，驻守 12 年，修筑炮台，训练士兵，所部军容整肃，设防不怠，时人认为毅军为"诸军之冠"。1890 年（光绪十六年），加封太子少保。1894 年，加封尚书衔。

1894 年 8 月，甲午战争爆发，清政府调毅军四营由分统总兵马玉昆带领赴援平壤。9 月 15 日，清军在平壤战败；17 日，北洋海军在黄海大战中失利，东北边境告急。20 日，清廷任命宋庆为帮办北洋军务，令率军赴九连城设防，加强鸭绿江防线，并为平壤诸军后援。10 月 8 日，宋庆率所部毅军五营 2000 人，到达凤凰城。10 日抵九连城，与黑龙江将军依克唐阿会商协守鸭绿江防务。时清军集结于鸭绿江下游九连城一带兵力，计毅军、铭军、盛军、奉军、芦榆防军、黑龙江镇边军等，达 70 余营，共 4 万余人。此前 10 月 1 日，清廷命除依克唐阿所部镇边军外，其余各军均归宋庆节制。

10 月下旬，日军第一军和第二军分两路进犯中国东北。10 月 24 日晚，日军第一军在九连城江面乘黑夜偷架浮桥两座。25 日凌晨，日军以炮兵掩护陆军渡河，全力进攻虎山清军阵地，聂士成等守虎山力战不支，26 日虎山终被日军占领。宋庆率军退保凤凰城，29 日弃守，退保摩天岭一线。至 11 月下旬，东边道全境几乎被日军侵占。在日军第一军从鸭绿江入侵东边道地区的同时，第二军由辽东半岛花园口登陆，进犯金州和旅大，时金旅地区兵力空虚，清政府急电宋庆率兵回援。11 月 8 日，宋庆率军由摩天岭南援金旅，21 日率军反攻金州失败，旅顺也在当天失守，乃退军盖平。12 月 13 日，日本第一军攻陷海城，宋庆由盖平北上往援，20 日与日军战于海城西南的马圈子、感王寨，毙伤日军 400 余人，毅军伤亡也很大，并退守田庄台。1895 年 2 月 24 日，宋庆率所部与日军在太平山激战，毙伤日军 334 人，马玉昆率亲兵百人两次冲杀，仅剩 20 余人。此前，进犯山东半岛的日军已于 2 月 17 日占领威海卫，全歼北洋水师。3 月 9 日，日军分三路向田庄台宋庆所部发起进攻。宋庆往来指挥，绝不后退，其坐骑中弹倒毙，易马督战。日军在惨重伤亡后下令烧毁田庄台所有房屋，至 10 日早晨，这座有几千户居民的繁华小城成为一片焦土。田庄台之役失利后，宋庆与诸将共议整军再战，力图收复失地，但清廷已决定议和，宋庆反对议和，在致督办军务处电中表示"愿与天下精兵舍身报国"。

　　3 月 25 日，清廷以"宋庆统军剿寇屡经失利，此次回救田庄台，又未能力扼狂氛，以致营口被袭，田庄台亦复不守"，予以革职留任处分，命其回旅顺防地。1898 年清廷解除对宋庆的处分，保留豫军 30 营归其统领，赐名"武卫左军"，驻旅顺。是年，俄国借旅顺屯驻海军，清廷许之，命宋庆移守山海关。俄官杜巴索福拜谒宋庆，愿以白金 18 万两买其营垒，宋庆正色拒之："吾以故垒获资，是卖国也，吾不为。"尽拆营垒而去。1900 年，宋庆再次帮办北洋军务，参与镇压义和团。八国联军攻天津，宋庆奉命在天津堵御不力，撤往杨村。是年冬，移驻通州。清廷西逃时，宋庆率军在保定一带护卫。1902 年，病逝于军中，终年 83。清廷照尚书衔赐恤，封三等男爵，入祀贤良祠，予谥"忠勤公"，归葬于蓬莱城东南龙山之阳。

## 孙葆田

　　孙葆田（1840—1911），字佩南。登州府荣成县（今荣成市）埠柳镇不夜村人。清末官吏、学者。在古文、经史、教育等方面颇有建树，是山东儒学朴学的重要流派——东甫学派的代表人物之一。

　　孙葆田出身于书香门第。父亲孙福海是道光年间举人，官至湖北兴国县知州；其兄孙葆源，同治年间贡生，官至江苏知县；其弟孙叔谦，同治年间举人，官至河南光州知州；另一弟孙季咸，同治十二年拔贡，虽未出仕，但经史之学很有根底，是清末山东的知名文人。

　　孙葆田天资聪颖，勤奋好学，自幼酷爱《左传》《国语》等书及韩、柳、欧、苏等名家的文章。7 岁时陪父亲在堂前乘凉，父亲吟诵"五大为天地君亲师"上联，命其对下联，他应声答道"一生守仁义礼智信"。父亲听罢大喜，连夸儿子才思敏捷。13 岁时其父任湖北某知县，他得以跟从武昌著名桐城派古文家张裕钊学古文义法，从此，古文功底益深，文名也随之大振。当时高密大儒单为在济南泺源书院讲学，他仰慕已久，乃东归济南，跟随单先生学习经史之学。

1870 年（同治九年）参加乡试，考中举人。1874 年中进士，授刑部主事，从此开始了官宦生涯。1882 年（光绪八年）被选授安徽宿松知县，任内"勤政爱民，日坐堂皇，妻纺绩，室中萧然如寒士"。① 1885 年分校江南乡试，调署合肥知县。时李鸿章弟子之侍从横行乡里，以逼债殴人致死，恐县吏为豪强胁迫，遂亲往验尸，并顶住李鸿章、李瀚章出面干涉的压力，最终将凶手绳之以法，人谓"包龙图复出"。后有御史劾其误致人死罪，诏巡抚陈彝澄清真相。孙葆田看透官场腐朽黑暗，决意不再涉入，"引疾"归里，寄居潍县，合肥人民赠以"爱民如子，疾恶如仇"的颂词。数年后，安徽清丈民田，巡抚福润调其主事，辞不赴。

孙葆田寄居潍县时闭门潜心学术研究，写了大量有关经史的文章。不久，山东巡抚张曜慕其名，聘他为山东尚志堂主讲。这是一个费心而薪薄的差事，却可以将满腹才学传授给人，孙葆田慨然前往，举家迁至济南，以"本务实，毋空谈经书"为宗旨，日复一日孜孜不倦地教育学生。后来，其弟孙叔谦在河南光州任知州，他前往探视，河南大吏知道后恳留其在河南大梁书院讲学，后被聘为该学堂监督。1901 年（光绪二十七年），孙叔谦卒于光州任所，孙葆田护其丧归。几年后其独子夭折，孙葆田全家回到潍县。孙家的生活处境已十分艰难，但他"处境益窘而节益介"，不少封疆大吏先后请孙葆田前往为官任职，均被其婉言谢绝。山东巡抚李秉衡上疏陈其学行，赐予五品卿衔。

1890 年（光绪十六年），山东巡抚张曜奏请开设通志局，续修《山东通志》，聘孙葆田为总纂。孙葆田为修志，在人员物色和资料汇集方面做了很多准备，但不久张曜病逝于任所，修志一事从此搁

① 《清史稿》卷四百七十九《列传》二百六十六。

置十余年之久。1905 年（光绪三十一年），杨士骧任山东巡抚后，重整修志局，任命孙葆田和法伟堂为总纂，并提出了"后胜于前"的高标准修志要求。不久，法伟堂病逝，孙葆田承担起总纂的重任，至 1911 年成书百余卷。但积劳成疾的孙葆田没有看到新志刊印，就于 1911 年 1 月 30 日病卒。其他著述有《校经室文集》《汉儒传经考》《孟子编略》《两传经考》等。

## 王懿荣（含王骘、王兆琛、王祖源）

王懿荣（1845—1900），字正孺，又字廉生、莲生，晚年自号养潜居士。谥号文敏，《清史稿》有传。王懿荣是晚清一流的学者、著名金石学家，有很高的鉴赏能力。他于光绪二十五年（1899）首先发现甲骨文，被称为"甲骨之父"，是中国收藏鉴定甲骨文的第一人。

1845 年 7 月 12 日（道光二十五年六月初八日），王懿荣出生于福山古现镇东村（现划归烟台经济技术开发区古现街道办事处）。古现村坐落于福山城西北 30 华里处，村庄在不高的凤凰山北坡山脚下，村东北面临大海。

王懿荣在福山的始祖王忠原籍云南大理府云南县（今祥云县），明洪武年间任山东都转运盐使司下辖的登宁盐场盐课大使，他在福山为官几年后喜欢上了这块美丽富庶且人杰地灵的"福山"，决定定居于此。王氏家族遂在此繁衍子孙，渐成福山的名门望族。福山王氏一家确属官宦世家，有翰林 6 人、进士 24 人、举人 58 人、贡生 58 人、秀才 357 人，出了三任封疆大吏，有父子三翰林、兄弟多举人之称，被朝野誉为"天眷其后，世泽蝉联"。乾隆曾称，父子三人俱为翰林，一门多显官，皆能办事，可谓世臣矣。自始祖王忠至王懿荣共 16 世，均在政界为官。王懿荣二世祖王云，官知县（县名失考）。三世祖王俊，明景泰三年（1452）岁贡生，官知县（县名失考）。四世祖王纶，官江南上海县知县。五世祖王锦，字世重，为礼部儒官。六世祖王国学，为名诸生。七世祖王久任，字凤池，明万历十四年（1586）岁贡生，官山西文水县主簿，迁王府纪善，为官清廉，东归时卖掉 30 亩田才偿还了路费。八世祖王道增，字仰池，礼部儒官，有子 6 人：鸎、铎、锷、斑、阼、典。王阼是王懿荣的九世祖，他嗜好读书，博览群经，名噪士林，却屡试不第。先在家中奉养父母，直至父母双亡。后随居长兄王鸎官衙，游历大江南北。

王鸎，字辰岳，一字相居，清顺治十二年（1655）进士，历官户部主事、员外郎、刑部郎中、四川松威道、直隶口北道、太常寺卿，直至江西巡抚、闽浙总督、户部尚书的高位，为官清廉。在闽浙总督任上，康熙曾赐书"养素"二字匾额一幅加以褒奖。著述有《大司农奏议》1 卷、《养素堂文集》8 卷、《养素堂诗集》6 卷、《义圃传家集》8 卷。

王阼有子一人，名符。王符，字远征，号滇波，是王懿荣的十世祖，官云南云龙洲知州、四川成都府知府、大理寺卿等。王符有六子，均为朝廷命官，其中次子王从绳，字司直，是王懿荣的第十一世祖。王从绳有四子：衍绪、广绪、景绪、坦绪。王景绪，字昆瑞，是王懿荣的第十二世祖，举人出身，官福建永春直隶州州同、大田县知县，及云南鹤庆州、镇雄州知州。王景绪有子二人：孔长、允长。王允长，字子惟，又字丹谷，其子王兆琛即为王懿荣的祖父。

王兆琛，原名北玺，字叔玉，一字西坡。生于乾隆五十二年（1787）。嘉庆二十二年（1817）考中进士，授翰林院编修、国史馆纂修兼总纂官，历任知县、会试同考官、监察御史、四川成都府知府、重庆府知府、江西督粮道、安徽宁池太广道、甘肃按察使、四川布政使，并于道光二十六年（1846）升任山西巡抚。他是王懿荣的祖先中第三个成为封疆大吏的人。道光二十九年（1849）遭御史弹劾。山东巡抚历来兼盐政，王兆琛任内私受盐商节礼银，其家人贪索规礼，门卫、轿役仗势滋事，经钦差户部右侍郎福济、刑部左侍郎陈孚恩查问，将其革职抄家充军新疆。王懿荣的祖母于太夫人受此打击，一病不起，于当年十二月二十日（1850 年 2 月 1 日）辞世。于太夫人原籍文登，其五世祖于可托（字阿辅）是顺治十二年（1655）进士，官至户部右侍郎，其祖父于业与父亲于颖发均曾任江苏、江防同知一职。于太夫人生于乾隆四十八年正月初十日

（1783 年 2 月 11 日），享年 67。王兆琛病故于咸丰二年（1852），享年 67。王兆琛精通经史，精于书法，尤长于文字音韵学，公务之余致力于著书立说，有多种著述传世，包括《正俗备用字解》5 卷、《经义测海》2 卷、《重韵辨义》4 卷、《奏疏存稿》5 卷、《御史奏疏》1 卷、《巡抚奏疏》4 卷及《眄堂书屋集》等。王兆琛有 5 子：伯润、丙坤（原名伯涛）、伯平（原名伯桂）、伯淳、祖源。王祖源即为王懿荣的父亲。王祖源精于书法，家藏金石甚多，善于鉴别真伪，著作有《判花轩集》2 卷、《尔雅直音》2 卷、《声调之谱》、《渔洋山人秋柳诗笺》、《明刑弼教录》等。王祖源在近代武术史上也值得提上一笔。咸丰四年（1854），他随在陕西为官的兄长（历官陕西延长、南郑、蒲城、长安等县知县）居住时，认识了力士周斌，三人同游少林寺，在寺中住了三个月，得少林《内功图》与《枪棒谱》而归，经删节后于光绪八年（1882）刊印，另定名为《内功图说》，其内容包括十二段锦总诀及图解、易筋经图解等。王懿荣的母亲谢太夫人是福山县城西关谢牧之的女儿。谢牧之，字准夫。嘉庆十八年（1813）举人，道光制科孝廉方正。任广东新兴县和顺德县知县。道光二十一年（1841）任第 34 任澳门同知。

王懿荣幼承家学，6 岁入古现村王氏家塾，15 岁随父进京。1862 年（同治元年），18 岁的王懿荣参加了第一次乡试，开始走上艰辛的科举求仕之路。他共参加了 8 次乡试，历经 17 年的努力，终于在 1879 年（光绪五年）35 岁时中举。次年参加庚辰科会试，得二甲第十七名，赐进士出身。朝考揭晓后，为一等第三名，授翰林院庶吉士。入冬后回故里省亲、祭祖。

光绪九年（1883），王懿荣在翰林院庶吉士教习馆肄业，取得一等第二十六名的成绩，授职翰林院编修。同年，召试南书房，未录取，被任命为国史馆协修官。次年又被任命为会典馆纂修帮总纂官。国史馆与会典馆都是清廷的修史机构，王懿荣在任上恪尽职守，尤其是在纂修《光绪会典》时投入精力不少，曾得褒奖。此后几年中，王懿荣因为丁父忧等家事，不得不把注意力从国事上转移。光绪十五年（1889），王懿荣任乙丑恩科乡试的磨勘试卷官。后来他还担任过光绪十八年（1892）壬辰科磨勘试卷官以及光绪十六年

（1890）庚寅科和光绪二十一年（1895）甲午科庶吉士教习。光绪二十年五月初七日（1894年6月10日）奉上谕：翰林院侍读王懿荣著在南书房行走。曾三任翰林院庶常馆教习，三为国子监祭酒，"诸生得其指授，皆相勉为实学"，时人称其为"太学师"。

王懿荣是"好古成魔"的文苑名士。他性嗜金石，长期收藏并鉴识文物，在金石学方面具有极高造诣。从青少年时代，他就对金石古物抱有浓厚的兴趣，具有深厚的学术积累、丰富的鉴定经验。在成为进士之前，他就已名满京都，士子争相结交以为风雅。同治八年（1869），题《登州古物拓本》，将福山出土文物尽数收入。后编县志时，金石门即据此为蓝本。他酷爱旧椠本书、古彝器、碑版、古籍等文物。在京任职期间，下班后常到市场寻求，时有所见。在归里省亲、赴蜀省亲及赴任河南等途中，不忘搜求文物，凡有价值的残石、碑帖、书画、古钱、善本图书等，都设法购置收藏。购置文物耗费了他不少钱财，使他过着窘迫的生活。他在一首诗中描写自己的窘况："典衣还惹群书债，折券时蒙小贾羞。如此壮年如此过，争令二老见穷愁。"

王懿荣不仅嗜于收藏，而且精于考订。他对各种出土、传世的文物古器就其名称、类别、型式、纹样、文字、书体、功用等进行考证，判断年代，鉴别真伪，撰写了一批金石学著作。其用力最勤、成就最大的金石学著作为《汉石存目》及《南北朝存石目》。光绪七年（1881）春，撰成《南北朝存石目》。此书从同治元年开始着手，到光绪七年成书，前后用了19年时间，其间为此书提供帮助的名流、学者有匡源、潘祖荫、缪荃孙等17人。此书收录范围自南北朝至隋代，分碑、志、记、梵典四类，据拓本按年月日著录，无年月日者按类附后。此书在《山东通志·艺文志》中著录名为《六朝石刻存目》，但仅存稿本，未能刊行。光绪十五年（1889），《汉石存目》刊行，分上、下二卷。王懿荣自识：近世所存汉石已尽于此。此目石亡文存者不录，重摹伪造者不收。分字存、画存两目。上卷为"字存"，著录包括刻石、阙、碑、记、碣、铭、颂、墓表等各种体裁的汉石铭刻。上面以大字列其名目，下面以小字分别注明书法类别、字存年代、存放地点及扼要的考证文字。下卷为"画存"，著录各种形式、题裁的画像石，有阙画像、堂画像、室画像、祠画像、城垣画像、摩崖画像等多种。这些画像石，有的一面有画像，有的两面有画像，有的三面甚至四面都有画像。著录方式与"字存"相同。《汉石存目》光绪十五年刊本还附有《周秦魏晋石存目》，为尹彭寿所撰。《汉石存目》与《南北朝存石目》两书是体例完善、收录详尽、科学准确的存石目录，是石刻目录中的经典之作。除了上述两书，王懿荣的其他金石学方面的著述还有：（1）《天壤阁杂记》。此书记录了王懿荣于光绪六年（1880）中进士后回故里及赴川省亲往返途中，在山东、陕西、河南、四川等地搜寻文物的情况，记载了不少自己或他人收藏的绝世珍品。（2）《求阙文斋文存》。文存中除了一篇《诰封宜人元配蓬莱黄宜人行状》，其余均为学术性文章。其中收录了《说邵钟》等5篇考释金文及古文字的文章，还有《齐鲁古印捃序》《登州古器物拓本跋》等，也与金石学有关。（3）《福山金石志残稿》。《福山金石志残稿》起自周朝，迄于元朝，后附《光绪二十三年福山修志局来访石目》。王懿荣把金石名称、出土地点加以著录，原石久佚或原石存而文字漫漶者，将文字全部记录下来，原石存而文字模糊不清的则求得原拓本，也将文字全部记录下来。后来于宗潼主纂的《福山县志残稿》之《金石志》就是根据《福山金石志稿》增益而成。（4）《王廉生古泉精选拓本》。王懿荣所藏不乏古钱，如"东周"古钱、王莽"十布"等，其藏编为是书。其他还有《攀古楼藏器释文》等。其青铜器方面的藏品有的编入《日光室藏器目》。所收藏的陶文归其弟子刘鹗所有，编入《铁云藏陶》，另有33方见于《黄平乐氏藏陶拓本》。所藏玺印，身后由其子王崇烈编辑《福山王氏劫余印存》一册。所藏瓦文选辑拓印成《天壤阁瓦文》一函四册。

　　王懿荣在学术上最大的贡献是第一个发现甲骨文。据王崇焕所编《王文敏公年谱》记载，光绪二十五年（1899）秋，一位古董商人携带从河南彰德府安阳县小商屯发现的"龙骨"到京师，让其观看，王懿荣细为考订，审定为殷商故物，并发现其上有篆籀之前的古文字，遂令悉数购归，获千数片。这便是后来让世人震惊的甲骨文的发现。王懿荣收藏甲骨的经过大体是这样的：第一次，光绪二十五年秋，山东潍县古董商人范维卿（字寿轩）以甲骨 12 片售于王懿荣，每片价银 2 两（一说 4 两）。这位姓范的古董商听说豫北安阳一带常有古物出土，因此有时就到这里收购古董，当地农民把发现的"龙骨"拿到他住的客栈，他以很便宜的价格买下。后他把"龙骨"带到京师，卖给王懿荣，王懿荣发现了龟甲上的文字。王懿荣对所收藏的龟甲加以秘藏，不轻以示人，在他生前似未有人看见其甲骨。王氏还命古董商"秘其事"，因此，小屯村人得骨"均以售范，范亦仅售与王文敏公，他人无人知者"。王懿荣另交给范600 两银子，让范全部收购出土甲骨。第二次，光绪二十六年（1900）春，范维卿带来 100 多片刻有文字的甲骨卖给王懿荣。是年秋，范维卿又带了甲骨 800 多片，高价售于王氏，约得 200 金；其中据说有一片是全甲，刻了 52 字。关于这位范姓古董商（学界介绍他的字号有维卿、寿轩、守轩、春清等），山东潍县志稿人物艺术本传载：范春清，一字守轩，范家庄（今潍坊市潍城区符山镇范家村）人。好贩鬻古器，与弟怀清游彰德小屯，得商爵一。次年复往，屯人出龟甲相示，寿清以钱数千购 40 片，去京师，谒王文敏懿荣，见之惊喜不置，曰："君等真神人也，何处得此？"以厚值赏之。春清家小康，有田 40 余亩，以好购古器，荡其产。懿荣及刘鹗、端云诸公，皆器重之，而甲骨文始显于世。第三次，光绪二十六年，在范维卿向王懿荣售出甲骨后不久，有潍县的另一古董商赵执斋也携甲骨数百片来京，被王懿荣认购，值 100 余金。还有潍县古董商王缉曾于是年将 100 余片甲骨卖给王懿荣，等等。这样在不长的时间里，王懿荣收购了甲骨约 1500 片。王懿荣对所搜集到的甲骨进行研究，很快确认甲骨是殷商之物，甲骨上所刻的文字是早于篆籀的文字，也就是说早于周朝青铜器上的文字。这轰动了中外学术界，把汉字的历史推到公元前 1700 多年的殷商时代，开创了文字学、历史学研究的新局面。

王懿荣还是一位富有民族气节的爱国志士。他从小就敬仰戚继光这位同乡的抗倭名将，童年时即爱读其《练兵宝纪》《纪效新书》等兵书，光绪十五年他在翰林院供职时，特将翰林院所藏戚继光的《止止堂集》送交山东巡抚张耀在济南重印，并撰写了《重刻明戚武毅公〈止止堂集〉叙》。1894 年甲午战争爆发后，他忧心如焚，要求回乡办团练御敌获准，便迅速赶赴济南会同山东巡抚商酌防务，继又赴登州周览形势，组成一支粗具规模的抗日团练。正当他准备率团迎击敌人时，李鸿章却已同日本政府签订了丧权辱国的《马关条约》。他壮志未酬，写下七绝《偶感》一首："岂有雄心辄请缨，念家山破自魂惊。归来整旅虾夷散，五夜犹闻匣剑鸣。"1900 年，八国联军入侵北京，他受命于危难之时，任京师团练大臣，负责保卫京城。7 月 20 日，侵略军攻入东便门，他率团练奋勇抵抗，寡难敌众，不愿为亡国奴，遂书绝命词："主忧臣辱，主辱臣死。于止知其所止，此为近之。"绝命书写毕后，偕继室谢夫人、长媳张夫人投入庭院井中，壮烈殉国。时年 56。

## 吕海寰

吕海寰（1842—1927），字镜宇，一字镜如，号敬舆，又号又伯，晚年号惺斋。掖县（今莱州市）西南隅村人。清末著名外交家，中国红十字会创始人，中国参与世界贸易规则的开拓者之一。

1842 年 7 月 12 日（道光二十二年六月初五日）出生于一个贫寒家庭。其祖父吕书城读书虽然勤苦，但屡试不第，中年以后外出游幕，喜好扶危济贫，故"作幕一世，毫无积蓄"。他有四子，长子、次子早逝，三子不务正业，少子即吕海寰的父亲吕晋陟。吕晋陟（1813—1869），字荆西，号筱卿，长期在外谋生，先后游幕江西、浙江、广西、陕西等省，以教读为业。为人忠厚，常常典衣节食以接济贫苦朋友，长期在外漂泊而不名一钱。育有两子，长子吕曦寰（1840—1894，后改名瀛寰，字仙舫），次子即吕海寰。1844 年吕晋陟外出游幕时，吕海寰只有 3 岁，母子三人相依为命，历尽艰辛。

吕海寰自幼聪颖，但患有"气厥"之症，后被其母治愈。8 岁开始与其兄一道从塾师罗文浚读书，1851 年（咸丰元年），其祖父从外省回来，兄弟二人便随祖父课读。吕海寰 12 岁时就能作八股文及六韵诗，后应县试，考中秀才。就在兄弟二人发奋苦读之时，祖父病倒，父亲在外受人诬骗不能按时往家里寄银养赡，其家道越发艰困。1856年，兄弟二人不得不中途辍学。1860年，捻军将进至潍县，掖县距潍县甚近，人心惶恐，掖县知县许乃恩操办团练，抽壮丁充当健勇，统令城关厢居民移居城内。吕海寰家住西关，只得锁门进城暂居。兄弟二人被选进团练，每日除在团练局办理文墨，还要值班守夜巡更，一度虚惊过后，始得返回故宅。1861年，他的祖父和母亲相继病故，父亲尚在外省未归，遭丧后家计更窘，兄弟二人只得以教书度日。吕海寰5岁时，母亲为其聘定了舅舅李同熙的女儿李乃心为妻，后来因为家境贫寒一直没有成礼。1861年底，为了度岁祭祀，吕海寰向族叔吕十爷借了"五供"（铜或锡制的蜡台、香炉等）一份，后来因为一时窘迫，便将"五供"质于当店。转年上元节时，他筹措得钱，到当店赎取，当店却诬指该物为盗赃，把他送交县署究办。实际上这是李同熙嫌弃吕氏家贫，勾结吕十爷及店主等合谋诬陷，以此作为悔婚的借口。后来经县学生员具保才得释放。于是他决意离家，赴京谋生。[①] 临行前，其未婚妻李乃心送来首饰一包，并誓言从一之志，决不悔婚。幼年和青年时代的磨难，激发了吕海寰的上进之心，他暗下决心一定要取得成绩。

1862年（同治元年），吕海寰来到北京，在东四牌楼四条胡同一齐姓人家设帐授徒，收入微薄。他一面教读，一面埋头科举，发愤读书。翌年二年二月，以童生资格取得顺天府大兴县县籍。同年夏参加府试，名列第一。顺天府丞卞宝第（字诵臣，扬州人，后官至闽浙总督）对吕海寰大为嘉奖，但引起当地士子的反对，认为吕海寰是外籍人入县籍应考的，不应首列，卞碍于舆论将吕海寰降为第三。同年冬，参加院试，以第五名的成绩取得大兴县学资格。1864年，吕海寰参加顺天府乡试，虽然落第，但取得了备荐资格。1865年，在北京设帐授徒的父亲因患脑充血半身不遂，吕海寰无力照顾，只得将父亲护送回籍养病。是年六月，他回京参加岁考，经学台庞钟璐阅卷，取列一等第二十名，至秋间补增广生。1867年，

---

① 李石孙：《吕海寰的一生》，中国人民政治协商会议烟台市委员会文史资料研究委员会编印《烟台文史资料》第21辑，1995。

吕海寰第二次参加顺天府乡试，中举，后经保和殿复试，钦取一等第七名。中举后，继续设帐授徒。翌年参加院试落第，从此困于科场。1868 年夏，他回籍省亲，并迎娶李乃心。此时咸丰年间发行的库钞因无信誉形同废纸，但作为捐官上税，尚可当作现银交纳，友人樊某在户部任京丞，家中存库钞颇多，于 1869 年 7 月用其库钞为吕海寰捐纳主事，从此吕海寰走上了仕途之路。是年秋，父亲去世，丧葬完毕返京。1870 年，被签分到兵部任用，并派在车驾司行走。自此到 1882 年（光绪八年），一直在兵部当差。直至吕海寰 42 岁时，才升充兵部车驾司帮总办。

1883 年（光绪九年），与吕海寰同年的举人裘叔和（河间府人）赠他新刊《洋务大全》一书，书中详载了外国史地及风习等知识。得此书后，吕海寰日夕翻览，颇广见闻。是年四月，应总理衙门事务衙门咨取章京考试，试题是《惟断乃成》（出于唐代韩愈《平淮西碑》），吕海寰以此作了大篇文章，深为主考官李鸿藻赏识。次日面试，李鸿藻询及欧美各国形势及军事商务等问题，吕海寰根据《洋务大全》所得之识加以应对，李鸿藻认为吕海寰"学贯中西，体用兼备"，遂取为第一名。正好该衙门帮总办章京张赓旸被参革职，遗缺由吕海寰接任。不久被派充司务厅收掌兼管美国股事务。次年秋，被调派管理俄国股事务。1886 年，派充同文馆帮提调，稍后又被派充总理衙门帮总办章京。此后到 1894 年的八年间，吕海寰在总理衙门升迁或兼差 7 次，被保奏 4 次；在兵部升迁或兼差 5 次，被保奏 1 次。"总署"时代的历练，为他成为洋务派官员与日后从事外交活动奠定了基础。

1894 年（光绪二十年），吕海寰外放补授江苏省常州、镇江通海道道台，赴任途中拜见了李鸿章并蒙青睐，任内处理泰安、江阴两教案及其他与洋人交涉事务，以善办外交闻名。调署当时号称"天下第一肥缺"的苏松太道，但他向上级方面力辞，请求仍调回镇江原任。1897 年（光绪二十三年），被时任总理各国事务大臣李鸿章保荐为驻德国、荷兰公使，10 月前往德国赴任，任内曾斡旋德国驻华公使克林德被击毙一事。1901 年（光绪二十七年）任满自德国回国，任工部尚书。1902 年 2 月，被任命为商约大臣，与盛宣怀一同负责商约谈判。1907 年（光绪三十三年）任督办津浦铁路大臣。

吕海寰任常镇通海道时即致力于社会福利事业，如创设保婴局、京口救生会，开浚荷花塘船坞，等等。1904 年 2 月 10 日，日俄战争爆发。此时，工部尚书吕海寰正在上海任会办商约大臣，他与同任商约大臣的工部左侍郎盛宣怀和驻沪会办电政大臣吴重熹邀约上海官绅和各驻沪机构代表共同协商，于 1904 年 3 月 10 日（光绪三十年正月二十四日）正式成立"上海万国红十字会"，此为中国红十字会的前身。据清代档案记载，在日俄战争两年间，各地分会共救护 467000 余人出险。1907 年，"上海万国红十字会"改名"大清红十字会"，吕海寰任会长。1910 年，清政府正式委派其副手盛宣怀为会长，并颁发关防。辛亥革命爆发，清廷又改派吕海寰出任会长。1909 年（宣统元年），经吕海寰联络，中国加入国际红十字会，成立中国红十字会，由驻英公使张德彝代表签字。1912 年 1 月 15 日，红十字国际委员会承认中国红十字会为正式会员。民国成立后，吕海寰被任命为中华民国第一任红十字总会会长。在其不懈努力下，中国红十字会在救灾、治伤等方面发挥了重要作用，并于 1919 年 7 月 8 日正式加入各国红十字协会（今红十字会与红新月会国际联合会）。1920 年 9 月，因年事已高辞去会长职务，仍任名誉会长，并在天津定居。1927 年 1 月病逝，次年归葬故里。著作有《奉使金鉴》60 卷、补辑 40 卷及《庚子海外记事》4 卷等。

## 曲诗文

曲诗文（1849—1914），亦作曲士文。莱阳县柏林庄人。1910 年（宣统二年）莱阳抗捐起义的主要组织领导者。

他自幼务农，一直过着贫苦的生活。领导抗捐抗税斗争这年，他已年逾花甲。由于他性情刚直，见多识广，又乐意为穷乡亲抱打不平，深得群众爱戴，人们都叫他"曲大爷"。

1910 年春，莱阳遭遇寒霜，麦收无望，粮价飞涨，乡间断粮绝炊的农户"十居其九"。当时，莱阳知县朱槐之串通地方劣绅开办商号，囤积粮食，并借推行所谓"新政"之名，增设苛捐杂税，肆意摊派，百般勒索，致使人民的负担骤增数十倍。春荒粮荒兼横征暴敛，使民不聊生。当地民众在苛捐杂税与生计压力下愤愤不平，曲诗文挺身而出，决心为乡亲们争取活路。

是年4月21日，曲诗文、于祝三、宫万等各村代表20余人，在县城西北唐家庵聚会，商量成立"联庄会"联合各村群众抗捐抗税，并向官府、劣绅讨还被他们贪占的社仓积谷。莱阳社仓创办于1881年（光绪七年），到1886年（光绪十二年），农民已备积谷10942石2斗2合（约合656533公斤）。1887年（光绪十三年），县令傅锟在王圻、王景岳、于赞扬、张相模、葛桂星等怂恿下，将积谷卖掉，全部私吞。各乡民众对此事早就义愤填膺，如今在官府不断增加并催缴捐税的情况下，农民提出以社仓积谷抵顶捐税，赈济各乡灾民。接替傅锟任莱阳知县的朱槐之，或威胁，或推诿，反复无常，更激怒了乡民。曲诗文以讨还积谷相号召，得到了群众的拥护与响应。4月27日，联庄会成立，加入者约60人，来自30多村，他被推为会长。不久他又联合50多名骨干分子，再次"拜盟立会"，发誓"反对'新政'，抗不纳捐"。

5月12日，曲诗文"转牌"各乡社群众自备行粮，三日内去河头店集结。截至5月18日，数以千计的乡民各背口袋，手持长李短棍前往集结。5月21日，率领数千乡民赴县署，要求清理官绅侵吞的"积谷"，减免税捐。知县朱槐之出面应对，达成如下协议：（1）往年仓谷，无论被何人侵吞，非从速垫出不可；官方负责传质经管士绅，十日内清账，缺者如数追赔。（2）绅董、衙役、门丁之危害乡民者，即行撤革替换。（3）铜元兑缴钱粮一律免于折扣。（4）裁撤一切不合理的捐税。曲诗文、于祝三即劝说乡众暂时各归本村，十天后再见分晓。不料，请愿队伍刚刚退出县城，朱槐之脸色一变，急令属下紧闭城门，马上赶制数百副镣铐，扬言要捉拿曲诗文，还暗中通知侵吞"积谷"的劣绅赶快逃匿，致电山东巡抚孙宝琦调清军巡防队、水师营官兵八十名到县城防守。

6月10日，曲诗文又在城西九里河集合四五千人，再次向朱槐之提出清算"积谷"、废除苛捐的要求。朱槐之见众怒难犯，便狡猾地声称，苛敛捐税和侵吞"积谷"，"皆王景岳所为，官实不知"。王景岳是柏林庄臭名昭著的劣绅，一向勾结官府，欺压百姓，鱼肉乡里，为群众所嫉恨。次日，曲诗文即率乡民来到柏林庄，王景岳早已逃遁，乡民们拆毁了王家的深宅大院。接着，曲诗文集合数万群众，声言进城严惩贪官污吏。朱槐之闻讯大惊失色，慌忙派人出城与曲诗文谈判。曲诗文代表联庄会提出：立刻惩办劣绅"三害二蠹"（"三害"指王圻、王景岳、于赞扬，"二蠹"指张相谟、葛桂星）；清算"积谷"；免除一切苛捐杂税；等等。同时，为防止官府搪塞变卦，要求立碑为凭，并发布曲诗文等无罪的文告。朱槐之为势所迫，只得一一答应。局势遂得以一度平静下来。

6 月 27 日，山东巡抚孙宝琦将朱槐之革职，改派奎保接任县令。奎保一上任，即把联庄会的要求全部推翻，并下令严拿曲诗文。烟台候补道台杨耀林奉命率士兵三百人移驻莱阳城，使局势更趋紧张。7 月 3 日，曲诗文传令集众于南岚村，正式宣布武装起义。当时，参加起义的数十万群众，都自备食物，驻扎于沿河岸边，誓与官军决一死战。7 月 10 日，指挥发炮轰城。朝廷急命孙宝琦扑灭这支武装队伍。经过几天血战，起义队伍伤亡很大，渐感不支。为减少损失，曲诗文率队撤离柏林庄一带。撤退中，他指挥起义群众，英勇抗击尾随而来的大队敌人，但终因敌我力量悬殊，起义失败。

起义失败后，曲诗文在群众的掩护下逃往外地，埋名藏匿。1914 年，他从外地潜归家乡，不久遭抓捕、杀害。

## 徐镜心

徐镜心（1874—1914），又名文衡，号镜心，字子鉴。黄县黄山馆镇后徐家村人。中国同盟会山东主盟人，国民党山东支部理事长。他一生追随孙中山先生，奔走国事十余载，是辛亥革命中山东的主要领导人。他与宋教仁是挚友，二人曾多次并肩战斗，后因反对袁世凯先后被杀害，故时有"南宋北徐"之称。

1873 年 12 月 21 日（同治十二年十一月初二日），徐镜心出生在后徐家村的一个大户人家。5 岁入本村私塾读书，聪敏好学，成

绩名列前茅，爱好广泛，有过人胆识。1892年（光绪十八年）他
20岁时，与其兄徐镜清同去登州府应试，双双考取，成为黄县城西
的一则佳话，考官特赠"乃兄乃弟"的匾额以示奖励。1901年（光
绪二十七年），进入烟台毓材学校读书，结识了《芝罘日报》的日
本籍记者仓谷箕藏，两人皆看不惯清朝官可钱买、政以贿成的腐败
现象，因而志同道合，结成异国生死之交。次年被选送入济南山东
高等学堂就读。1903年，东渡日本，进入东京早稻田大学法律系就
读。1905年，中国同盟会成立，他和53名山东籍留学生（其中47
人都是由徐镜心主盟参加）加入同盟会，并与丁惟汾分别被孙中山
委任为同盟会山东主盟人和北部支部负责人。他还受孙中山的委派，
与谢鸿焘、陈纪云等回国，秘设同盟会分部于烟台。1906年春，他
创办了烟台东牟公学，专门招收爱国青年，发展同盟会会员，开展
革命活动，还创办了《渤海日报》；又协助谢鸿焘的夫人马秋仪在
烟台创立了端本女校，这是山东省内的第一所女子学校，为女子思
想的解放和接受新事物打下了基础；还在掖县创办了掖县中学。次
年，在其家乡黄县倡导废除私塾，创办新式学堂，并利用自家的一
处榨油作坊办起了明新学堂和坤元女子学校。他还授意分布全省的
同盟会员，利用清廷提倡私人办学的机会创办学堂，以开展革命活
动，两三年内仅黄县就办起学堂10余所。

　　1906年（光绪三十二年）秋，孙中山、黄兴筹备广州起义的时
候，鉴于革命形势南方高涨、北方消沉的不平衡状况，提出了经营
东北的设想，主张把东北的绿林武装"马贼"改编为民军，以实现
南北呼应。为此，徐镜心前往奉天开拓东北战线。次年九月赴奉天，
创办《盛京日报》并担任主笔。他利用该报积极鼓吹革命，撰写了
时论、诗文近百篇，揭露清政府的腐败统治，鼓动东三省人民争取
"翻身崛起"。他还和宋教仁在奉天创建了同盟会的辽东支部。不
久，奔赴吉林，在省城高等小学任教员。同年，与宋教仁一起创办
木植公司，后任督办处垦务委员，并以此为掩护，招纳同盟会会员，
结交有正义感的江湖英豪，为推翻关外总督府做准备。其行踪被官
府侦悉，得人庇护幸免于难。1910年（宣统二年）秋，因母亲病
重，回到黄县，与邹耀庭、徐文冰等创立黄县农会。次年夏，在济

南与刘冠三、杜佐宸创办戏曲改良社，为革命活动做掩护。

1911年10月武昌起义爆发，徐镜心、丁惟汾等在济南联络同盟会会员积极响应，从11月5日起多次集会，草拟了山东独立大纲，成立山东各界联合会并于11月13日召开独立大会，迫使山东巡抚孙宝琦宣布山东独立。但孙宝琦暗中与清廷勾结，于11月24日宣布取消山东独立。徐镜心出走上海，拜会孙中山。孙中山安排他与上海军政府都督陈其美商议了"先据烟台，再取登州，后图济南，进而戡定山东全省"的战略，责成上海军政府给予实力援助，并授权其继续领导山东革命。同年11月12日，烟台的同盟会会员武装举义，推举清海军管带、舞凤舰舰长王传炯为司令。徐镜心回烟台后，与刘艺舟组织"北方共和急进会"，王传炯随即加入该会。但由于与王传炯的冲突，该会一度陷入险境。在得悉有数百名参加关东举义的散兵在大连集结，突围后的徐镜心决定1912年1月5日由海路北上，去大连搬兵。1月15日，率500余名士兵乘两艘日轮向登州进发，乘夜登陆，一夜之间光复登州，于次日晚成立革命军政府。1月17日，轻取黄城，随即分头向北马镇、龙口镇进攻。自此，胶东革命形势蓬勃发展，文登、荣成、牟平、诸城、高密、即墨等地先后宣布光复。这一消息震动清廷，遂派重兵拦击。2月7日，3000名清兵合围黄县县城，偷袭成功，混战中徐镜心等冲出东门，撤往登州。2月14日，刘基炎随徐镜心率援军赶到后，清兵已连夜遁逃。16日，南京临时中央政府传来宣统退位、南北停战的通告，刘基炎驻守黄县，徐镜心、连承基等返回烟台待命。8月，同盟会改组为国民党，徐镜心被推选为国民党山东支部理事长。不久袁世凯下令解散烟台军政府，改任周自齐为山东都督。徐镜心随省议会迁济南，是年底任副议长，并当选国会议员。

1913年春，徐镜心赴北京就职，袁世凯授意亲信以甘肃都督一职诱惑，但他不为所动。3月20日宋教仁被害，徐镜心在《泰东日报》撰文痛斥袁世凯的倒行逆施，力逼查办凶手以谢国人，表示要在北京继续进行讨袁斗争，并做好了牺牲的准备。他还在《顺天时报》发表《驳有贺长雄共和宪法持久策》等反袁文章，反对袁世凯称帝。1914年3月30日，袁世凯指使陆建章密造伪证，于顺天时报馆内将徐镜心逮捕入狱。在狱中,袁氏爪牙百般利诱,并对他施以严刑拷打,终不可夺其志。4月13日清晨,徐镜心被押赴刑场,英勇就义,时年41。徐镜心被害后,遗体由谷仓箕藏和丁佛言到刑场拍摄遗容并收殓暂丘北京。1916年袁世凯死后,黎元洪就任代理大总统时拨恤金5000元,由内弟陈国卿带其长子徐焕章进京,将灵枢迁回原籍黄县安葬。1936年5月,山东革命先烈公葬委员会派员将其灵枢迁于济南千佛山东麓辛亥革命山东烈士墓,在纪念塔前首位安葬。同年6月10日,国民党五届二中全会通过决议追认其为陆军上将,并举行国葬。

## 牟墨林(含牟道行、牟钶、牟国须、牟国玠、牟国珑、牟恒、牟宗三)

牟墨林(1789—1870),字松野。据传由于他皮肤有些黑,名字中带有一个"墨"字,故有绰号"牟二黑子"。山东省栖霞市古镇都人。清嘉庆年间太学生,胶东有名的大地主,栖霞牟氏家族的主要创业人。

牟墨林为牟氏家族十四世,是第十世"小八支"牟国珑的嫡系后裔,其曾祖父是牟恢,祖父是牟之仪,父亲是牟绰,而牟墨林是牟绰之独子。1811年(嘉庆十六年)继承父业后,"善务农",大量购置土地。他精于谋略,善于经营,常言:"人不患无财,患不善用其财。"其购置田产的主张是"余三余九,日益充盈",即按几何级数积累财富。至临终前他已拥有土地3000多公顷。家业鼎盛时有账房先生60余人,雇员140余人。他还广交官府,新官到任、卸任、逢年节、遇喜庆,必有款待。1861年和1867年捻军两次进入县境,牟墨林设炉铸造土枪土炮,捐银两,办团练,围剿捻军。其子孙效法祖辈,努力经营,至民国初期,其家族土地已达6万多亩,山岚12万亩,房产5500余间。

牟氏家族一世牟敬祖于1370年(洪武三年)任栖霞主簿。从明朝中后期一直到近代的几百年间,牟氏家族把"读书入仕"确立为整个家族的头等奋斗目标。牟氏"老八支""小八支"先后在科举功名方面取得成就。据统计，从明朝中后期至清代末年，牟氏家族共有七品以上官职者 97 人，其中京官 3 人、州官 32 人、县官 62 人。

牟氏家族在第八世时，在科举功名上取得了进展，牟道立、牟道一、牟道行三人通过苦读获得功名，尤其是牟道行成为牟氏家族的第一位举人。牟道行（1568—1618），字兆可，号济川，是牟时俊六子，万历十九年（1591）24 岁时中举人。中举后，屡试不第。万历四十二年（1614）47 岁时经谒选出任河南宜阳县知县，晋阶奉政大夫，直隶真定府同知。

牟钶、牟国须父子是顺治年间牟氏家族仕宦中比较典型的代表。牟钶（1608—1680），字尔臣，号调梅，原居牟家疃，后随父徙居燕翼庄（今北岩子口）。1648 年（清顺治五年），牟钶中武举，后官拜正四品武官，历任大同府天成、宝山（今上海）两任守备。因忠君爱国、恪尽职守，得明威将军诰封。牟钶长子牟国须，字候甫，号柱东，于 1654 年（顺治十一年）中举，1661 年中进士，成为牟氏家族的第一名进士。牟国须后来出任河南渑池县知县。

康熙年间是牟氏家族科举功名走向鼎盛的重要时期，出仕为官者很多，第十世"小八支"中的牟国玽、牟国珑兄弟是杰出代表。牟国玽（1630—1696），字锡韩，号凤伯，牟镗之长子，栖霞城南门里人。牟国玽之父牟镗曾于顺治五年被选授沾化训导，但是为了教子成材，亲自授课，故而未仕。牟镗毕生精力都用在教育子孙后代上，子孙中取得功名者甚多，被时人称誉"能教善诲"。在父亲的谆谆教导下，牟国玽 16 岁时举博士弟子，郡邑皆已知名。后与其兄弟七人因于七案受牵连而被逮济南臬狱 3 年。在狱中，牟国玽与诸弟相约坚持读书不懈，最终化险为夷。获释回家后，为重振家风，兄弟八人和衷共济，由长兄牟国玽主家政，老二牟作孚做教师，以匏瓜作羹勉强度日，集中全部精力奋发读书，终于使牟氏家族再度走向兴旺。1666 年（康熙五年），牟国玽以近不惑之年领乡荐，考中丙午科举人，成为自清军入关以后栖霞县出的第七位举人。曾受命续修《栖霞县志》。1674 年，出任长山县教谕，并利用闲暇时间勤奋攻读。1682 年，得中进士，成为清政府开科取士以后栖霞县出的第五位进士。由于年事已高，未再出仕。牟国珑（1645—1713），字作霖，号重季，牟镗之八子。7 岁丧母，逾年丧父，由长兄牟国玠、嫂抚养成人。17 岁时因受七案株连，与 6 位兄长系犴狱 3 年。出狱后，发奋攻读，终于在 22 岁补为博士弟子，37 岁时得中辛酉科举人。1691 年（康熙三十年），牟国珑 47 岁时又高中辛未科进士。1696 年（康熙三十五年），出任直隶南宫县县令。1699 年，出任顺天乡试同考官时，被某权贵挟恨诬陷营私舞弊讼于吏部，于次年被解职归田。回到栖霞后，牟国珑在栖霞城西门里住宅东建"悦心亭"，邀友评点史籍、讲学论文。

第十一世牟恒（1658—1726），字圣基，号述斋，栖霞城南门里人，曾在康熙年间任监察御史。康熙二十九年 33 岁时得中庚午科举人，1694 年（康熙三十三年）37 岁时得中甲戌科进士，成为牟氏家族第四位进士。初任内阁中书，历任户、礼二部郎中，监督宝泉局铸制铜钱，不久提为监察御史。乾隆年间，时任栖霞知县的卫苌①在主持编纂《栖霞县志》时亲自撰写《牟侍御传》，对牟恒的政绩做了较为详细的记录，并给予高度评价。其中说："公少颖异，工文章，15 岁补博士弟子员。康熙庚午乡荐，甲戌成进士。……初任中书，历户、礼二部郎，监督宝泉局，局故利薮，同官多诖吏。议，公独以清白。蒙帝眷，特赐《周易》《孝经》，旋擢监察御史。公每读书，见古名臣谠奏兴除事，辄慷慨动颜色，必见诸行事。时有乡先达某司空者，将私请于公，先以数百金为寿，公力却之，遂杜其口。至人有冤抑，必抗章力救。一太守谒选在京，人诬其不洁，同邑孙某，或诬以窝留东人，将拟遣戍，皆以公救得免。比，巡视南城，杖优人之结交权贵者，而远逐之，一时豪横敛手。于是声望赫然，无大小贤否，皆知有牟御史。奉命监视钱局，局各有所谓工头者，多私积服饰逾侈，公严禁之，其人尝持貂裘，数踵门不敢献。终，公任，无攒逾者。一日侍班，帝嘉之曰：'真诚不欺。'""其立朝有年，章奏恒日数上，多见嘉纳。"②牟恒曾多次受皇帝派遣"代天巡狩"，是栖霞唯一的"代天巡守"者。

---

① 陕西韩城县人，举人。乾隆二十年任栖霞知县，曾主持纂修（乾隆）《栖霞县志》。
② 卫苌纂修（乾隆）《栖霞县志》卷九《艺文志上·牟侍御传》，光绪五年（1879）本。

牟宗三（1909—1995），栖霞牟家疃人。现代新儒家的重要代表人物。牟宗三家出自"老八支"中的第四支，世代以耕读为业，到其父牟荫清时家道已衰落。牟宗三3岁入乡村私塾，后转入新制蛇窝泊小学，15岁进入栖霞县立中学。1927年，牟宗三考入北京大学预科，2年后升入北京大学哲学系，4年后毕业于哲学系。1933年毕业后，先后在华西大学、中山大学、金陵大学、浙江大学任教，以讲授逻辑学和西方哲学为主。1949年去台湾，任教于台北师范大学、台湾东海大学，讲授逻辑学、中国哲学等课程。1958年与唐君毅、徐复观、张君劢联名发表《为中国文化敬告世界人士宣言——我们对中国学术研究及中国文化与世界文化前途之共同认识》。1960年去香港，任教于香港大学、香港中文大学新亚书院，主讲中国哲学、康德哲学等。1974年退休后，专任新亚研究所教授。1995年4月病逝于台北。主要著作有《逻辑曲范》《理性的理想主义》《道德的理想主义》《历史哲学》《佛性与般若》《才性与玄理》《圆善论》等28部，另有《康德的道德哲学》《康德纯粹理性之批判》《康德判断力之批判》等3部译作。

## 丁佛言

丁佛言（1878—1930），原名世峰，初字桐生、息斋、芙缘，继谐芙缘音为"佛言"，号迈钝，别号黄人、松游庵主、还仓室主。黄县城关镇宋家疃人。清末民初著名书法家、古文字学家、社会活动家。

丁佛言出身于堪称山东首富的"丁百万"家族。祖籍为沂州府日照县南沙河草马山，于明代建文至永乐年间迁至黄县城内。迁黄始祖为丁伯达，中间数代失传，直至丁旺，家谱乃续，遂将丁旺定为三世祖。到丁旺这一代人，始有恒产。到明嘉靖年间六世祖丁得实（1562—1643），读书中考有了名声，田园产业也得以扩大。到乾隆年间丁际云、丁元鹏、丁元沂相继考中进士，丁氏家族成了名副其实的书香门第。丁元沂出纳有道，经商有方，将丁家发展为山东首富，而被冠以"丁百万"家业的创始人。"丁百万"称谓到底从何而来，当地流传着几种不同的说法：一是"丁百万"即指"百万富翁"；二是"丁百万"是当铺世家，在全国有 100 多座当铺，1 万多名伙计；三是丁家在当时山东省 108 县每县有一个当铺，每座当铺 1 万元流动资金，故称"丁百万"。[①] 丁氏家族在鼎盛时期，其商号遍及中国东部十多个省市（北起东三省，南至江浙、河南、河北、山东），相传资产相当于清政府两年的财政收入，折合白银 5400 余万两。据民国《黄县志》记载，黄县"诸姓在清中叶，乡人有丁王姜逄之称，盖以财富言也"。民间也流传着一丁、二王、三姜、四逄"四大家族"之说。"一丁"即指"丁百万"家族。丁氏家族在官场政治中也叱咤风云。据丁氏族谱记载，丁家在清代从九世起至十七世止，通过科举考试、捐纳、因袭等途径，共有 378 人为官，约占男子总数的四分之一，也就是说平均每 4 个男子中就有 1 人为官。第一个考取进士的是丁元鹏，五品官以上的有 148 人。其中为官最大者是丁培镒（从三品），官至上书房行走、国子监祭酒，是恭亲王、孚郡王、钟郡王的老师。为官年龄最小者为十七世的丁尔昌，到 1908 年（光绪三十四年），仅 12 岁就袭封为"按察司经历，双月选用"。丁家为官分布面广，从中央到地方皆有，构成一个庞大的官场体系，并有"文从一武从二"之说，即文官做至从一品，共 4 人；武官做至从二品，1 人。女眷中受皇帝诰封的 309 人，五品以上的 179 人，一品诰命夫人 6 人。可谓官宦世家，文武双全。鼎盛时期的丁家建筑遍布黄城十字街、北巷、辛店、北关及南涧、宋家疃等处，共有 3000 余间，占据了当时大半个黄县城区。现存的丁氏故宅位于龙口市黄城西大街 21 号，是名震四海的"丁百万"家族"西悦来"支系丁法祖及其后裔的部分住宅，由大份爱福堂、二份履素堂、四份长支崇俭堂、五份保素堂四路和清代私家园林漱芳园组成，建于清代中期。

丁佛言系黄城丁氏家族光裕堂第十五世孙，祖父丁培芬，字廷馨，太学生，光禄寺署正，教授儒林郎，诰封奉直大夫，候选知州加二级。祖母姜氏。父亲丁翰章，字玉书，附贡生，诰封奉直大夫，

---

① 赵斯田：《山东龙口清朝儒商"丁百万"》，《大众日报》2011 年 7 月 5 日。

候选同知。母亲王氏。佛言兄弟三人，排行老三。丁佛言自幼聪颖好学，酷爱书艺。在母亲教导下，4 岁始每天背诵《三字经》，6 岁开始执笔写字。8 岁开始与族兄丁世封入私塾从母舅王老先生读书，学作诗文，才气略显，敏捷过人。10 岁以后，每天按时练笔，无有间断，经过一段时期的刻苦勤学，其书法开始崭露头角。15 岁应童子试，文才轰动一时。1899 年（光绪二十五年），丁佛言应院试，取一等第二名，补廪膳生。1901（光绪二十七年），丁佛言见国事倾颓，遂萌发实业救国之念，于是弃学经商，周游烟台、营口等地，因个性不适与商贾为伍，一筹莫展，只得数月而返。1903 年（光绪二十九年）丁佛言赴郡应试，其间，于书肆中购得《中国魂》《中国脑》诸书，归家阅后思想更趋激进，注重新学，立志革新，带头剪掉发辫，动员妻子放足。这些言行为父亲所不容，视之为大逆不道，严加斥责，丁佛言负气出走。1904 年（光绪三十年）就读于济南全省师范学堂。1905 年 8 月官费东渡日本，当年 11 月入东京法政大学速成科学习。1907 年 5 月学成归国。1909 年（宣统元年）执教于山东法政学堂，翌年当选山东谘议局议员，开始步入政坛。

1911 年 10 月武昌起义爆发，丁佛言与徐镜心、丁惟汾等谋促山东独立，当选为"山东联合保安会"秘书长，力促山东巡抚孙宝琦于 1911 年 11 月 13 日在全省各界联合大会上宣布山东独立。在独立大会上，丁佛言将事先准备好的一张独立宣言贴在主席台上，"山东独立万岁！中国革命万岁！"引起全场欢呼，把大会推向高潮。中华民国成立后，丁佛言当选为国会议员，兼任上海《国民日报》、《民吁报》编辑，翌年任《亚细亚日报》主笔。1913 年任参议院审查委员会委员、审查委员会委员长，又被推为宪法起草委员会委员长。他主编进步党创办的《中华杂志》，撰文针砭时政，反对专制，深得好评。又联合在京国、进两党不屈于袁世凯者，创立民宪党，主张"厉行立宪政治，反对立党图私"，为袁世凯所忌恨。1916 年袁世凯死后，丁佛言再次任议员，后任总统府秘书长。1917 年 7 月张勋复辟，丁佛言坚决反对这种倒行逆施的行为，赴上海拜访孙中山，去南方游说，力促恢复国会，继续制宪。1918 年 8 月 1 日旧国会恢复，丁佛言再次赴会。经过这段周折，丁佛言厌倦朋党之争，乃决然辞去议员之职，归隐乡里。1923 年 8 月，因反对曹锟贿选而入狱，出狱后彻底摆脱官场。1931 年 1 月 19 日，病逝于北平，终年 53 岁。

丁佛言从政以外，醉心于学问、书法、篆刻，40 岁后书艺日臻成熟，时有"南吴（昌硕）北丁"之称。丁佛言精于研究古文字的形、声、义，撰有《说文古籀补补》《续字说》《说文部首启明》《说文抉微》《松游庵印谱》等 20 余种著作，近百万言。

## 任常伦

任常伦（1921—1944），黄县田家乡孙胡庄村人。为纪念这位战斗英雄，1945 年 2 月其家乡孙胡庄改名"常伦庄"。2009 年 9 月 14 日，他被评为 100 位为新中国成立做出突出贡献的英雄模范之一。

他 17 岁时加入本村抗日自卫团，协助地方抗日武装站岗放哨，侦察敌情。1940 年 8 月参加八路军，编入山东纵队。1941 年加入中国共产党。1942 年 6 月任班长。他参加大小战斗 120 余次，曾 9 次负伤，11 处挂彩，每次都是轻伤不下火线，重伤不叫苦，一直坚持战斗到底。1944 年 8 月，任副排长，出席山东军区战斗英雄代表大会，获山东军区"一等战斗英雄"称号。

代表大会刚刚结束，日伪军纠集 6000 余人，对牙山根据地进行"扫荡"。他得知敌情后，日夜兼程赶回部队。此时，他伤口还未完全愈合，肩膀里还嵌着敌人的弹片，却坚决要求参战。同年 11 月 17 日，阻击 700 多名日军进攻根据地的海阳长沙堡战斗打响了。任常伦奉命带领全排战士向敌人发起冲锋，抢先占领制高点。日军连续发起两次冲锋，争夺制高点，都被三排战士打退。日军见正面强攻不行，便抢占制高点左侧的小高地，企图以机枪威胁我团指挥所。任常伦见状，带领九班战士，迂回到小高地侧面，发起突然攻击，一举打掉日军的机枪阵地，夺取小高地。日军很快发起反扑，先是炮击小高地，接着发起冲锋。激战中，任常伦接连刺死 5 名日军，在自己也负伤的情况下，仍坚持战斗，终于打退了日军的进攻。傍晚，日军再次对小高地发起反扑。战斗中，任常伦不幸被敌弹击中，身负重伤。战士们对日军进行了猛烈冲击，打退了日军的一次又一次反扑。最终日军惨败而去。任常伦因伤势过重，失血过多，在战地卫生所牺牲，时年23。

为纪念这位英雄，胶东国防剧团为英雄谱写了一曲颂歌《战斗英雄任常伦》，传遍了山东乃至全国。英雄生前所在的五旅十四团一营五连被命名为"常伦连"，英雄的牺牲日（11月17日）被定为建连纪念日。

## 杨子荣

杨子荣（1917—1947），原名杨宗贵。牟平县嵎岬河村人。父亲杨世恩是泥瓦匠。4岁时随父母逃荒到安东（今辽宁省丹东市）。后因难以维持一家人的温饱，母亲又领着几个孩子回到老家。在老家，母亲省吃俭用地供杨子荣上了几年私塾。1929年，12岁时，再次去安东投靠父亲，先在安东一家缫丝厂里当童工。九一八事变后，日军侵占安东地区，其父染病身亡，母亲领着两个妹妹回山东老家，留他在安东继续谋生。4年后，他和老乡结伙到鸭绿江上当船工，顺水放排，逆水拉纤。后来，他被日军抓当劳工，流放深山采矿，过着牛马生活。1943年，他不忍洋人的欺凌，带头打了为洋人服务的工头，从东北跑回山东家乡。回家以后，秘密加入民兵组织，积极参加抗日斗争。1945年参加八路军胶东海军支队。10月下旬，胶东海军支队赴牡丹江地区剿匪，11月，杨子荣加入中国共产党。部队改编后，杨子荣编入牡丹江军区二团三营七连一排炊事班当战士，不久调到战斗班当班长。1946年1月加入中国共产党，由于在战斗中的突出表现，荣立特等功，并被团里评为战斗英雄，后提升为侦察排排长。从2月起进驻海林剿匪，他参加大小战斗上百次，每次都出色地完成了上级交给的任务，多次立功受奖，并被评为"侦察英雄""战斗模范"。1947年1月26日，杨子荣一行6人接到命令后，向海林北部的密林深处开拔，进山搜寻国民党保安旅旅长、牡丹江一带匪首"座山雕"（本名张乐山）的匪窝，并待机剿灭。2

月 6 日晚，打入虎穴，里应外合，活捉"座山雕"及其联络部部长刘兆成、秘书官李义堂等 25 个土匪，创造了深入匪巢以少胜多的战斗范例。东北军区司令部给杨子荣记三等功，授予他"特级侦察英雄"的光荣称号。同年 2 月 23 日，在继续追剿丁焕章、郑三炮等匪首的战斗中英勇牺牲，时年 30。

## 邱丕振

邱丕振（1885—1914），名天作，字丕振，以字行。出生于掖县大珍珠村人的一个富有人家。中国同盟会会员，辛亥革命时期山东革命活动家，民国初年北方讨袁斗争的主要领导人之一。

其父邱棋除有良田 300 多亩，还经营草艺品，在京、津、青、沪等地设工厂、办商店并外销国际市场，兴盛时获利 20 万贯钱（折白银 15 万两）。邱棋共有十子，丕振为其第七子。邱丕振少时在家聘师就学，1898 年去青岛学习德文。1901 年，考入济南武备学堂。1903 年，被选派留学，入日本振武学校学习。他与先去日本的五兄邱砥之联合部分学同共创"利群社"，抨击时政，鼓吹革命。1904 年，邱砥之回国在珍珠村创办掖西公学，招收学生 200 名，培养人才；在潍县创办济和制烟公司和爱群印刷所等，以筹措资金，为革命做准备。1905 年，邱丕振因过度用功患脑病，在东京脑病院养病，与同在该院疗养的同盟会领导人宋教仁成为密友，并受其思想影响。1908 年回国养病，稍愈又与三个弟弟合资创办元合机器织网厂。武昌起义爆发后，放下实业去济南以谋响应，适同盟会山东支部主盟徐镜心约邱丕振东行，共议胶东举义。邱丕振偕八弟邱典五、九弟邱子厚、十弟邱绍尹谒徐镜心，在烟台共同组建"共和急进会"，并卖掉家产捐资 10 万元为活动经费。1912 年 1 月 15 日，率队攻入清登州水师营，生俘统领王步青，光复登州，成立山东政府。后光复黄县。先任山东军政府司令，后改登州军政分府司令。

1911 年 12 月，清帝退位，南京政府下停战令。邱丕振认为革命的目的在于推倒清廷，清廷既倒，不能再拥兵自重，遂遣散军队去济南。1912 年初，与第五师师长马龙标共组"五族大同会"，邱任副会长，倡办实业。是年冬，被选为省议会议员。1913 年 3 月 22 日宋教仁被刺杀，邱丕振密组"革新会"，投入国民党领导人发动的讨袁大业。"二次革命"失败后，被孙中山电召赴日本研究革命方略，加入中华革命党。后毅然变卖家产，筹措经费，在大连建立"东北反袁斗争指挥部"，在东北的长春、昌图、铁岭等地频频发动起义，但均告失败。此后，他应在日本的革命党人唐莽电召，再度赴日，进一步商谈讨袁计划，并决定亲自到天津建立联络机构，准备再次大举起义。邱丕振携经费 20 万元回国，让十弟邱绍尹向东北活动，自己去天津组织武装，准备大举起义。不料抵津后因叛徒邬少卿出卖被袁世凯逮捕，解至济南。在狱中还研究改进枪械，设计了一种新式连发枪并绘草图，并写下了《告国人书》。1914 年 10 月 26 日，邱丕振在济南被袁世凯杀害，时年 29。

## 吴佩孚

吴佩孚（1874—1939），字子玉。蓬莱北沟吴家村人。曾为北洋军阀中实力最雄厚的军阀之一，并为盘踞洛阳、开封等中原重要城市直系洛派军阀的首领，官至直鲁豫巡阅使。1924 年 9 月 8 日，吴佩孚以"中国最强者"，成为首次亮相美国《时代》杂志周刊封面的中国人。

吴佩孚出身于一个小商人家庭，父吴可成依靠祖上传下的"安香"杂货店维持生活。1880 年入私塾就读。1886 年念完四书五经。1890 年父亲因病去世，吴佩孚与母相依为命，家境渐寒，乃到蓬莱水师营当学兵。1891 年春到登州府从宿儒李丕森学习。光绪二十二年（1896）22 岁时中秀才，转年因得罪乡绅出走北京，以占卜、卖字为生。1898 年投淮军聂士诚部，入北洋武备学堂开平班步兵科学习。1900 年 6 月回部队后任后路炮队队官。1902 年入保定陆军速成学堂测绘科学习。1906 年任北洋陆军曹锟部管带，颇得器重。1912 年，北洋军的镇改为师，标改称团，吴佩孚担任第三师炮兵第三团团长，驻扎南苑。次年，吴佩孚随曹锟镇压"二次革命"，曹锟因功被委任为长江上游警备司令，吴佩孚升任师部副官长，驻防岳州（今湖南岳阳）。1916 年，随曹锟入川与西南护国军作战，升任旅长。1917 年 7 月，任讨逆军西路先锋，参加讨伐张勋复辟。1918 年护法战争时，任北军第三师师长，随曹锟入湖南作战，攻岳州，陷长沙，占领衡阳，被称为"常胜将军"。同年 6 月被授予孚威将军。1919 年五四运动爆发，他多次通电反对在《巴黎和约》上签字，支持学生运动，高谈"劳工神圣"，受时论好评。1919 年 12 月冯国璋病死，曹锟、吴佩孚继承了直系军阀首领的地位。

1920 年 7 月 14—18 日，直皖战争爆发，直系曹锟、吴佩孚与奉系合作，击败皖系势力，共同控制北洋政府。9 月吴佩孚率第三师进驻洛阳，任直鲁豫巡阅副使。1921 年 8 月，兼任两湖巡阅使。1922 年 4 月，第一次直奉战争爆发，曹锟授予吴佩孚军事指挥全权，代表直系以洛阳之师为主力迎战张作霖，将奉系军阀击退，全面控制北京政权。此战使吴佩孚达到其军事生涯的顶峰，也使其成为北洋军阀中军事实力最强的人物。6 月提出恢复约法，恢复旧国会，倡议南北议和统一。12 月被授"孚威上将军"衔。1923 年残酷镇压京汉铁路工人大罢工，制造了二七惨案。同年 6 月，未能阻止曹锟利用冯玉祥驱逐黎元洪。10 月曹锟通过贿选当上总统。1924 年 9 月，第二次直奉战争爆发，吴担任"讨逆军总司令"，因冯玉祥临阵倒戈，发动北京政变囚禁曹锟，吴为奉军及冯叛军所败，率残部 2000 余人南逃。1925 年 10 月收拾残部盘踞武汉，自封"十四省讨贼联军总司令"，成为北伐军的首要目标。1926 年北伐军攻战武汉，吴部主力被歼，率残部撤退到河南，不久又被张作霖排挤，遁入四川依靠杨森，从此一蹶不振。

1931 年九一八事变后居住北平。其间曾批评伪满洲国为日本附庸。1937 年抗日战争全面爆发后，日本侵略者邀其在北平组建傀儡政权，为其拒绝。1939 年 12 月 4 日，吴佩孚因吃羊肉饺子引发牙痛，由一日籍牙医师替其拔牙，引发感染，当晚暴卒，其死因有被日本人毒死、被国民党特务害死、病死等不同说法。1940 年，国民政府追赠其陆军一级上将衔。

## 张宗昌

张宗昌（1881—1932），字效坤。山东掖县人。绰号有"混世魔王""长腿将军""三不知将军"等，奉系军阀头目之一。

他出身于穷苦家庭，幼年失学，父早亡。早年在当地农村从事零工、扛活等工作。1900 年后，到东北在东清铁路做筑路工及工头，东清铁路完工后干过装卸工和扳道工。日俄战争发生时曾任沙俄军的"翻译人员"，后任由俄国军官参与训练和指挥的武装组织"关东支队"队长，与日本军队进行游击战。

1911 年辛亥革命后，投靠山东都督胡瑛，后转到上海，成为沪军都督陈其美部下第三师骑兵团团长。1913 年"二次革命"中，阵前倒戈，投靠江苏都督冯国璋，被任为其副官。1919 年冯国璋死后，改投奉系张作霖，所部发展至近万人。1924 年 9 月第二次直奉战争爆发，张宗昌率兵入关，转战江苏等地，次年被任为山东省军务督办，兼省主席。1926 年，国民革命军北伐。为应对北伐，张作霖任命张宗昌为"安国军"副司令，南下援助孙传芳。1927 年初，其部在南京、上海一带被国民革命军打败，退回山东。7 月任安国军海军总司令。1928 年 6 月，皇姑屯事件发生，张作霖被炸死。张宗昌在山东欲率余部退往关外，被张学良拒绝。其后在山东余部被白崇禧收编，张宗昌则逃到日本。1932 年由日本回国，潜居天津租界。同年 9 月 3 日被山东省政府参议郑继成枪杀于津浦铁路济南车站。

## 赵 琪

赵琪（1882—1956），字瑞泉。山东掖县人。毕业于青岛德华学堂，曾去德国学习。历任德占时期青岛警察局翻译，胶州铁路翻译，淞沪警察厅督察长兼高等外交顾问，龙口商埠局局长、总办，鲁案善后督办公署顾问，中俄交涉事宜公署顾问，北洋政府交通部咨议，外交部顾问等职，参与过中国政府收回青岛等外交活动。1922 年 12 月 10 日，中国政府收回青岛主权，设置胶澳商埠督办公署，直隶中央政府。1925 年 7 月胶澳商埠督办公署改称胶澳商埠局，赵琪任胶澳商埠局总办兼山东全省戒严高级执法官，任职至 1929 年 4 月，其间所主修的《胶澳志》于 1928 年由青岛华昌印刷局铅印出版。1938 年 1 月日本第二次侵占青岛，赵琪出任"复兴委员会"会长，继于 1939 年 1 月、1943 年 3 月任日伪青岛特别市市长、日伪华北政务委员会委员。抗战胜利后，被国民政府以汉奸罪逮捕关押。新中国成立后，中央人民政府予以释放并给予公民权利。1956 年在北京去世。著有《东莱赵氏楹书丛刊》等。

## 林修竹

林修竹（1884—1948），字茂泉，出生于掖县东南隅村的一个小康之家。实业教育家。

少时入私塾，勤奋好学，17 岁考中秀才第一名。1902 年，被清政府选派赴日本高等工业学校学习，成绩优异。1911 年学成归国，先后任山东高等学校教务长、省教育司科长、省长公署教育科主稿兼实业科主稿等职，其间山东省教育、实业方面的规划，均出自他手。还兼办通俗教育，向民众灌输知识，革除不良习俗，并应聘主办山东省第一次物品展览会，倡办纱厂等实业。林修竹还亲自起草改进实业教育提案，主持创办了烟台水产试验场、济南矿业传习所、益都蚕丝劝业场、临清棉业实验所、山东工业试验所等。1920 年，山东省实业厅成立，林修竹被委任为科长，分赴各县调查山东各地的风土物产，编写出《山东各县乡土调查录》，提出了建设各县劝业所案，拟定各县劝业所单行章程 17 条，经省议会通过，转令实业厅执行。1921 年，当选为省议员。

1924 年冬，任山东河务局局长兼山东运河工程总办。当时黄河河防多年失修，又因战乱经费无着。1925 年 8 月，黄河河水暴涨，山东境内李升屯、黄花寺两处决口。他不避艰险，向灾民做出保证：无论时局如何，在来年（1926 年）春汛以前，我必定以绅民资格完全负责将两处工程堵住合拢。9 月中旬黄花寺再次出现险情时，他急调沿河八县 3 万民工抢险，并身先士卒，连续抢护七昼夜，因水势浩大，人力难抵，大堤终被冲溃。李升屯、黄花寺两处决口时，时值战乱，他努力筹集经费，曾带领受灾的八县代表谒见山东省督办兼省长张宗昌，向其陈述利害，张宗昌答应豁免八县 60 万元税收作为两大决口堵口经费。1926 年 1 月 18 日，任堵口工程总办，于 2 月 15 日下令李升屯、黄花寺两处工程同时开工，昼夜不停。他不支领任何薪水，始终亲临现场指挥，力排万难，经过 58 天奋战，终于在春汛前竣工，其费时之短、用款之少、筑堤之固在河防史上鲜有前例。为加固河防、便利交通，还兼任利（津）菏（泽）汽车路总办，修筑黄河两岸利菏公路长达 370 余公里，两月告成。沿河民众感其治河之功，在泺口、李升屯、黄花寺等处建碑 10 余座。1927 年，林修竹编纂了《历代治黄史》《李黄堵口实记》等书，以总结治黄的经验教训。同年秋，他被举荐为北洋政府教育次长，协同总长将北京九校合并为国立京师大学，并应聘兼任法科学长，办学成绩显著。北洋政府解体后，离职先去大连，1938 年后到天津定居，故居坐落在和平区常德道 38 号。1948 年 10 月 19 日病逝。著有《茂泉实业文集》《澄怀阁诗集》等流传于世。

## 闪钦辰

闪钦辰（1879—1922），字紫明。河北涿鹿县人。1907 年北京大学毕业后，留校任教。后任绥远、武川、东胜县知事。1915 年任归绥中学（现呼和浩特第一中学）校长。1920 年 3 月转调山东，6 月被任命为掖县知事。任职期间廉洁勤政，每日黎明即起，巡视大院一周即伏案，"亲检公事，不轻假幕僚之手"；常到市井微访，深入穷乡僻壤劝业劝学；遇有案件现场审理，既公正又透明，令控辩双方心悦诚服；还注意改善狱政，下令将监狱看守所人犯，除命盗重案加脚镣以防不虞，余犯均酌量解除，监房装置木板，宽阔适眠。其施政颇得民心，省里曾欲将其调往外地，但获县内社会各界及掖籍名流鼎力慰留，得以留任。尤注重植树造林，在其号召下两年间在全县创设林业公会 70 余处，植树 630.6 万株、桑 2.1 万株、育苗 150 余畦，凿井 1.3 万余眼，为全省之冠，多次受到农商部、省长公署、实业厅、大林区办事处指令嘉奖，荣获勋章。1922 年，闪钦辰积劳成疾，卒于任上，时年 43。

## 林宪祖

林宪祖（1892—1980），字稚艻（亦作稚卿），别号章甫。掖县东南隅村人。出身于书香门第，5 岁随祖父到县城遗爱祠读书。1912 年，他入开封一税局担任录事。1914 年到南京江苏军官教育团张宗昌部做书记员。1924 年任山东军务善后事宜督办公署秘书长，继任山东省省长公署政务厅厅长。1926 年 4 月，获张宗昌保荐任山东省代省长，但不掌实权。任上生活俭朴，作风正派。同年 6 月，林宪祖下令将省立法政、工业、商业、矿业、医学 6 个专门学校合并，在济南组建省立山东大学，设 5 学院 13 系，任命中国科举史上最后一名状元、时任省教育厅厅长的王寿彭兼任校长。1928 年 3 月 20 日，正式出任山东省省长。直鲁联军败于国民党军后，他随张宗昌撤退到滦河，此后奉命到奉天（今沈阳）拜见张学良，请求张学良同意张宗昌部出山海关，但未能成功。同年 9 月 21 日，张宗昌残余部队被歼灭，张化装渡海逃亡大连，林宪祖也携家眷定居大连。1931 年九一八事变后，日军占领中国东北，他携家自大连迁居天津，寓居位于常德道 8 号的小洋楼，在这里过起读书、种花、养鱼的闲适生活。他曾劝张宗昌回北京，免得被日本方面利用。1937 年七七事变后，张宗昌的原日本顾问约林宪祖赴济南共同组织亲日政权，林坚辞不就。中华人民共和国成立后，他继续寓居天津，历任天津市政协委员、天津市文史研究馆馆员。1980 年病逝。

## 吴化文

吴化文（1904—1962），字绍周。掖县李家村（今莱州铁民村）人。8 岁随父母迁居安徽省蒙城县移村镇。

1920 年离家出走，加入西北军冯玉祥部当兵，升为排长、传令官。1923 年，入北京教导团学习，又经冯保送就学于北洋军阀开办的陆军大学，毕业后回冯玉祥部任师参谋长。

1930 年冯玉祥倒蒋失败，其部下韩复榘叛冯投蒋，吴化文追随韩复榘，先后任高级教导团团长、国民党第三路军手枪旅旅长兼济南警备司令。从 1937 年 11 月中旬开始，日军南下进攻济南，韩复榘率十万大军不战而逃，12 月 27 日济南被占领。次年 1 月，韩复榘被蒋介石以"擅自撤退、失守济南"的罪名处死。吴化文所部被蒋介石改编为独立二十八旅，他任旅长。1939 年 1 月率部进驻沂水县武家洼一带，扩编为新四师。吴部在全面抗战初期曾与日军作战，但后由于山东省主席沈鸿烈积极推行蒋介石的内战政策，与八路军始有摩擦。1943 年为抗日战争的艰困时期，吴化文投降日军，所部改编为伪军第三方面军，任司令官。1945 年 5 月，吴部趁日军"扫荡"之际逃亡安徽。

1945 年 8 月日军投降后，蒋介石电令该部改为国民党第五路军，进驻兖州。吴化文于 1946 年 7 月趁赴南京开会之际，通过冯玉祥、李济深等与中共负责人周恩来接上联系，表示愿意站到人民方面。1947 年 3 月，蒋介石对山东解放区发动重点进攻，吴化文继续追随蒋介石，任国民党整编八十四师师长。1948 年初夏，第五路军调济南，归第二绥靖区司令官王耀武指挥。不久，第五路军扩编成九十六军，吴任军长。1948 年 9 月 16 日济南战役打响，9 月 19 日晚吴化文率守卫城西的所部 2 万余人起义。10 月 22 日，毛泽东主席发电祝贺吴化文起义。10 月 29 日，中国人民解放军总部宣布：吴化文部改编为中国人民解放军第三十五军，吴化文为军长。1949 年 2 月第三十五军与原鲁中南纵队合并，仍称第三十五军。4 月 21 日，中国人民解放军发起渡江战役，吴化文和他领导的第三十五军参加了这一战役，4 月 24 日凌晨，第三十五军第一〇四师三一五团二营占领南京总统府。5 月 3 日浙江杭州解放，吴化文被任命为杭州警备司令。1950 年 11 月至 1959 年，吴化文任浙江省交通厅厅长。1959—1962 年任浙江省政协副主席、全国政协委员。1962 年 4 月病逝于上海，终年 58。

## 尹葆宇

尹葆宇（1908—1989），掖县虎头崖镇尹家村人。自幼家境殷实，其父尹东灿为基督教徒，因受教案牵连，迁居上海经商。幼读私塾，后入上海毓贤高小、明强中学学习。1930 年毕业于上海沪江大学政治学系，获文学学士学位。同年赴美留学，入美国约翰霍普金斯大学，1935 年获哲学博士学位。回国后先在中央大学任教，讲授"国际公法"及"中国外交史"课程。后任武汉行辕秘书长。1936 年任广州行营秘书、庐山暑期训练团秘书。抗日战争全面爆发后，先后任第十五集团军、第三战区前敌总司令部、第七战区副司令长官部秘书、参议等职。自前线返回武汉后，任国民政府军事委员会政治部设计委员，其间参与三青团筹建工作。1938 年赴美出席在纽约州波基斯召开的第二届世界青年大会，与刘德伟等在大会上、在美国 58 个城市做了数百场抗日宣传演讲。1941 年冬任中国远征军司令长官部同少将级参议兼驻昆明办事处副主任。1942 年夏转任国民政府外交部简任秘书兼总务司帮办。1945 年抗战胜利后，9 月初奉派为国民政府外交部代表，参加 9 月 9 日在南京举行的中国战区受降仪式，不久任国民政府外交部人事处处长。1948 年任国民政府外交部欧洲司司长，后又任条约司司长、"驻台湾外交特派员"等职。

## 刘子山

刘子山（1877—1948），名碧云，字紫珊，又作子山，以字行。1877 年（一说 1880 年）出生于掖县湾头村的贫寒家庭。父亲刘显邦，育有四男四女，刘子山在男孩中排行老二。幼时常随父亲走街串巷弹棉花，读过私塾。14 岁独自到青岛谋生，为一天主教堂中的德国神父做仆役，粗通德语。1898 年，在一座驻有德国兵的大庙中学习德语，毕业后到德国人经办的承建胶济铁路一段工程的工程公司做翻译。

1908 年，刘子三为德国建筑师当翻译，同时代办建筑材料，开始了创业生涯。1910 年，在青岛独资开设福和永木材行，经营草帽辫，代销德国货。1914 年又买下德人的红石崖窑厂，将其扩建成福和永窑场，专制洋式红色砖瓦，销路很好。其间还受聘担任德商礼和洋行华人经理，经营颜料、花生米的进出口贸易，佣金颇丰。

第一次世界大战前夕，刘子山筹集资金，并利用银行贷款，由国外进口了大宗木材。战争爆发后，木材进口中断，国内市场价格猛涨，他将木材售出，获取暴利。1915 年，日本借口对德国宣战，出兵占领青岛。日军接管胶澳海关后于 1916 年开设"扶桑官膏局"，招商承办贩毒生意，刘子山承包了烟土专卖店，贩卖日本烟膏，因当"鸦片大王"，成为岛城第一大富商。

1918 年，刘子山与原青岛"大清银行"经理程兰普等，在青岛天津路创办东莱银行，为青岛首家私营银行，初期资本 200 万银元，自任董事长，程兰普为总经理。次年，在天津、济南两地设立分行。1923 年，他将东莱银行改组为股份有限公司，资本增至 300 万元，并在上海设立分行。1924 年程兰普因病退出，刘兼任总经理。1926 年，他将东莱银行天津分行改为总行，青岛行改为分行。1932 年为天津东莱银行业务的鼎盛时期，当年银行存款余额 954 万元，放款余额 528 万元。由于华北局势日益紧张，1933 年将总行由天津迁到上海。1937 年，上海东莱银行营业大楼（位于今南京西路 587 号）建成并投入使用。

东莱银行开业后，刘子山还在青岛独资开办东莱贸易行，经营进口业务；开办永利汽车行，经销美国产别克牌汽车；投资青岛房地产，一度拥有青岛天津路、肥城路、甘肃路等整条街道的房产，人称"刘半城"；投资银 50 万两修筑从潍县至烟台的 450 华里公路，并在 1922 年该路建成后创办烟潍汽车运输公司，经营客货运输。另外，他还投资青岛华新纱厂、青岛电业公司、博山煤矿等企业，在其中担任董事等职。

1937 年七七事变后，刘子山避居天津法租界，拒不与日伪合作，并派儿子刘少山赴上海，召集东莱银行同人传达其国难时期紧缩业务的指示。此后，刘子山体衰多病，将东莱银行业务交刘少山管理。1948 年春，他从天津到上海就医。同年 10 月 12 日，因心脏病死于上海，终年 68。

## 刘锡三

刘锡三（1896—1982），又名占恩，乳名来福，掖县沙河镇湾头村人。家中世代务农，早年读过私塾，后经人介绍在青岛德商"美青洋行"学写账。不久，去天津另一德商洋行当买办。

1911 年，刘锡三与人合股在天津估衣街开设盛聚福帽店，生产规模逐渐扩大，品种增加。1917 年字号改为"盛锡福"（"盛"取买卖兴盛之意，"锡"和"福"均取自其名字和乳名），还向当时政府申请注册"三帽"牌商标，产品多次参加南洋的草帽展览并获奖。1919 年，他改革制帽工艺，买入全套进口制帽设备，选聘技师，研制出式样新颖的硬平顶草帽，后增设皮帽厂、便帽厂、缎帽厂等专业工厂。20 世纪二三十年代，先后在南京、上海、北京、沈阳、青岛、武汉等地设立多家分号。在 1929 年菲律宾举办的国际博览会上，"盛锡福"的草辫和草帽获得头等奖，在东亚地区属草帽业之冠。1936—1938 年，"盛锡福"分别在北京西单北大街、前门大街、王府井大街和沙滩开业，四家分店地处繁华市区，每天顾客盈门。到 1943 年，"盛锡福"帽庄的各式帽子已畅销国内及美国、英国、法国、菲律宾、马来西亚、新加坡和泰国等国家。1948 年天津解放前夕，刘锡三去台湾经商。1956 年"盛锡福"在"三大改造"中进行了公私合营。1982 年刘锡三在台病故。

## 宋雨亭

宋雨亭（1884—1951），名润霖，号甘泉。掖县珍珠村人。民族实业家。幼年原籍读私塾，勤学好问，成绩优良。13 岁到青岛读中学，毕业后进其四叔"瑞记"商号习商，并于晚间刻苦学习英语和德语，能用外语和外国顾客交谈。1903 年接任"瑞记"商号经理，主营草帽辫业务，自此逐步在青岛的工商界崭露头角。1916 年被选为青岛工商会董事，1921 年任中日合办的胶澳电气公司副总经理，1925 年被推选为商务公断处处长，1926 年任青岛市总商会董事，1927 年 12 月被选为青岛市总商会会长。此后连任四届，主持青岛商会工作 12 年之久。

1931 年 5 月，宋雨亭筹集资金成立青岛渔业股份有限公司，同时兼任青岛市救济院院长，捐赠和募集资金兴办社会慈善事业，所辖有育婴堂、济良所、贷款所、习艺所、施医所等。为打破日本"取引所"（交易所）对青岛经济的操纵，他于同年 8 月联合 21 家工商业大户发起成立青岛市物品证券交易所，自任理事长，9 月 19 日在馆陶路 13 号齐燕会馆设临时市场开业交易。1933 年 7 月，青岛市物品证券交易所股份有限公司成立，1935 年 11 月迁入新交易大楼（大沽路 21 号）。1933 年，世界经济危机波及中国，为帮助经营土产的商号度过危机，于 1934 年 1 月筹资成立普利股份有限公司并兼任经理，在中国银行的支持下，以高价收购农民滞销的花生米，解决了农民和土产商的燃眉之急。1935 年 5 月，他筹集资金成立青岛渔业股份有限公司，组织并扶助渔民摆脱日本"水产组合"的挟制。同年兼任青岛红十字分会会长，每年从端午节至中秋节，在青岛各主要路口、街亭设饮水供水点，备行人和运输工人饮用。每年还调查登记市民中无力购买棉被、棉衣者，于农历十月分发棉被、棉衣。

日本侵占青岛后，宋雨亭拒绝了日军让其出任青岛"维持会"会长的要求，携眷回到原籍，后又举家迁至上海做小买卖维持生计。1946 年回到青岛。有记者这样评价这位商界领袖：以往——毁家纾难为国家保留正气；将来——赓续前志替地方再效荩劳。1951 年 1 月 16 日病逝于青岛。

## 曲松龄

曲松龄（1885—1958），字明三。掖县金城镇红布店子村人。

14 岁随父去青岛橡胶厂学徒。19 岁远涉重洋赴海参崴，从事国际贸易，渐成当地商界名流，1919 年被推举为海参崴中华总商会会长。20 世纪 20 年代，他在故乡红布村修建了一座大宅院，由东西并列的两套二层四合院组成，乡民谓之"小楼"。1921 年，曲松龄携带妻女到哈尔滨，创办"永和盛"油坊，有 300 多工人。油坊创利税丰厚。其名下有一艘名为"吉林"号的客货两用轮，轮船前半部载客 50 余人，后半部拖动几条大拖船载货 70 余吨，用于经营油坊和松花江上的水道运输。"永和盛"油坊在日军侵略东北后被迫倒闭，"吉林"号与商家的十余艘客货轮也于 1938 年被日本侵略者征收。被掠夺了资产的 12 家船东推举他做代表，与伪满哈尔滨市政府交涉，获准在道外区北三道街的鱼市旷地建楼开办文化交流场所。1941 年，曲松龄购买电影机械设备，开办"大国光电影院"，任总经理。后影院被解放军工作组接收。

# 后 记

20世纪90年代以来，读书界出现了知识分子热，图书市场上出现了一些书写近世知识分子的热门图书，如余英时的《重寻胡适历程——胡适生平与思想再认识》，许纪霖的《中国知识分子十论》《大时代中的知识人》《20世纪中国知识分子史论》，罗志田的《激变时代的文化与政治：从新文化运动到北伐》，章清的《"胡适派学人群"与现代中国自由主义》，傅国涌的《1949年：中国知识分子的私人记录》，谢泳的《逝去的年代：中国自由知识分子的命运》《西南联大与中国现代知识分子》，邵建的《20世纪的两个知识分子——胡适与鲁迅》，范泓的《隔代的声音——历史劲流中的知识人》，徐百柯的《民国那些人》，马嘶的《百年冷暖：20世纪中国知识分子生活状况》，等等。这些著作让我受益匪浅，并促使我关注知识分子史这一领域，谨向各位先生表示敬意与谢意。

本书以"近世大变局中的知识人"为主题，将书中涉及人物以相对宽泛的"知识人"一词相称，乃因觉其可以涵盖传统士大夫与现代新型知识分子；再则曾国藩以理学家著称，吴佩孚则被称为"秀才军阀"，主要面目是政治人物，但归为"知识人"还是可以的。笔者发表的论文实际上多与近世知识人这一主题有关，其中，有关现代三大思潮的已收入《离合之间：中国现代三大思潮及其相互关系》（人民出版社，2015）；有关近代国民性思想的，曾收入《深沉的民族反省——中国近代改造国民性思潮研究》（山东人民出版社，1997），该书出版后又发过一组文章；近年围绕近代中华民族观念与民族复兴思想发表了多篇论文，拟另外结集，因此，这里没有收入相关文字。

　　本书内容多数曾以论文形式在报刊与学术会议发表，借此衷心感谢为成果发表提供大力支持的《光明日报》的危兆盖、户华为，《天津社会科学》的王贞，《河北学刊》的王维国、把增强，《东岳论丛》的翁惠明、王戎，《民国档案》的胡震亚等先生。本书有的论文是合作完成的，署名情况书中已按发表时做了说明，并感谢各位合作者。

**图书在版编目（CIP）数据**

近世大变局中的知识人：从传统士大夫到现代知识
分子／俞祖华著 . -- 北京：社会科学文献出版社，
2023.10
　　ISBN 978 - 7 - 5228 - 1245 - 8

　　Ⅰ . ①近… 　　Ⅱ . ①俞… 　　Ⅲ . ①知识分子 - 研究 - 中国
- 近代　　Ⅳ . ①D693.71

　　中国版本图书馆 CIP 数据核字（2022）第 244123 号

## 近世大变局中的知识人
　　——从传统士大夫到现代知识分子

著　　者／俞祖华

出 版 人／冀祥德
责任编辑／邵璐璐
责任印制／王京美

出　　版／社会科学文献出版社·历史学分社（010）59367256
　　　　　　地址：北京市北三环中路甲29号院华龙大厦　邮编：100029
　　　　　　网址：www. ssap. com. cn
发　　行／社会科学文献出版社（010）59367028
印　　装／三河市尚艺印装有限公司

规　　格／开本：787mm × 1092mm　1/16
　　　　　　印张：24.75　字数：362千字
版　　次／2023 年 10 月第 1 版　2023 年 10 月第 1 次印刷
书　　号／ISBN 978 - 7 - 5228 - 1245 - 8
定　　价／128.00 元

读者服务电话：4008918866